本书由2011年国家社科基金青年项目《民国时期西南民族志表述反思研究》（项目号：11CMZ019）资助。

文学与人类学文库

文学与人类学之间

——20世纪上半叶西南民族志表述反思

王璐◎著

中国社会科学出版社

图书在版编目（CIP）数据

文学与人类学之间：20 世纪上半叶西南民族志表述反思/王璐著.—北京：中国社会科学出版社，2017.8

（文学与人类学文库）

ISBN 978-7-5203-0319-4

Ⅰ.①文… Ⅱ.①王… Ⅲ.①民族志—研究—西南地区—民国 Ⅳ.①K280.7

中国版本图书馆 CIP 数据核字(2017)第 099946 号

出 版 人　赵剑英
责任编辑　郭晓鸿
特约编辑　席建海
责任校对　李　莉
责任印制　戴　宽

出　　版　中国社会科学出版社
社　　址　北京鼓楼西大街甲 158 号
邮　　编　100720
网　　址　http://www.csspw.cn
发 行 部　010-84083685
门 市 部　010-84029450
经　　销　新华书店及其他书店

印　　刷　北京明恒达印务有限公司
装　　订　廊坊市广阳区广增装订厂
版　　次　2017 年 8 月第 1 版
印　　次　2017 年 8 月第 1 次印刷

开　　本　710×1000　1/16
印　　张　29.5
插　　页　2
字　　数　358 千字
定　　价　118.00 元

凡购买中国社会科学出版社图书，如有质量问题请与本社营销中心联系调换
电话：010-84083683

序

20 世纪 70 年代以来，人类学的研究方法与理论假设开始被学界重新审视，民族志的传统范式也逐渐受到质疑，被认为出现了普遍和深刻的“表述危机”①。有学者甚至预言“科学民族志”将被淘汰，“实验民族志”会成为下一个时期的主流。② 面对这种挑战，有必要总结民族志自近代以来在中国的理论和实践意义，由此推进学人的相关认知，从而为民族志的未来历程重定根脉。正因为如此，以学术史反思的视野来读王璐专著《文学与人类学之间——20 世纪上半叶西南民族志表述反思》，无疑会有多重的意义。

在我看来，由王著引出的话题，至少包括下列几个方面。

问题一：民族志对于推进人文社会科学研究的意义何在

作为一个特定的外来词语，“民族志”对应的是 ethnography。该词在早期也译为“人种志”。所以我们首先要面对的是汉语与西语（目前以英语为主）两个语言世界的动态对话。其中，“志”的含义在汉语世界古已有之；“民族”和“人种”则实为外来。在汉语的书

---

① 参见乔治·E. 马尔库斯、米开尔·M. J. 费彻尔编著《作为文化批评的人类学：一个人文学科的实验时代》，王铭铭等译，生活·读书·新知三联书店 1998 年版。

② 参见克利福德、马库斯编著《写文化：民族志的诗学与政治学》，高丙中等译，商务印书馆 2006 年版。

写传统里，作为次一级的文献类型，“志”一方面与地位高贵、代表官修话语的“史”相对，以陪衬、对照和充实正史的典范意义；另一方面又在王权正史的映照下通过对地方、异族或次等级文化事象的记事书写，完成“大一统”结构中对边缘类型的教化表述。这时的“志”，可称为汉语文类中的“次文类”“准历史”。这样，近代以后的一些中国学人用“民族志”（或“人种志”）翻译西语的 ethnography，一开始就包含了对其具有从属地位的认定和暗示。结合西方的学术语境来看，这样的翻译也符合该词与 History 的对照和区分。因为与 History 相比，“志”的基本特征是不仅缺乏进步（进化）而且没有自觉，因而只能是扁平的、被动的，不能称为“史”。正是以此为前提，到了后殖民时代，才会有学者撰写专著，特别揭示不同体裁后面的分类鸿沟，那就是：“欧洲”与“没有历史的人民”（参见 Eric Wolff，*Europe* and the People *without History*，1982）。

所以说近代以后引进汉语世界的“民族志”，作为越来越广泛使用的文类和体裁乃至社会科学的普遍范式，不仅关涉书写倾向和话语政治，而且关涉文化表述后面不同思想谱系的沿袭命运。因此，我认为目前需要反思的第一个问题，是认真梳理和分析在英、汉及其他不同的语言世界中，“民族志”具有什么样的意义和功能，至今发生了如何的演变。

问题二：怎么看待民族志遭遇的“表述危机”

需要反思的第二个问题是一百多年来的民族志实践及其文化后果。民族志写作的特征大都被概括为从“理论预设”到“田野考察”再到“实证写作”的“科学”过程。于是，汉语的民族“志”就成了动词，代表一种系统的实践行为。在这个意义上，民族志就是“志民族”，也就是通过“志”的撰写，使对象民族化、文本化、方志化（人种化）。这样的结果，虽然在西方列强的殖民式书写里因每每带有“原始”“落后”等判断而伴生着“边缘化”或“污名化”特征，但在现代中国则是使众多以往被视为另类的“蛮夷”地位得到提升，从而使国家认定的各个民族都通过堂堂正正、独立成章的民族志在多元对等的民族之林里与传统的主流人群并列。在这样的历史前提下，如果要说有“表述危机”的话，最大的危机倒不是民族志的文类或表述本身，而在于表述主体的缺失或错位。

西方殖民时代以来的民族志生产几乎都是由殖民者代言。这样，非西方世界的人民，尤其是那些没有文字更没有文化表达权的弱小族群，几乎全都成了失语的对象。在这种结构中的民族志写作及其产品，尽管都冠以了各个族群的名称，实质上却都只是被表述的他者而已。因此我认为，“表述危机”首先要解决的还不在于争论“民族志”是科学还是艺术，而是如何让其从单一的“被表述”或外来式的“志民族”困境中摆脱出来，回归到文化的自表述之中，让每一群体的书写主体得到确认，从而完成主位的“自我民族志”。这一点，国外如此，中国也不例外。

问题三：该如何构建本土人类学叙事范式

“民族志”这一术语来自西方，却不等于汉语世界没有“志民族”的传统。从司马迁的《西南夷列传》《礼记・王制》《尚书・禹贡》及《山海经》等对“一点四方”的等级式描写和对“华夷之辨”的漫长区分以来，汉语世界从未停止过对不同人群的分类、定性和评述。因此，到了由“西学东渐”导致的科学话语成为主宰的今天，本土化要解决的问题也不在于推翻 ethnography 的统治、把“民族志”

清除出汉语，让古代的“蛮夷列传”文类死灰复燃，直至重构普天一统的华夏中心；或者借助中国的崛起，输出大批民族志愿者到世界各地去，仿造当年西方列强的殖民做法，把全世界的“他者”特别是西方强国都由我们“志民族”一番，用华夏人的眼光和方式全再改写一回。那能否做得到呢？难说。即便做到了，也是可笑的。

那对于西方传来的民族志有没有需要反思、对话和超越的问题呢？当然有。除了前面提到的主体确立外，我认为按关联的层次来说，本土化的民族志写作还需要超越的第一是用语、第二是分类、第三是阐释。

在用语问题层面，需要尽量减除诸如“图腾”“萨满”“多声部”直至“宗教”“艺术”“文化”等这类有限概念和空泛“大词”的人为化普涉，还原和再现各地拥有的自身用语，无论叫“东巴”“招魂”“多嘎”……还是其他什么都行。

分类问题同样重要。在这点上，民族志作者们不能再像以往那样仅以自己“客位”的知识标准出发，对被表述文化体系的自在结构随意分类，也不要轻易使用“进步”“落后”乃至“科学”“愚昧”这样的话语加以判定。

最后，到了阐释环节，民族志作品当然躲不开文化阐发，也就是对被书写对象的编码进行解码。但是这样做的前提首先要求从主人的视角出发，从“他们”的眼中看世界，而不是相反。更不是把外来作者的想法强加给对方，甚至是借助自我的话语权力实施文化改写和“异端”教化。从如今已深陷于工业和城市牢笼的人类处境来看，随意改写和教化的后果极可能是先从表述的层面毁掉人类文化和价值多样性，接着再在现实生存的意义上直接葬送逃离毁灭的潜在生机。

在这个意义上，“民族志”问题所关涉的不仅是人类学学理，更关涉更大范围的人类文化、历史和政治。在过去一百多年中，地球上的人们通过“民族志”的大量涌现逐步汇齐了人类差异方面的世界档案。如今，如出现超越式的“民族志”的话，则可能获得对人类一致性的体认和相通，从而从整体上走出社会和生态的陷阱。实现这目标需要一个前提，那就是得把“民族志”从日益狭隘的“地方志”和“国族志”局限中摆脱出来，重新回归为整体性的“人类志”（译成英文，就叫 humanography）。回归的重点在于解决“全球地方化”（glocalization）问题，就是一方面顾及地方的全球属性，另一方面关注全球的地方特征。

这时，人类学的关注对象就不再是分散对立的人群，而是恢复到整体人类；田野考察也不仅止于个别孤立的村庄、城镇，而是生物圈，亦即包括人类和万物在内的统一生态环境。

由此观之，王璐的著作虽仅以 20 世纪上半叶为例，所举的事例也只限于西南一隅，然其视野已同学术史的纵横脉络密切关联，讨论的问题也已与笔者的上述思考相互对应。作为王璐博士的论文指导者之一，笔者为她的辛勤笔耕及厚重成果倍感欣慰。本文原系回答期刊编者的访谈旧作，喜闻王著将由中国社会科学出版社出版，特此翻检出来加工润色，是为序。

徐新建

2015 年 6 月 26 日

于成都

目　录

导　论

一　西南视野与中国研究

2010年，第五届中国文学人类学年会以“表述中国文化：多元族群与多重视角”为主题。会议发起人将中华各民族的文学与文化作为完整共同体的有机部分来考察，倡导揭示多民族国家的文化多样性，以及地方和族群文化间彼此关联的多样性视角。会议印发的文件“宗旨”指出：以汉文书写为载体的中国传统正史习惯于以中原王朝为中心的叙事，多族群的边缘视角遭到长久的蔑视和忽略，因此需要重新强调：

> 第一，打破三千年来占据统治地位的王朝叙事范型，从多元共生与融合互动的族群视角和边缘文化视角，重新寻找“表述中国文化”（presenting Chinese culture or writing cultures within China）和中国经验的学术契机；
>
> 第二，彰显少数族裔和弱势群体的表述意义，探讨其对重建新多元视角的中国文化观的资源价值。①

① 参见徐新建、叶舒宪、彭兆荣《表述“中国文化”：多元族群与多重视角》，中国文学人类学研究会第五届年会，广西，2010年6月。

对“表述中国”单一模式的突破，晚清至民国是关键所在。[①] 在这段时期里，不仅中国被认为是多元的，而且表述中国的声音也是多元的。汉语世界认识中国的基本分野在当时特别凸显，具体来讲，一类是以民国时期顾颉刚等人在国家危亡之下强调“国族”认同的一元中国论说，另一类是民国时即开始关注的西南研究、西北研究、东南研究等以区域为单位的多元中国论说。当今学界，一元与多元，中心与边缘，同质与异质，这种关于中国的话题模式依然出现在各种学科的相关讨论中，至今仍有探讨的空间。本书关注的起点即为民国时期。

2011 年，葛兆光出版了《宅兹中国——重建有关“中国”的历史论述》一书。书中就如何研究“中国”的问题，再次肯定了傅斯年在 1928 年强调“虏学”研究的重要。

所谓“虏学”，用当时的话说，即指“四裔”之学。[②] 那时，傅斯年遗憾学界的研究落后于西方汉学，因此设想推动中国研究“将来一步一步西去，到中央亚细亚”，从敦煌、安西到中亚，重心在西北。[③] 傅斯年对于当时传统学术研究的贡献是很明显的。不过，葛兆光认为，要重新认识中国，从国际视野的角度说，还须从“虏学”的眼光，扩展至“从周边看中国”[④]，而作为“虏学”的补充与延伸，

① 徐新建：《表述中国：帝国和民国的历史叙事》，《社会科学家》2012 年第 2 期。

② 傅斯年在《历史语言研究所之工作旨趣》中提到“虏学”：如匈奴，鲜卑，突厥，回纥，契丹，女真，蒙古，满洲等问题，在欧洲人却施格外的注意。说句笑话，假如中国学是汉学，为此学者是汉学家，则西洋人治这些匈奴以来的问题岂不是虏学，治这学者岂不是虏学家吗？然而也许汉学之发达有些地方正借重虏学呢！见傅斯年《历史语言研究所之工作旨趣》，《历史语言研究所集刊》第一本第一分，“中研院”1928 年版。

③ 这是傅斯年设想历史语言研究所求新材料的第二步。第一步是沿平汉路，安阳至易州、邯郸等故都，这是容易得到材料的地方。

④ 葛兆光：《宅兹中国——重建有关“中国”的历史论述》，中华书局 2011 年版，第 286—295 页。

葛氏所言的“周边”，是1938年胡适在英文论文《近年来所发现有关中国历史的新资料》中所提到的“日本朝鲜所存中国史料”，即中国之“东边”的一些国家，葛氏认为，“它将成为学术‘新的增长点’”①。而在葛氏的书中，很少提及中国西南区域，即使在肯定1928年成立的“中研院”历史语言研究所的学术典范和学术重镇之意义的总结中，也未提及当时关于西南的调查与研究。②

就在《宅兹中国——重建有关“中国”的历史论述》一书出版的同年，西南学者徐新建，在普洱师范学院举办的“誓言不朽同心永结”讨论会上，以“诏书”和“盟誓”两组较为“边缘”的事例为起点，说明了现代中国之多元历史的由来和特征。在如何认识中国问题上，再次重申了“从西南认识中国”的重要视角。③

往前追溯，2005年，徐新建就从族群地理与生态史学的角度，强调了“藏彝走廊”跨越行省史观审视中国文化历史的意义；④ 可巧的是，葛兆光也在同年同一期刊物上，以“中国早早地就具有了文明的同一性”作为基点，质疑杜赞奇“从民族国家拯救历史”的中国“虚假同一性”论说。⑤ 上述二位学者的观点与讨论代表了认识中国所侧重的不同视角。

在民国时期民族志文本中，已体现出中国文化的多样性，在新中国成立之后的民族识别工程中，西南又被识别为最多族群的地区

① 葛兆光：《宅兹中国——重建有关“中国”的历史论述》，中华书局2011年版，第285页。

② 同上书，第273—285页。

③ 徐新建：《从“普洱誓盟”看现代中国的“民族表述”》，《民族文学研究》2012年第4期。

④ 徐新建：《族群地理与生态史学：从“藏彝走廊”谈起》，《二十一世纪》（香港）2005年8月号，第104—114页。

⑤ 葛兆光：《重建关于“中国”的历史论述——从民族国家中拯救历史，还是在历史中理解民族国家?》，《二十一世纪》（香港）2005年8月号。

（官方识别为25个民族），在后来的学术研究中，西南也呈现出另一种类型的多样化，历史学、地理学、宗教学、民俗学、民族学、人类学蜂拥而入，使得西南研究成为显学。20世纪90年代“西南研究”被一批西南学者以及研究西南的学者再次强调，并提出“西南学派”①，然而，西南研究还是未竟的事业，学术各界仍有探索的空间。

作为独特的文化区域，西南引人关注与西学东渐的人类学、民族学关系密切。但新中国成立后，人类学作为“资产阶级学科”被取消27年（1952—1979年），仅保留了民族学研究处理中国的民族问题，而今，从历史、地理、政治、文化、考古等方面进行的西南研究成果已经不少（详见综述部分），但并未有从民族志的视角进行整体分析。关于各单一学科分类研究的局限性问题，埃里克·沃尔夫（Eric Wolf）有过深刻的反思。他在《欧洲与没有历史的人民》一书中批评了政治学、经济学、政治经济学、社会学等学科在研究中如何忽略了“人类世界是一个由诸多彼此关联的过程组成的复合体和整体”这一事实。“历史学家、经济学家和政治科学家都无一例外地把独立的民族当作基本分析框架。社会学继续把世界分割成彼此独立的社会。”②人类学是否就能达到最周全的研究呢？沃尔夫也谈到人类学的功能主义，他说，人类学家对单个群体的“所思所想”的研究通常用功能主义法则，实质上，他们的兴趣是探究意义的地方微观世界，在他们的想象中，他们是自成一体的系统。③虽然人类学的功能主义被沃尔夫质疑，但民族志进入中国后，与同时期的西方世界相比，发挥了不同

① 徐新建：《西南研究论》，云南教育出版社1992年版。

② ［美］埃里克·沃尔夫：《欧洲与没有历史的人民》导论，赵丙祥、刘传珠、杨玉静译，上海人民出版社2006年版。

③ 同上书，第23页。

的作用。同时翻检当时的西南调查，发现其文本体例及内容远非功能主义所能涵盖，文本在体例上显示出中西结合的特征，在内容中体现出历史与现实的关联对照。因此，选择民族志文本作为研究对象，可以相对全面地呈现西南文化的丰富性与中国文化的多样性。因为民族志本身具有这样的优势：民族志自身所具有整体观的认识论，至少可以比较有效地纠正以前被僵化、扭曲、刻板的文化表述。在这个意义上，民族志进入西南可以超越以前过度概括化的西南描写，从而将西南作为人类世界的“复合体”和“整体”加以观照（虽然当时的西南民族志并没有达到如此目的，另当别论）。

回到民国，当时的两种中国模式即“一元中国”与“多元中国”论说是否并行？王明珂等学者已有回应。王认为，无论从历史还是考古，当时的“中研院历史语言研究所”对西南民族的调查，实质是在“国族主义”下，再造了一次“华夏边缘”。[①] 王明珂从“历史创造者”的角度对中国早期的民族调查作了深入的总结。然而，就具体记录而言，多元中国（文化多样性）同样体现在民国调查的表述中，虽然有的充满了文学似的想象与趣味。受科学主义影响，其想象与趣味又常常被科学话语置换。可以说，这一时期，是表述中国的传统话语方式与现代话语方式大混杂、大融合的时期。对民族调查而言，又是以现代科学话语规范其表述方式的时期。因此，本书想将研究文本扩大，以广义民族志文本作为讨论对象，并适当列入被调查对象的自我表述进行参照对比，以西南调查为重点，来讨论当时的中国表述样态。

本书选择中国早期民族志的西南书写文本进行分析，重点在于

① 参见王明珂《华夏边缘：历史记忆与族群认同》第十一章“近代华夏边缘再造”，社会科学文献出版社 2006 年版。

探讨在中华民国建设过程中，中国知识分子在西方所谓科学理念下，如何利用现代民族学、人类学知识去发现和表述西南的地方文化与少数民族，以及这种表述背后所蕴含的意义。更为重要的是，本书将纳入一些被表述对象的言论进行参照分析，以更深入地探讨其时关于中国民族的多元表述真实性。在本书的分析中，涉及几个关键的话题。

二　民国·西南·民族志

民国、西南、民族志，是本书研究内容中的三个关键词，其在本书研究中的作用及意义如下。

民国。20 世纪上半叶有一个关键词是“民国”。“民国”一词含义非常丰富，至今学界论说不休。至少有三点是本书需强调的。一是民国意味着中国从“天下”到“国家”的重要转变。[①] 民国是主权国家在国际体系中的一个新事物，民国也是一套新话语产生的时代，这个时代出现了现代教育体系、现代学术制度及现代社会思想，民族志的出现与之密切相关。如果把司马迁时代看作是前民族志时代，本研究中的民国可以看成是对地方、人群、文化表述的民族志时代，这一时期，可称之为中原王朝进入现代民族国家建构中的社会转型期，其学术转型的特点之一，表现在知识分子对一个地方、人群、文化的描述方式发生了文本转移，并体现了他们对地方性知识认知的新变化。作为现代性知识生产大潮的重要支流，民族志也成为国家建构的重要工具。二是民国学术的多元化。民国时期特别强调的民本思想是本书

① ［美］列文森：《儒教中国及其现代命运》，郑大华、任菁译，中国社会科学出版社 2000 年版，第 87 页。

关注的重点。当“目光向下的革命”① 推进以后，少数的、边缘的“蛮夷”开始被学界注视，他们也获得了被主流社会关注的可能，所以民族志无论是以何种“面目”进入中国，在何种程度上被“本土”使用，但在民国思想史上都是值得肯定的。历来少数民族在正史中都是作为中原汉族的陪衬，甚至被以妖魔化的、污名化的他者形象，裹挟在列传、方志等补充性历史文本里。司马迁以来的书写系统中，各个边缘族群虽被提及，但其文本中表现出的帝王中心意识还是相当明显。民族志以另一种学术观念参与族群叙事，对传统中原中心的学术观也带来了审视和冲击，在某种程度上也意味着学术的多元，因为至少从事民族调查的学者，原则上是认同民主、平等思想的，四方蛮夷的他称，也第一次被转换为“边疆同胞”；同时民族调查本身，原则上也是强调科学与客观原则的。三是民国的多元历史中，国民政府的官方话语对知识分子的民族调查产生了重要影响，学术与政治的纠葛，是其时民族调查的主要特点。民国的新知识分子群体在民族调查中发挥了特殊作用。在本书里，民国作为一个历史的表述单位，还需要回溯至1905年那场“静悄悄的革命”，即科举制度的废除，因为特定的知识群体由此产生。许纪霖认为，科举是保证王朝一体化的最重要的方式。② 中华帝国的疆域极其辽阔，而当时的技术手段又相当落后，因此，如何对广土众民实施有效的统治，使之形成共同的天下意识和王朝意识，没有科举显然是无法实现的，科举发挥了王朝一体化的整合功能。1905年之后呢？科举制的废除，使得精英开始多元化了，不再往国家流动，而是流落到民间，国家与精英的关系在1905

---

① “眼光向下的革命”是借用赵世瑜的观点。见赵世瑜《眼光向下的革命——中国现代民俗学思想史论（1918—1937）》，北京师范大学出版社1999年版。

② 许纪霖等：《“科举废除百年祭”学术笔谈》，《文汇报》2010年11月9日。

年后出现了疏离。[1] 现代教育启动，中国的知识分子成为“官”“民”之间的“新知识群”——“士”,[2] 他们的身份出现了模糊性，游离在学、政之间。他们或出国学习考察，或著书立说，或翻译西方科学与文化的著作，大量引进西学。在这之前已悄然东渐的西方人类学（民族学）,[3] 此时开始大力跟进。而这些参与西南民族调查的“新知识群”，既怀抱西方，又因袭了传统知识分子“天下兴亡”的责任感。

西南。在现代学术实践的开展中，西南民族调查成为一门新学问。江应樑在《评鸟居龙藏之苗族调查报告》中说：

> 民族调查在今日已普遍地为中外学者所重视，中国是一个民族调查对象的宝库，尤其是西南边省各地，其境内拥有若干原始半原始的古代民族的残遗，从这种残遗里，可以给以史学、社会学、人类学、民族学等科学上伟大的发现，是以西南民族四字，差不多可以成为研究上的一个新的科学名词，而对西南民族的调查与研究，也差不多成为了一种新的专门学问。[4]

从历史上看，清朝以后，国民政府成立，政治中心设在南京，从地理上来说，南京还是过去的中原之地，西南仍然是中原之外的边疆。既然如此，为何大量的民族志得以在西南产生？结合当时的背景来看，原因是多方面的。其一，西南的特殊性使其在特定时期发挥了历史上其他区域不可替代的作用。在西方各国对西南边界的争夺中，中国急需用现代科学的方法，证明国家的边界所在。用王明珂的话

---

① 百年前的那场千年“停废”，《文汇报》2005 年 12 月 25 日。

② 徐新建：《民歌与国学》，巴蜀书社 2006 年版，第 6 页。

③ 其中标志性事件是：1903 年林纾和魏易翻译的《民种学》、林楷青翻译的《人种学》、刘师培著的《中国民族志》，1904 年蒋智由撰写的《中国人种考》等。参见王建民《中国民族学史》（上），云南教育出版社 1997 年版。

④ 江应樑：《评鸟居龙藏之苗族调查报告》，《现代史学》1937 年第 3 卷第 2 期。

说，即是“近代华夏边缘的再造”,[1] 在这个“再造”的过程中，“云贵等西南地区是国族范围内最模糊的边缘地带，此可以说明为何在早期（指20世纪上半叶）民族调查研究中，投身于西南民族调查的学者也最多。”[2] 其二，抗日战争的爆发，边疆研究、西南研究兴起，致使“边政学”成为一门显学，整个中国的学术重镇发生了历史性的大迁移。于是，民国时期的学术南移催生了国内学术在现代知识性生产中自然倾向了西南，从而描写西南的民族志文本数量成为国内之最，其中产生的经典民族志也大多与西南有关。即便在与东南相并行的汉人社区研究中，西南的族群研究也占据了重要一翼。可见，民国西南的民族志堪称中国现代民族志的缩影。

另外，西南少数民族第一次在民国时期成为一个重要话题。早在20世纪20年代初期，《东方杂志》《时事月报》《申报月刊》等就已关注世界上其他国家的“少数民族问题”。抗日战争以后，中国边疆的少数民族问题更被放大。西南、西北尤其是西南少数民族，成为学、政等界关注的焦点。有史以来，西南的大门第一次被中原的巨手推开，西南的各类信息扑面而来，历史上的西南形象或被印证，或被修正，或被重新发现。对西南的第一次大规模的现代学术书写产生，这类书写现在被冠以“民族志”，但在当时，却大都被称之为“调查报告”，其特点是强调现代学科的客观、科学性。另外，不仅受过西方人类学、民族学训练的知识分子参与其中，大批政府官员、非专业学者及其他知识分子也参与调查，产生了大批“类民族志”文本。本书即以此为基础，探讨中国固有的西南书写传统，如何结合了西潮而

---

① 王明珂:《华夏边缘：历史记忆与族群认同》，社会科学文献出版社2006年版，第209页。

② 王明珂:《由族群到民族：中国西南历史经验》，《西南民族大学学报》2007年第11期。

来的现代学术——民族学、人类学，并在当时的政治、文化语境中，产生出表述西南少数民族的新话语方式。

对书写西南的这批中国民族志究竟如何进行研究呢？这里需要关注当代学术界对民族志本身的讨论。

民族志。20世纪80年代以来，随着人文学科“表述危机”在西方提出，民族志撰写的科学权威性也受到质疑，例如《写文化》（*Writing Culture*）直接面对的问题就是“民族志文本写作”的合法性和有效性。克利福德（James Clifford）、马尔库斯（George E. Marcus）等人分析了民族志文本中修辞的运用，以及这些修辞背后所体现出的权力格局等如何影响了民族志文本权威性的生成。①

近十年来，中国民族学、人类学界也深受“写文化”的影响，大有对传统民族志书写进行彻底清算之势，并对目前中国民族志的发展产生了重要的影响。高丙中作为《写文化》的译者，将《写文化》时代总结为民族志发展的第三个时代。第一个时代的民族志是自发性的、随意性的和业余性的，有文字而又重文献的民族大都有自己的文化特色的民族志。第二个时代是通过学科规范支撑起“科学性”的时代。第三个时代是从反思以“科学”自我期许的人类学家的知识生产过程开始萌发的，即《写文化》的时代。② 这三个时代的总结虽然不能代表全球（因为人类学的民族志进入中国和其他非西方国家可能因为不一样的历史传统而出现很不一样的情况），但是适合中国。

受《写文化》的影响，中国学术界也开始了民族志的讨论与研究，尤其是文学人类学界学者成为讨论与研究的主力军。2008年，中

---

① ［美］詹姆斯·克利福德、乔治·E. 马库斯编著：《写文化——人类学的诗学与政治学》，高丙中等译，商务印书馆2008年版，第31页。

② ［美］詹姆斯·克利福德、乔治·E. 马库斯编著：《写文化——人类学的诗学与政治学》序，高丙中等译，商务印书馆2008年版，第6—15页。

国文学人类学研究会召开“人类学写作”为主题的第四届年会。“人类学写作”，若从字面上理解，兼指文艺创作方面的“人类学转向”和人类学研究与表述方面的“文学转向”的双重含义；从比喻的意义上，泛指人文社会科学研究方面的“人类学转向”。年会选编的文集是在年会的论文基础上扩展而成的，讨论了文艺创作的人类学转向、人类学的文学转向、人文社会科学的人类学转向三个转向，以及文学家的人类学写作、对人类学范式文学转向的学术史意义和方法论意义的研究、对当代文学研究中的“文化阐释”潮流的学术史反思与系谱分析、从范式与方法看人类学如何引导我们重新进入中国和世界的“历史”四个议题。其中，在案例的分析上，重点对传统民族志文本进行了反思。提交的论文大多从文学与人类学的双重视野出发，关注“写作的人类性”及“人类学的写作性”问题。

在这之间的先后几年间，学界运用文学人类学方法研究出了一批成果。这批成果比较注重强调民族志的文学性，重视民族志的阐释性，大多用文学理论将民族志作为文学文本进行分析。比如，徐鲁亚通过梳理民族志发展的过程反思民族志文本的本质，质疑“文化的科学”，并提出人类学的文化撰写既然是“写作”，就没有什么范式可言。① 索龙高娃在《文学人类学方法论辨析》的论文中，重点从叙述结构与风格、民族志作者在文本中的角色、被研究者的共性、术语的润饰、表述的手段等纯文学的角度分析民族志的修辞。② 对于民族志来讲，上述文学人类学的研究方法颇为新颖。但值得强调的是，过度阐释文学问题可能导致人类学民族志离开其根基，而专注对应了虚构

① 徐鲁亚：《神话与传说——论人类学文化撰写范式的演变》，博士学位论文，中央民族大学，2003 年。

② 索龙高娃：《文学人类学方法论辨析》，硕士学位论文，中央民族大学，2005 年。

与想象。如果只讲其文学性，显然无法寻找民族志的新出路，也无法为各学科所认同。另一类文章从理论层面来探讨，认为“科学民族志”只是一个虚假概念，主体民族志是对科学民族志的颠覆。既然所有的民族志都是主体的建构，那么所谓的客观真理就不再存在。[①] 如果此观点成立，民族志会落入更大的恐慌。如阿吉柔所说：如果我们意识到“同一性”只是一种建构，那我们将会发现这个世界所有的意义、目的、意味都是我们所强加，而这种想法多么危险。[②] 主体民族志应该在何种层面上讨论才有效？同样是个值得深思的问题。

其实，无论是对科学民族志质疑还是赞同，这种二元悖论的思维模式始终会引起争议。以中国的民族识别为例，中西学者之间或者说两种观点之间一直有抗争。在质疑民族志真实性的语境之下，部分国外及港台学者对西南民族识别的质疑之风兴起，中国学者也参与到论争之中。以“华盛顿学派”的斯蒂文·郝瑞（Stevan Harrell）与中国学者李绍明关于彝族识别问题为例，前者解构了彝族识别的现代生成，认为彝族支系众多，而且均有各自的文化，其聚拢带有任意性，是一种政治话语。[③] 后者以彝族的古代表述与自表述等对其进行反驳，认为彝族有相同的文化和彼此的认同。[④] 民族识别形成了两种讨论景观：一种背离传统文献，强调民族的现代建构论；另一种背靠传统文献，强调民族的原生论。应该说，民族识别并非简单的建构论或者原生论可以概括。其实，国外学术界也在对此进行反思，斯坦福大学墨

---

① 朱炳祥：《反思与重构：论“主体民族志”》，《民族研究》2011 年第 3 期。

② 许晶：《从“Representation”看人类学“表述危机”》，《广西民族研究》2006 年第 3 期。

③ ［美］斯蒂文·郝瑞（Stevan Harrel）：《田野中的族群关系与民族认同》，巴莫阿依、曲木铁西译，广西民族出版社 2000 年版，第 21—55、268 页。

④ 李绍明：《从中国彝族的认同谈族体理论——与郝瑞（StevanHarrell）教授商榷》，《民族研究》2002 年第 2 期。

磊宁的（Thomas s. Mullaney）关于民族识别的新著，将民族识别工程，追溯到民国时期的西南边疆民族调查，试图用“分类学”的方法，还原民族识别这一知识生产的全过程。[①] 算是为民族识别找到了历史性依据，而非简单地认同“建构论”。

“写文化”以来形成的对“科学民族志”解构之风似乎很难从根本上解决民族志写作问题。1998 年，《写文化之后：当代人类学的认识论和实践》[②] 结集出版，试图使人们再次关注民族志借以获得权威的社会过程，并认为人类学的理论危机能够通过具体的经历来克服。[③] 用这样的思路来分析民族志，本书认为，所谓原生论即是客观真实，所谓建构论即是虚构的说法大有商榷空间。关于真实或真相的问题，哲学、宗教、历史等各个学科都有相关讨论。但真实或真相与建构之间的关系是什么呢？我们可能很难一言概之。关于文学人类学如何追述文本中的“真相”，笔者也曾撰文讨论。[④] 从文学人类学学科角度看，真相就如康德所言“本相”，即“在其自身中之物”或“物自身”，是不可知的。[⑤] 对于田野研究，我们所关注的是，田野的过程，如何被表述于文本中，而不是结论与真相；对于文本研究，我们所要做的，是寻找文本话语产生的原因与过程，而不是侧重于去鉴定文本话语是真实还是非真实。总之，我们寻求的是过程，无论是当时的调

① Thomas S. Mullaney，*Coming to Terms with the Nation：Ethnic Classification in Modern China*，Berkeley：University of California Press，2011. 另见安琪：评墨磊宁的《立国之道：现代中国的民族识别》，《民族研究》2012 年第 3 期。

② James，Hockey and A. Dawson（eds.），*After Writing Culture：Epistemology and Praxis in Contemporary Anthropology*，London and NewYork：Routledge，1997.

③ 黄剑波：《写文化之争——人类学中的后现代话语及研究转向》，《思想战线》2004 年第 4 期。

④ 王璐：《从“文本中心”到“本文”探求：文学人类学研究范式探讨》，《西南民族大学学报》2011 年第 1 期。

⑤ ［英］特雷·伊格尔顿：《二十世纪西方文学理论》，伍晓明译，北京大学出版社 2007 年版。

查还是调查之后产生的文本，过程中产生了人与人，人与物，人与自然、历史、社会之间的关系。而这，恰是人类学所关注的重点。

借用具体的民族志文本，可以在文学与人类学之间寻找民族志形成的过程，即民族志其实是科学与文学相结合的产物。从科学来讲，民族志使得西南民族文化以调查者的第一手材料得以呈现；从文学来说，这第一手呈现的材料在记录上呈现出客观之中有主观选择性。因此，讨论中国的民族志，需要在非科学与科学之间寻找关联。如何寻找呢？"民族志"也需要从现代回到传统。通常，人们会用一种进化的眼光来看待民族志的发展，认为一个民族志时代过去了，另一个民族志时代来到了，于是宣布过去民族志时代的死亡。而实际情况却并非如此，高丙中所言的三个时代并不应当如是看。民族志的三个时代可以看成是共生性的三个时代，而不是历时性的。如何打通三个时代才是问题的关键。比如，第一个时代，我们暂且称之为"前民族志时代"所产生的作品，在中国的语境中，与认识"民族志"这个概念及早期的中国民族志有重要关联。用徐新建的话说，民族志并非简单的"写文化"，尤其在中国的语境中，甚至还需要回到古代关乎具有普世关怀、哲学维度的一些读本，这是人类学的资源，它们是与写文化问题、人类学的文学问题、民族志表述问题相通的。① 本论著也以同样思路观照，中国早期民族志绝不是 ethnography 落地中国后的西方移植，不仅在文本体例，而且在写作方式上，早期民族志都体现出与西方同时期不一样的特点。如果用广义的民族志概念考察，并采用现代学术眼光，那么这些文本类型可以说是跨越了高丙中所言民族志三个时代中的任何一个时代。

① 徐新建：《从文学到人类学——关于民族志和写文化的答问》，《北方民族大学学报》2009 年第 1 期。

三 表述：文学与人类学

如果将当时的民族志书写作为对真相的第一重表述，那么本书的研究已经是对真相的第二重表述，如果第一重表述本身带有倾向性、选择性的记录，那么要通过第二重表述来寻求真相几乎不可能。因此本书只得另寻途径，精简问题，即将民族志的解释问题，转换成作者的表述问题。[①] 试图对西南民族志的不同表述视角进行分析，通过对具代表性的西南民族志文本进行"深描"，力图探讨这样的问题：当时的民族志文本都重点写了哪些内容，为何要写这些内容，这种知识是如何产生的？为何同一对象被表述成了不同的文字？在当时西南所处的政治社会语境之下，西南民族志呈现出了怎样的特点？对认识中国（民国）的意义何在？

要回答上述问题，本书在主体部分将用文学人类学的"表述理论"贯穿。米达尔认为：也许民族志实践的主要认知在于："民族志涉及一连串真理的实验，而这些真理实验绝对无法单独地完成。身为研究者，我们从来就无法真正获得任何社会与文化'完整真实'的面貌，相反地，从我们特定的观点来看，我们仅能产生一个关于真实的译本，仅能提供给他人一个我们视之为最适当的观点作为思考。"[②] 如何看待西南民族志的译本？"适当性"应当怎样理解？表述理论的介入可以更好地对这一问题进行探讨。

徐新建指出，表述是文学人类学的起点与核心。在现实和历史的

① 这实际上是后现代史学所用的方法。见［美］海登·怀特《元史学》，陈新译，译林出版社2013年版。怀特把历史学（和人类学）的解释问题，转换成了作者的表述问题。

② ［英］安·格雷：《文化研究：民族志方法与生活文化》，许梦云译，高丙中校，重庆大学出版社2009年版，第27页。

意义上，表述问题也是人类世界的起点和核心，不是因为有一个学理的需求我们才关注表述问题，而是从某种意义上来说，现实和历史的核心也就是表述。表述问题在身份权力、身份话语和身份政治后面存在作用。身份是潜在的，表述使之成为可能。如果不关心表述问题，我们不可能去理解和阐释身份问题。[①] 就民族的田野调查而言，其成果以文本的形成呈现一定是通过语言的表述。其表述方式与表述目的，一定与身份有关。那么接下来可以说，不关心身份问题，也不能更好地理解为何要如此表述。从身份到表述，应该如何转换呢？《西南研究书系》之《西南研究论》中曾经提到，西南话语的重建需要对出现于中原叙述中的他称现象的历史超越。西南研究从“他称”走向“自称”，最后进入超越空间界限的“第三人称”，已是一种历史的必然。[②] 参与“西南研究书系”的徐新建后来将上述人称问题，转换为更具有过程与行动意义的“表述”问题，把“他称”与“自称”转换为“他表述”与“自表述”，以此来强调表述的主体性。[③]

由此出发，在关于民族志文本的表述中，笔者也按作者的族属关系进行区分，把他者对异文化的书写称之为“他表述”，本族人对本族文化的书写，称之为“自表述”。这样的区分还可再细化。其实，“他表述”所涉及表述身份很复杂，有国外调查者的“他表述”，学者的“他表述”，官方的“他表述”，普通知识分子的“他表述”。同样，“自表述”本身就值得追问：真正有所谓的“自”吗？如果要用文本的形式来呈现表述，“自表述”并非仅仅是“自”了，“自表述”

---

① 徐新建：《表述问题：文学人类学的起点和核心——为中国文学人类学研究会第五届年会而作》，《西南民族大学学报》2011 年第 1 期。

② 徐新建：《西南研究论》，云南教育出版社 1992 年版，第 240 页。

③ 徐新建、唐启翠：《“表述”问题：文学人类学的理论核心——文学人类学发展与展望访谈之三》，《社会科学家》2012 年第 2 期。

含有“他性”，“自表述”借用了“他”的表现形式——西方民族志，借用了“他”的语言——汉语，借用了“他”的思维——汉语思维，而且关键的一点，“自表述”是表述给“他”看的，其中的表述缘由、表述目的使其无法“纯洁”，但正因为如此，国家建构中的“自表述”值得重视。所以本书采用“华夷互补”观，[①] 同等重视族群的“自表述”，力图超越中国传统的“中原叙述”，用边缘文化视角关注多元共生的族群，来彰显非中原、非中心族群的文化表述意义。因此，“自表述”文本与“他表述”文本一样，贯穿于本书的主体部分。

另外，表述问题也与文学人类学问题密切相关。20 世纪以来的文学艺术创作和人文社会科学研究，深受人类学的影响；同时，20 世纪的人类学表述范式也经历了从“科学”到“文学”的转向。特别是 20 世纪 80 年代后的欧美人类学内部开始出现对“写文化”（writing culture）的关注并引出对传统“民族志”（ethnography）文本的反思，使得文学与人类学的双向互动问题更引起学界关注。中国文学人类学研究会第四届年会以“人类学写作”为主旨，讨论了文学创作的人类学转向、人类学的文学转向及人文社会科学的人类学转向三个转向。[②] 此种语境引发笔者对中国民族志研究的反思。经过“写文化”的“洗礼”，民族志不再与客观、真实等同，民族志有时被称之为“写作”。如果以这样的角度看，民族志的问题，就是与文学人类学相关的问题，即民族志既是文学的，也是人类学的。然而，在上文中笔者已谈到，对民族志研究而言，如果过度强调文学化、想象化、虚构化，同

① 徐新建：《帝国轮替中的认同演变》，见高岚《从民族记忆到国家叙事》（序），四川文艺出版社 2010 年版。

② 徐新建：《人类学写作：中国文学人类学研究会第四届年会文辑》，四川大学出版社 2010 年版。

样难以把握民族志的走向，虽然“写文化”本身隐晦地提出了建构性的要求和期望，但客观上所起的作用主要还是在于“破”（解构）。以目前的状况看，文学人类学方法，可以试图为民族志发展的两种极端（想象与现实，或说想象与科学）（之间）找到折中的妥协。

由此，本书运用表述理论的意义在于：第一，表述是文学人类学的起点与核心。[①] 第二，有表述就有被表述。表述与被表述可以更好地对应研究者与被研究者，对于观照国家与地方的互动，具有方法论意义。第三，运用表述可以更好地连接文学与人类学，可以更方便于结合民族志的当代演进，同时又不致落入空洞的修辞研究。与此相关联，本书在整体上观照三重视野：

第一重是“中与外”的学术互渗与对话。西南民族志是中外现代性学术对话的产物（日本作为对话的桥梁），理解这一学术产物需要关注民族志作为西学进入的相关背景，从而更准确地理解 ethnography 翻成“民族志”的历史背景与社会动因。值得注意的是，这里的历史背景与社会动因包含了中外互动。民族志的进入不是简单的外在力量作用，从 ethnography 被认同为“民族志”的结果来看，更是外在力量推动下的本土主动接纳。第二重是“古与今”的学术勾连。尽管民族志是现代学术的产物，但落地中国后，不可避免地与其几千年的深厚学术传统产生关联。如果仅就西学来谈民族志，不能深刻地理解民族志的真正内涵，更无法理解人类学本土化[②]、中国化所具有的深厚语境。“古与今”的关联主要体现在“志”的翻译，以及 ethnography

---

① 徐新建：《表述问题：文学人类学的起点和核心——为中国文学人类学研究会第五届年会而作》，《西南民族大学学报》2011 年第 1 期。

② 关于人类学的本土化问题，中国人类学高级论坛有过相关讨论。有学者也不认同存在人类学本土化这一说法。参见王璐《人类学的开放平台——中国人类学高级论坛十年报告》，《广西民族大学学报》2011 年第 5 期。

落地中国后如何结合了正史与方志的表述特点。第三重是“国家与地方”的关联与互动。探讨关联与互动不仅需要对“中心与边陲”“中原与西南”“华夏与边缘”重新认识与阐释，而且需要考察国家政治如何通过学术话语，参与对西南的认知与想象，还须关注地方精英的相关回应，共同构成新的西南对话与中国对话。本书具体体现在“他表述”与“自表述”的关联与互动。此处所论说的表述问题，将在下文（第二章第二节）详细讨论。

从民族志的角度整体观照西南有许多前人研究值得借鉴。由于中国政治语境的变化，从事中国民族调查的学者于 1949 年后分为两路，一边在台湾，另一边在大陆。学界对其研究开始也是台湾学者重视赴台民族学家的研究，大陆学者重视对留在大陆的民族学家的研究。对外开放以后，两地交叉互动研究增多。外国学者对中国的研究也同步增加了。目前对西南民族的调查文本研究，大体散现于以下四类：

第一类是对调查者的调查地点重访，或对调查者个人及其作品进行研究。台湾学界对 1949 年随“中研院”入台后的民族学家、人类学家研究颇多，如凌纯声、芮逸夫先生等。对其最早进行研究的当属李亦园、乔健等诸位先生，以及稍后的王明珂、谢世忠、何翠萍、黄应贵等诸学者。如李亦园先生的《凌纯声先生对中国民族学之贡献》①《中国的民族、社会与文化：芮逸夫教授的学术成就与贡献》(1981 年)②。王明珂的《国族边缘、边界与变迁——两个近代中国边疆民族考察的例子》《寻访凌纯声、芮逸夫两先生的足迹　史语所早

① 《凌纯声先生对中国民族学之贡献》，《“中研院”民族学研究所集刊》第 29 期。

② 李亦园：《中国的民族、社会与文化：芮逸夫教授的学术成就与贡献》，食货出版社 1981 年版。

期中国西南民族调查的回顾》《民族文物之反映与映照》① 等。谢世忠、孙宝钢主编的《人类学研究：庆祝芮逸夫教授九秩华诞论文集》②，何翠萍的《从少数民族研究的几个个案谈“己”与“异己”的关系》③，徐正光、黄应贵主编的《人类学在台湾的发展：回顾与展望》中的部分内容等，都有对中国早期西南民族调查研究的真知灼见。④

大陆学界对林耀华、马长寿、任乃强、杨成志、李安宅、庄学本、葛维汉等均有相关研究。如潘守永的《林耀华评传》⑤、陈波的《李安宅与华西派人类学》⑥、杨清媚的《最后的绅士——以费孝通为个人案例的人类学史研究》⑦、吴雯的《民族志记录和边疆形象》⑧ 等将早期民族学家的思想脉络梳理得十分清楚。

费孝通主持的“云南三村”调查、许烺光在大理“西镇”（喜洲）展开的祖先崇拜研究、田汝康对“摆夷”（傣族）村寨进行的研究等，均被后代学人回访，并做出了新的研究分析。如张宏明重新考察禄村的土地制度写成《土地制度与公共仪式的变迁——禄村再研

---

① 王明珂：《国族边缘、边界与变迁——两个近代中国边疆民族考察的例子》，《新史学》2010 年 9 月；《寻访凌纯声、芮逸夫两先生的足迹 史语所早期中国西南民族调查的回顾》，《古今论衡》2008 年第 18 期；《民族文物之反映与映照》，《历史月刊》2003 年 6 月。

② 谢世忠、孙宝钢主编：《人类学研究：庆祝芮逸夫教授九秩华诞论文集》，南天书局（台北）1990 年版。

③ 何翠萍：《从少数民族研究的几个个案谈“己”与“异己”的关系》，徐正光、黄应贵主编：《人类学在台湾的发展：回顾与展望》，“中研院”民族学研究所 1999 年版。

④ 徐正光、黄应贵主编：《人类学在台湾的发展：回顾与展望》，“中研院”民族学研究所 1999 年版。

⑤ 潘守永：《林耀华评传》，民族出版社 2009 年版。

⑥ 陈波：《李安宅与华西派人类学》，巴蜀书社 2010 年版。

⑦ 杨清媚：《最后的绅士——以费孝通为个人案例的人类学史研究》，世界图书出版公司 2010 年版。

⑧ 吴雯：《民族志记录和边疆形象》，硕士学位论文，四川大学，2006 年。

究》[①]、梁永佳重访喜洲写成《地域崇拜的等级结构——大理喜洲仪式与文化的田野考察》[②]、褚建芳回访芒市的“摆”写成《人神之间——云南芒市一个傣族村寨的仪式生活与等级秩序》[③] 等。上述回访成果，提出了具有继承和反思双重性格的观点。[④] 对调查者个人及其作品的研究比较集中地反映在《中国人类学评论》中。搜索《中国人类学评论》第1—18辑的登录文章，可以看到，集中谈到西南民族志、人类学研究的是第7辑的“反思西南人类学”专栏，此栏刊登了11篇相关文章；第13辑也专门谈民国民族志，共选了7篇作评论，其中西南民族志占了4篇。涉及评论的民族志是任乃强的《泸定导游》（1939）、吴泽霖等的《贵州苗夷社会研究》（1942）、林耀华的《凉山彝家》（1944）、田汝康的《芒市边民的摆》（1946）等。对民族学家个人的西南民族志研究也散见于期刊论文。第二类是关于民族学、人类学的学术史研究。西南民族调查被放在民族学、人类学的学术史中加以总结和论述，目前代表性的著作是王建民的《中国民族学史》（1903—1949）（1997）[⑤]、顾定国的《中国人类学逸史——从马林洛斯基到莫斯科到毛泽东》（2000）[⑥]、胡鸿保的《中国人类学史》（2006）等[⑦]。这类研究注重人类学发展的整体面貌，并未对西南民

① 张宏明：《土地制度与公共仪式的变迁——禄村再研究》，博士学位论文，北京大学，2002年。

② 梁永佳：《地域崇拜的等级结构——大理喜洲仪式与文化的田野考察》，博士学位论文，北京大学，2003年。

③ 褚建芳：《人神之间——云南芒市一个傣族村寨的仪式生活与等级秩序》，博士学位论文，北京大学，2003年。

④ 王铭铭：《继承与反思——记云南三个人类学田野工作地点的“再研究”》，《社会学研究》2005年第2期。

⑤ 王建民：《中国民族学史》（上），云南教育出版社1997年版。

⑥ ［美］顾定国：《中国人类学逸史——从马林诺斯基到莫斯科到毛泽东》，胡鸿保、周燕译，社会科学文献出版社2000年版。

⑦ 胡鸿保：《中国人类学史》，中国人民大学出版社2006年版。

族志做特别分析，但勾勒出了西南民族志的生产语境与历史脉络。

第三类是关于调查机构或研究机构、学会、政府政策等相关研究。组织西南民族调查最重要的机构当属“中研院”。台湾“中研院”院士王明珂，对“中研院”早期西南民族调查的研究成果集中体现在他的《华夏边缘：历史记忆与族群认同》[①] 一书的第十一章（“近代华夏边缘再造”），该章强调了中研院早期西南民族调查对于华夏边缘的认识与建构作用。另外，关于民国时期的边政研究有汪洪亮的《顾颉刚与民国时期的边政研究》《民国时期的边政研究与民族学——从杨成志的一篇旧文说起》[②] 等，关于民国边疆机构与刊物的归纳整理，有房建昌的《简述民国年间有关中国边疆的机构与刊物》[③]。对国民政府的西南民族政策研究，也相继出版了马玉华的《国民政府对西南少数民族调查之研究（1929—1948）》（2006 年）[④]、李国栋的《民国时期的民族问题与民国政府的民族政策研究》（2009 年）等。[⑤] 对此问题的国外研究有大卫·迈克尔（David Michael）的《中国西南的国家少数民族政策（1911—1965）》[⑥] 等。第四类是以地域分类的研究如西南或云南、贵州、四川等，或近年来以具体族群学，如彝学、苗学等学科视角展开的相关研究。

以民国时期“西南”调查为范围的研究并不多。台湾大学王鹏惠

---

① 王明珂：《华夏边缘——历史记忆与族群认同》，社会科学文献出版社 2006 年版。

② 汪洪亮：《顾颉刚与民国时期的边政研究》，《齐鲁学刊》2013 年第 1 期；《民国时期的边政研究与民族学——从杨成志的一篇旧文说起》，《民族研究》2011 年第 4 期。

③ 房建昌：《简述民国年间有关中国边疆的机构与刊物》，《中国边疆史地研究》1997 年第 2 期。

④ 马玉华：《国民政府对西南少数民族调查之研究（1929—1948）》，云南人民出版社 2006 年版。

⑤ 李国栋：《民国时期的民族问题与民国政府的民族政策研究》，民族出版社 2009 年版。

⑥ David Michael Deal, *National minority policy in SouthwestChina*（1911—1965）, Seattle: University of Washington, 1971.

的博士论文《失意的国族/诗意的民族/失忆的族/国：影显民国时期的西南少数民族》[1] 以民国时期的西南少数民族影像为研究对象，从影像民族志的新视角，探讨了民族调查与国族的关系。专门总结云南民族调查的有白兴发的新作《二十世纪前半期的云南民族学》（2011年）[2]。无论是民族调查还是民族志研究，国外对西南的研究一直未有中断，如，Anna M. Pikelis 的《中国西南凉山独立罗罗的文化立场》（*Cultural position of the independent Lolo of the Liang Shan area*，*Southwest China*）[3]，德国鲍克兰（Inez de Beauclair）的《中国西南土著文化》（*Tribal cultures of southwest China*）（此书更属于民族调查，而非民族志研究），[4] Ou Chaoquan 的《中国西南卡瓦山的生活（1930—1949）》（*Life in a Kam village in southwest China*，1930—1949）[5] 等。

关于苗学研究中的民族志。与早期民族调查相关的苗学研究，成果颇丰。香港中文大学张兆和（Cheung，Siu－woo）的博士论文《主体与表述：黔东南的身份政治》（*Subject and representation*：*identity politics in Southeast Guizhou*，University of Washington，1996）中就曾涉及西南民族志文本分析。此后，张兆和继续关注贵州的早期民族问题及民族调查。《从“他者描写”到“自我表述”——民国时期石启贵关于湘西苗族身份的探索与实践》[6]，对比了民国时期凌纯声和芮逸夫

---

① 王鹏惠：《失意的国族/诗意的民族/失忆的族/国：影显民国时期的西南少数民族》，博士学位论文，台湾大学，2009年。

② 白兴发：《二十世纪前半期的云南民族学》，民族出版社2011年版。

③ Anna M. Pikelis（D），*Cultural position of the independent Lolo of the Liang Shan area*，*southwest China*，Chicago：University of Chicago，1956.

④ Inez de Beauclair，*Tribal cultures of southwest China*，Taipei ：Orient Cultural Service，1970.

⑤ Ou Chaoquan，*Life in a Kam village in southwest China* 1930—1949，Boston ：Brill，2007.

⑥ 张兆和：《从“他者描写”到“自我表述”——民国时期石启贵关于湘西苗族身份的探索与实践》，《广西民族大学学报》2008年第5期。

这两位任职于国立“中研院”的中国民族学家合著的《湘西苗族调查报告》与石启贵的《湘西苗族实地调查报告》，通过苗人知识分子族群身份认同观念的考察，探讨了在当时呈现的国族体系中，苗人作为少数族裔社群的边界如何被划定及其产生的相关影响。《黔西苗族身份的汉文书写与近代中国的族群认同——杨汉先的个案研究》[①] 认为，杨汉先关于贵州西部苗族历史文化的民族志书写，应放在民国年间政府构建现代国族体制的历史脉络中来分析，将其理解为中国西南部土著族群争取国家确认他们的民族身份和政治地位的一项努力。

少数民族与国族建构的关联是一个重要话题。谢幸芸的《近代中国苗族之国族化（1911—1949）》[②] 论述了苗族国族化的过程。石茂明的《跨国界苗族（Hmong）人研究》[③] 以苗族的亚群 Hmong 人为研究对象，比较全面地梳理了跨国界 Hmong 人在跨居各国的基本情况，以及他们如何参与中国近代政治和国家建设的历史，通过具体事例，探讨了“国家边界”与“族群边界”的互动、“国家”与“族群”的关系。陈昱成的《中国苗族文化的民族学研究》[④] 根据民族学的文化理论，从物质文化、制度文化和精神文化三方面对苗族文化内涵与特点加以探讨。

澳大利亚国立大学人类学系高级研究员王富文（Dr. Nicholas-Tapp）对跨苗的研究主要有：《中国的“蒙”：情境、能动性与想象性》（*The “Hmong” of China：Context，Agency，and the lmaginary*，2001）以及他 2007 年 8 月 7 日于大理召开的“跨越边界与范式——

① 张兆和：《黔西苗族身份的汉文书写与近代中国的族群认同——杨汉先的个案研究》，《西南民族大学学报》2010 年第 3 期。

② 谢幸芸：《近代中国苗族之国族化（1911—1949）》，博士学位论文，台湾师范大学，2011 年。

③ 石茂明：《跨国界苗族（Hmong）人研究》，博士学位论文，中央民族大学，2004 年。

④ 陈昱成：《中国苗族文化的民族学研究》，博士学位论文，中央民族大学，2007 年。

中国西南人类学研究的再思考”国际学术会议上的发言《中国西南：被框定的文化——以 Hmong 及其他民族为例》（*Southwest China: Bounded Culture: Hmong and some Others*）。

关于彝学研究中涉及的民族志研究，最具代表性的是李列的博士论文《民族想象与学术选择：彝族研究现代学术的建立》①，其文主要对 1928—1949 年彝族研究学术史的梳理和总结，文中选择了一些具有代表性的学者和学术成果突出的团体对彝族研究进行学理思路和学术方法的讨论和反思，审视了现代彝族研究的学术渊源和视角特点。其中涉及杨成志、林耀华等的民族调查文本研究，并思考了本土学者的自观位的研究视角。伊利贵的《民国时期西南“夷苗”的政治承认诉求》②，以夷族女土司高玉柱为研究对象，分析了主流社会对“夷苗”的认识。海外彝学研究具代表性的是美国学者斯蒂文·郝瑞（Stevan Harrel），他的《田野中的族群关系与民族认同》③ 以四川攀枝花的几个彝族支系的不同文化表征，对彝族认同提出了质疑。他认为当地的诺苏（Nu ~ u）、里泼（Lepo）、水田（Nalo）、亚拉（Yala）、阿布（Abu）等支系的特点与彝族整体的界定之间存在一定的矛盾。此外还有藏学、纳西学等相关研究，此处不再列举。

另外，西南民族志常被作为重要材料放入有关“西南研究”④ 或

---

① 李列：《民族想象与学术选择：彝族研究现代学术的建立》，人民出版社 2006 年版。

② 伊利贵：《民国时期西南“夷苗”的政治承认诉求》，博士学位论文，中央民族大学，2011 年。

③ ［美］斯蒂文·郝瑞：《田野中的族群关系与民族认同》，巴莫阿依、曲木铁西译，广西民族出版社 2000 年版。

④ 西南研究相关的书系目前主要有：川滇学者的《西南研究书系》丛书已出版了 30 余册，云南大学主编的《云南民族村寨调查》丛书共 27 册，《20 世纪中国民族家庭实录》和《西南边疆民族研究书系》数十册。云南民族大学主编的《云南少数民族文化史》丛书十余册。贵州、湖南学者编辑了《历史民族志研究》丛书多册。四川大学与西藏大学还联合编辑出版了《西藏文明研究》丛书 10 册。中国社科院民族学人类学研究所还编辑出版了《中国少数民族现状与发展调查研究丛书》西南部分多册。

“中国民族志”研究的讨论中，近年来相关研究成果颇多。西南研究涉及分地域、分民族的研究，而中国民族志研究也涉及“ethnography”翻译的讨论、中国民族志的发展历程，以及人类学民族志本土化等问题，此处不再一一列出。

以上研究，有时将民族志作为一种工具，既被当时的作者借用来认识人群，也被当代的研究者借用来分析国家与政治。然而，民族志的宿命并非如此，民族志是新的方法论，也是新的认识论，它对整个民国的政治、学术以及民族国家的建构均产生了深远的影响。本书从民族志体例入手，以文学人类学的“表述理论”为基础，试图还原中华民国早期阶段西南民族志表述中出现的历史背景、学术脉络、类型特点及其历史局限性，并阐述民族志写作对于近代中国的地方研究、民族调查乃至边政治理等诸方面的意义。

在吸收前人研究成果的基础上，本书的研究思路及框架确定为：

第一章交代民族志的中西对话与古今关联问题。主要关注中西语境下的西南民族志，梳理民族志表述从西方传到东方的历程以及“ethnography”翻成“民族志”的中外关联与社会动因。民族志如何被外力推动，又如何被本土主动接纳，作为现代学术的产物，落地中国后，如何与有着几千年文献传统的中国产生关联。因此，本章同时也梳理民族志在汉语世界的古代表述及民族观念的近代认知。

在第一章的知识背景下，调查者开始了西南民族调查实践。第二章梳理中国西南民族志的生成情况，并对其时空分布、文本类型等作一概述。

第三章到第五章是本书的主体部分。在第三章的溯源研究中探讨承袭了方志传统的民族志，如何在表述中带上中原史观，并与民族史相结合，共同书写了中国历史。同时，与同时期的西方相比，族源研究部分的书写体例体现了中国早期民族志独特的书写范式。主要表现在文本开头的族源追溯，文本中神话、传说故事等篇章的撰写。本章分别对上述内容进行分析，并探讨作者的书写动因。最后简要分析这样的民族志书写与“科学民族志”之间的关系。

第三章与第四章是调查者记录、认知西南民族（人群）的两种方式。第三章为时间方式，第四章为空间方式。族源追溯，只是利用中国固有的历史文献从时间上追溯，虽然也有实地调查得来的口传故事，但在阐释部分，更多地依据了“文献田野”，还是一种“前田野”的书写罢了，西南仍然是模糊的边疆空间。于是，实地调查的西南人群分类就显得至关重要。第四章首先分析作者如何通过地理、交通等客观知识来对被调查对象进行初步分类。进而分析作者如何通过西方调查资料、中国文献资料以及自己的实地观察，对西南民族进行更具体、细致的分类。分类模式从微观到宏观可分为三种。通过如此分类记录，模糊的西南民族及西南空间变得清晰起来。但这种分类也引起了争议，本章最后一节对其争议进行简要讨论。

第五章涉及民族志的文化记录。文化记录所涉内容颇多：家庭组织、政治、经济、社会生活、婚姻观念、宗教习俗等，笔者不能一一列取，故选择了宗教、服饰及少数民族婚恋观进行论说。如此选择的逻辑是，西南民族的宗教信仰，属于超自然的精神文化类，常被调查者描述为初民的信仰，在进化的观念中，将其置于过去式，更被官方文本定位为“迷信”一说，强调其落后以区分于我们；而服饰既是一种物质文化，同时也是一种精神文化的体现。本书想讨论，常常被记录为身着传统服饰的少数民族女性，如何被纳入现代国民？撰写者不但描写少数民族女性身体着装，也阐释其开放的婚恋观，使人感知其身上同时具备了传统与现代因素，这种表述方式正是本书的分析空间。如何纳“他族”于“我族”，宗教体现了拯救他们成为“新国民”的思路，而女性的思想观念却体现了他们具有成为“我们”的“新国民”之可能。

前三章都是就民族志内容进行分析。重点分析作为文本成果和作为方法论的民族志。第六章则跳出民族志文本，从与民族志文本有关的边缘案例如日志、行纪、相关时评、照片等副文本入手分析作者的创作动机。这部分侧重探索作为实践的民族志，是如何作用于民族志文本的最终形成。

结语部分仍以西南为例，总结中国早期民族志的主要特点及其表述语境。

本书最后列出附录，包括两部分。第一部分为当时报刊刊登的相关文章，这部分附录所呈现的不仅有民族志调查的及时性成果，更呈现了当时调查的学术与政治的双重语境；第二部分列举了访谈的相关学者。笔者对其的访谈内容，因考虑文本的整体性未完全放入，但相关学者的重要观点会放入正文中并注释致谢。

第一章　中西语境下的民族志

民族志，作为西学术语，其表述方式有自身的发展轨迹，在民族志发展至科学规范之际，也正值西学东渐之时。中国民族志的发展直接受其影响，最突出表现在对马林诺夫斯基（Bronislaw Malinowski）为代表的科学民族志表述范式的吸收。在某些方面，中国民族志直接承袭了西方科学民族志的某些调查方法与文本规范。但是，非西方世界可能有很多类型，如果粗略地分为有文字文献传统与无文字文献传统两类，无疑，中国代表了前一类。有几千年汉字书写传统的中国，保持了自身文明与文化书写的连续性。因此，西方知识范式的民族志传到中国后，并不能完全击破中国的传统，本土延续性的文化观念依然有效并发挥着相当的作用，如 ethnography 被翻成“民族志”就体现了这一特点。下面先将民族志从西方到中国的传播与接受历程做一简要梳理。

第一节　从 ethnography 到民族志

一　西方民族志的早期表述

哈登（Alfred Cort Haddon）在《人类学史》[①] 中将人类学的发展分为三个阶段：第一个阶段为萌芽阶段（古希腊罗马时代）。这个时期有亚里士多德、柏拉图、希罗多德、希波克拉底、卢克莱修、塔西陀、伊本·白图泰、伊本·赫勒敦、沙哈衮、阿考斯特等“机敏的思想家们”；第二个阶段为确立时期（从“地理大发现”和“文艺复兴”时代至 19 世纪中期之前）。这个时期产生了诸如拉菲托、维柯、孟德斯鸠、亨利·霍姆等文化人类学的先驱者；第三阶段为发展时期（19 世纪中期以后）。此时期出现了许多著名的大师，以及各种理论和学派。哈登是从“人类学是一堆杂乱的事实或猜想”谈起的。实际上，他的分期方法已经将人类学的起源往前追溯了，但是“人类学（Anthropology）”作为称呼研究人类整体与特殊性的学科之名称，却是在 19 世纪晚期。

哈登的人类学史分期法对于考察民族志的产生、发展与演变具有借鉴意义。民族志的起源与发展也可以大体归入哈登关于人类学的三段式分期里。追溯英国传统的文献，根据资料检索，目前查询到的民族志西学渊源出自泰勒（E. B. Tylor）的《原始文化》（1871）。在这

① ［英］A. C. 哈登：《人类学史》，廖泗友译，山东人民出版社 1988 年版。

部影响深远的人类学名著中，泰勒说道：

> 文化，或者说文明，在其广义的民族志意义上说，是包括知识、信仰、艺术、道德、法律、风俗以及其他由人类作为社会成员所获得的任何能力和习惯的一个复杂整体。①

这就是说，在被公认为欧洲人类学创始人之一的泰勒看来，人类学的基本特征在一开始就包括两个方面，一是作为研究对象的文化或文明，二是广义的民族志。同时，泰勒又说道，文明的广泛共同性与文化的各个阶段的特性，是民族志领域中的两大原则。② 可见，泰勒已经将自己所收集的资料称为“民族志”，而且是可以包括普世性的文明与独特的文化两方面。这里，民族志其实是作为人类学研究或者说研究人类的重要方面。现在，一般认为，民族志指称人类学的主要研究方法，以及依据人类学研究而书写的文本。其实，这样的民族志定义已经规范于人类学这一学科，即人类学学科产生后所派生出来的研究方法、研究成果。泰勒所定义的民族志，并非后来所定义的人类学产生的一种成品（成果），或说一类文本，一种研究方法。

再看人类学在英国的兴起。人类学在英国兴起固然跟 19 世纪探险、海外贸易和殖民扩张有关，不过，直至 1871 年，“人类学”这一术语才被采用，进而被组合进皇家人类学协会中。在这之前的 1844 年有伦敦人种学学会的建立。那时，泰勒也参加人种学学会的会议，而且参会的有考古学家也有民族志者。③ 可见民族志（ethnography）这一说法在英国是出现在“人类学”之前，民族志（ethnography）的

---

① ［英］爱德华·泰勒：《原始文化》，连树声译，上海文艺出版社 1992 年版，第 1 页。

② 同上。

③ ［挪威］弗雷德里克·巴特等：《人类学的四大传统》，高丙中等译，商务印书馆 2008 年版，第 10 页。

表述传统早于人类学这一学科。

但如果从广义的民族志来讲，还有比泰勒更早提出的民族志概念。在德国，民族志出现比英国更早。在19世纪以前，德国已经产生了一批百科全书式的有关“奇风异俗”的概略类书籍。其中，1771年，苏拉策（AugustSchlozer）的《北欧通史》（*Allgemeine Nordische Geschichte*）第一次使用了“民族志”（Ethnographie）这个术语以及德语的相应表达Völkerkunde。[①] 此外还有梅音纳（Meiners）的《人类学历史理论》（1785）、克雷穆（Klemm）的《人类文化通史》（1843）、维茨（Waitz）的六卷本《原始民族的人类学》（1858—1871）等相关作品。而且，当泰勒的《人类早期历史研究》（1865）和《原始文化》（1871）出版时，“不得不从德国的一些著作中引用相关的民族志材料，因为相比而言，英文版的相关作品几乎没有可用的材料”。据考证，泰勒的这两部被称之为最早英文版民族志汇编的作品，其材料大多来自克雷穆的著作。[②] 所以，中国有学者认为，“民族志”这一名词在18世纪被提出，而对其做出很大贡献的是当时的德国学者。之后，才在英法等国中应用。[③]

在德国，民族志这一术语最初是被描述成地理学的类似物，以及德语中以下二者的对应物，即Völkerkunde和Erdkunde，[④] 德国的民族志学起始于界定德国的文化自我的努力。在德国，人类（Volk）这个

---

① “Völkerkunde”在学科发展早期用得较多，而现今德语学术界基本上用“Ethnographie”作学科名。

② In History of Anthropology Newsletter XIX，No. 2（1992），p. 7，转引自［美］威廉·亚当斯《人类学的哲学之根》，黄剑波、李文建译，广西师范大学出版社2006年版，第269—271页。

③ 黄平等主编：《当代西方社会学·人类学新词典》，吉林人民出版社2003年版，第113页。

④ ［挪威］弗雷德里克·巴特等：《人类学的四大传统》，高丙中等译，商务印书馆2008年版，第84页。

概念在历史哲学和德国人的自我形象中具有中心地位，它是“德国民族志学的一个独特特征，它试图去界定德国人的自我（self）和他者（the Other）”[①]。可见，从德国的民族志起源来看，其人类学特征是非常明显的，只是在德国，民族志和人类学的关联主要是体现在民族志和民族学的纠葛中。启蒙的概念是把民族志（ethnography）和民族学（Völkerkunde）看成是同义词，都是以实证为基础，关于世界文化、语言和民族的学术科学。只是经过19世纪的发展，民族志的意义才浓缩成只含有描述的含义，同时民族志领域也成为民族学理论领域的对立物。[②]

在最广的意义上，德国的民族志传统还可以追溯到16世纪的宇宙志学（cosmographies）时代。[③] 不过，就民族志的历史渊源来说，还可以追溯到更早，对此，学界也有论说。就具体历史时代来说，学者们已经将其追溯到人类文明发源地的古埃及、古巴比伦、古希腊、古罗马。古埃及的石刻、壁画中就有不少关于异民族的材料；巴比伦王国一些泥板文书、铭文和石刻中反映了当时他们对周围各民族的认识；古希腊呢，追溯西文“ethnography”的词根“ethno”正是来源于希腊文的“ethnos”，意指“一群人”或“一个文化群体”。与“graphic（画）”合并组成“ethnography”。于是，公元前450年前后，希腊历史学家希罗多德关于环古希腊地区文化描写的《历史》一书，成就了他荣享“人类学之父”的称号。这也是英国人类学家哈登的观

---

① 参见［挪威］弗雷德里克·巴特等《人类学的四大传统》，高丙中等译，商务印书馆2008年版，第80页；［美］威廉·亚当斯《人类学的哲学之根》，黄剑波、李文建译，广西师范大学出版社2006年版，第269—272页。

② ［挪威］弗雷德里克·巴特等：《人类学的四大传统》，高丙中等译，商务印书馆2008年版，第84页。

③ ［美］威廉·亚当斯：《人类学的哲学之根》，黄剑波、李文建译，广西师范大学出版社2006年版，第269页。

点。他认为，人类学的研究是从古希腊的希罗多德、亚里士多德等人开始的；古罗马时代也有大量的关于异民族的记载和对人的一些研究，特别是塔西陀（Tacitus，55—120 年）于公元 98 年写成的《日耳曼尼亚志》，因其对罗马时代日耳曼尼亚及住在日耳曼尼亚的各民族的分布、风俗习惯、宗教信仰以及整个日耳曼人的经济生活、政治组织和社会生活的全方位记述，被誉为最早的民族志。①

民族志的大量兴起与殖民扩张有关。特别是在英国，19 世纪探险、海外贸易和殖民扩张，扩大了一般公众对各种文化与知识的好奇和参与，也使学者们的学术研究视野面向全球。此时，产生了许多民族志作品，此处不再详说。

利兹·斯坦利（Liz Stanley）认为，民族志实际上有着复杂多样的历史来源，涉及数代先期民族志学者的活动。民族志起源的最初出处可以被注解为一个“旅行者故事集”（旅行者故事的收集），后来稍晚时候怕其消失而记录并编撰成典。② 也即是说，早期的民族志是任何人都可以参与的，只要就自然地理环境、民俗民风等进行描写即可。比如传教士、殖民地官员、探险家、游客和商人等的报告和笔记，这部分是属于民族志资料的收集；还有一部分是知识分子利用前者所收集的资料，对其进行总结概括，典型的如泰勒和弗雷泽（Frazer）等，因为没有或极少实地调查，他们被后人称之为“摇椅上的人类学家”③。

如果将这些都看成是西方民族志早期表述的话，其呈现特点如下：第一，此表述传统很早，凡是涉及“关于民族的著述”（writing

① 石奕龙：《试论西方人类学学科体系的形成》，《世界民族》1998 年第 1 期。

② Stanley，Liz. *Doing Ethnography Writing Ethnography*：*A Comment on Hammersley*. in *Sociology*，1990. Vol.（4）：pp. 617－627.

③ 弗雷泽根据他人收集的民族志资料所写成巨著《金枝》，因此被后人称之为最当之无愧的“摇椅上的人类学家”称号。

about peoples）都可以称之为有关“民族志”的表述。[①] 第二，此时民族志的概念很广，凡是涉及文化的描写都可以称为民族志，即“文化是应用最广的民族志概念”[②]。第三，参与民族志撰写的人员众多，身份不一，什么样的人才可以参与此项工作，并没有一个严格的规定，很多甚至是探险时的意外收获。第四，文本没有一套统一的规定、原则或方法。此阶段的早期表述也可以称之为民族志表述的“前殖民时期”。

然而，西方民族志的这种早期表述却引发了变革的需要，因为用另一种民族志观念来看，即使是早期的民族志经典，也经不起检验。摩尔根和泰勒被看作是“社会进化论”的一对先驱，[③] 其巨著《古代社会》与《原始文化》在中西人类学历史上产生了巨大的影响，两者在文章中都使用了大量的材料和考古学的证据。比如，梳理《古代社会》中所引用的文献发现，摩尔根构建的整个文化发展时代三大“阶段”（蒙昧、野蛮和文明）的系统工程却极少亲身经历的“民族志”材料。参考文献为大量历史类的，如《罗马史》《美洲史》《初期人类史》以及有关考古的文献《南方印第安人之古迹》《斯密逊研究所报告》，甚至宣教师的记录等。[④] 所以，摩尔根有关远古原始人存在一定的想象成分，是一种有意的“发现”。西方人类学家之所以能“发现”这些文化，又是以特定时代西方探索世界的“科学发现运动”为

---

① 此处借用罗伯特·莱顿的观点。参见［英］罗伯特·莱顿《他者的眼光——人类学理论导读》，罗攀、苏敏译，华夏出版社 2008 年版，第 2 页。

② ［美］大卫·费特曼：《民族志：步步深入》，龚建华译，重庆出版社 2007 年版，第 14 页。

③ 参见 Harris. *The Rise of Anthropological Theory*，pp. 142 – 216，转引自［美］威廉·亚当斯《人类学的哲学之根》，黄剑波、李文建译，广西师范大学出版社 2006 年版，第 54 页。

④ 见［美］摩尔根《古代社会》，杨东莼等译，商务印书馆 1971 年版。

前提的。因而，在切实可见的世界史中考察人类学研究的历史，使人们意识到，所谓“野蛮”与所谓“文明”之间是有一个近代现实体系的。摩尔根在展开他的人类史叙述时，由于摆脱不了对当地白人的依赖，未能将这个体系的构成与他所研究的易洛魁文化联系起来，从而掩盖了印第安人遭受殖民主义侵袭的真实历史。[①] 所以，在19世纪末期，由弗朗兹·鲍亚士（Franz Boas，1858—1942）和他的学生们把持的美国人类学新学派，大体上摒弃了文化进化论，并对摩尔根时而进行攻击，时而置之不理。鲍亚士在《人类学历史》这篇演说中，只提到一个美国人——布林顿。鲍亚士早年的学生之一保罗·雷丁说，“对鲍亚士的所有门徒来说，摩尔根从此被革出教门，再也无人读他的书了”[②]。不过，在西方世界及中国，摩尔根的待遇又发生了变化，这是后来的事。

主导了英国人类学三十年的泰勒，他的《原始文化》也面临着同样的问题。其书实际上极少证据确凿的民族学事实，大部分是道听途说的零碎材料。其实，泰勒自己也清楚地认识到这点。后来，他还向英国皇家地理学会建议：探险家在了解人文现象时，不必担心提问过于琐碎，记录过于细微，更坚决杜绝风格活泼、描述肤浅、猎奇色彩的旅游文本。[③] 从泰勒在著作中所引用的材料可以看出，大部分都是史料、游记及考古报告。作为野蛮的原始人与有点像哲学家的原始人都是想象性的，而非民族志的产物。……这种不正常的现象强化了早期进化论人类学的缺陷，即可靠民族志资料的缺乏。这一致命的缺陷

① 王铭铭：《“裂缝间的桥”：解读摩尔根〈古代社会〉》，山东人民出版社2004年版，第138—139页。

② ［美］L. A. 怀特：《摩尔根生平及〈古代社会〉》，《民族译丛》1979年第2期。

③ 英国皇家人类学会编订：《人类学的询问与记录》（第六版）（序），周云水译，国际炎黄文化出版社2009年版，第3页。

使得人类学领域那些勤奋的田野民族志学者的进攻大开方便之门，最终他们在20世纪初抢占了这一领地。[①] 这里所讲的就是马林诺夫斯基的科学民族志，作为一套固定的表述模式，从此主导人类学界几十年，对人类学的影响非常大。

民族志为何要经科学的测试？这里可追溯到19世纪的社会变革。19世纪的社会变革需要解决法国大革命以来所引发的文化巨变，需要多元学科的建立，这为所称为社会科学的那一类学科提供了发展空间，而且，"要想在一个牢固的基础上组织社会秩序，社会科学就必须越精确越好"。多元学科的创立乃基于这样一个信念：由于现实被合理地分成了一些不同的知识群，因此系统化研究便要求研究者掌握专门的技能，并借助于这些技能去集中应对多种多样、各自独立的现实领域。[②] 面临如此情况，20世纪的人类学急需方法论的变革，而变革的对象首当其冲为民族志，其变革方式是将先前主要由业余学者或其他人员在非西方社会中进行的资料收集活动，以及由从事学术理论研究的专业人类学者在摇椅上进行的理论建构和分析活动，结合成一个整体化的学术与职业实践。而被英美人类学家奉为民族志方法创始人的人类学家就是布罗尼斯拉夫·马林诺夫斯基。[③]

在马林诺夫斯基那里，一个民族志学者绝不应该忽视民族志的一个目标。简言之，这个目标就是领会原住民的观点、生活关系，去实现他的世界观。必须去研究人，研究什么东西与他最密切，也就是

① ［美］威廉·亚当斯著：《人类学的哲学之根》，黄剑波、李文建译，广西师范大学出版社2006年版，第55页。

② ［美］沃勒斯坦：《开放社会科学》，刘锋译，生活·读书·新知三联书店1997年版，第9页。

③ ［美］乔治·E. 马尔库斯、米开尔·M. J. 费彻尔：《作为文化批评的人类学——一个人文学科的实验时代》，王铭铭、蓝达居译，生活·读书·新知三联书店1998年版，第39页。

说，研究他的原生生活。每一种文化，价值观都略有不同；人们追求不同的目标，拥有不同的欲望，渴望不同形式的幸福。每一种文化，都拥有追求自己生活兴趣的组织，实现自己愿望的习俗，奖励美德或惩罚缺点的法律规范和道德规范。在马氏看来，民族志就是研究对象的组织、习俗和规范或客观地研究他们的生活和实现物质幸福的行为和心理。①

以马氏为代表的科学民族志（又被称为现实主义民族志或功能主义民族志）最大贡献在于试图制定一套规范的调查方法，以突破以前民族志先入为主的偏见和观念。而这套规范的调查方法，开始对民族学家（作者）提出要求：首先，学者必须怀着真正的科学目标，并且知道现代人类文化学的价值和标准。其次，他应当将自己置于良好的工作环境之中。最主要的就是不要和白人居住在一起，而直接居住在土著人中间。最后，他还得用若干特殊的方法以搜集、操作、确定他的证据。②

此时，民族志的调查对象依然不变，还是“简单的原始社会”③的异文化，但是，多了对调查者自身学术训练的需要，对记录的科学性、客观性要求。此时的民族志应该是人类学家或民族学家运用客观科学的研究方法，对异文化进行记录并作整体观照。

西方人类学、民族志的发展轨迹影响着中国早期民族志的发生、发展。实质上，中国没有“摇椅上的人类学家”的说法。民族志进入中国，直接承袭了同时期西方民族志比较规范的撰写方法，研究对象

① 观点来自“What is ethnography”的译文。见 http：//www. americanethnography. com/ethnography. php? Argonauts of the Western Pacific（1922） by Bronislaw Malinowski。

② ［英］布罗尼斯拉夫·马林诺夫斯基：《西太平洋上的航海者》（导论），张云江译，中国社会科学出版社 2009 年版，第 5 页。

③ ［美］乔治·E. 马尔库斯、米开尔·M. J. 费彻尔：《作为文化批评的人类学——一个人文学科的实验时代》，王铭铭、蓝达居译，生活·读书·新知三联书店 1998 年版，第 39 页。

还是“简单的原始社会”。虽然如此，但也并非完全承袭，此问题留待第三章论说。

二　民族志：从西方到东方

多种力量（媒介）的合力推动西学人类学、民族志进入中国。其中主要有：来华的洋人；出洋的中国人；书籍、期刊、报纸等媒体；新式学校；港、澳及其他口岸租界的作用；中国政府的努力以及日本在西学传入中的桥梁角色等。笔者在此简要讨论来华洋人力量的“推动”与出洋国人力量的“拉动”。

首先是“来华洋人”。其实，20 世纪前，来到中国的传教士及其作品影响到中国知识精英及其著作，这两类作品可归纳如表 1－1 所示。

表 1－1　20 世纪前西学东渐下出现的与人类学及民族志相关的部分著作一览①

时　间	作　者	著　作	备　注
1602 年	利玛窦	坤舆万国全图	
1605 年	利玛窦	乾坤体义	《四库全书》称之为“西学传入中国之始”
1807 年	马礼逊	外国史略	
1838 年	郭实腊	万国地理全图集	
1840 年	郭实腊	贸易通志	
1841 年	陈逢衡	英吉利纪略	

① 此表参考了维基百科“西学东渐”：http：//zh. wikipedia. org/wiki/% E8% A5% BF% E5% AD% A6% E4% B8% 9C% E6% B8% 90。

续表

时　间	作　者	著　作	备　注
1842 年	魏源	海国图志	
1846 年	梁廷枏	海国四说	
1846 年	姚莹	康輶纪行	
1848 年	玮理哲	地理图说	
1849 年	徐继畬	瀛寰志略	
1851 年	合信、陈修堂	全体新论	晚清第一部系统介绍西方人体解剖学的著作
1851 年	裨治文（Bridgman）	大美联邦志略	墨海书馆出版
1854 年	慕维廉	地理全志	墨海书馆出版
1855 年	合信	博物新编	墨海书馆出版
1856 年	慕维廉	大英国志	墨海书馆出版
1859 年	韦廉臣、艾约翰	植物学	译林德利原著，晚清时期第一部介绍西方近代植物学的著作
1894 年	同康庐	中外地舆图说集成	
1898 年	严复	天演论	译赫胥黎《进化论与伦理学》

这些关于世界、域外（中国以外）的地理、历史的论说，使中国人对自己以外的地域认知发生了重大的逆转，即从以自我为中心的“王朝天下”转为王权莫及的遥远“他者”。中国，成为世界之一域。从表 1－1 可以看出，在所列人物及著作中，外国作者都是传教士，而中国人所作的改变世界观念的著作也几乎都受传教士及其著作的影响。明万历年间，来自意大利的传教士利玛窦（Matteo Ricci）带来的

《山海舆地全图》改变了中国人心中、眼中的世界图像，瓦解着中国人的“天下”“中国”和“四夷”观念。[①] 受此影响，艾儒略的《职方外纪》、南怀仁的《坤舆图说》都概述了世界五大洲的地理、政治、文化等情况，华夏中心的观念受到动摇。不仅如此，传教士对中国的影响还直接体现在当时中国产生的一批新地理著作中。林则徐的《四洲志》资料主要来自广州、澳门和南洋等地的传教士所办报刊。《海国图志》资料除录自《四洲志》外，也主要来源于欧美传教士著作。使《海国图志》成为一部优秀舆地学著作的并非历代史志和明以来岛志，而是鸦片战争前后来华西人的著作，即所谓“近日夷国夷语”，主要有美国传教士高理文（即裨治文）的《美理哥国志略》，玮理哲之《地球图说》，培端（即麦嘉缔）的《平安通书》，裨治文与普鲁士传教士郭实腊共同主办的《东西洋考每月统纪传》，葡萄牙人马吉斯（Maches）的《地理备考》，英国传教士马礼逊（Robert Morrison）的《外国史略》等。《瀛环志略》则主要是通过与美国传教士雅裨理（David Abeel）、甘明（W. H. Gummings）、厦门英国领事馆人员访谈而得。[②]

这批著作被历史学者王立新称之为“新地志”[③]。为何称之为“新”呢？因为这批著作都是关于域外（中国以外）的世界性地理介绍。这些作者并没有到世界各地去考察，其了解域外知识的途径，都是直接或间接地通过当时中国通商口岸的传教士。

通过传教士吸收西方知识，魏源《海国图志》、许继畬《瀛环志

① 葛兆光：《中国思想史》（第二卷），复旦大学出版社 2010 年版，第 360—361 页。

② 王立新：《美国传教士与晚清中国现代化——近代基督新教传教士在华社会文化和教育活动研究》，天津人民出版社 1997 年版，第 312—321 页。

③ 王立新：《美国传教士与鸦片战争后的“开眼看世界”思潮》，《美国研究》1997 年第 2 期。

略》及梁廷楠《海外四说》、姚莹《康輶纪行》等一批地理著作，为着“师夷之长技以制夷”的目的，虽然还留着“夷夏之辨”的痕迹，但突破了以“中国为天下中心”的迂腐陈旧的华夏中心地理观念，树立起近代意义的世界观念，在观念更新上起到了前驱的作用。①

如果说以上是传教士改变了中国对自我与世界在空间观念上认知的话，也有传教士对中国的“他者”之著作影响了中国对自我传统文化的认知。如美国公理会传教士阿瑟·亨德森·史密斯（Arthur Henderson Smith）在华生活54年，著有《中国人的性格》（*Chinese Characteristics*）（日文譯本《支那人氣質》，澀江保譯，1896年）一书，此书因与鲁迅改造国民性思想来源有关而被中国学者热烈讨论。《中国人的性格》不仅广泛影响了西方人关于中国人的性格的见解，也影响了东方，如日本的中国观，甚至支配中国新文化运动中的国民性反思。② 梁启超的“新民说”（《新民说》）、鲁迅的“国民性改造”（《阿Q正传》）、潘光旦的“民族性改造”（《优生概论》《民族特性与民族卫生》）、张君俊的“华族素质”（《华族素质之检讨》）等民国时期关于中国人性格讨论作品都或多或少受其影响。《中国人的性格》被一些学者称之为“西来的传教士殖民话语”③ 之一，其注重对人的关注与描写，背后所隐含的关于人类“他者”的认知与建构都是人类学民族志至今值得探讨的话题。④

---

① 陶绪编著:《晚清文化史稿》，湖南出版社1996年版，第146页。

② 参见摩罗、杨帆《人性的复苏——国民性批判的起源与反思》，复旦大学出版社2011年版，第199页。

③ 见刘禾关于“国民性话语质疑”、摩罗的“国民劣根性”学说是怎样兴起的？等相关论说。摩罗、杨帆《人性的复苏——国民性批判的起源与反思》，复旦大学出版社2011年版。

④ 如徐新建就认为，鲁迅受此影响而产生的作品《阿Q正传》正是一部人类学民族志。见徐新建《从文学到人类学——关于民族志和写文化的答问》，《北方民族大学学报》2009年第1期。

传教士到异地传教总是会涉及对当地的描述，这些资料可称之为广义的民族志。虽然这些表述带有文化偏见，有拯救教化落后文化的言说，但却影响了西学人类学在中国的推进。以当时到中国西南的传教士为例。塞姆·伯格理（Samuel Pollard）先后在云南昭通、贵州石门坎传教，所作《苗族纪实》实为广义的民族志。伯格理为消除语言障碍，拜杨雅各（原贵州省民族事务委员会主任）为师，学习苗话。伯格理也影响到杨雅各之子杨汉先。杨汉先后于1934年年初任贵州威宁石门坎光华小学校长并成为一名在国内外都有较大学术影响的苗族本土民族学家。此外，塞缪尔·克拉克（Samuel R. Clark）的《在中国的西南部落中》，为后来的西南民族学人类学研究提供了重要学术资源。

不同于普通传教士，另一位稍晚的美国人葛维汉（David Crockett Graham）是以传教士兼学者身份进入中国的。他在芝加哥大学与哈佛大学学习了文化人类学与考古学，并在芝加哥大学以题为《四川省的宗教》的论文而获得博士学位。从1932年至1948年退休，葛维汉一直在成都华西协合大学教授文化人类学和考古学。他还被任命为该大学考古、艺术和人类学博物馆馆长，① 影响了一大批民国时期的人类学、民族学学者。

另外，还须一提的是传教士的重要依托机构——教会大学。晚清至民国，中国教会大学共有23所，成为“西学东渐”的重要桥梁。因其既是基督教文化与近代西方文明的载体，同时又处在东方传统文化环境与氛围之中，使西方新学科容易走向本土化。在教会大学，传教士依然是重要角色。如燕京大学（Yenching University）是20世纪

---

① ［美］苏珊·R. 布朗：《葛维汉（David Crockett Graham）小传》，《葛维汉民族学考古论著》，饶锦译，巴蜀书社2004年版，第214—218页。

初由四所美国及英国基督教教会联合于北京开办的。大学校长司徒雷登（John Leighton Stuart，1876 年 6 月 24 日至 1962 年 9 月 19 日）即为美国传教士。司徒雷登不惜出重金延请了中外著名学者来校任教，其中中国学者就有顾颉刚、吴文藻等人。1927 年，司徒促使燕大与哈佛大学合作组成了著名的哈佛燕京学社（Harvard – Yenching Institute），促进了中美文化及学术交流。此外，私立华西协合大学于 1910 年由美国、英国、加拿大的 5 个教会组织创办，后来作西南调查的葛维汉即在此校任教 16 年。其首任校长毕启（Joseph Beech）也是美国传教士。

来华洋人中更直接推动人类学在中国传播的，是 20 世纪前后来中国进行调查和研究的人类学学者。其中尤以日本的鸟居龙藏（Torii Ryuzo，とりい りゅうぞう，1870—1953 年）与俄国的史禄国（Sergei Mikhailovich Shirokogorov，С. М. Широкогорова，1887—1939 年）影响最大。

在鸟居龙藏的《人种志》（1904）被翻译进中国之前，他已经进入中国进行正规的民族调查了。其民族志作品《苗族调查报告》因采用“科学的研究方法”对西南苗族进行了开创性研究，在中国学术界引起了很大反响。江应樑感叹：“今日国人欲求知晓自己国内的民族，反不能不从外人著作中寻取资料，这无怪乎外人要长叹一声道：‘中国人研究苗族之程度，可想而知矣！’此语出诸外人之口，我辈不惟不应发生恶意的愤怒，且应深深地觉着内愧。”[①] 鸟居的行动激发了中国学者的西南调查热情。再看俄国人类学家史禄国，他在中国待了近 20 年，曾担任过沙俄皇家科学院的“中亚东亚探查队”的领队。先

① 江应樑：《评鸟居龙藏之苗族调查报告》，《现代史学》1937 年第 3 卷第 2 期。

后任职厦门大学、中山大学、“中研院”历史语言研究所和清华大学，曾带着中山大学的杨成志一起赴西南进行民族调查。顾定国认为，史禄国将人类学看作一个充分整合了民族学与语言学及体质人类学的学科，这一观念影响到杨成志以及随后的自己。费孝通受史禄国的影响甚至超过了他的老师马林诺夫斯基，之后还有许烺光等人。[①] 另外，德国的人类学家鲍克兰（de Beauclair Inez）在贵州大学任教，其间，曾与苗族知识分子杨汉先同事，并一起从事贵州土著调查。

其他来华洋人如探险家、殖民地官员等，也成为人类学传入中国的重要媒介。[②] 美籍奥地利探险家约瑟夫·洛克（Joseph F. Rock）于1922年作为美国农业部的雇员来到中国云南从事植物考察，其间还受聘美国《国家地理》杂志。1922年至1935年他为《国家地理》杂志写了10篇文章，并配有他拍摄的照片。[③] 洛克在中国待了27年，后将精力转入纳西文化，编写了《纳西——英文百科字典》，撰写了《中国西南古纳西王国》。虽然洛克的文章及著作中不免“白人中心”，但他关于纳西的考察与调查都同样具有开创性价值。另有英国印度殖民地官员戴维斯（H. R. Davies）1894年到1900年多次到云南调查，著成《云南：印度和扬子江流域间的链环》，其中关于西南民族分类，成为20世纪初中国民族学家研究西南民族分类的重要参考资料（详见第四章）。

再看“出洋”国人。在出洋的中国人中，包括为不同目的到国外去的零散考察者与留学生。前者人数不多，值得关注的是王韬。太平

---

① ［美］顾定国：《中国人类学逸史——从马林诺斯基到莫斯科到毛泽东》，胡鸿保、周燕译，社会科学文献出版社2000年版，第34—60页。

② 王建民：《外国人在中国的早期民族学研究》，《中国民族学史》（上），云南教育出版社1997年版，第61—71页。

③ ［美］迈克·爱德华兹：《我们的洛克在中国》，王泽译，《美国国家地理》1997年第1期。

天国运动爆发，王韬由于做传教士翻译助手而成为罪人，然而却巧遇英国传教士理雅各（James Legge）合作翻译中国经典，并促使其于1867年前往欧洲游历。在他之前，中国有总理衙门的满人斌椿父子随同英人赫德（Sir Robert Hart）前往欧洲游历，然在中国并未引起多大反响。王韬的欧洲之行是“中国文化知识精英第一次以自由身份对欧洲的实地考察”。他在英国度过了两年零四个月，形成了新的多元世界的“天下观”，对“域外”西方事情的认识在实践上超越了林则徐、魏源等思想精英。后王写成影响当时中国的两部巨著《普法战纪》和《法国志略》。[①] 这些经历也促使了王韬成为第一个使用“民族”一词的人[②]。

留学生占据了“出洋”国人的绝大多数。在留学生中，最引人注意的是对中国人类学观念的引进产生了重大影响的严复。1875年，严复被派赴英国学习海军专门技术，但他却对西方社会科学感兴趣。他翻译的英国生物学家赫胥黎《天演论》一书，推动了西学对中国的近代化发展，被康有为称之为“中国西学第一者也”。之后，他又相继翻译了《原富》《群学肆言》《群己权界论》《社会通诠》《法意》《穆勒名学》《名学浅说》等西方社会科学著作。这八部译作后来由商务印书馆合编为《严译名著丛刊》。从严复翻译《天演论》开始，西方哲学社会科学才像潮水般涌入中国。这标志着西学东渐的主体内容，已越过应用科学（坚船利炮）、自然科学（声光化电）阶段，进入哲学社会科学阶段。[③] 以进化论为主的人类学观念由此传入中国。

---

① 张海林编著：《近代中外文化交流史》，南京大学出版社2003年版，第277—289页。

② 韩锦春、李毅夫：《汉文“民族”一词考源资料》，中国社会科学院民族研究所民族理论研究室印1985年版，第22页。

③ 同上书，第308页。

甲午战争以后，为中国救亡兴起了留日浪潮，大量官方资助及民间自行前往的留日学生出现，日本成为留日学生学习西学的重要桥梁。日本的学生运动充当了培养中国民族主义的温床。[①] 日本既促进了中国人学习西学的进度，也促使了中国人对西方“民族”概念的认知。

庚子赔款以后，留学欧美的人多了起来。“五四”前后新文化运动的展开，使得西方文化大潮备受追捧，国民政府也出资遣派留学生，因为民国刚建立的资产阶级新政权，急需一大批经过训练、受过现代教育并熟悉西方各国崛起富强的思想和方法的人才。虽然整个民国时期，留学生也不过5万人，[②] 但留学生被普遍地吸收到社会各界，并扮演着重要的角色。以当时权威学术机构——中央研究院为例。1928年，到德国留过学的蔡元培主持时，无论是自然科学还是社会科学研究所，其主管人员，无一例外都有欧美国家的留学经历，其中有近一半的人学历为博士。如表1－2[③] 所示。

表1－2　1928—1940年蔡元培主持期间“中研院”主管人员

职　务	姓　名	任　期	最高学历
总干事	杨　铨	1928—1933	哈佛大学商业管理硕士（在获得康奈尔大学机械工程学士之后）
	丁文江	1934—1936	格拉斯哥大学动物学及地质学学士
	朱家骅	1936—1938	柏林大学地质学博士
	任鸿隽	1939—1942	哥伦比亚大学化学硕士

① ［美］费正清、费维恺编：《剑桥中华晚清史》（下卷），中国社会科学出版社1994年版，第355页。

② 《民国留学生比今天的留学生更优秀吗？——访〈中国留学通史〉主编李喜所教授》，《中华读书报》2011年11月2日。

③ 引自费正清《剑桥中华民国史（1912—1949）下》，中国社会科学出版社1985年版，第398—399页，略有改动。

续表

职　务	姓　名	任　期	最高学历
物理研究所所长	丁燮林	1928—1947	伯明翰大学理科硕士
化学研究所长	王　琎	1928—1934	理海大学理学学士
	庄长恭	1934—1938	芝加哥大学博士
	任鸿隽	1939—1942	（同上）
工程研究所所长	周　仁	1929—1949	康奈尔大学机械工程硕士
地质研究所所长	李四光	1928—1949	伯明翰大学理学博士
天文研究所所长	高　鲁	1927—1929	北京大学理科学士，布鲁塞尔大学肄业
	余松青	1929—1947	加利福尼亚大学博士
气象研究所所长	竺可桢	1928—1946	哈佛大学博士
历史语言研究所所长	傅斯年	1928—1950	北京大学文科学士，曾在伦敦大学及柏林大学研究
心理研究所所长	唐　钺	1929—1933	哈佛大学博士
	汪敬熙	1934—1947	霍普金斯大学博士
社会科学研究所所长	杨端六	1928—1929	伦敦大学肄业
	陶孟和	1934—1949	伦敦大学文科学士
动植物研究所所长	王家楫	1934—1944	宾夕法尼亚大学博士

到西方学习人类学、民族学正是出现在西学东渐的高潮时期。20 世纪，特别是五四新文化运动之后，留学生出现的新特点是对社会科学学科的兴趣更浓了。据不完全统计，1921—1925 年，在欧洲、美国留学的中国学生主修社会学的共有 35 人，占当时留学生总数的

2%。由于这一时期留日学生的数量较之以往更大，在日本学习民族学及其相关课程的留日学生也更多。自五四运动至1928年前后，在美国学习的有潘光旦、徐声金、吴文藻、吴泽霖、李济、吴景超、陈达、杨开道、许仕廉、江绍原、言心哲、应成一、孙本文、黄文山、陈序经、胡体乾、游嘉德、吴定良、张少微、林惠祥等；在法国学习的有杨堃、凌纯声、柯象峰、胡鉴民、徐益棠、卫惠林、许德珩、李璜、萧瑜等；在英国留学的有刘咸、梁宇皋、陶履恭（孟和）、何联奎等；在德国学习的有蔡元培、陶云逵、俞颂华等。他们在国外学习时，大多受教于当时的民族学大师，接受了民族学及其相关学科的正规学习训练，系统地学习了有关课程。① 其中，丁文江和李济起到了人类学中国化的先锋作用。

同时，中国学者也参与国外学术会议促进人类学的中外交流。其中，中国著名学者费孝通和吴汝康两位为IUAES（the International Union of Anthropological and Ethnological Sciences）的荣誉会员。1922年，李济参加了美国人类学年会，并作了题为《中国的若干人类学问题》报告；1924年，蔡元培出席在荷兰、瑞典举行的国际民族学会会议；1934年，英国伦敦举行第一届国际人类学与民族学大会，吴定良、杨成志、欧阳翥出席，李济等被推荐为国际人类学与民族学会理事。其中，杨成志能够讲流利的法语和英语，并能阅读德文。他用法语写成了关于彝族语言的分类及文字体系的论文，这篇论文批评了西方人对彝族的错误看法，后于1935年发表在《人类》（*Man*）杂志上。②

---

① 王建民：《中国民族学史》（上），云南教育出版社1997年版，第96页。

② 王建民：《中国民族学大事记（1895—1949）》，见王建民《中国民族学史》（上），云南教育出版社1997年版，第413—440页。

最后，再简单说一下译介。甲午战争之前，国内提倡洋务运动，大多数中国人认为西方仅在科学技术上优于中国，所以所译的外国书中70%以上是自然科学和应用科学类。1895年后，维新运动展开，提倡变法图强者认识到改革应借鉴西方的社会制度，从内政着手，因此所译书籍转而偏重于人文科学与社会科学。[①] 在各国的译著中，数量最多的是日本。由于大量留学生在日本获取西学，以及章太炎等认为日文学习较其他外文易，在1880—1940年，约有2204种日文著作被译成中文，其中几乎有一半是社会科学、历史和地理方面的。日文的翻译总量在1902—1904年达到了60.2%。[②] 福建籍的留日学生建立的闽学会很有影响，该学会于1903年发行“闽学会丛书”，将日文著作译成中文，其中就包括贺长雄的《社会进化论》、鸟居龙藏的原著《人种志》（林楷青译）、太原祥一的原著《社会问题》、石川千代松的《进化新论》等。[③]

20世纪初，民族、种族、文明、野蛮、进化、母系、父权、图腾、私有制等人类学基本概念对知识分子很有吸引力，所以，以进化论为主调的民族和种族的翻译著作占据了重要位置。[④] 同时，中国急需利用现代学术来解释中国的历史与文化，人类学著作也因此得到译介。哈伯兰（Michael Haberland）的《民种学》、赫胥黎（Thoma Henry Huxley，1825—1895）的《天演论》（1895）[后被改为《群学肄言》（1903）]、摩尔根（Thomas Hunt Morgan）的《古代社会》

① 吴霓：《中国人留学史话》，商务印书馆2004年版，第93页。

② [美] 费正清、费维恺编：《剑桥中华民国史》（下卷），中国社会科学出版社1994年版，第355页。

③ 王建民：《最早的民种学译著与民族学观点的介绍》，《中国民族学史》（上），云南教育出版社1997年版，第73—83页。

④ 王建民对西方民族学在中国的早期介绍作了统计与分析。详见王建民《中国民族学史》（上），云南教育出版社1997年版，第83页。

（1902）、《蛮性的遗留》（1925）、罗维（R. H. Lowie）的《文明与野蛮》（1935）等都是当时流行的作品，摩尔根、泰勒等人的著作，更是被民国时期的调查者在调查报告中频繁引用。

然而，从以上传播分析中并不能看到西方科学民族志读本的译者。据笔者所知，科学民族志的倡导者马林诺夫斯基于1922年出版的《西太平洋的航海者》译介到中国都是相当晚近的事情了。不过，虽然《西太平洋的航海者》等大量民族志文本没有被翻译过来，但关于民族调查的外文工具书及外文民族志文本，却被知识分子在调查中参考使用。跟马氏一样，凌纯声等人在做民族调查的时候，会带着马氏田野时携带的英国皇家学会编写《人类学的询问与记录》（The Royal Anthropological Institute：*Notes and Queries on Anthropology*）一书。据笔者考证，此书当时没有被翻译的记录，但此书的大体框架都被凌纯声翻译出来并用于中国调查了，凌纯声《民族学实地调查方法》一文主要是以其为根据而成的。1936年，内政部礼俗司委托凌纯声、卫惠林、徐益棠编拟《全国风俗问题调查格》，卫惠林就参考了《人类学的询问与记录》。① 同样，在马长寿的《凉山罗彝考察报告》中，也提到来四川调查之前，依 *The Royal Anthropological Institute*：*Notes and Queries on Anthropology* 中之 Terms of Relation ship 而损益之为亲属称谓调查表。② 在马氏的调查报告中，外国民族志著作的引用已相当普遍，并借用来对比研究中国土著。在关于罗罗的亲属称谓的研究中，马氏参考了很多国外民族志，如 A. L. Kroeber 的 *Classi fac-*

---

① 英国皇家人类学会编订，周云水译：《人类学的询问与记录》（第六版）（序），国际炎黄文化出版社2009年版，第6页。

② 马长寿遗著：《凉山罗彝考察报告》，李绍明、周伟洲等整理，巴蜀书社2006年版，第264页。

tory Systems of Relationship,[①] W. H. River 的 *Kin*, *kinship*, *in Hastings` Encyclopedia of Religion and Ethics*,[②] 如马氏也将调查到的罗罗与“西北利亚”的土著 *Aboriginal Siberia* （M. A. Gaplicka, 1914）进行对比研究。[③]

在 19 世纪到 20 世纪二三十年代的西方，民族志观念经历了从“寻求通则”到记录文化多样性的转变，民族志材料经历了从第二手材料到第一手材料的转变。而在中国并非如此。中国要在如此仓促的时间内接受西学几十年的成果，显然无法完成清晰的民族志转变过程。就是“民族志”这一概念，在 20 世纪初在学术界也没有特别推行。

“人类学”这一概念传入中国。一般认为是清光绪二十九年（1903）。这一年，林纾、魏易就将德国哈伯兰的《民种学》英译本转译成汉文，由北京大学堂官书局印刷，月底发行。被作为清末京师大学堂开设人种学课程的教本与参考书。[④] 不过，据张寿祺考证：“人类学”这个学名和内容，于 1903 年上半年已在中国传播。[⑤] 1902 年至 1903 年，一些湖南籍的革命者将威尔逊爵士 1885 年出版的《人类学》的日译本翻译成中文，利用进化论理论和考古学的证据来支持他们的革命。但直到 1906 年，孙学悟才将“anthropology”译作“人类学”，1918 年，陈映璜写出了中国第一本人类学著作《人类学》。[⑥]

---

① 马长寿遗著：《凉山罗彝考察报告》，李绍明、周伟洲等整理，巴蜀书社 2006 年版，第 274 页。

② 同上书，第 291 页。

③ 同上书，第 295 页。

④ 王建民：《中国民族学史》（上），云南教育出版社 1997 年版，第 73 页。

⑤ 张寿祺：《19 世纪末 20 世纪初“人类学”传入中国考》，《社会科学战线》1992 年第 3 期。

⑥ ［美］顾定国：《中国人类学逸史——从马林诺斯基到莫斯科到毛泽东》，胡鸿保、周燕译，社会科学文献出版社 2000 年版，第 52 页。

而民族志的概念，讨论的人却不多。[①] 1903 年，刘师培的《中国民族志》出版，据笔者考察，是中国第一次比较正式地在著作中用了“民族志”提法。但是，刘师培的《中国民族志》中的“民族志”实质上是“ethnology”（民族史），而不是“ethnography”。[②] 这一问题，杨堃也有过评论，他认为，张其昀的《中国民族志》（1928）将民族志当作“ethnology”（民族史），似不妥。[③] 其实，两本著作实质都是“中国民族史”。不过，“ethnography”到底译作什么，最初并没有统一。杨堃于 1935 年比较系统地讨论过这一问题。据他考察，ethnography 一词，在日文内是译作土俗学，在中文内旧译为人种志，即 1932 年，林惠祥的《世界人种志》（商务印书馆，1932 年），将其译为“人种志”，然亦有沿用日译，而作土俗学者；或为与民族学（ethnology）一词相区别，而译作民族志者，即孙本文介绍 Havemeyer 的书时，将 Ethnography 译作“民族志”（《何佛梅的民族志》，社会学刊，1930 年第 2 卷第 1 期）。根据蔡元培 1926 年《说民族学》所定义的民族学，杨堃建议：

> 将比较的民族学（ethnologie）译作民族学，同时将叙述的民族学（ethnographie）译为民族志，则“志”字之内已能将叙述之意表出，故亦不必再加“叙述”二字，希望国内学者在原则上一致采用蔡先生的意见，即认为 ethnologie 是比较的民族

---

① 笔者输入“民族志”关键词，在民国期刊（1912—1949）（四川大学图书馆）上查找，最多只能找到十多条，而除孙本文的《何佛梅的民族志》外，其他都作“民族史”概念用，跟此处讨论的民族志无关。

② 芮逸夫于 1962 年在台湾为刘师培《中国民族志》作序如是说。见刘师培《中国民族志》，中国民族学会 1962 年版。

③ 杨堃认为，张其昀氏在所著《中国民族志》（商务）一书内，将民族志当作 ethnology 一词之译名，似欠妥。见杨堃《民族学与人类学》，《北平大学学报》1935 年第 1 卷第 4 期，第 9 页。

学，ethnographie 是叙述的民族学。惟在使用时，为写说之方便计，比较的民族学，可简称民族学，而叙述的民族学，则简称民族志。①

在随后发表的《民族学实地调查方法》（1936）一文中，凌纯声也采用杨堃的译法，认为偏于记录的为民族志，偏于比较的为民族学。并认为此解释，英德法三国学者大致尚能同意。如英之 Latham 以民族志为叙述的，民族学为理论的；德之 Ratzel 以民族志为属于叙述的研究，找出各民族各种文化的情形；法之 Deniker 亦以民族志为叙述各民族文化。凌氏又说，其实民族志是民族学的主要部分，通常称民族学即可概括民族志。② 对这一定义的认同表现在凌氏将其正式用在《松花江下游的赫哲族》一书的序言中，肯定自己的书写是属于民族志。③

凌纯声与杨堃关于民族志的定义都是在蔡元培《说民族学》关于民族学定义的基础上形成的。这既是蔡元培对民族学的贡献，同时也隐含着中国学者的自觉认同与选择。

虽然当时的学界并未对“民族志”作过多学理探讨，也未过多纠缠于 ethnography 的译法，但此时的中国，已经采用西方 20 世纪二三十年代所流行的民族调查方法了。大概在他们看来，叫什么并不重要，民族调查行动本身才是迫在眉睫的事情。在整个民国时期，学界对民族学的运用有毕其功于一役之感，所以学者们也没有时间腾出手来处理这一基本的学术概念。和西方一样，这时的调查对象还是以

① 杨堃：《民族学与人类学》，《北平大学学报》1935 年第 1 卷第 4 期，第 9—10 页。

② 凌纯声：《民族学实地调查方法》，《民族学研究集刊》1936 年第 1 期。

③ 凌纯声：《松花江下游的赫哲族》（序），“中研院”历史语言研究所单刊甲种之十四 1934 年。

"原始民族的文化"为主。

但中国并非被动地接受了当时西学民族志的所有特点。实质上，中国民族志落地中国后，在对接上固然考虑了近代西学术语的吸收，但也充分利用了中国固有的一些表述。要理解为何刘师培、张其昀等人会匆忙地"错用"了"民族志"，这一有争议的翻译为何最终被确定为"民族志"，就必须从民族志在汉语世界的古代表述，来理解"民族志"这一译法最终被学界接受的学理性与合理性。

第二节　古代表述与近代认知

一　"民族志"在汉语世界的古代表述

如果"民族志"是关于特定人群和地域的文化书写的话，其在汉语世界可谓源远流长且种类多样。汉语表述传统中的这些类型虽不能简单地等同于现代意义上的"民族志"，也就是从西方传入的"ethnography"，但它们古已有之的本土存在，却为"ethnography"引入本土后能被较为合理地译为"民族志"奠定了必要的文化和学理基础。

为何汉文献资料可作为"民族志"来看待呢？对此可作多种解释。从"词源"分析，可以把"民""族""志"三个汉语古词与"ethnography"分别对照，探讨"民""族""志"这三个汉字所具备的汉语的本义。在此基础上再连成新的词组——"民族志"，从而唤起新的想象。这种新的想象会将我们对民族志的认知拉回到古代文献中进行新的对照。[①]“民”“族”“志”的词源分析如下。

（一）“民”“族”“志”的汉文献传统

关于“民族”这个词，虽然直接出现的情况不多，但是类似于“民族”这个概念，可以代表某一人类群体的词，可以很容易从汉文献中找到相关的依据。

韩锦春、李毅夫的《汉文“民族”一词考源资料》[②]对这一问题进行了详细的梳理。书中将古籍中经常使用的近30个词语，如“民”“族”“人”“种”“类”“部”“落”等，分7组加以归纳，分别为：

（1）族——族、族类、族种、氏族、部族、国族、邦族、宗族

（2）民——民、民户

（3）人——人、种人、国人、土人、中华人

（4）种——种、种族、族种、种众、种类、种姓

（5）类——类、类种、种类、族类、部类

（6）部——部、部落、部族

（7）落——落、部落、种落、附落、聚落

以上的归类已经非常全面，此处不一一列举论述，仅举“民”“族”二字并略加分析。

关于“民”的含义。汉文献中的“民”按词性大抵可以分为两种：一种为名词，另一种为形容词。前者主要是指人群的某一类；后者主要用于修辞，诸如“民间的”。

先来看作为名词的“民”。在汉文献中，“民”指“类”的意思

① 参见徐新建《从文学到人类学——关于民族志和写文化的答问》，《北方民族大学学报》2009年第1期。

② 韩锦春、李毅夫：《汉文“民族”一词考源资料》，中国社会科学院民族研究所民族理论研究室1985年印。

很多，可粗略地分为三种情况：

一种情况是泛指人。如《淮南子》：食者，民之本也。《左传·成公十三年》：民受无地之中以生。

另一种是对人群的归类。典型的如《礼记·王制》："中国戎夷，五方之民，皆有性也，不可推移。"《谷梁传·成公元年》："古者有四民，有士民，有商民，有农民，有工民。"

还有一种是对人群族属的归类。譬如《尚书·周书·吕刑》："苗民弗用灵。制以刑。唯作五虐之刑曰法。"

在《华阳国志》中，仅《华阳国志·巴志》中就有 34 处用到"民"。其中大部分都用作名词，作为人群及人群的类属。如：

其民质直好义，土风敦厚，有先民之流。

巴郡严王思为扬州刺史，惠爱在民。每当迁官，吏民塞路攀辕，诏遂留之。

国人风之曰："明明上天，下土是观。帝选元后，求定民安。孰可不念？祸福由人。愿君奉诏，惟德日亲。"

只有极少用作形容词：方勺《方腊起义》：轻徭薄赋，以宽民力。

由此观之，汉文献中，"民"在大多数意义上都是作为名词，表示一群人、一类人，虽然范围大小有异。

关于"族"的用法。《说文》：族，矢锋也。束之族族也。从本义衍生对人群的指称，即指的是一个共同对外的群体，古文献中很少单独使用，一般是与其他词连在一起，表示类属人群。这样的基本群体单位作为血缘组织的家族、氏族、宗族，一直扩大到国族、族类概念。如：

《宋史》（卷 496）："渝州蛮者，古板楯七姓蛮，唐南平獠也。其地西南接乌蛮、昆明、哥蛮、大小播川，部族数十居之。”

《辽史》(卷116)：“《本纪》首书太祖姓耶律氏，继书皇后肖氏，则有国之初，已分二姓矣。有谓始兴之地曰世里，译者以世里为耶律，故国族皆以耶律为姓。”

《左传·成公四年》：“非我族类，其心必异。”

《华阳国志》与“族”相关的说法有42处，表示人群聚合概念同样不一，有大有小。有“姓族”“宗族”“乡族”以及更大类属的“夷族”。举例如下：

《华阳国志·蜀志》：“雒县郡治。乡有孝子姜诗田地宅。姓族有镡、李、郭、翟氏。”

《华阳国志·汉中志》：“建安二十四年，孟达、刘封征上庸，上庸太守申耽稽服，遣子弟及宗族诣成都。”

《华阳国志·蜀志》：“汉安县郡东五百里。土地虽迫，山水特美好，宜蚕桑；有盐井、鱼池以百数，家家有焉，一郡丰沃。四姓：程、姚、郭、石；八族：张、季、李、赵辈。而程、石杰立，郡常秉议论选之。”

《华阳国志·后贤志》：“乡族馈及礼厚皆不纳，目不视色，口不语利。”

《华阳国志·南中志》：“太康五年，罢宁州，置南夷，以天水李毅为校尉，持节，统兵镇南中，统五十八部夷族都监行事。”

值得补充的是，中国先秦时代的文献中有“民”与“族”二字连用的情况，然而并非一个词，而是两个分开的词，如：

《周礼·春官·墓大夫》：“墓大夫，掌凡邦墓之地域，为之

图。令国民族葬，而掌其禁令。”

这里，其实是“国民”与“族葬”两个词。郑玄注：“族葬，各从其亲。”贾公彦疏：“族葬，则据五服之内，亲者共为一所，而葬异族即别茔。”贾公彦的意思是同族的人葬在一起，而异族的人要另作坟冢，而区别的标准在于“五服之外”与“五服之内”。虽然没有现代“民族”的概念，但是却体现了“族”的分类。秦以后，关于“民族”二字连用的情况在汉文献中均有出现，但都不是现代意义上的“民族”概念。

上述分析是把民族二字分开，即从“民”与“族”分别梳理其表述人群类属概念的古文献传统。但是，“ethnography”翻译过来的“民族志”却是用的“民族”作为现代意义上的概念。上述例子极少“民族”二字合用情况，也并不是现代意义上的“民族志”中的“民族”概念。但是当“民族志”中的“民族”要表示人群类属的时候，实际是借用了（或者说具有）古代“民”与“族”的概念，即现代的“民族”作为人群类属的时候，实际是古文献中“民”“族”二字的同义反复。杜赞奇在《护史退族：现代中国的问题叙事》中说，在西方民族主义传入中国之前，中国人已经有类似于“民族”的“想象的共同体”了；对中国而言，崭新的事物不是“民族”这个概念，而是西方的民族—国家体系。[①] 此说属实。“民族”作为符号、作为能指是西方的，但是作为人群共同体、作为所指，中国也有类似于“民族”的概念。[②] 实质上，“民族”一词，虽来自日本，但是系现代汉语的中—日—欧借代词，即由日语使用汉字来翻译欧洲词语（特别是

① ［美］本尼迪克特·安德森：《想象的共同体——民族主义的起源与散布》导读，吴叡人译，上海人民出版社2005年版，第15页。

② 此观点源于笔者对徐新建教授的访谈。

英语词语）时所创造。[1] 中国采用了现代意义上的“民族”概念，来表述“人群”“群体”。在运用中，范围时大时小，有时指国族，有时指族群，有时指种族。

（二）关于“志”的汉文献传统

“志”在汉文献中大多用着两种词性，一种是名词，另一种是动词。

许慎《说文解字·心部》：“志，意也。”近于此表达的如：

> 《毛诗序》：“在心为志。”
>
> 《书·舜典》：“诗言志，歌永言。”
>
> 《鬼谷子·阴府》：“志者，欲之使也。”

以上为作为本意的名词。再看“志”的动词来源。“志”原为“识”。段玉裁注：

> 《周礼》保章氏注云：“志，古文识。”盖古文有志无识。小篆乃有“识”字。保章注曰：“古文识，识，记也。”哀公问注曰：“志读为识。识，知也。”……古文作“志”，则志者记也、知也。

“识”有记录的意思，用作动词。《汉书·匈奴传上》：“于是说教单于左右疏记，以计识其人众畜牧。”颜师古注：“识亦记。”宋曾巩《自福州召判太常寺上殿札子》：“故尧舜性之也，而见于传记，则皆有师，其史官识其行事，则皆曰‘若稽古’。”唐代的颜师古说：

---

① 刘禾：《跨语际实践——文学，民族与被译介的现代性（中国，1900—1937）》，生活·读书·新知三联书店2008年版，第386页。

"志，记也，积记其事也。"可以看出，"志"作为动词，是可以用来记事的，表示记载、记录的意思。如：

《周礼·春官·保章氏》："掌天星，以志星辰日月之变动。"

《庄子·逍遥游》："《齐谐》者，志怪者也。"

《说文新附》："志，记志也。"

《新唐书》："亮少警敏，博见图史，一经目辄志于心。"

《醒世恒言》："就是张华的《博物志》，也不过志其一二。"

《字诂》："志，记也。"

正因为志有记录的意思，所以志又延伸为记事、书写等意后，成为一种书写的文体。如：地方志、志书（记事的书）、志乘（记载历史的书）。作为文体的志有诸多种类，如礼乐志、礼仪志、礼志、乐志等。大体可归结如表1-3①所示。

表1-3　"志"的汉文献传统一览

志的种类	有此志之中国史书	主要内容
礼乐志、礼仪志、礼志、乐志	《汉书》(礼乐志)、《后汉书》(礼仪志)、《晋书》(礼志、乐志)、《宋书》(礼志、乐志)、《南齐书》(礼志、乐志)、《魏书》(礼志、乐志)、《隋书》(礼仪志、音乐志)、《旧唐书》(礼仪志、音乐志)、《新唐书》(礼乐志)、《旧五代史》(礼志、乐志)、《辽史》(礼志、乐志)、《金史》(礼志、乐志)、《明史》(礼志、乐志)	介绍各种礼仪制度
郊祀志、祭祀志	《汉书》(郊祀志)、《后汉书》(祭祀志)	介绍祭祀

① 此表资料来源参见了维基百科：http://zh.wikipedia.org/wiki/%E5%BF%97。

续表

志的种类	有此志之中国史书	主要内容
仪卫志	《新唐书》《辽史》《金史》	介绍卤簿、仪队的资料
车服志、舆服志	《后汉书》(舆服志)、《晋书》(舆服志)、《南齐书》(舆服志)、《旧唐书》(舆服志)、《新唐书》(车服志)、《金史》(舆服志)、《明史》(舆服志)	介绍依照礼法规定,各种人员的车子、服装规定
律历志、历志、历象志、时宪志	《汉书》(律历志)、《后汉书》(律历志)、《晋书》(律历志)、《宋书》(律历志)、《魏书》(律历志)、《隋书》(律历志)、《旧唐书》(历志)、《新唐书》(历志)、《旧五代史》(历志)、《辽史》(历象志)、《金史》(历志)、《明史》(历志)、《清史稿》(时宪志)	与历法有关的史料
天文志、天象志	《汉书》(天文志)、《后汉书》(天文志)、《晋书》(天文志)、《宋书》(天文志)、《南齐书》(天文志)、《魏书》(天象志)、《晋书》(天文志)、《隋书》(天文志)、《旧唐书》(天文志)、《新唐书》(天文志)、《旧五代史》(天文志)、《宋史》(天文志)、《金史》(天文志)、《明史》(天文志)	讲述天文记录、星官资料
五行志、符瑞志、灵征志	《汉书》(五行志)、《后汉书》(五行志)、《晋书》(五行志)、《宋书》(符瑞志、五行志)、《南齐书》(祥瑞志、五行志)、《魏书》(灵征志)、《隋书》(五行志)、《旧唐书》(五行志)、《新唐书》(五行志)、《旧五代史》(五行志)、《金史》(五行志)、《明史》(五行志)	各种奇特灾异、祥瑞的史料
地理志、郡国志、州郡志、地形志、郡县志	《汉书》(地理志)、《后汉书》(郡国志)、《晋书》(地理志)、《宋书》(州郡志)、《南齐书》(州郡志)、《魏书》(地形志)、《隋书》(地理志)、《旧唐书》(地理志)、《新唐书》(地理志)、《旧五代史》(郡县志)、《辽史》(地理志)、《金史》(地理志)、《明史》(地理志)	介绍国内各地状况

续表

志的种类	有此志之中国史书	主要内容
沟洫志、河渠志	《汉书》(沟洫志)、《金史》(河渠志)、《明史》(河渠志)	介绍国内水文状况,包括河川走向与溃决记录
选举志	《新唐书》《旧五代史》《金史》《明史》	介绍如何选举人才的方式
百官志、职官志、官事志	《后汉书》(百官志)、《晋书》(职官志)、《宋书》(百官志)、《南齐书》(百官志)、《魏书》(官事志)、《隋书》(百官志)、《旧唐书》(职官志)、《新唐书》(百官志)、《旧五代史》(职官志)、《辽史》(百官志)、《金史》(百官志)、《明史》(职官志)	介绍政府机构与各种官员
兵志、营卫志、兵卫志	《新唐书》(兵志)、《辽史》(营卫志、兵卫志)、《金史》(兵志)、《明史》(兵志)	介绍军队制度
食货志	《汉书》《晋书》《魏书》《隋书》《旧唐书》《新唐书》《旧五代史》《辽史》《金史》《明史》	介绍农业生产与经济活动
刑法志、刑罚志、刑志	《汉书》(刑法志)、《晋书》(刑法志)、《魏书》(刑罚志)、《隋书》(刑法志)、《旧唐书》(刑法志)、《新唐书》(刑法志)、《旧五代史》(刑法志)、《辽史》(刑法志)、《金史》(刑志)、《明史》(刑法志)	介绍刑法制度
经籍志、艺文志	《汉书》(艺文志)、《隋书》(经籍志)、《旧唐书》(经籍志)、《新唐书》(艺文志)、《明史》(艺文志)	列出各类书籍的书目
释老志	《魏书》	佛教、道教等宗教之事
朝会志	《东观汉记》(朝会志)	朝中会议之事

续表

志的种类	有此志之中国史书	主要内容
风俗志	《台湾通史》(风俗志)	地方民俗之事
邦交志	《清史稿》(邦交志)	介绍外国邦交始末之事，相当于《金史》的《交聘表》

无论是作为记录，还是作为文体之意，“志”都符合了民族志中的“志”之特征。

上述对民族志的汉文献传统从词源上进行了梳理。此外还可从“书写对象”来理解。有人认为民族志就是“对异民族的社会、文化现象的记述”①，照此推论，古代汉文献的许多文本便皆可视为此种意义上的民族志了，比如，从《山海经》《礼记·王制》到《汉书·地理志》，都称得上“对异民族的社会、文化现象的记述”。因此，汉文献中也有类似于西方的 ethnography 所具有的异文化表述，西方 ethnography 所体现的西方中心，在中国传统民族志表述中，实为“中原中心”。

以上说明，迎接 ethnography 到来的中国，本身已具有相当的对接基础，不仅体现在有表示“人群”“记录”的现成词汇，也表现在有区分“自我”与“他者”的异文化书写。而“民族志”的用法，据上节中杨堃的解释，经由了土俗志、人种志，再到民族志。总之，无论“民族志”最初的创造者是谁，但被中国接受认同是事实，而汉字的解释传统为这种事实作了有力的学理支撑。

① ［美］詹姆斯·克利福德、乔治·E. 马库斯编：《写文化——人类学的诗学与政治学》序，高丙中等译，商务印书馆 2008 年版，第 6 页。

二　“民族”的近代认知

首先看“民族”一词。“民族”一词，系现代汉语的中—日—欧借代词，即由日语使用汉字来翻译欧洲词语（特别是英语词语）时所创造。① 此词的来源为英文 nation。值得注意的是，此时的民族与上文所提到的中国传统汉文献表示各类人群的宗族、氏族、族类等不同。在“民族”未传入之前，中国基本不用现代意义上的“民族”一词。比如在近代林则徐主编的《四洲志》等书，在谈到国外民族时，用的是“部”“部落”“部民”“族”“类”等词。再如，1881 年译成中文的《柬埔治以北探路记》，书中有许多介绍老挝、缅甸、柬埔寨以及我国西南边境民族情况的地方，也是使用“部”“部人”“部民”“部落”“种”“种人”“种类”“人种”“民”“民种”等词。② 欧洲现代意义上的“民族”（nation）概念强调以地理国界界定的本群体的内聚意识和排他意识。这种意识最强烈的表述就是所谓“一个民族（nation）一个国家”的政治诉求：“民族”（nation）要求的不是一个“天下”，而是属于“自己”的独立领土和主权，也就是所谓的“民族—国家”（nation - state）。因此，“民族”（nation）所要求的必然是一个内部高度同质化、对外则强烈排斥的国家模式。③

西方的这一概念，正好对应了当时中国知识分子的政治需求。在 20 世纪之前，民族一词在书刊上的使用情况较少。据学者考察，1882 年，王韬最早使用了“民族”一词，是为洋务运动中鼓舞士气，称中

① 刘禾：《跨语际实践——文学，民族与被译介的现代性（中国，1900—1937）》，生活·读书·新知三联书店 2008 年版，第 386 页。

② 韩锦春、李毅夫：《汉文“民族”一词考源资料》，中国社会科学院民族研究所民族理论研究室 1985 年印，第 15 页。

③ 周传斌：《概念与范式——中国民族理论一百年》，民族出版社 2008 年版，第 9 页。

国“民族殷繁”。19世纪80年代始，一些报刊如《益闻录》《强学报》《时务报》出现“民族”一词，但大多为“译自外国的文章里，并多用来讲述外国民族，而在讲中国民族时，‘民’和‘族’还是分开使用的”①。中国对“民族”一词的采用，与当时盛行的民族主义有关。在20世纪初期，“民族”一词已经被普遍使用。当时，民族主义已被带上激烈的民族情绪，如《湖北学生界》1903刊登了一篇《论中国之前途及国民应尽之责任》的文章，道：

> 我国民若不急行民族主义，其被淘汰于二十世纪民族帝国主义之潮流中乎！夫各国民族，如拉丁族，条顿族，斯拉夫，皆具有独立不羁之精神，自尊自重之气概，各国所以强也。我四千年文明最古之国民，岂遽让彼东西后进之人种哉?②

更有论者如余一称：

> 今日者，民族主义发达之时代也，而中国当其冲，故今日而再不以民族主义提倡于吾中国，则吾中国乃真亡矣。……合同种异异种，以建一民族的国家，是曰民族主义。……虽然，今日欧族列强立国之本，在民族主义，固也；然彼能以民族主义建己之国，复能以民族主义亡人之国。③

在当时的思想、文化、政治领域比较活跃的代表性人物，如梁启超、孙中山、汪兆铭等，都使用并论述了“民族”一词。但是其用法

---

① 韩锦春、李毅夫：《汉文“民族”一词考源资料》，中国社会科学院民族研究所民族理论研究室1985年印，第20—22页。

② 《论中国之前途及国民应尽之责任》，《湖北学生界》1903年第3期。《辛亥革命前十年间时论选集》第1卷上册，第464—465页。

③ 余一：《民族主义论》，《浙江潮》1903年第1、2期。《辛亥革命前十年间时论选集》第1卷下册，第485、486、488页。

都是在“nation”意义上使用，大多都含有政治倾向。[①]

汪精卫在1905年所写《民族的国民》一书中借用伯伦知理的词汇来定义民族，认为有必要在两层意义上把握民族的含义，一是法律上的实体，即由公民组成的民族国家（“国家”），二是种族群体（“族类”），汪所说的“民族”就是上述两种意义上使用的。汪的意图是想揭示由一种族组成的国家比多种族的国家好得多，他列出了两个理由：一是平等。若一民族，则所比肩者皆兄弟，“是为天然之平等”；二是自由。汪精卫引用《左传》中常为人所引用的那句话写道：“非我族类，其心必异”，所以战胜民族对于战败民族必束缚压制之，种族之间总有争斗。在杜赞奇看来，汪氏的文章表明，极端的社会达尔文主义已成为中国知识分子的话语。这种社会达尔文主义不仅使他们对民族的想象合法化，而且对其世界观起了结构性的作用。[②]

最早在学术概念意义上使用“民族”一词的应该是梁启超，他使用的“民族”一词，是从英语“nation”，日语“民族”转借而来。他提出了“东方民族”“泰西民族”“民族变迁”“民族竞争”等词语。[③] 1903年之前，梁启超就提倡民族主义。据统计，在1895—1903（包括1903年）年的著述中，梁启超关于种族、人种之言论有266处，关于民族的言论有135处，主要见于《新民说》《新史学》《政治学大家伯伦知理之学说》等；关于民族主义的言论有30处。[④] 之后，虽然梁关于民族主义的观点有所变化，但大抵不超过在国家层面上来谈民族。

---

① 周传斌：《概念与范式——中国民族理论一百年》，民族出版社2008年版，第26页。

② ［美］杜赞奇：《从民族国家拯救历史：民族主义话语与中国现代史研究》，王宪明等译，江苏人民出版社2009年版，第36—37页。

③ 同上书，第26页。

④ 参见梁世佑《从种族到民族：梁启超民族主义思想之研究（1895—1903）》，硕士学位论文，台湾国立中央大学，2003年，139—170页。

在其1902年创作的被称为政治小说的《新中国未来记》里，民族情怀的国家倾向是明显的，在绪言里，他说：

> 话表孔子降生后二千五百一十三年（今年二千四百五十三年），即西历二千零六十二年（今年二千零二年），岁次壬寅，正月初一日，正系我中国全国人民举行维新五十年大祝典之日。[①]

虽然梁启超的理想并没有实现，中国并非实现了君主立宪，而是社会主义新中国。但是，梁当时希望中国通向现代社会的民族情结可见一斑。他用孔子纪年与西历进行对应，是希望中国进入世界历史的时间通道。[②] 梁启超在1901年的《中国史叙论中》就讨论过“纪年”，认为帝王符号“繁而杂”最野蛮应当废弃，而泰西纪年“简而整”应当采用。[③]《新中国未来记》用小说的方式表达他的国家主义，借以培养民众的国家思想。[④]

在观念上和《新中国未来记》构成互文性文本的是《政治学大家伯伦知理》等政论文。伯伦知理对梁启超最大的影响是他的国家至上理论。然而这一理论如何应对中国多民族国家？1903年，梁启超的思想发生了较大的变化。经历了反帝、质疑反满的转变，梁启超注意到中国是多民族国家这一现实，而表其重要思想转折的文章，正是他1903年考察了美洲大陆后于当年10月发表的《政治大家伯伦知理之

---

① 梁启超：《新中国未来记》（绪言），广西师范大学出版社2008年版。

② 魏朝勇：《民国时期文学的政治想象》，华夏出版社2005年版，第36页。

③ 梁启超：《中国史叙论》，《饮冰室合集·文集之六》，中华书局1989年版，第7—8页。关于清末主张废帝王纪年而用新纪年者主要有四种：即康有为主张用孔子纪年，刘师培主张用皇帝纪年，章太炎主张用共和纪年，而高梦旦（凤谦）则主张用耶稣纪年。见1937年钱玄同为刘师培的《皇帝纪年说》撰写的暗语。转引自罗志田《裂变中的传统——20世纪前期的中国文化与学术》，中华书局2009年版，第45页。

④ 王向阳、易前良：《梁启超政治小说的国家主义诉求——以〈新中国未来记〉为例》，《南京社会科学》2006年第12期。

学说》，在此文中，他直接将以前信奉的民族主义，发展为国家主义。[①] 他提出了“大民族主义”：

> 在中国言民族主义，必为大民族主义而不能有小民族主义（即满、汉、回、苗、藏各相分别的民族主义），小民族主义者何？汉族对于国内他族是也；大民族主义者何？合国内本部属部之诸族以对于国外诸族是也。言“国家主义”，“则此后所以对于世界者，势不得不取帝国政策，合汉合满合回合苗合藏，组成一大民族”。[②]

他所说的“大民族主义”纲领，是指为了反抗帝国主义侵略建立一个新中国这一共同目标，把汉族和蒙、藏、满、回、苗等这样一些少数民族联合起来。他认为，刘师培类的反满立汉思想不过是“小民族主义”。“中国同化力之强，为东西历史学家所认同。今谓满洲已尽同化于中国，微特排满家所不欲道，即吾亦不欲道。”[③] 不过，在史华慈（BenjaminI. Schwartz）的学生张灏看来，其“大民族主义”只不过是一种语言修辞，在这个问题背后仍然是国家政治的理性化。[④] 再后来的1922年，梁又这样讲到“民族意识”：

> 何谓民族意识？谓对他而自觉为我。“彼，日本人；我，中国人”：凡遇一他族而立刻有“我中国人”之一观念浮于其脑际者，此人即中华民族之一员也。

---

① 将广学、何卫东：《梁启超评传》，南京大学出版社2005年版，第125页。

② 梁启超：《饮冰室合集·文集》（13），中华书局1989年版，第73—76页。

③ 梁启超：《政治学大家伯伦知理之学说》，《饮冰室合集·文集》（13），中华书局1989年版，第67—89页。

④ ［美］张灏：《梁启超与中国思想的过渡（1890—1907）》，江苏人民出版社1993年版，第186页。

可见，梁的“民族”，乃为“民族—国家”（nation - state）。

孙中山在1905年以前就提倡“民族主义”了。1903年，孙中山的文章中出现了“民族”，1904年开始出现了“民族意识”“民族运动”“民族主义”“民族革命”“民族思想”等词。在孙中山的用语中，有一个从“种族”到“民族”再到“国族”的渐变过程。在《民族主义》论说中，他提到“国族主义”：

> 什么是民族主义呢？按中国历史上社会习惯诸情形讲，我可以用一句简单话说，民族主义就是国族主义。
>
> ……我说民族主义就是国族主义，在中国是适当的，在外国便不适当。
>
> ……因为中国自秦汉而后，都是一个民族造成一个国家。①

实际上，民族主义在当时的中国是一个很复杂的概念。沈松侨认为，当时民族主义知识分子几乎全属汉族，在面对一个由非汉族的少数族群——满族所掌握的国家政权时，其关于民族主义的观点处于相争相抗，不断协商的场域。依据 James Kellas 对民族主义所做的类型区分，他把20世纪初期的中国民族主义粗略分为三种：社会或文化民族主义（social or cultural nationalism）、族群民族主义（ethnic nationalism）与国家民族主义（state nationalism），认为康有为、刘师培、梁启超可以分别被视为三种民族主义类型的符号。② 这里，孙中山提到的“国族主义”和上文所分析的梁启超关于民族主义的论述，其实就是国家民族主义。

---

① 孙中山：《民族主义》，《孙中山选集》（下），人民出版社1957年版，第590页。

② 沈松侨：《近代中国民族主义的发展：兼论民族主义的两个问题》，《政治与社会哲学评论》2002年第3期。

不过，将“民族”与“国族”等同，在当时并不是突兀之事。实际上，种族、民族与国族的相互纠葛，自近代以来就一直伴随。这使得“ethnography”的希腊文“ethno”所指代的“民族”，在中国本土有不同的情况区分。在当时，参与讨论的知识分子都不是人类学家，却是有影响力的知识分子或政治家。如邹容、章太炎等人。在邹容的《革命军》一书中，通篇用到“我皇汉民族”的说法来表述他排满扬汉的思想。[①] 章太炎则从“历史民族”观点使用“民族”的概念。认为“自帝系世本，推迹民族，其姓氏并出五帝。五帝之臣庶，非斩无苗裔尔”[②]。并借“历史民族”理论提出驳斥：“近世种族之辨，以历史民族为界，不以天然民族为界限。”假设纯种是不存在的，满族既已进入中国，理应为中国“历史民族”的大熔炉所化。[③]

综上所述，ethnography、民族观念（民族等于国族）与民族志之间，实在有着紧密关联。在中国激进的民族主义情绪下，边疆人群需要由模糊变清晰，中国需要通过边疆的“他者”来认识“自我”，而民族志成为契合这种表述目的之最恰当文类。民族志进入中国的特殊语境，不仅影响到中国民族志在特定时空中出现，也致使中国民族志与西方同时期民族志在表述上存在差异。

---

① 邹容：《革命军》，华夏出版社 2002 年版。

② 《序种姓上》，见章炳麟《訄书》，向世陵选注，辽宁人民出版社 1994 年版，第 77 页。

③ 关于章太炎的“民族”与“种族”的论述，详见孙隆基《清季民族主义与黄帝崇拜之发明》，《历史研究》2000 年第 3 期，第 75—76 页。

第二章　西南民族志概述

西南民族志早期表述，同样受中西传统的双重影响。随着中国政治语境的变化，这一特征在各个阶段又呈现出一些差异，就广义的民族志概念，即对特定人群的文化表述而言，民族志文本也呈现出多种类型。下面先从时空两方面对西南民族志进行概述。

第一节　特定时空下的西南民族调查

一　历史分期

民国时期的民族调查分期问题，从宏观上可以放到中国民族学、人类学史的讨论中。在《中国人类学的回顾与展望》一书中，黄淑娉将新中国成立前的中国人类学在发展进程上粗分为两个阶段：第一个阶段从20世纪初至20年代末，是西方人类学开始传入我国的时期；第二个阶段从30年代至40年代，人类学在中国有了初步的发展。[①]

① 黄淑娉、龚佩华：《文化人类学理论方法研究》，广东高等教育出版社1996年版，第412页。

其中，民族调查大都包含在第二个阶段。王建民专门讨论了20世纪上半期的中国民族学史的分期问题。在总结了陈国钧、龙平平、陈奇禄等人的时间分期后，他提出将其分为三个时期：即萌芽时期（1928年之前）、创立时期（1928—1937年）和发展时期（1938—1949年）。[①] 另外，李列将民国时期的彝学分为两段，以1928年为界，之前的研究大多为传教士、探险家等，之后才有中国学者的真正介入。[②] 综观这些分期，可以肯定的是，1928年国民政府的成立，是民族调查的一个关键点和转折点，此时既见政治与学术的关联，也可见知识分子为建立理想国家的积极行动。另一个重要背景是抗日战争，从某种意义上说，抗日战争促成了西南成为人类学调查的大本营。考虑以上两个因素，本书将民国时期西南民族志的发展分为两个时期：1912—1928为第一个时期，即西南民族志的酝酿时期，这时期主要以国外对西南的调查研究为主，也为“洋人主导时期”，属于西方“他表述”为主的时期。值得说明的是，这一时期在时间的前后都具有延伸性；1928—1949年为第二个时期，即西南民族志的发展时期和辉煌时期。以抗战为界，即抗战前为发展时期，抗战后为辉煌时期，这时期主要以国内学术机构与政府调查为主，也为国人主导时期。属于中国“他表述”时期，同时也出现了“自表述”的书写。

（一）“洋人”主导时期

将中国少数民族作为中国民族学的研究对象，始于蔡元培的尝试。蔡元培不仅将西方民族学带到中国，而且还通过建立容纳学科的

---

① 王建民：《中国民族学史》（上），云南教育出版社1997年版，第35页。

② 参见李列《民族想象与学术选择：彝族研究现代学术的建立》（目录），人民出版社2006年版。

研究机构，并推动其在中国的发展。1927年，蔡氏打算在中国成立一民族学研究机构，但未完成。1928年，中央研究院成立，民族学组被设在社会科学研究所。① 此后，正式的民族学人类学调查展开了。

在此之前，西南少数民族调查在国人中尚未打开局面，而主导此时西南民族调查的是洋人。杨成志曾在《中国西南民族中的罗罗族》报告开篇写道：西南民族这个名词，从我们的眼光来看，说它是一种旧的学问固可，说它是一种新的科学亦无不可。② 这“旧”即是对洋人而言，“新”即是对国人而言。据杨成志写于1930年的《云南民族调查报告》介绍，外国人对西南民族的著述，仅他知道的就有70余本之多。③ 可见，外国人对整个中国进行调查的著述就更多了。这一时期实为洋人主导时期。

不过，洋人的调查文本属规范民族志的并不多。所以，虽然有如此多的洋人著述，但是杨成志认为：

> 若站在今日人类学，民族学或民族志的根本条件来说，我们可以大胆说一句：凡从前关于我国西南民族的记载，实找不出一部满足人意的，除了历史方面以外。④

民国时期也有两位影响较大的外国人类学家，一是日本的鸟居龙藏，二是俄国的史禄国。根据在中国西南的调查，鸟居龙藏编写了《中国西南部人类学问题》《苗族调查报告》等著作。其中，《苗族调

---

① ［美］顾定国：《中国人类学逸史——从马林诺斯基到莫斯科到毛泽东》，胡鸿保、周燕译，社会科学文献出版社2000年版，第40页。

② 杨成志：《杨成志人类学民族学文集》，民族出版社2003年版，第191页。

③ 同上书，第142页。

④ 同上书，第191页。

查报告》被认为是一部以科学的研究方法进行的西南民族调查。[①] 史禄国在中国的研究，重点在北方“通古斯”社会，不过，中国第一次有组织的人类学调查却是史禄国率领的云南调查。其中，他重点做的是体质人类学调查，重在研究中国南方人种问题。他在昆明量得学生、兵士、罪犯近2000人，摄得人类学照片150幅。遗憾的是，据此材料而成的《中国南方人类学》（第一部）草稿未见出版。[②] 其实，史禄国对中国的民族志调查曾经有较细致的设想，包括区域单位的划分，族群地图的制作，历史——民族志方面文献的运用，民族志机构的建立等。他希望，中国的民族志调查应该包括对中国所有人群的整体文化适应的考察。[③] 这样的民族志极具人类学特性。可惜，他的观点早先并未发表，也未出版过西南民族调查的文本，所以未对中国的民族调查方法产生特别大的影响。

外国人对西南民族的调查，更多地体现为传教士、探险家和旅行家以及少数学者等，虽然他们撰写的大部分文本都只能称为广义的民族志。传教士在晚清的活动最多。以法国传教士为最早。如19世纪末期到20世纪初期影响最大的传教士是保禄·费利克斯·维亚尔（Paul Vial）和阿尔弗雷德·利埃达尔（Alfred Lietard），其作品记载了大量有关云南及倮倮族的情况。[④] 影响最大的是基督教循道公会的传教士塞姆·伯格理（Samuel Pollard），他先后在云南昭通、贵州石门坎传教，是基督教传入中国西南少数民族地区最重要的人物。1915

---

① 江应樑：鸟居龙藏的苗族调查报告一书，就大体上说，尚不失为一本完善的民族调查书籍，虽其中缺漏的部分很多，但其可贵之处，则在显示一种科学的研究方法。见江应樑《评鸟居龙藏之苗族调查报告》，《现代史学》1937年第3卷第2期。

② 刘小云：《史禄国对中国早期人类学的影响》，《中南民族大学学报》2007年第3期。

③ 史禄国、于洋：《关于中国的民族志调查》，《北方民族大学学报》2012年第5期。

④ 李列：《民族想象与学术选择：彝族研究现代学术的建立》，人民出版社2006年版，第23—24页。

年9月15日在石门坎殉职前后，他先后出版了《中国历险记》（1908年伦敦）、《苗族纪实》（1919年伦敦）、《在未知的中国》（1922年伦敦）、《伯格理日记》（1954年伦敦）等著作。作品对当时西南民族地区的政治、经济和文化风情等以亲身体验的形式作了纪实性描绘。还有英国卫理公会联合传道团牧师塞缪尔·克拉克（Samuel R Clark），在中国西南民族地区传教33年，其专著《在中国的西南部落中》于1911年在伦敦出版。该书对贵州及其少数民族的风土人情和传教的过程等作了详尽记录。在传教士中，美国传教士葛维汉是一个重要而特殊的人物。1911—1918年，葛维汉在四川叙府主要为美国浸礼教会差会工作。1923年，他的《打箭炉之行》描述了他首次对四川边区的探险，并体现出对藏族的喇嘛庙、节日和宗教的兴趣。之后，他又前往松潘，并发表《对松潘的一次收集之行》。1926年，他再次回到美国攻读博士学位，之后，他的身份更转向为一个人类学学者。1928年，他发表了微观人类学文章《四川的倮倮》。值得注意的是，葛维汉的活动贯穿了整个民国时期，并对整个民国时期的西南民族研究做出了贡献，尤其是后期在成都华西协合大学教授文化人类学和考古学，并作为大学考古、艺术和人类学博物馆馆长，参与三星堆的考古工作等，[①] 发表了很多有关人类学的报告，在学术界影响颇大。

在清末年间，关于西南的探险报告很多。如霍华德的《在东南亚的旅行：环绕印度斯坦、马来半岛、暹罗和中国》（1839）、《印度支那探险报告》（1873），安德森的《从曼德勒到勐缅（腾越）：1868年和1875年在中国西部的两次探险》，约翰·威廉的《金沙江：穿越中国和西藏东部到缅甸行记》（1880），葛洪的《穿越Chryse：穿越中国

① ［美］苏珊·R. 布朗：《葛维汉（David Crockett Graham）小传》，《葛维汉民族学考古论著》，饶锦译，巴蜀书社2004年版，第214—218页。

南部边地从广州到曼德勒的探险行记》（1883），戴维斯的《云南：连接印度和扬子江的链环》（1909），法国亨利·奥尔良的《云南游记：从东京湾到印度》等。虽然不是出现在民国，但是这些报告都影响到民国时期的西南研究。

为何外国人在这一时期对中国西南进行大量的调查活动呢？

第一，中国是西方列强一个变形的殖民地或“次殖民地”[①]。作为殖民利益驱动，西南是打开中国大门的通道。殖民者在19世纪开始进入东南亚地区之后，为云南与东南亚各国的贸易通道所吸引，英法两国都急于将其纳入自己的殖民体系，从而通过云南打通中国。所以才会有H. R. 戴维斯的《云南：连接印度和扬子江的链环》（1909）这样的作品问世。因此，外国的调查著作都带有殖民色彩，即便如鸟居龙藏和史禄国等著名的人类学家，其调查都体现出人类学参与殖民行政的行为。

以鸟居龙藏为例。日本在占领我国东北各省期间，有许多研究东北经济资源的机构，如南满铁路株式会社、满洲经济社、满洲重工业开发株式会社、大连满铁社员会、日本东亚开拓社、日本生活社等；研究地理、语言以及文化的有满洲事情案内所；研究一般社会情状的，有满洲日日新闻社等。上述研究机关，都是由日政府支持，虽然不是纯人类学的应用，但有不少的人类学家参加。[②] 鸦片战争结束以后，各帝国主义国家集中相继设立了亚洲学会，对中国问题进行研究。1895年4月甲午战争结束，日本侵占辽东半岛之后，东京人类学会派鸟居龙藏于同年8月至12月到那里参加调查，这是他到海外调查之始。后来，东京地学协会差遣他调查四川和云南的一般地理学事项，报告学会以备后用。就在鸟居龙藏在中国西南调查结束后，日本

---

① 马长寿：《人类学在边政上的应用》，《边政公论》第6卷第3期，1947年9月。

② 同上。

东亚同文会为了大力宣传日本军国主义的侵略扩张思想，让日本人“早些熟悉中国的国情民物，事事深谋远虑，以实现其善后的对策”，1920年编纂了《中国省别全志九》一书，其中，第16卷《贵州省》第1编第5章的《苗蛮族溉》，采录了鸟居龙藏《苗族调查报告》的部分内容。包括对“黔苗”成分广义与狭义的分析方法，以及《黔苗图说》中82种人的历史民族学资料。[①]

第二，西南的多民族聚居地，是外国人进行学术调查的资料宝库。这个宝库，中国人自己却极少涉足调查，所以伯格理在踏上中国西南少数民族地区后，显得非常的自豪，他说：我们可以毫不夸张地说，在今后五十年的时间里，世界会从一些西方人的著作而不是上述汉文书籍中更多地了解中国西部的土著民族。[②] 在其《未知的中国》[③]一书中，先于近代学者，他以一个外国传教士的眼光，对中国多元族群的现象作了描绘，并有很多关于汉族与少数民族、中国民族与世界各民族人民的对比描写。如同鸟居龙藏的调查作品一样，这些调查资料所面向的都是本国人。

虽然以洋人为主导，不过，这一时期也同样有中国学者的介入。此时期的中国人虽然调查极少，但“眼光向下的革命”已影响到中国学界。在遭遇西方哲学、社会学、历史学、人类学都强调民族和民众的重要性之际，中国传统的民间文化和民众运动被再次激活。近代的知识分子王韬、严复、梁启超等人都有所言及。如王韬的“国势民情”“民间琐事”“亦纪载所不可废”[④]；；严复译改斯宾塞的《社会学

① 黄才贵：《关于鸟居龙藏贵州学问的研究》，《贵州民族研究》1996年第4期。

② ［英］柏格里、甘铎理：《在未知的中国》，东人达、东旻译，云南民族出版社2002年版，第202页。

③ 同上书，第195页。

④ 王也扬：《论王韬的史观与史学》，《史学理论研究》1993年第4期。

研究》为《群学肆言》，批判旧史重视“君史”，忽视“民史”；梁启超的《新民说》论说“新民”等。另外，在倡导人类学调查之际，由北大教授组织发起的旨在向下层民间收集歌谣的“中国歌谣学运动”也在学界引起关注，其调查范围已涉及四川、云南等西南地区。

涉足西南地区人类学调查的是丁文江。据胡适的《丁文江的传记》记载，1914 年，丁文江做西南地质矿产调查时，曾对云南和四川会理的少数民族进行调查，并写在《漫游散记》里，后发表《云南的土著人种》《四川会理的土著人种》等文章在《独立》杂志上。这些文章是他研究人种学的开端。[①] 在 20 年代与张君劢的科学与玄学的论争中，丁文江看了很多关于人种学的书，有瑞士著《人类的古代》（A. Keith：*The Antiquity of Man*）、德克峨士著《体形学与人种学》（W. L. H. Duckworth：*Morphology and Anthropology*）、《有史以前的人》（Duokworth：*The prehistoric Man*）、戈登外叟著《人种学引论》（Glodenweiser：*Early Civilisation*，*Introduction to Anthropology*）以及赫胥黎的相关书籍。[②] 丁文江坚持科学的人生观并极其推崇科学的治学方法。在体质人类学调查中，他测量了共约 1100 人，尤以蜀、黔、滇等省边境诸土著民族测量材料为最可贵。从事体质人类学研究的吴定良称，其人体测量时所采用方法之三种，“皆统计学上认为最精确者。此实国内用数量方法研究科学之先导也。”[③] 胡适说他是“一个欧化最深的中国人，一个科学化最深的中国人”[④]。丁文江算是从实践上践行了人类学的科学方法。

---

① 胡适：《丁文江的传记》，安徽教育出版社 1999 年版，第 40 页。
② 张君劢、丁文江：《科学与人生观》，山东人民出版社 1997 年版，第 161 页。
③ 吴定良：《丁在君先生对于人类学之贡献》，《独立评论》1935 年第 188 期。
④ 胡适：《丁文江这个人》，传记文学出版社 1979 年版。

（二）国人主导时期

国人主导时期分为两个阶段。第一个阶段从 1928 年国民政府成立到 1937 年抗日战争爆发，此时期可称为人类学民族志的发展时期。第二个阶段从 1937 年到 1949 年①，此时期可以称为人类学民族志的辉煌时期。此处仅以两个分期——抗战前与抗战后民族调查的不同特点做简要分析，而具体的调查机构及相关作品将在本章第二节呈现。

此阶段，整个中国的调查由洋人主导的局面过渡到国人主导的局面。国人为何要主导？从世界格局出发，可以从晚清民国（1865—1915）之间几个重要关键词的此落彼长分析开始（见图 2－1、图 2－2②）。

242

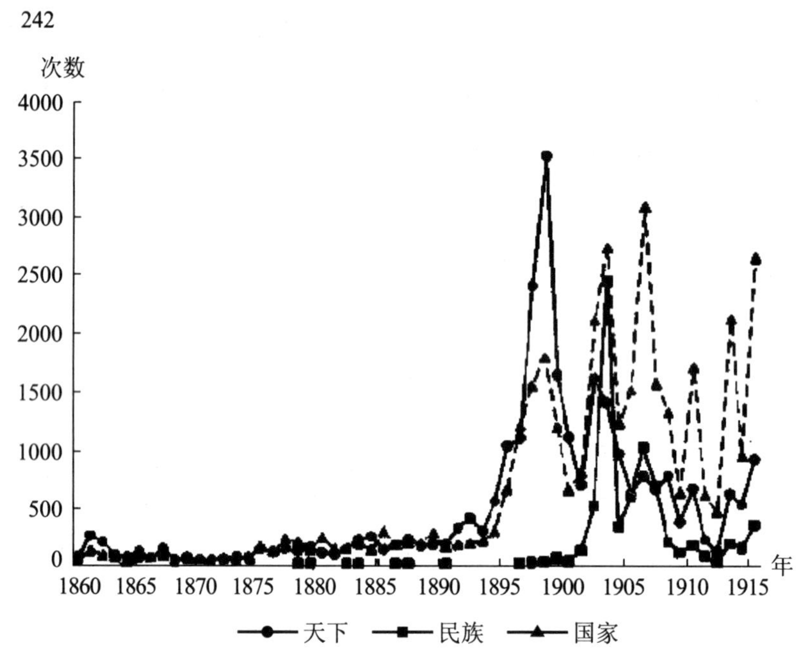

图 2－1　“天下”“民族”“国家”等政治术语的形成

---

① 马玉华：《20 世纪中国人类学研究述评》，《江苏大学学报》2007 年。

② 此二图来源于金观涛、刘青峰：《观念史研究：中国现代重要政治术语的形成》，法律出版社 2010 年版，图 2－1，第 242 页；图 2－2，第 246 页。

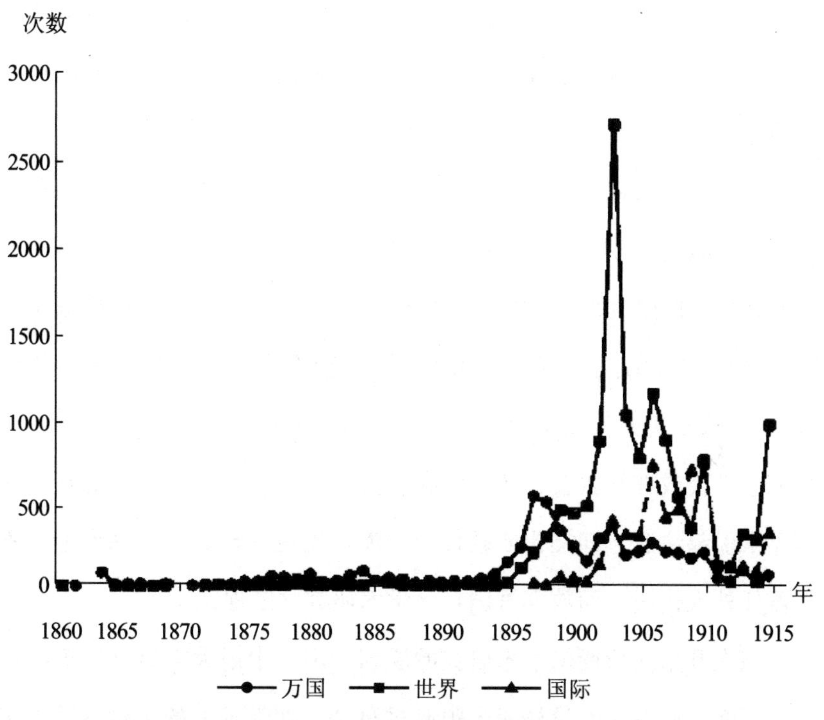

图 2－2　“万国”“世界”“国际”等政治术语的形成

从前后两图可以看出，在 20 世纪初（1910—1908），民族观念勃兴的整个阶段与“世界”一词的使用高峰相吻合。同时，我们再对比“国家”与“万国”两个词的使用情况可以看出，“万国”观念逐渐取消，“国家”一词呈上升趋势。也即是说，大体看来，在 20 世纪初，“世界”“国家”成为频率较高的两个词，并伴随着晚清民国的民族主义，成为当时中国政学两界的重要术语。

“民族—国家”是当时国家层面重要的政治话语，更关键的是“世界”这一概念的出现，“世界”一词，包含了时间和空间两个因素，使得中国之“西南”这样的“界”，也将放在“过去、未来、现在”这样的“世”之流变中。[①] 随着西方人类学知识所带来的进化三阶段——蒙昧社会、野蛮社会、文明社会（摩尔根），使得西南的学术研究，也终将带着这样的演化性质，进入世界各国学术研究的比对中前进。

历来不被重视的西南，在民国成了重要的边疆之地，其政治危机中，更潜藏着学术落后的隐忧。在进行西南研究之前，有一个重要的历史背景，即研究西南民族的外国机关不少，如安南之“法国远东学院”，缅甸与印度之“英国皇家人类学会分会”和“皇家亚细亚学会分会”，成都美人设立华西大学之“西南研究所”，及英、美、法、德之天主教会或耶稣教会，数十年来，其收获之成绩表现，不特吾国学术界未引起注意，即文化或教育当局漠然无视，在此学术观点上，不能再任外人代庖，而放弃吾国自己学术研究之园地也。[②]

国人开始注重西南学术研究的原因，国立中山大学语言历史学研究所西南民族调查专员杨成志曾有过总结，即学术上的贡献、民族主义的实现、融洽民族观念、维护边陲、汉土人口的观测、争回中国人的体面等。[③]

西南民族学术调查起点应追溯至中山大学的“语言历史”研究所。1926 年，应朱家骅的邀请，傅斯年出任中山大学的国文、历史两学系系主任兼文学院院长，1927 年夏，即设“语言历史研究所”。傅办此研究所目的在于为中央研究院设立“历史语言研究所”。傅留学

---

① “世界”一词本出自佛教，《楞严经》云：“何为众生世界？世为迁流，界为方位。汝今当知，东、西、南、北、东南、西南、东北、西北、上、下为界，过去、未来、现在为世。”“世界”一词包含了时间和空间两个因素，并强调其流变的性质。参见金观涛、刘青峰《观念史研究：中国现代重要政治术语的形成》，法律出版社 2010 年版，第 246 页。

② 杨成志：《西南边疆文化建设之三个建议》，《青年中国季刊》1939 年第 1 期。

③ 杨成志：《云南民族调查报告》（1930），《杨成志人类学民族学文集》，民族出版社 2003 年版，第 41—42 页。

德国，因此向同样留学德国的蔡元培建议，德国那种具有科学性格的历史学和语言学，应该在“中研院”设立专门的研究机构，“中研院”把历史学和语言学的研究放在社会科学研究所的构想是错误的，倒是社会科学研究所的考古学和人类学研究攸关上古史的研究，应该摆在为历史学和语言学特设的所里面。① 1928 年年初，蔡元培委托傅斯年以广东中山大学的“语言历史研究所”为基地，于 10 月 12 日正式成立“中研院”的“历史语言研究所”。1929 年，中大的语言历史研究所迁至北平。在此之前的中山大学及其中山大学语言历史研究所为西南民族的调查开了先锋。如 1928 年夏，该所派出了俄国人类学家史禄国夫妇，“中研院”特约编辑员容肇祖和中山大学语言历史研究所助理员杨成志去云南等地进行调查。同时，中大又派生物学家辛树帜等人去猺山采集动植物标本，同行的任国荣又顺便得来了《猺山两月视察记》。不过，在这两次西南调查的派遣中，史禄国夫妇在昆明做了体质人类学调查后就因“土匪未靖”而返回了，剩下杨成志独立深入西南民族调查，但由于“缺乏理论指导和必要的学科训练”而并未形成规范的科学民族调查报告。② 同样，任国荣的猺（瑶）山考察也是动植物标本收集之外的副产品，也并未有专门的人类学民族志训练。但这两次调查却打开了国人重新认识西南民族的一扇大门。1929 年，中山大学的语言历史研究所北迁入“中研院”的历史语言研究所，之后，“中研院”于抗战前组织了几次重要调查。

1929 年，黎光明、王元辉“川康民俗调查”，涉及四川的灌

① “中研院”八十年院史编纂委员会：《追求卓越——“中研院”八十年·卷一〈任重道远〉》，“中研院”2008 年版，第 16 页。

② 王传：《中大语言历史学研究所与现代中国西南民族研究》，《史学史研究》2010 年第 2 期。

县、汶川、理番、茂县、松潘等地；

1930年，凌纯声“松花江赫哲族调查”，涉及松花江下游的依兰、桦川、富锦、同江、绥远、饶河、虎林、宝清、密山、穆陵等地；

1933年，凌纯声、芮逸夫、勇士衡“湘西南苗族调查”，涉及湖南的凤凰、乾城、永绥等地；

1934年，凌纯声、芮逸夫、勇士衡“浙江畲族调查”，涉及浙江的丽水、景宁、云和、龙泉、遂阳、松阳、宣平等地；

1934年，凌纯声、芮逸夫、勇士衡、陶云逵、赵至诚“边疆民族社会与人种语言调查”，其中，凌纯声、芮逸夫、勇士衡三位先生负责“边疆民族生活状况及社会情形调查”，南至云南的河口、麻栗坡、蒙自、金平、西至大理、腾冲、泸水、北达丽江、维西等地；陶云逵、赵至诚两位先生负责“边疆人种及语言之调查”：东南至云南的河口、麻栗坡，南至普洱、澜沧，西至腾冲、泸水，北抵兰坪、丽江、维西等地。

1935凌纯声、芮逸夫、勇士衡“中英颠缅南段勘界调查”，涉及云南的孟定、耿马、孟允、孟连、班洪、班老等地。①

抗战之前，中国的西南民族调查呈现出以下特点。

第一，以科学理论指导民族调查，形成了典型规范的民族志范本，并对国内民族调查方法有一些理论探讨。凌纯声等人对松花江赫哲族的调查被认为确立了科学民族志的典范。②《松花江下游的赫哲

① 本资料来源于台湾“中研院”民族博物馆《三零年代中国南方边疆民族典藏展》介绍资料。

② 李亦园：《凌纯声先生的民族学》，王汎森、杜正胜《新学术之路：中央研究院历史语言研究所七十周年纪念文集》，中央研究院历史语言研究所1998年版，第739页。

族》一书奠定了凌纯声进行中国民族学田野调查的方法论基础。吴文藻认为这本调查报告“是中国民族学家所编著的第一部具有规模的民族志专刊”，反映了“中国民族志专刊应有的水平”①。之后，凌先生又编写了《民族调查表格》，接下来，他们的湘西苗族调查时也同样遵守了民族志的规范。人类学、民族志的概念在20世纪初期已经传入中国，并得到一定范围的使用。不过，当时的中国并未进行深入的民族调查，自然也没有相关的民族调查方法的理论总结。真正开始对民族志进行方法论上的总结，发生在20世纪30年代。一些民族学人类学家从西方学习了一定的理论与方法，并在中国进行了若干实地调查之后，开始对调查的方法进行归纳总结，最典型的是凌纯声。在《湘西苗族调查报告》出版之前的1936年，凌纯声根据自己五次实地调查的经验和参考几本民族学方法论的名著如 The Royal Anthropologi-calInstitute：*Notes and Queries on Anthropology*；Louis Marin：*Questionna-rires Ethnographiques*；Gäbner：*Methodo der Ethnologie*，写成《民族学实地调查方法》一文，发表在《民族学研究集刊》上。② 再看凌纯声等人调查报告的翔实、细致、全面可以得知，从田野调查前的准备到调查过程的设施，均依照国际学术水准进行。据说当年的傅斯年要求研究人员根据欧美的学术规范写作，以致如黎光明等人不符合调查规范的《川西民俗调查记录1929》在史语所尘封了74年后才由台湾“中研院”的王明珂等人整理出版。③ 也造成了当年的殷墟考古未见一套书籍出版。④

---

① 祁庆富：《凌纯声和〈松花江下游的赫哲族〉》，《中南民族大学学报》2004年第6期。

② 凌纯声：《民族学实地调查方法》，《民族学研究集刊》1936年第1期。

③《川西民俗调查记录1929》（导读），见黎光明、王元辉著，王明珂编校《川西民俗调查记录1929》，（台北）“中研院”历史语言研究所，2004年。

④ “中研院”八十年院史编纂委员会：《追求卓越——央中研究院八十年·卷一〈任重道远〉》，“中研院”2008年版，第30—31页。

第二，与“目光向下的革命”[①] 之强调民间文学、强调文学革命的同时，歌谣运动兴起。中山大学语言历史研究所上承国学门的歌谣学运动，因此早期的民族调查都兼顾民俗学调查，如杨成志《云南民族调查报告》[②] 一书的体例：

1. 绪论
2. 独立罗罗
3. 中罗字典
4. 独立罗罗歌谣集
5. 关于花苗的语言和惯俗一般
6. 关于青苗的语言和惯俗一般
7. 昆明各民族的分析和比较
8. 云南民族志资料
9. 《云南民间文艺集》资料
10. 河口窑人的调查
11. 安南民俗的资料
12. 此次收罗的民族民俗品登记表

从这一体例可以看出，民俗部分占据很多内容，“独立罗罗的歌谣集”辟专章写进报告中。包括后来“中研院”的凌纯声等人出版的《湘西苗族调查报告》，同样将“故事、歌谣”部分辟专章进入报告。可见，在抗战前的西南民族调查，尤其是杨成志的《云南民族调查报告》介绍西南民族部分，既可见民俗学与人类学的结合，体现了中国

① ［美］洪长泰：《到民间去：1918—1937 年的中国知识分子与民间文学运动》，董晓萍译，上海文艺出版社 1993 年版。

② 杨成志：《杨成志人类学民族学文集》，民族出版社 2003 年版，第 23—150 页。

早期民族志的独特表述。

第三，组织调查的除了专门学术机构之外，也有一些政府机关的组织。参与人员除了专家学者，也有一些大学院校的非专业知识分子、“与蛮为邻”的本地知识分子（李拂一、刘锡蕃等）甚至本族的知识分子（曲木藏尧、方国瑜等）等。如：

> 李拂一在云南车里（今西双版纳州傣族自治州）傣族聚居区生活写成的《车里》，于1933年出版。
>
> 曲木藏尧，以本族人的身份，写成《西南夷族考察记》，1933年出版。
>
> 1934年春，庄学本考察川、青、康的羌藏地区，写成《羌戎考察记》。
>
> 1934年春，中国西部科学院组织雷马峨屏考察团，到大小凉山地区进行以生物、地质方面为主的调查，但也包括“夷务调查”。
>
> 1934年，刘锡蕃调查广东、广西等地情况后，出版了《岭表纪蛮》。
>
> 1935年，方国瑜参加了中英会勘颠缅边界南段未定界调查，后据此调查写成《滇西边区考察记》《旅边杂著》和《界务交涉纪要》等著作。
>
> 1936年，四川大学教授胡鉴民对四川理番、汶川一带羌族进行了调查。①

如果说抗战前因为国族建构推动了民族调查，也促进了人类学民

① 参见王建民《中国人类学西南田野工作与著述的早期实践》，《西南民族大学学报》2007年第12期。

族学学科在中国的发展，形成了中国特有的民族志文本范式，那么到了抗战之后，因为边疆的告急，更多类似的文本及模仿文本产生。人类学的现代性话语得到全面实践，同时又因为强调人类学应用的性质，其创作的文本充满着更多“对策性”表述，调查报告在宣传、适应读者的需要层面上，形成了鲜明的特色。

第一，人类学的应用性质得到凸显，人类学与政治的关系更为密切。吴文藻的《边政学发凡》，提出有人类学方法参与的“边政学”，并且要求以：“人类学观点为主，而以政治学观点为副，来作边政学初步的探讨。……目今西洋所谓应用人类学，大都是以殖民行政，殖民教育，殖民福利事业，以及殖民地文化变迁等题目为研究范围。在中国另换一种眼光，人类学的应用，将为边政，边教，边民福利事业，以及边疆文化变迁的研究。”① 到抗战后期，应用人类学更被马长寿等人再次提出，他们认为中国边疆的特质决定了属于中国的人类学的需要，马长寿明确指出西学人类学对殖民地的运用，可以由此借鉴。②

第二，西南成为抗战重镇，大批知识分子、学术机构南迁，西南成为民族学人类学调查的重点。此时更多边疆研究机构及各大学调查研究所应运而生，各类人士的调查活动更加主动，文本类型更为多样。

1937 年之前，边疆研究的机构有筹边协会、边疆政教制度研究会、边事研究会、中国边殖学会、边疆问题研究会。1937 年之后增加了边疆史地学会、中国边疆文化促进会、中国边疆学会、中国边政学会、金陵大学文学院边疆社会研究室、南开大学文学院边疆人文研究

① 吴文藻：《边政学发凡》，《边政公论》1942 年第 1 卷第 5—6 期。
② 马长寿：《人类学在边政上的应用》，《边政公论》1947 年第 6 卷第 3 期。

室、国立四川大学边疆研究会、贵州省政府边胞文化研究会。并创办了各类研究刊物，如中国边政学会创办的《边政研究》影响很大。[①]1937 年之后，更有西南边疆、川康民族考察团、大夏大学社会学组织“西南边区考察团”、赈灾委员会组织滇西考察团、云南大学魁阁研究室、中央研究院体质人类学研究所筹备处（宜宾李庄）、清华大学社会学系和研究院社会学研究部、北京大学文科研究所、南开大学边疆人文研究室、金陵大学社会学系、燕京大学成都分校社会学系、云南省政府等组织的相关调查。

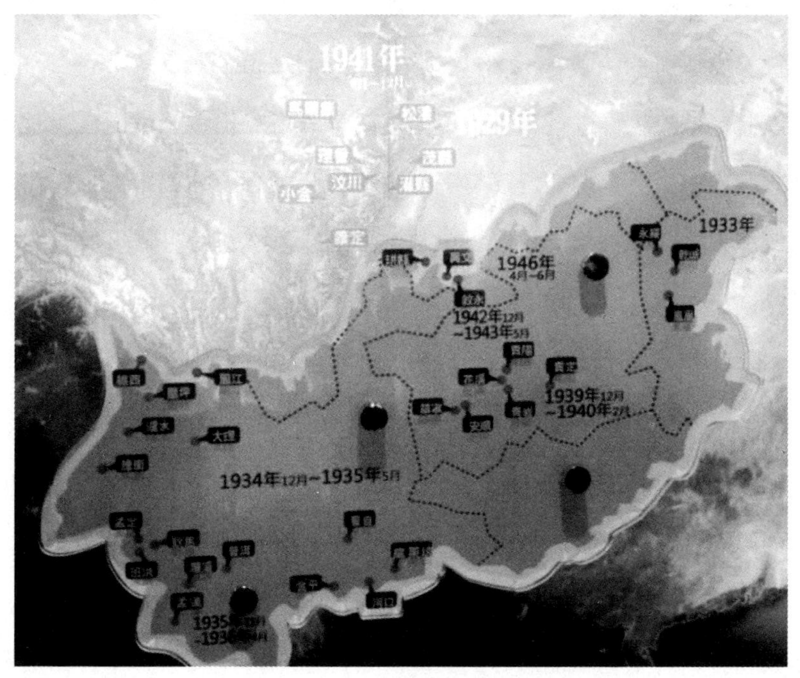

图 2－3　“中研院”的西南民族调查

（笔者 2012 年 12 月摄于台湾“中研院”民族博物馆）

---

① 房建昌：《简述民国年间有关中国边疆的机构与刊物》，《中国边疆史地研究》1997 年第 2 期。

总的来讲，抗战时期对西南民族调查可分为四种类型：第一是专业学术研究机构进行的调查；第二是政府和有关社会团体组织的考察团；第三是个人调查，包括学者、有关部分的官员或受专门派遣，或在从政之余的调查访问；第四是各院校及相关机构利用暑期组织学生进行的调查工作。① 另外，更多本土知识分子参与调查并有成果刊登。如苗族的石启贵、杨汉先、梁聚五、王建明、王建光等，彝族（夷族罗罗）知识分子岭光电等。不同调查机构或个人的调查文本也呈现了类型与风格的多样化。

值得一提的是，在国人主导时期，部分外国人对西南的调查仍在进行。如德国的人类学家鲍克兰（Inezde BeauLair）对贵州、云南、海南岛等地的族群进行调查；美国植物学家洛克仍在云南丽江等地的纳西族人中生活、调查；参与中华基督教全国总会的葛维汉任教于华西协和大学，在抗战期间曾组织学生暑期服务团到川西做调查等。②

二 空间分布

上述所梳理的民族调查区域笔者均称之为“西南”。何为西南？西南，被作为异文化描述可以追至《史记》。司马迁把居住在今天四川的南部和西部，贵州的北部和西部，以及云南的土著居民叫作西南夷。但西南夷这个词理解为西夷和南夷的合称似乎更为恰当，因为在多数场合，汉王朝和他们分别交涉。《史记》和《汉书》中，西夷和南夷广泛出现，而西南夷作为一个词不过出现了几次。汉王朝甚至还

---

① 王建民：《中国人类学西南田野工作与著述的早期实践》，《西南民族大学学报》2007 年第 12 期。

② 关于此部分内容，学者王建民多有总结，参见王建民《中国人类学西南田野工作与著述的早期实践》，《西南民族大学学报》2007 年第 12 期；《中国民族学史》（上），云南教育出版社 1997 年版。

曾经放弃对西夷的监管，只剩下南夷处在它的控制之下。南夷和西夷的位置并不太好界定，我们大致知道，南夷位于今天四川的南部和四川的西部。不过，自东汉后西南夷这个词逐渐地从古代中国的史册中消失，直到清末学者们开始注意到边疆危机时，西南夷这个词才被重新启用。[①] 此时的西南夷既包含了对西南的再度重视，更体现了对“夷”的重新认知。

“西南”的含义包括了地理、政治、历史和文化四个层面。[②]

“地理的西南”指在一个相对稳定的空间里各族群长期活动、交往的地理范围。在传统的中国地理概念中，西南地区涵盖中国西南部的广大腹地，主要包括四川盆地、云贵高原和青藏高原南部地区。

“历史的西南”是一个动态的概念。按照徐新建的论述，当中原定都长安时，“西南”表示的是秦岭以南、巫山以西的某一片区域；三国鼎立时，蜀定都成都，“西南”又缩小为诸葛亮七擒孟获的一小块地区；而在宋室南渡、迁都临安（杭州）后，连古时长安也变为“西安”，此时的“西南”又一下变得无比遥远而广阔了。不过在长期的历史记述中，“西南”概念又有些较为稳定统一的含义（比如边地、治外、蛮夷等）。以今天的眼光来看，仅就地域而言，西南大致可分为狭义和广义两种。狭义的“西南”相当于如今的川、滇、黔三省。[③] 而行政区划中广义的西南地区则有“西南四省（区）”（1955）、“西南五省（区、市）”（1997）和“西南六省（区、市）（西部大开

---

① 杨斌：《全球视野下的边疆历史思考——以云南为例》，参见陆韧主编《现代西方学术视野中的中国西南边疆史》，云南大学出版社 2007 年版，第 359 页。

② 徐新建：《从边疆到腹地：中国多元民族的不同类型》，《广西民族学院学报》2001 年第 6 期。

③ 徐新建：《西南研究论》（总序），云南教育出版社 1992 年版。

发)”。据此，从一个特定的阶段去分析它，很有必要。①

西南范围的变动与中国政治密不可分，“政治的西南”注重地方与国家之间的关联与互动。西南与中原不断被界定与界定，双方长时期处于对视、质疑与认同的过程中。徐新建说：当我们在讨论西南研究“总序”和我写《西南研究论》的时候，一直在表达一个观点，所谓“西南”是一个王朝或国家的西南。……自《史记》以来，“西南”这个符号长期隐含着强大的行政权力，如今的学界和民间想要超越，却难以找到有效的替换词语。②

最后是“文化的西南”。正如“文化的边疆”一样，“文化的西南”同时代表着某种相对独立、稳定的生活方式以及在此基础上伴生的族群意识乃至价值观念。③ 但“文化的西南”是不以实体定西南，文化的交往与互动，自观与他观使其并不具有本体意义上的稳定性。苏堂栋认为：如果说西南是一个让人存疑的实体或概念，首先我们应记住的是，概念只是一个词，一个术语，因为我们的使用，概念都会发生变化，而且概念同样也会让我们受到约束。我们需要承认这一点，不过这没有关系，西南只是一个暂时的、流动的观念，我们仍可以用。④

但是，本书讨论的民国时段，西南疆界很模糊，民国时期的西南从来没有成为一个单独的行政区域。而且也没有具体的行政划分。据笔者考察，当时学者所定义的西南根本不统一。西南是一个暂时流动

① 彭文斌：《人类学的西南田野与文本实践海内外学者访谈录》，民族出版社 2009 年版，第 153 页。

② 徐新建：《西南研究：地方、边省和国家：西南研究答问录》，《贵州社会科学》2010 年第 2 期。

③ 此处借用徐新建“边疆的含义包括了地理、政治和文化三个层面”，参见徐新建《从边疆到腹地：中国多元民族的不同类型》，《广西民族学院学报》2001 年第 6 期。

④ 彭文斌：《人类学的西南田野与文本实践海内外学者访谈录》，民族出版社 2009 年版，第 126—127 页。

的概念。从人文学科尤其是民族学、人类学界对西南及其族群的定义可以得知：

1930 年，杨成志的《云南民族调查报告》讲道，所谓西南民族者除汉族外即指我国版图内西南各省和印度支那的苗，夷，蛮，番，猺，藏……各种土著的部族而言。[①] 1932 年，广州中山大学“西南研究会”成立时，杨成志又作西南民族研究自序，再次说到西南民族是包括粤、桂、滇、川、康、藏及印度支那各地所有之半开化的或未开化的各部族的总称。[②] 之后 1936 年，马长寿认为“中国西南民族”应为“四川、云南、湖南、贵州、广西、广东诸省所有之原始民族”[③]。黄文山又认为，“西南民族”是指“粤、桂、黔、滇、川、康、藏及印度支那各地所分布的半开化的或未开化的部族的总称”[④]。可见，西南是一个相当广泛的概念，而且没有定论。但大体包括了粤、桂、黔、滇、川、康、藏七省及印度支那，主要是一个文化区域的概念。

李绍明先生曾说，“西南”这个概念形成于 1920 年至 1930 年，最初是由民族学界提出的。1930 年由梁钊韬先生绘制的“西南民族分布与分类略图”表明，当时的西南范围包括了四川、云南、西康、西藏、广西和湖南的湘西，以及广东的海南岛等地，代表了 20 世纪 30 年代学术界对西南及西南民族分布的认识。[⑤] 在民国时期，“西南”这个词频繁地被提及，尤其是在抗日战争时期，“西南”连着“边

---

① 杨成志：《杨成志人类学民族学文集》，民族出版社 2003 年版，第 136 页。

② 《西南研究》创刊号，中山大学西南研究会（广州）1932 年 2 月 10 日发行，第 9—18 页。

③ 马长寿：《中国西南民族分类》，《民族学研究集刊》1936 年第 1 期，第 177 页。

④ 黄文山：《民族学与中国民族研究》，《民族学研究集刊》1936 年第 1 期，第 17 页。

⑤ 据李绍明先生说，该图原件现存于四川大学博物馆，复印件存于美国华盛顿州沃拉沃拉布惠特曼学院人类学系。笔者曾数次到四川大学博物馆查阅无获，甚是遗憾。等该博物馆数字化完成的时候，也许可得一见。

疆”成为“西南边疆”，1938 年，《西南边疆》作为刊物名称在昆明创办。这时候的西南，又极具政治的含义。

实质上，“西南”的含义至少包括了地理、政治、历史和文化四个层面。这四个层面的含义本书都将兼顾，同时，西南之“夷”是民族学人类学调查的重点，因此，本书采用广义文化西南的概念。不过，如此广的“西南”，本书不能一一论及，而只能根据文本研究的需要进行选择。

由于笔者能力所限，原则上，本书讨论的行政区域重点是云、贵、川、西康及其邻省湖南、广西等地理空间。① 但需要补充的是，第一，虽然西康省政府成立较晚（1939），但是早在宣统三年（1911），川滇边务大臣傅嵩炑在奏折中，就首次提出建立西康省：“查边境乃古康地，其地在西，拟名曰西康省。”建省后可以“守康境，卫四川，援西藏，一举而三善备”②。西康地区由此得名。在本书中将要讨论的 1928 年，“中研院”正式组织人类学调查之时，西康这个名称已在使用了。因此，在此之前调查中使用的西康名称同样有效。第二，关于省份的边界问题。以上的西南概念主要是以行政单位来界定的。但事实上，族群问题、文化问题是跨地域、超省份的。尤其体现在地域的相邻之处。譬如关于苗族的调查，鸟居龙藏的《苗族调查报告》重点在贵州之苗，而凌纯声、芮逸夫的《湘西苗族调查报告》却是濒临贵州的湖南湘西。所涉民族志描写到的族群重点是苗族（苗夷）、罗罗（彝族）、摆夷（傣族）、猺族（瑶族）、藏族（西康省）等。但本书并不以具体族群或区域设限，而重点以人类学的视

---

① 本书暂不将西藏纳入。

② 傅嵩炑：《请分设西康行省折（宣统三年闰六月十一日）》，《西康建省记》，中国藏学出版社 1998 年版，第 24—27 页。

野，从多元“文化西南”入手，兼及其自然地理形态、历史表述与政治诉求等，以问题贯穿整个分析。

按照本书对西南的界定，可以大体划出民族志的空间分布。不过也要强调说明，首先，很多调查无法严格地按照行省来分，因为以族群或语言为单位的调查有的会越出行省；其次，虽然本书以规范民族志（科学民族志）文本涉及的问题进行具体讨论，但是在分析过程中，却会运用广义的民族志文本，即凡是涉及对特定人群的描写并且作者具有实地参与性质，都列入其中，另外一些关于民族政见的论文，也可能会在分析中运用；最后，本书重在国人对西南民族调查的表述问题，所以外国人的调查研究本书不重点涉及，此处也不再列出。按照“西南、云南、贵州、四川、西康、两广及云贵川西康周边”的区域粗分，可作简要概列（见附录一：民族调查部分文献）。

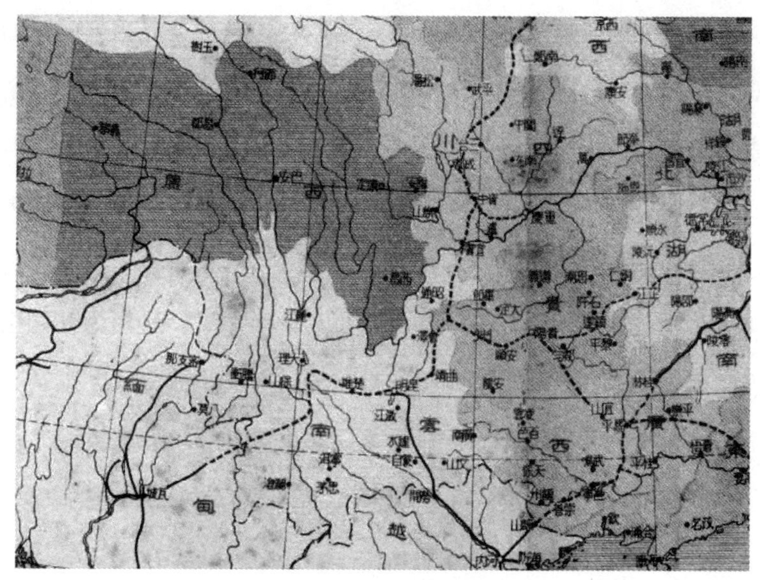

图 2－4　民国西南政治区域①

① 丁文江、翁文灏、曾世英编纂：《中国分省新图》，上海申报馆 1929 年版，第 3 页。

第二节　文本类型与体例

一　文本类型

在本书中，涉及广义的民族志与狭义的民族志概念。广义的民族志概念，即对特定人群的文化表述；狭义的民族志概念是指自马林诺夫斯基创立的，需要民族学或人类学家通过实地参与调查而来的，对特定人群及文化的客观描述。笔者选择狭义民族志概念的文本所涉及的问题作为本书讨论的重点。但在探讨这些问题时又涉及广义的民族志文本。狭义的民族志文本大体可分为两种，一种是采用人类学的整体观，对调查对象进行整体全面描述的，如凌纯声等人的《湘西苗族调查报告》、马长寿的《凉山罗彝考察报告》、林耀华的《凉山夷家》[①] 等；另一种是用人类学功能主义方法，对特定对象的功能进行细致描写的，如田汝康的《芒市边民的摆》、江应樑的《摆夷的经济文化生活》等。但笔者以第一种为重点讨论对象，一是因为功能主义进入中国较晚，在早期的影响不如进化论、历史学派等，尤其是关于西南民族调查的学者受历史学派影响更大，这批学者后来被称为“南派”；[②] 二是因为本书需要讨论到中国传统文献对民族调查的影响，不

---

① 严格地说，《凉山夷家》是介于二者，既有全方位的夷族社会描写，但在描写具体对象时，又采用功能主义方法。林耀华说：“在分析彝家社会文化的其他方面时，我采取的也是功能主义的观点。”见林耀华编《林耀华学述》，浙江人民出版社 1999 年版，第 77 页。

② 关于南派、北派的说法，见黄淑娉、龚佩华《文化人类学理论方法研究》，广东高等教育出版社 1996 年版，第 420 页。

得不以受历史影响较深的“南派”为重点。但问题是，真正称得上此类标准科学民族志文本的其实并不多，而要将凡是涉及西南书写的任何资料纳入，却又浩如烟海。因此，本书虽以规范的民族志文本为讨论重点，但同时又不以其为限，而是根据要论说的重点，择要如下文本类型，其中既涉及撰写者的身份，也涉及撰写的文本体例。

第一，规范民族志文本。凡是有人类学、民族学知识背景的学者根据自己的亲身调查所撰写的民族志文本，这类文本吸收了西方科学民族调查方法，有比较严格标准的文本体例，如凌纯声等人的《湘西苗族调查报告》、林耀华的《凉山夷家》、马长寿的《凉山罗彝考察报告》等，在学术意义上堪称比较典范的民族志文本，也是此文中所言的狭义民族志文本。此是本书论说的重点。

第二，方志与民族志之间的文本。随着社会调查的兴起，有很多非学者身份的人员参与边地异民族的调查，或为政府人员，或为社会团体等，作者（包括本族作者）可能模仿人类学、民族学等调查报告书写体例，同时，又结合了传统方志书写体例，形成了中西文体杂糅的文本，如刘锡蕃的《岭表纪蛮》、任映沧的《大小凉山倮夷通考》等。此类文本数量极多，远远超过规范民族志文本，暂可称之为“模仿民族志”文本。

第三，传统的边疆风土书写在民国时期以游记文本的形式出现。这类文本可视为广义的民族志，也即“游记民族志”文本。其特点在于，首先，都是对异文化的书写；其次，民国时期的游记文本秉持了较为客观科学的标准。最后，除了不具有中规中矩的书写体例之外，其“参与观察”以灵活的游记形式体现在文本中，有时比所谓的“科学民族志”更具有真实性。如姚荷生的《水摆夷风土记》、陈碧笙的《滇边散记》等。

当我们要理解一个科学民族志文本时，必须依靠更多辅助材料，如理解第一类文本时须结合第二、第三类文本。此外，民族志文本也包括上文中所列民族学家发表的一些文章，这些文章常常非常具体或细致地对某一群人，或某群人生活的某一方面作描写，诸如服饰、婚姻、社会组织、宗教信仰等。如收在《贵州苗夷社会研究》中的大部分文章，都是涉及苗夷社会的某一方面进行研究。

上述文本可借用赵毅衡的观点，将之归为“符号文本”。赵认为，符号文本，需要各类伴随文本的意义来理解。“任何一个符号文本，都携带了大量社会约定和联系，这些约定和联系往往不显现于文本之中，而只是被文本‘顺便’携带着，在解释中，不仅文本本身有意义，文本所携带的大量附加的因素，也有意义，甚至可能比文本有更多的意义。所有的符号文本，都是文本与伴随文本的结合体。这种结合，使文本不仅是符号组合，而是一个浸透了社会文化因素的复杂构造。”① 如果将规范的民族志文本作为一个符号文本，上面所列第二、第三类文本都可以称之为“伴随文本”。另外，同一作者围绕文本相关问题，发表的其他非民族志文本，也可以称之为伴随文本。这些伴随文本有助于理解主要的符号文本。

上述文本需要补充解释两个关键词。

第一个关键词是“调查报告”。“调查”与“报告”并非中国旧有术语，属于近现代新词汇（晚清时才出现），却被冠在民族志的标题中，这体现了中国民族志怎样的特点呢？先“调查”而后有“报告”。调查是为了解情况而进行考察。晚清文献中的“调查”用法如下：

---

① 赵毅衡：《符号学》，新锐文创 2012 年版，第 182 页。

1879 年黄遵宪《日本杂事诗》卷一：“太政官中，复有调查、赏勋、法制三局，有总裁，即以参议分任之。”1902 年《万国宪法比较》：“国会无变更既定宪法之权，然十年必委特务委员一次，调查一切，若有与原则相悖谬之处，乃就势改革。”1903 年关庚麟《日本学校图论》：“凡实验之法，或口答，或笔答，每学期于各学科调查实验一回至三回，成绩定为十点，卒业实验定为百点，及第者给与卒业证书。”①

“报告”一词为日语使用汉字来翻译欧洲词语时所创造。属于现代汉语的中—日—欧借代词。② 报告是为了把事情或意见正式告诉上级或群众。这一词也在晚清时出现：

1889 年傅云龙《游历日本图经》卷十九曰：“常任委员及特别委员凡有开会之事项由该会长报告国务大臣暨政府委员。”1890 年《日本国志》卷二十二曰：“总务局分八课：白庶务课，曰征兵课，曰军法课，曰武学课，曰勋章课，曰记室课，曰报告课，曰翻译课。”③

报告是用口头或书面的形式向上级或群众所做的正式陈述。如1889 年傅云龙《游历日本图经》卷十九：“国家岁出岁入之决算，由会计检察院检查确定，政府将其检查报告俱付帝国议会。”1890 年《日本国志》卷十四：“凡岁出岁入之科目，预算、决算之报告，国库出纳之法，官物管理之方，皆分别科条，创定规制。”1902 年罗振玉《扶桑两月记》：“事务员导观各处，时正试植大小麦，分畦列表，部

① 黄河清编著：《近现代辞源》，姚德怀审定，辞书出版社 2010 年版，第 169 页。
② 刘禾：《跨语际实践》，生活·读书·新知三联书店 2008 年版，第 389 页。
③ 黄河清编著：《近现代辞源》，姚德怀审定，辞书出版社 2010 年版，第 30 页。

署井井，并观橘园及暖房、分析室等处，赠实验成绩报告及养蚕讲话、昆虫讲话、笔记数种。”① 可见，调查报告都用在官方较正式的场合。调查之后上陈即为报告，调查者为下级，上陈对象为上级。

西南民族考察后所撰写的文本，无论是以“报告”的形式冠名还是以“考察记”等形式冠名，都是向当局或中央政府上陈或上报调查情况，尤其是规范民族志文本及政府官方所进行的调查。规范民族志有时为遵守客观记录的原则，未有明显的调查目的说，但在一些未有学术规范的模仿文本中，调查目的明确地写在行文中：有时于正文前，以“导言”形式出现；有时于正文后，以“策略”或“对策”形式出现。如任映沧的《大小凉山倮族通考》，虽然以“倮族通考”学术性标题命名，但内容却为政府建言献策之“报告”性质。②

第二个关键词是“游记民族志”文本。上述调查报告有一定的规范并附有上陈的义务，而游记类文本不受此限制。本书之所以选取了游记类文本进入，并不仅仅在于其是广义的民族志（对异文化的描写），更在于具有“参与观察”的“真实性”特点，虽然这种真实更属于主观真实，但却有利于理解作者的表述倾向。

之所以称之为“游记民族志”文本，是因为这类文本具有民族志特质。首先，在西方现代科学观念影响下，自20世纪20年代以来，游记考察之风盛行。在西方科学主义的驱动下，知识分子也对新式游记提出要呈现客观“科学知识”的要求。台湾学者沈松桥曾对此进行过专文分析。比如，顾颉刚为赴敦煌考古的陈万里所著《西行日记》（序），力图反思过去游记之弊端；翁文灏为杨钟健所著《西北的剖面》（序）强调游记“身临其境”与“科学观察”的特点；以及杨钟

① 黄河清编著：《近现代辞源》，姚德怀审定，辞书出版社2010年版，第30页。
② 任映沧：《大小凉山倮族通考》，西南夷务丛书社1947年版。

健之《剖面的剖面》（自序）要求“适合于现代科学化的游记”[①]。20世纪30年代的游记显然具备了一些“民族志特质”，如对异文化的参与观察以及客观科学的记录等。

其次，在有的游记文本中，作者并不是简单地遵守客观真实的标准，许多游记作者本来就是专家、学者，或者是非人文学科出身，但已阅读过一些现代民族学著作。以从事新闻工作[②]的姚荷生《水摆夷风土记》为例，其文不仅引用了地方志、传统风土记如《说蛮》《辰州图经》《峒溪纤志》《西南夷风土记》来说明自己游记的真实性，更引用了西方的弗理曼氏（Mr. Freeman）、司各脱（George Scott）、达维斯、科尔库滂（Mr. Corguubom）等外国学者对西南的考察报告，其中大段引用达维斯的报告。[③] 书中又特别提到当时出版的中国民族调查报告，如民族学家杨成志的《川滇蛮子歌》、江应樑关于“芒市摆夷”的描写，以及刘介的《苗荒小记》《岭表纪蛮》《畲民调查记》，董彦堂的《僰夷历法考源》等。[④] 而作者亲身参与的“约骚（摆夷语意为约会女孩子）”等行为，比起规范民族志更以生动的方式呈现出“参与观察”的真实性。

另外，游记类考察文本有更大的大众接受空间。虽然抗战前后，西南民族调查达到顶峰，但是相比游记作品及出版发行，标准的“规范民族志”数量实是相形见绌。据学者统计，民国时期出版的调查游记有596种，战前372种（原文378种，有误——笔者注），战后224种，其中涉及西南游记的数量最大（实际上当时的西南有时也包括两

① 沈松桥：《江山如此多娇——30年代的西北旅行书写与国族想象》，《台大历史学报》2006年6月，第165—169页。

② 徐舒：姚荷生与《水摆夷风土记》：http：//www. jsw. com. cn/site2/zjrb/html/2006－09/11/content_ 778117. htm。

③ 姚荷生：《水摆夷风土记》（1948），云南人民出版社2003年版，第148—149页。

④ 同上书，第162—168页。

广，如果这样，数量更大），见表 2－1①。

表 2－1　　　　国内游记地域分布

地　区		数量	总计
华北地区	总记*	8	25
	北京	4	
	河北	11	
	山西	1	
	内蒙古	1	
东北地区			7
华东地区	总记	11	61
	山东	11	
	上海	1	
	江苏	1	
	安徽	5	
	浙江	14	
	江西	8	
	福建	4	
	台湾	6	

地　区		数量	总计
中南地区	总记	4	22
	河南	2	
	湖北	1	
	湖南	3	
	广东	3	
	海南	2	
	广西	7	
西南地区	总记	20	91
	重庆	4	
	四川	33	
	云南	8	
	西藏	3	
	贵州	1	
	总记	22	
西北地区	陕西	4	15
	甘肃	3	
	青海	1	
	新疆	7	

从民众的接受程度来看，科学民族志的艰深也并非能让大众理解。对于“中研院”的调查成果，有人于 1934 年评论道：

① 贾鸿雁：《民国时期游记图书的出版》，《广西社会科学》2006 年第 1 期。

近年来中央研究院虽曾注意此等民族的调查，如浙江畲民的调查，广东北江猺山的调查，前者有德文单行本的报告，惜非一般人都能阅读，后者有庞新民君广东北猺山杂记一文，载历史语言研究所集刊二本四分中。不是失之艰深，即陷于太简，我们阅读后，觉很难得若何的印象。

接着，作者赞扬了刘锡蕃的《岭表纪蛮》，认为其“生长桂省白寿，与蛮为邻，平日耳濡目染，加以实地考察所得，辑成斯篇，吾人阅之，有时竟觉如身历其境，共处苗山，故是作就评者看来，确是一部通俗的而又不易多得的佳构……”[①] 因此，撇开学术研究不谈，非学术性调查文本可能在普通大众中接受面更大，发挥西南民族宣传的作用也更大。所以游记类文本实可作为辅助性文本，来帮助理解规范民族志在表述异文化中的价值取向等。

二　民族志表述图谱

说明了本书所选用的文本及相关问题后，接下来笔者在以下几章（第三、四、五章）中还将兼顾民族志体例、表述及相关问题进行讨论。人类学的研究主体是“人”（人群）以及“人”的行为结果——“文化”。如果用民族志作品来对应人类学研究的主要内容，那么中国早期的民族志则用族源研究与族别分类来关注“人”（西南民族）及其服饰、婚姻、宗教等“文化”。以《湘西苗族调查报告》[②] 为例，其体例与内容可总结如图 2－5 所示。

---

① 克凡：《书评转载：岭表纪蛮》，《同行月刊》1934 年版，第 2 卷第 7 期，第 20 页。

② 凌纯声、芮逸夫：《湘西苗族调查报告》，“中研院”历史语言研究所单刊甲种之十八（上）1947 年。

在接下来第三章的族源追溯中，民族志与民族史的纠葛，充分体现了中国人类学民族志的史学传统。这一点，正是有别于西方民族志的体例谱系。同时也体现了民族学者在调查报告中强调的总体认同框架。第四章与第五章是关于西南民族的分类及其文化的描写。调查者在调查过程中常常要面临更多的文化差异，在表述这些差异时，既显示出（与“我族”）区分的意图，也体现出寻找（与“我族”）认同的努力。此三章的结构可汇总为图 2－5、图 2－6。

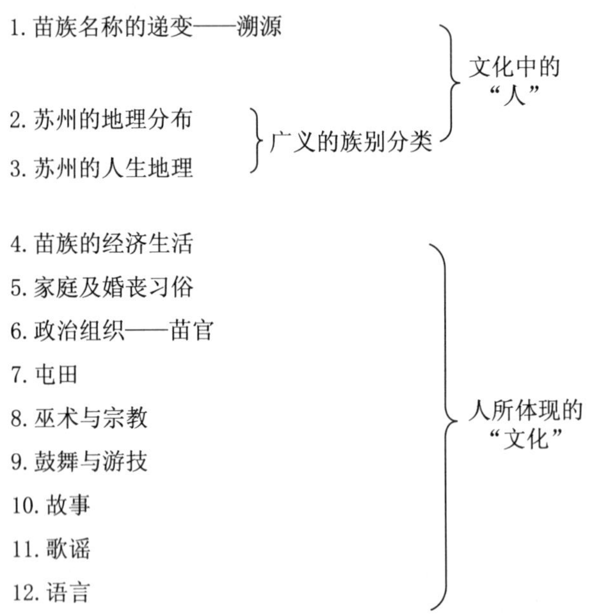

图 2－5 《湘西苗族调查报告》目录与分类

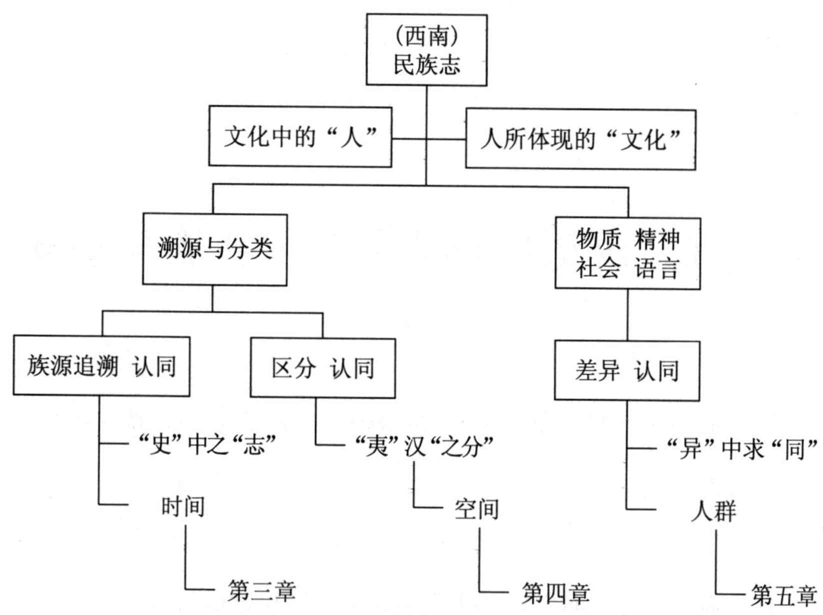

图2－6　民族志体例、内容与问题

第三章　汉语民族志溯源：我族与他族

关于人类学研究对象——人，在中国早期民族志中，首先体现为对被调查者（西南民族）的来源研究。此时的“人”主要为“群体”的“人”。关于民族的溯源，台湾的王明珂、何翠萍等学者已作了一定程度的研究。如王明珂在《华夏边缘——历史记忆与族群认同》与《英雄祖先与弟兄民族——根基历史的文本与情境》等书中，就有对中国早期民族志回顾及“中研院”调查的评价，何翠萍也有对民族志溯源与考证的科学性的质疑等。笔者在论说中亦无法回避这一重要事实，并将其作为本书论说的起点。[①] 不过，此处要关注的重点是，民族志作为一种新兴的文类落地中国后，在体例上增加了族源追溯，形成了民族志表述与历史文献紧密结合的特点。笔者将这一问题纳入“汉语中国”进行讨论，认为中国“正史”与“方志”的传统文类被融合为“民族史”与“民族志”的新文类，换句话说，新文类“民族史”与“民族志”中，可以发现“正史”与“方志”的历史观念。本书试图分析这样的历史观念如何体现在民族志溯源表述中。也即是说，民族志中的溯源研究，并不简单意味着追溯被调查族群的历史来

① 其相关观点见本章后文。笔者在2012年于台湾中兴大学访学期间，有幸聆听王明珂先生的《中国上古史研究》课程，也有幸短暂拜访了何翠萍先生，二位先生均提到这一问题，在此特别感谢其给予笔者的启发。

源，其中更体现了国族观念之下，如何利用现代学科的民族志话语，重新阐释中国历史文化的整体性、一体性、不可再分性等问题。

本章分析“汉语中国”之“志”与“史”，其关键点在于：第一，关于“汉语中国”问题。如前文所述，民族志本身的翻译对接的是汉语的连续书写系统。民族志所处的是汉语经验中的中国。此外更为重要的是，振兴汉学是整个民国学界所强调的学术自尊。当时中研院史语所创立时的学术目标，即“国族主义”信仰下抢回“汉学中心”的地位。[①] 傅斯年指出，应着重四裔的汉学，主要是“虏学”，其具体计划的求新材料，除考古发掘外，主要还是向西、向南发展，要脱离纯中国材料的范围，借重“虏学”，考四裔史事，向四方发展。[②] 西南民族调查被外人抢先意味着失掉了国人学术自尊，抢回对西南民族的发言权，即是实现此目标的途径之一。但实现的方式，还是汉族学者借用汉文献，并站在中原汉族立场来进行表述。民族学家自要担当此重任。第二，关于“中国历史”问题。实现用“科学的方法研究我们的历史”[③] 的途径之一，也是民族调查。民族调查是研究历史的一种科学实践（至少在理念上如此），其研究成品之一是民族志。承接了部分方志传统的民族志与民族史相结合，共同诠释了民国新历史，而民族志的溯源研究，也正是在上述框架下实现了对中国西南少数民族历史的重新表述，但这种历史表述却难以逃脱传统的中国“中原史观”。

① “中研院”八十年院史编纂委员会：《追求卓越——中央研究院八十年》（卷一：任重道远），“中研院”2008 年版，第 19 页。

② 桑兵：《晚清民国的学人与学术》，中华书局 2008 年版，第 368 页。

③ 陶英慧：《蔡元培与中央研究院》，《近代史研究所集刊》1978 年第 7 期，第 7 页。

第一节 “志”体表述与中原“史”观

一 方志的“中原史观”

中国早期民族志为何要溯源，而且为何要如此溯源，除了中国本身具有丰富的历史文献外，更重要的是，此时西学而来的民族志，其历史观念实为方志史观的承袭。此处将首先探讨方志史观。

国史与方志的区别何在？民国学者李泰棻认为：“方志者，即地方之志，盖以区别于国史也。依诸向例，在中央者谓之史，在地方者，谓之志。”① 不过，关于史与志的命名，李有自己的说法，他认为，史乃官名，非学名。他从《说文》开始，探造字之初分析“史”字，又阐释篆文、甲文、金文的造型，从造字本意分析“史”乃像最初史官动作之状。益知“史”乃官名，非学名也。又从史官的来源进行分析说：

> 古者谓史为坟为典为书，西周而后，又名春秋。……中国史官，肇自黄帝，黄帝立史官，仓颉沮诵居其职，至于夏周，乃分置左右，左史记言，右史记事。周官有太史，小史，内史，外史，御史，凡五官。逮及春秋各国皆有史官。鲁有太史，郑有祝史。以上皆足证史非名学乃以名官。②

---

① 李泰棻：《方志学》，商务印书馆1935年版，第1页。
② 同上书，第7页。

李泰棻沿袭章学诚的观点，认为“史等同于方志”。并用进化论的观点进行分析：“史者乃记载并研究人类之进化现象者也。……然则方志亦必为记载及研究一方人类进化现象者无疑。……方志与史相同。仅属范围稍异。”但是“何以不名方史，而曰方志，其理何在？曰，史名本属不当，特以沿用既久未便即更耳，以‘史’实官名非学名也”。

因此，在李泰棻看来，志为史的补充，他赞同的是章学诚氏以“方志为国史要删”主张，所谓“要删”，是指“删要以备用”①。所以李说：

> 各地社会制度之隐微递嬗，不见于正史及各书者，往往于方志中见之，其一也；历朝文物，应登正史而未列，或在当日无入正史之资格，而以今日眼光视之，其人靡重者，亦往往见于方志，其二也；遗文佚事，赖方志以存者甚多，其三也；地方经济状况，如工商各业，物价、物产等，其变迁多见于方志中，其四也；建置兴废，可以窥见文化升降之迹，其五也；古迹金石，可以补正史及文字遗缺者，其六也；氏族之分合，门第之隆衰，可与他史互证，其七也。②

以上承接的是志为史的观点，且表现出方志作为正史之补充而体现出次一级的重要性。不过，关于方志的性质，历来有不同的观点。一为属于地理之说。如《四库全书总目》称：“古之地志，载方舆、山川、风俗、物产而已，其书今不可见，然《周礼·职方氏》其大较

---

① 见（清）章学诚著，叶瑛校注《文史通义文史通义校注》（卷八·外篇三）之“覆崔荆州书”，中华书局1985年版，第877页。

② 同上书，第16页。

矣。”[①] 一为属于历史之说。以章学诚为代表：“方志由来久矣。余考之于《周官》，而知古人之于史未尝不至纤析也。外史掌四方之志，是一国之全史也。”[②] 民国后不少方志学家和学者折中两说，提出了方志既是地理书，又是历史书的史志兼有的主张。[③] 其实，方志应具有跨学科之属性。从地理空间来看，它的书写是于中心之外的各“方”，然后书写其“方”之现状与历史。此历史关联中原，却又具有地方属性。体现出一种与中心相区别的格局和差异。

以《华阳国志》为例。《华阳国志》也为一方之志。[④] 在此书中，常璩记述了三十几个民族和部落的名称和分布情况，还详细记载了其中主要部族巴、蜀、羌、叟、濮、夜郎、哀牢等民族的形成、历史传说、社会形态、经济状况、文化特征等。[⑤] 《华阳国志》所记西南少数民族比《史记·西南夷列传》更为丰富、翔实。司马迁的文中常出现“以十数”“最大”等表述，仅仅指出相邻近的一群部族中为首者之名，且民族名与部落名区分不清。尤中认为，只有嶲、昆明是民族名称，余者均系部落名称，除了部落名称外，他们都另有民族名。[⑥]

有学者认为，《华阳国志》“从内容上来说，是历史、地理、人物三结合；从体裁来说，是地理志、编年史、人物传三结合。这两个三

---

① （清）纪昀：《四库全书总目》，中华书局1983年版。

② （清）章学诚著，叶瑛校注：《文史通义校注》，中华书局1985年版，第571页。

③ 典型的如黎锦熙提出了“两标”说。见黎锦熙《方志今议》，岳麓书社1983年版，不过，虽以跨学科的视野来看待方志的增多，但是学科属性在当代仍属有争议的问题。比如当代学者葛剑雄、唐晓峰则强调方志的地理属性更为明显，特别是唐晓峰，他认为，地方志中关于社会问题的选择，人文伦理的褒贬，全以王朝伦理为标准，它的功能是显示、维护皇权在地方的有效性，在本质上仍属于王朝地理学的范畴。见葛剑雄《编纂地方志应当重视地理》，《中国地方史志通讯》1983年第5期；唐晓峰《从混沌到秩序——中国上古地理思想史述论》，中华书局2010年版，第310页。

④ “华阳国志”之“国”不是“国史”之“国”，而是表示当时的列国，也即古时的邦和方。

⑤ 刘重来、徐适端主编：《〈华阳国志〉研究》，巴蜀书社2008年版，第11—35页。

⑥ 尤中：《云南民族史》，云南大学出版社1994年版，第19页。

结合构成了《华阳国志》的一个显著特点，这也是中国方志编纂史上的一个创举”①。《华阳国志》共十二卷，前四卷《巴志》《汉中志》《蜀志》《南中志》为地理之部，所涉及的疆域，北起今陕甘南部，南到今滇南和滇西南边境，西起今川西地区，东至长江三峡地区。此为第一部分；后九卷是对西南地区重大历史事件和人物的记载，从远古蚕丛、鱼凫的传说时期起，至东晋咸康五年止，其叙述的侧重点，则在公孙述、刘焉据蜀时期，三国蜀汉时期和氐李成汉统治时期。此为第二部分。此部分最能体现出作者的历史观念。

不同于《史记》的是，常璩跟司马迁不一样，常为东晋蜀郡江原人，属于“西南作者”写西南。常璩是否有西南情结？据任乃强的观点，江左重中原故族，轻蜀人，璩时已老，常怀亢愤，遂不复仕进，裒削旧作，公元 348 年，李势余众拥立范贲复据成都。于是常改写《华阳国记》为《华阳国志》。其主旨在于夸诩巴蜀文化悠远，记述其历史人物，以颉颃中原，压倒扬越，以反抗江左士流之诮藐。②

但仔细分析，常璩的西南情结与其在中原失仕有关。常氏世代为官，为当地江原巨族。据研究，常璩在李势时已官至随侍皇帝左右，能掌规谏奏事，参预朝政的显官——散骑常侍。另外，和常璩同时代的史学家孙盛就称其为“蜀史”。李寿篡位改国号“汉”（338）以后，常璩也确曾用正史体裁写过一部史书——《汉之书》。他写这部著作，一是为外来割据巴蜀的人和李氏的功臣作纪传；二是为合并益、梁、荆、宁四州的地志与古史，共十卷。由此推断其可能任过史官之职。其大一统的思想也是很明显的。③ 如此一来，常璩自身的身

① 刘琳：《〈华阳国志〉简论》，《四川大学学报》1979 年第 2 期。
② （晋）常璩：《华阳国志校补图注》，任乃强校注，上海古籍出版社 1987 年版，第 2 页。
③ 刘重来、徐适端主编：《〈华阳国志〉研究》，巴蜀书社 2008 年版，第 3—10 页。

份与华夏中原显出多重联系，从《华阳国志》本身的表述可支证。

对于族属，他称自己是炎黄的后代，如他先举地缘证据证明："《洛书》曰：人皇始出，继地皇之后，兄弟九人分理九州岛，为九囿，人皇居中州，制八辅。华阳之壤，梁岷之域，是其一囿，囿中之国则巴、蜀矣。"后又以血缘证据曰："巴国远世则黄、炎之支封，在周则宗姬之戚亲，故于《春秋》班侔秦、楚，示甸卫也。"[1] 对于中原帝王之功，常璩毫不掩饰其赞赏之情。其《南中志》"撰曰"指出：

> 南域处邛、笮、五夷之表，不毛闽濮之乡，固九服之外也。而能开土列郡，爰建方州，逾博南，越兰沧，远抚西垂，汉武之迹，可谓大业。[2]

公元前4世纪，秦灭巴蜀，在蜀地设立郡县，实行全国统一的制度，并"移秦民万家实之"(《华阳国志·蜀志》)，到汉代，继续向巴蜀地区移民，并进一步在文化思想、教育等方面加快对巴蜀地区的渗透。巴蜀地区深受中原文化的影响。汉代，正是人们精神对抗的一个阶段：儒家思想被统治者利用，但是道教、佛教也产生于汉代，常氏在书中有所表述。比如，在人物传部分，汉晋时期贤士贞女辈出，《先贤士女总赞》："其耽怀道术，服膺六艺，弓车之招，旃旌之命，征名聘德，忠臣孝子，烈士贤女，高劭足以振玄风，贞淑可以方餱者，奕世载美。"不过，他也因此而偏颇了本地神话传说。顾颉刚曾对比《华阳国志》与《蜀王本纪》的写法，叹息作为地方掌故专家的常氏书虽"雅驯"，但是对于"神话、传说之素地而加以渲染粉

---

① (晋)常璩：《华阳国志》华阳国志卷第二，四部丛刊景明钞本，第9页。

② 同上书，第38页。

饰”，而“扬氏为古典学家，偏能采取口说，奇矣”。并总结道：

> 知常氏作地方史，其标准有二：其一，秉“民无二王”之训，将蜀之称帝、称王者悉归之于“周之叔世”；其二，秉“子不语怪、力、乱、神”之训，将蜀中神话性之故事悉予删改。此足证常氏受中原文化洗礼之深厚。……常氏全不认识神话、传说之本来面目。在此种心理之下，不知曾毁弃若干可宝贵之古人遗产，今虽刻意求之而不可得矣，惜哉，惜哉！①

这是常璩有意为之，还是观念使然呢？王明珂认为，《华阳国志》其实是一种具夸耀性、创作性的文本，并与“郡县”或“地方”情境相互呼应。②

由以上分析可以看出，无论是中原还是本土的方志作者，当他们采用“志”的体例进行书写时，不仅在表述对象上为异地与异俗，更以中原中心的视野对书写对象进行审视。在中国古文献的三大文类——“国史”“方志”“家谱”的层级区分中，方志位于中间层：它类属于地方，比家谱涵盖范围广；然而与国史相比，除了如李泰棻所说的“范围稍异”外，还具有认识上的等级之分。章学诚在《文史通义》中将史的部分列入“内篇”，将志的部分列入“外篇”，③ 即代表了学者们对史与志在认知上的差别观念。按照文类等级的标准，方志永远次于国史，④ 却又成为国史的有力补充。为何能达到如此效果，正在于方志所具有的中原史观。

---

① 顾颉刚：《论巴蜀与中原的关系》，四川人民出版社1981年版，第78页。

② 王明珂：《英雄祖先与弟兄民族——根基历史的文本与情境》，中华书局2009年版，第75页。

③ 参见（清）章学诚《文史通义校注》，叶瑛校注，中华书局1985年版。

④ 此观点来源于笔者对徐新建教授的访谈。

二　从方志到民族志[①]

民族志是否承接了上述方志之特性？回到英文“ethnography”看，希腊文“graphein”（记述），为何翻成“志”呢？选择“志”（而不是“记”等相关词汇）与“民族”对接也有其特定意义。第一个意义是上节所论述的，志作为动词，可以与“graphein”（记述）意思对接。刘师培的《中国民族志》之“志”或许具有此种意义？第二个更重要的意义，是“志”的选择与本土传统方志进行了对接。如果“志”与传统对照，自然与“方志”的关系最为紧密。同时，中国的本土叙事传统包括两条，一条被我们称为“史”的，从司马迁到班固，可以姑且称之为中原叙事的“大传统”；另一条被我们称之为“方志”的，如《华阳国志》《黔苗蛮记》等，可暂且称之为“小传统”[②]。民族志正是接通了本土叙事的方志“小传统”。从这个意义上说，民族志之“志”在史的观念上回到了“方志”的含义，使得方志与民族志在对异文化、边缘文化的表述上，具有了某种程度的相似性（详见本章第二节）。

20 世纪初，传统史学受到挑战，1902 年，梁启超先生的《新史学》于《新民丛报》上发表，在史学界引起很大反响。梁启超云：

---

① 笔者于2012 年在台访学期间参与王明珂先生“上古史研究”课题讨论时，王先生有此提法，在此借用并感谢。后笔者搜到杨殿斛《从方志到民族志：中国民族音乐研究的现代进程》（《小说评论》2008 年第5 期），但此文并不是讨论方志观念与文类的问题；娥满《人类学民族志的方志渊源》（《昆明理工大学学报》，2011 年第6 期），此文强调方志、民族志对人类学民族志的影响，与本书强调史观不同。

② “大传统”与“小传统”是美国人类学家罗伯特·雷德菲尔德（Robert Redfield）在1956 年出版的《农民社会与文化》提出的文化的二元分析框架。大传统是指以城市为中心，社会中少数上层人士、知识分子所代表的文化；小传统是指在农村中多数农民所代表的文化。国史、方志与大、小传统有相似性但不完全对等。但是中国学者叶舒宪对此有自己的看法。参见叶舒宪《中国文化的大传统与小传统》，《党建》2010 年第7 期。

> 纪传体中有书志一门，盖导源于《尚书》，而旨趣在专纪文物制度，此又与吾侪所要求之新史较为接近者也。然兹事所贵在会通古今，观其沿革。各史既断代为书，乃发生两种困难：苟不追叙前代，则源委不明；追叙太多，则繁复取厌。况各史非皆有志，有志之史，其篇目亦互相出入。遇所阙遗，见斯滞矣。于是乎有统括史志之必要。①

另外，所谓新史学之“新”，在于历史应该是民史。因此需要“眼光向下”寻求民史。② 关于如何修民史？方志被纳入讨论。“修史必自方志始，方志者，纯乎其为民史者耳。”随后几年，刘师培又提出，方志还不足以修国史，还要编辑乡土志序例。③

方志应该如何修呢？李泰棻于1935年出版《方志学》，专章讨论“修志之辅助学识”（第五章），他吸收了进化论思想，认为“史的定义”盖“人类进化之现象”，即“人类综合文化”。修志如何达到此目的，其曰须备新知识即地理学、人类学、社会学、年代学、考古学、古文学、古泉学、言语学、谱系学、心理学、经济学、法政学等学科。对于人类学为何进入，李泰棻道：

> 所谓史既以人类为主，而人类学当然不能漠视，自达尔文种源论出世后，进化之说，大明于世，然推原厥始，一元多元，为说不一。多元分法，以皮肤、言语、毛发又复不一。然无论根据何种分法，各种亦有各自特性，特性不同，行为亦异。其所产生之史，亦因之异，故史与人类学，关系亦甚密切。人类学大别为

① 梁启超撰：《中国历史研究法》，上海古籍出版社1998年版，第21页。

② 桑兵：《晚清民国的学人与学术》，中华书局2008年版，第109页。

③ 同上书，第109—110页。

二，一曰体质人类学，一曰文化人类学。……除人类一部分外，与史学关系极鲜，后者乃研究人类之集团生活。如习惯、常规、言语、宗教、民族、土俗等皆包于此中，故文化人类学之有关于史者至广且大。而斯科本身，亦尚在继续发展中，其有关于上古及记录以前之时代尤重。①

如此，民族志在新修的地方志体例中，成为地方志中的一种，与舆地志、建置志、经政志等并列，而民族志包括种族、户口、礼俗等主要内容。②

李泰棻修改后的方志内容拟目及序列为：

卷一 地理　卷二 建置　卷三 胜迹　卷四 民族　卷五　爵职　卷六 政治　卷七 党社　卷八 法团　卷九 议会　卷十 产业　卷十一 礼俗　卷十二 生活　卷十三 宗教　卷十四 人物　卷十五（缺）卷十六　古物　卷十七 前事　卷十八 掌故　卷十九 文征

在关于序目的说明中，李泰棻言：各省有汉满蒙回各族杂居之地，其本源同化之迹，均应详征。特设民族一门，述其经过。礼俗宗教二门旧志所有，本目分别细述，用显民风；卷十二生活一门，旧志不载，即或连叙于风俗，亦多语焉不详，本目特设此门，与产业互相表里，至言语多为交际媒介，歌谣可作生活写真，故亦并载此门焉。中山先生民族主义第一讲，谓民族构成的要素有五："当中最大的力，

---

① 李泰棻：《方志学》，商务印书馆1935年版，第65—67页。

② 郑裕孚：《（民国）归绥县志》归绥县志目录，民国二十三年铅印本，第19页。笔者注意到，学界在讨论人类学民族志的方志渊源时认为，方志学界谈论民族志则完全放在方志学背景下，把民族志看作专门志的一种，无视人类学民族志的存在。这种判断是值得商榷的。民国以后，方志中才出现了"民族志"，作为"凡例"之一种，是因为受西学的影响，民国时期方志被重新修订。才出现了民族志。而民国以前，并无"民族志"出现在方志中。见娥满《人类学民族志的方志渊源》，《昆明理工大学学报》2011年第6期。

是血统，次大的力是生活，第三大的力是语言，第四个力是宗教，第五个力是风俗、习惯”，本目之四（民族）、十一（礼俗）、十二（生活）及十三（宗教）诸卷，即本此意，以著人民构成之要素。①

可见，方志强调在向“民史”的“新史学”靠拢的，同时也亲近了民族志。方志中包含了民族志的部分，民族志也成为“新史学”填充的内容。随着中国社会传统向现代的转型，学术的推动力量之一在于“眼光向下的革命”，民俗学、人类学被新史学借用的同时，也变得异常重要。它们之间的关系可归纳为：历史借人类学民族志积累新材料，民族志借历史寻找在中国学界之位置。

另外，从研究对象来看，少数民族在传统表述上大多包含在方志的书写中，即使在正史中也常被列入“列传”等文类里；而且在现代表述上，无论是西方还是中国，民族学人类学在最初都是以“原始落后人群”作为重点研究对象。在民国时期，这一对象则重点为少数民族。

由此看来，无论在学理上，还是在实践中，方志都无法脱离附属于、服务于、补充于中国历史（正史）的命运，方志这一特性被新文类民族志所传承。当时最高学术机构——“中研院”的学科设置，正是要借国家的财力建立一个可以和先进国家媲美的学术机构，并把中国科学研究带到至少可以与西方平起平坐的局面。其创始人傅斯年认为历史学和语言学具有科学的普世性，中国人研究历史学和语言学，因为收集资料方便，故集中精力于研究中国资料，但这种做法无损于这两门学问的科学价值。② 即丁文江所言，“用科学方法研究我们的历

① 李泰棻：《方志学》，商务印书馆1935年版，第94—99页。

② “中研院”八十年院史编纂委员会：《追求卓越——“中研院”八十年》（卷一：任重道远），“中研院”2008年版，第27页。

史”。而民族志资料，即充当了如此使命。

综上所述，民族志具有方志的中原史观，同时，民族志与方志又成为新史学的一部分，共同增补着新史学的内容。不过，方志，更强调空间观念，但对民族志而言，人及其产生的文化成为其关注的重点。因此，人（西南民族）如何成为整体（中华民族）的一部分，成为中国民族志体例中的重要一环，在下节要讨论的溯源研究中可以找到线索。

第二节　溯源：由“蛮夷”到“同胞”

一　族源的异同

凌纯声等人为何要在民族志书写中，首当其冲对调查对象溯源呢？

1936 年，凌先生根据自己五次实地调查经验，并参考了几本民族学方法论的名著写成《民族学实地调查方法》一文，发表在《民族学研究集刊》上。[①] 从凌所用的参考书可以看出，*The Royal Anthropological Institute*：*Notes and Queries on Anthropology*（英国皇家学会编订：《人类学的询问与记录》）对当时中国的民族志调查具有重要的指导作用。此书目前一共出至第六版，对当时学界产生影响的是第五版，第五版的特点在于将马林诺夫斯基的田野调查方法纳入书中。实际上，

① 凌纯声：《民族学实地调查方法》，《民族学研究集刊》1936 年第 1 期。

马氏也是在《人类学的询问与记录》第四版的基础上，形成了更为“完整而实用”的调查框架与调查方法。通过特罗布里恩岛的调查实践，马氏提出了作为科学民族志的理论与方法，并写成《文化论》一书，其中的观点被英国皇家学会采纳，完善成第五版的《人类学的询问与记录》，凌纯声等人当时组织的西南民族调查，正是以此为指导书。①

凌先生的《民族学实地调查方法》之论说承袭《人类学的询问与记录》而来。在此文的“实地调查问题格”中，凌把问题格分为23类842条，认为调查一个民族的物质、精神、社会三方面的生活大概都可以包括在内。这23类包括：

> （一）地理与统计（二）住处与设备（三）饮食（四）装饰与发饰（五）人工改造身体（六）衣服（七）武器（八）狩猎、渔业、畜牧、农业（九）嗜好品（十）玩具、游戏、运动（十一）音乐（十二）交通器具（十三）贸易、钱币的代替物、度量衡（十四）技术（十五）政治情形（十六）司法及社会情形（十七）婚姻、妇女地位、小孩（十八）生与死（十九）宗教敬神及神话（二十）图腾（二十一）医药（二十二）时间计算、天文、历史（二十三）计数及算术。②

凌纯声等人的湘西苗族调查虽于民国二十二年（1933）已经开始，但因个中原因1939年才整理成《湘西苗族调查报告》出版，

---

① 何国强：《人类学的询问与记录》序言，英国皇家人类学会编：《人类学的询问与记录》，周云水等译，国际炎黄文化出版社1951年版，第6页。此书版次分别为：第一版（1874），第二版（1892），第三版（1899），第四版（1912），第五版（1929），第六版（1951）。

② 凌纯声、林耀华：《20世纪中国人类学民族学研究方法与方法论》，民族出版社2004年版，第17—42页。

而《民族学实地调查方法》写成于1936年。可见，在整个报告的结构布局及写作框架的安排上，凌都是作了一番考量的。在以上的23类问题调查格中，凌精心地选择了其中一些项，并根据调查对象作了修改调整，最后确定为12项，分别为：苗族名称的递变，苗族的地理分布，苗族的人生地理，苗族的经济生活、家庭及婚丧习俗，政治组织，苗官，屯田，巫术与宗教，鼓舞与游技，故事，歌谣、语言。

但是，其中“苗族名称的递变”“故事”“歌谣”等类并未包含在他的调查方法（23类）之中。这似乎亦不足为奇，因为马氏是功能主义创始人，以他的调查方法为主的调查书（《人类学的询问与记录》）极具功能主义的特点，即都是在共时的层面选择问题，重点关注的是“现在”的社会样态。凌氏所增加修改的部分，正是中国民族志体例与西方相比最大的变化之处。或者可以说，中国具有上千年的历史文献这一事实，是西方民族学知识谱系所总结出来的调查方法不足以统摄的。此处正是要关注：在中国民族志调查报告中，为何如此注重利用已有的历史文献呢?

“苗族名称的递变”实为苗之族源的追溯。凌纯声先生在“苗族名称的递变”一章中，作了几条论证：第一，古代的三苗非今日之苗；第二，古代的九黎为今日之黎；第三，古代之蛮为今之瑶人与畲民；第四，今日之苗为古代之髦。凌的重点是要通过古籍文献来论证今日苗的族源问题。他主要举例的中国文献是章炳麟《检论》：“凡俚繇诸族分保牂牁上下者谓之髳，音变为苗。”此外别无证据。外文文献中，凌纯声赞同了英人克拉克氏（Clarke）“贵州的苗，乃由他处迁来”的观点，以及法人萨维那氏（sarina）“苗初至中国，住于河南，由河南迁至贵州，贵州而四川，四川而云南，云南而东京，东京

而老挝”的观点。用训诂的方法，凌纯声举了“髦”与“髳”同音译文，“髦”与“夷”同义，古“髳”所在之地，来推论出“今日之苗为古代之髦”的结论。在推论中，髳在何处？髳是由晋豫而迁巴蜀，巴蜀而湘黔，与萨维那氏的观点大致相符。[①] 1941 年，何士能发表了《三苗非今苗考》一文，附和了凌纯声等人的观点，文章否定了“苗族先汉族而据中原”“鬼方为苗族国名”等说法，同时，何也在此文中，透露出自己考证结论的时代缘由，即：“三苗为今苗祖先之说，虽经章炳麟张其昀吕思勉诸氏之反对，而学者尤笃守故说。此风不改，非独民族问题，边疆问题，无从解决，即学术前途，影响亦大。当今民族研究盛行，岂可漠然而息，此本文之所由作也。”[②] 如此解释所意何为？是否可作如此猜测：因为如果三苗为今之祖先，苗族先汉族而据中原，苗族土著说即成立，则很难处理苗与汉同源的祖源问题。

20 世纪 30 年代，部分民族史的撰写都涉及苗的问题。王桐龄、林惠祥、吕思勉等对此有过论说。1934 年，王桐龄的《中国民族史》这样写道：“现在中国动言五族平等；所谓五族，即汉满蒙回藏族。譬如作一家人看，汉族是长兄，满蒙回藏族便是幼弟，是为现在人的观察。若照历史上观察，中国民族，除了汉满蒙回藏以外，还有一位长兄，即是苗族。”“当四千年前，汉族占领黄河流域，以务农为业，逐渐向四方发展时，扬子江中流，现在湖北、湖南、江西等地，已经有苗族占领。”王氏讲的是“三苗”时代的苗族。后来苗族子孙，有一大部分完全同化于汉族，不肯同化的一小部分即为现在不开化的西

---

① 凌纯声、芮逸夫：《湘西苗族调查报告》，“中研院”历史语言研究所单刊甲种之十八（上）1947 年版，第 1—6 页。

② 何士能：《三苗非今苗考》，贵州省民族研究所编《民国年间苗族论文集》，贵州民族出版社 1983 年版，第 116 页。

南苗族。[①] 林惠祥持苗先于汉人入主中原之说。在1936年著的《中国民族史》中，林说："当汉族未入中国之前，中国之中部及南部，本为苗族所居。自汉族移入后，渐与苗族接触。"又说："炎黄之世……南有黎苗。黎苗世处南服。颛顼之前曰九黎，颛顼而后，乃曰三苗……故郑玄、韦昭，皆以三苗为九黎之后。"林氏还说："称三苗为南蛮而在荆楚，楚亦自称'我蛮夷'，则三苗必为楚先。"[②] 上述说法，不仅承认了中国境内有苗族，而且还力图证明，苗乃中原子孙，实为中华民族的成员无疑。

但以上说法，都未说到凌纯声所言"髳"的层面，也未被凌纯声在民族志溯源中引用。唯有吕思勉的《中国民族史》被凌纯声引用，其书提道："苗者，盖蛮字之转音。……我国以其居南方也，乃称之曰蛮；亦书作髳作髦。"[③] 同时，凌氏也对"今所谓苗蛮者，其本名盖曰黎"的观点进行了辨正。[④] 可见，在凌纯声等人看来，在认同苗的同时，也多了一层区分的意思。

本族学者梁聚五对凌纯声的观点并不认同。对于章炳麟"今之苗，非古之苗"以及凌氏等的"古代的三苗非今日之苗"的论说，梁聚五作了批评。梁认为，如此说法，弄得中国各个民族离心离德，以致减低了大家团结的信念。三苗，绝不是所谓什么浑敦、穷奇、饕餮的苗裔，而是今之苗夷民族，及其所包含的蛮、荆、傜、僮、僚、罗

① 王桐龄：《中国民族史》（1934），吉林出版集团有限责任公司2010年版，第5页。

② 林惠祥：《中国民族史》（1939），商务印书馆1993年版，第103页。费孝通先生主编《中华民族多元一体格局》（修订本，1999年）一书（第135页）称之为"新中国建立以前中国民族史的代表作"。

③ 吕思勉：《中国民族史》，见吕思勉《中国民族史两种》，上海古籍出版社2008年版，第176页。

④ 凌纯声、芮逸夫：《湘西苗族调查报告》，"中研院"历史语言研究所单刊甲种之十八（上）1947年版，第6页。

罗、摆夷、水家、洞家、僰人、越人、蜑人、畲人……各个支族创立的国家。[①]而对于王桐龄的苗乃“神州土著”的观点，梁聚五表示赞同，并称王敢于如此说，“多么富于正义感啊”![②]梁否定了槃瓠、蛇种、猫头、竹儿的传说，以及交趾支那说、南太平洋系说。对于槃瓠，他认为，槃瓠与盘古，本来就是一个名词。有人要贬抑苗夷民族，便说槃瓠是他们的祖先。槃瓠是狗，盘古是神。“狗是苗夷民族的祖先，要神才是华夏民族的祖先。狭隘的民族主义偏见，其庸俗可笑如此!”[③]

站在本民族立场，梁氏认为苗为中国土著，强调中国是多民族国家，对于蒋介石《中国之命运》一书中否认“民族”而承认“宗族”“支宗”的做法极力反对，称蒋为“赤条条的大汉族主义”者，因为梁氏认为，苗族并非黄帝子孙。而对蒋之意旨执行的杨森更称之为“可耻”，因为杨企图“去苗夷民族”，而用广义而歧语的“边胞”代替。[④]虽然，表达此观点的《苗族发展史》写在国民党失势之后，但也不失为其时梁氏对于苗族潜在认同的证明。

历史到底为谁而写？自表述与他表述的立场显然有别：梁聚五站在本族的立场上谈论苗史，目的是放大苗族，寻求苗族的政治地位；而凌氏则站在国族的立场上，将苗族缩小为古代的“髦”（中原的一支)，是想将其融入“五族”之内。

凌氏的写法并非个案，将被调查对象的族源问题，放在调查文本开篇之首，利用文献考证，加以推论与阐释，几乎是民族调查报告的书写范式。

---

① 梁聚五：《苗族发展史》(1950)，贵州大学出版社2009年版，第43页。

② 同上书，第14页。

③ 同上书，第6页。

④ 同上书，第266—267页。

研究东南亚民族史的专家徐松石先生，曾深入中国西南各省的苗瑶壮寨进行考察。1938 年，中华书局出版他的第一本学术专著《粤江流域人民史》，此书见解颇为独特，受到日本学界重视。但讲到粤江流域的苗傜獞来源之时，徐氏根据文献与音韵学及语言学知识，推导出獞人是最纯粹的汉族。他说，华蛮分野这一个问题，本来是很简单的，它只是广义汉族许多部落当中的一个文化分野，可惜史家和诸侯攀附皇帝，使这个问题增加了复杂性。① 而汉人二字最正确的解释，是指出于东西汉水流域的人，即古代荆梁二洲的部族。倘若这样严格的辨别，獞族才是不折不扣的十足汉人。苗傜是南支汉族，也比北支汉族较为切合“汉”字的意义。所以最低限度，我们要承认苗傜獞与中原人士一样的同是汉人。②

育种学家诸宝楚在讲到滇疆“苗蛮”时说，“综观西南民族的体态、血统、文化、风俗等项，假若加以过细的研究，确与中国古时的原始民族处处有极相类似的地方，是西南民族归根结底终逃不出蒙古种（movgolion type）的范围，亦可称为亚洲的原始中国族系。……据中国历代史书的传记所载，更可明白确定西南民族是我国中原扬子江流域的土著民族”③。

当时许多模仿文本，也因治国需要的政治考虑，将族源与《中国之命运》中的观点结合，阐释各民族为同胞与兄弟的同祖同宗观念。如，任映沧的《大小凉山倮族通考》，在氏族溯源部分，借用前人调查文献，论证了“康族同源”“炎帝贵胄”等族类，最后，根据这些前人的族类证据，认为：

① 徐松石：《粤江流域人民史》，中华书局 1939 年版，第 6 页。

② 同上书，第 65 页。

③ 诸宝楚：《滇疆苗蛮纪略》，中国西南文献丛书（第 17 卷），兰州大学出版社 2003 年版，第 13 页。

> 至于夷汉是否同源，兹就《中国之命运》研究，自应认定中华民族原为同一始祖之“大宗小支”所“融合而成”。所有黄帝炎帝以及尧舜禹汤应为由氏族而部族分割，由地理迁徙而语言分歧，绝非异族；实为积年累月，氏族繁衍，迁徙辽远，语言既异因之部族乃多，由是乃有“四海之内皆兄弟也”之伦理观念之形成。而就全国而言，大地广漠，现有满蒙回藏各部族之名称。①

其实，虽然作者想要“通考”凉山倮族，但是作者的视野却要解决历史上东夷、西戎、南蛮、北狄的来源问题：

> 再明白而言之：中华民族初为一基本氏族，嗣因地理分疆，乃发展而为所谓东夷西戎南蛮与北狄之各部族。其在东西南北支缓冲地面是为东西南北各部族之由分化而混一血统之联合部族之中原。首先进入政治社会时期，组成文明国家者，是之为中原内地。合东南西北各部族而言，是之谓神话禹域。其在两方面者，因气候温和，多所繁殖，复以山川险阻之故，氏族部族，更多分割。今之苗、猺、黎、倮等部族名号，便予以确立。而就其实仍不外方言歧异，称谓各殊，同种同源，初仍为一基本氏族所派生。②

最后谈到西南苗倮的族源，作者认为，在西南边区者，由地理历史之考证，虽有苗倮初分，乌白继异。其实亦一基本氏族所分割。由是而有以上李景汉氏所转述西南夷同“毕色”祖宗之故事之流传，应可证

---

① 任映沧：《大小凉山倮族通考》，西南夷务丛书社 1947 年版，第 210 页。

② 同上书，第 214 页。

实。等而下之，凉山诸夷仍由一基本氏族之所派生，最后再有氏族胞族之繁衍，现尚有线索可查。① 同父母所生为“胞”，由蛮夷到“胞族”，其实是将政治认同转化为血缘认同。更从根基性上强调国人的一体性。

将族源问题列入调查文本的开篇之首，既成为中国民族志的独有特点，也是中国知识分子借用民族志族源研究，以达到政治认同的特有方式。

二　神话与祖源

除了开篇之首的族源研究外，还有另一类的神话及传说故事，其作用与族源研究有异曲同工之妙，只是有时被排在目录之尾，有印证开篇溯源之效。

在当时的民族调查中，祖源被通过神话、传说来考证。这类神话、传说一般采集于当地人的口述，但有意思的是，记录者往往会在文本中表述自己的见解。

抗战之时，贵州大夏大学的吴泽霖写了《苗族中祖先来历的传说》一文，作者发现，八寨黑苗、花苗以及短裙苗中所流行的洪水神话，其情节结构都是洪水滔天、兄妹成婚、繁衍后代。根据这三则神话对比，吴泽霖下结论说：他们是民族复兴的神话不是祖先起源的神话，不是开天辟地后第一个老祖宗的故事。他们神话中的洪水是大禹时的洪水。他们的祖先至少与汉人接壤，或是由汉人的传说中传布过去的。关于兄妹通婚生畸形胎儿的神话，证明此神话形成之时这种通婚习俗应该不流行。吴泽霖认为，这种优生学的原理被原始的苗族所注意，而苗族的婚改大致不会在汉族婚改前，因此

① 任映沧：《大小凉山倮族通考》，西南夷务丛书社 1947 年版，第 214 页。

这样的神话当在春秋以后。[①] 此种观点，说明洪水神话，只不过是一个汉化神话的传说。

与吴泽霖不同的是，陈国钧在《生苗人的人祖神话中》，将洪水神话称之为人祖神话，他列举了三个洪水神话，而有两则神话共同之处在于：

> 兄都叫 Cn，妹叫娟 Mei，大概古神话中就是这两个名字，由他俩结了婚，才繁殖各人种的，分明恩和娟就是人类的始祖，现在各种人——汉、苗、侗、水、僮、瑶……都出自这一对共同的父母了。在这生苗的神话里，想不到有所谓"人类同源说"或"人类起源于一元说"的科学见解。[②]

陈国钧从苗族的洪水神话中，抽离出人类普适性起源，极具人类学思想。同时，他认为，至于兄妹之间的乱伦，因为现在还有这样的观念，足见这种婚姻制度是曾经存在过的。虽然后来学了汉人有了"姓"，但是他们认定姑表姊妹为当然婚姻仍不无血统混乱结合的怀疑。从神话中此族与彼族相顽抗中看出，神话中有提到汉王和苗王的仇恨，正刻画了后来汉苗的仇恨。而神话中讲到同一种族的三个人讲不同的口音，成了后来的"侗语、苗语、汉语"，则从语言的角度证明了侗、苗与汉属同一祖先之说。[③]

神话传说中最典型的是"三兄弟"的故事。如马长寿关于罗夷传说的记录：

---

① 吴泽霖：《苗族中祖先来历的传说》，吴泽霖、陈国钧等：《贵州苗夷社会研究》，民族出版社 2004 年版，第 104—105 页。

② 陈国钧：《生苗人的人祖神话中》，吴泽霖、陈国钧等：《贵州苗夷社会研究》，民族出版社 2004 年版，第 119 页。

③ 同上书，第 121 页。

> 太古之时，有兄弟三人，携犁赶牛，至肥沃荒原，选地三段耕之。……七七之后，洪水下降……阿哥不知飘向何方……天女下嫁某家阿弟，永偕伉俪。年生一子，三年后，三子在抱，均不能言，往问于天。黄雀自告奋勇，复上天探消息，潜身屋檐。天父语天母曰："是诚愚，只将三竹筒爆炸发声，即能言。"长子叫声曰"娥庐过罗痴"（彝语无义），遂为西番；次子叫声曰"阿慈格一痴"（义为热得很），遂成罗彝；三子叫声曰"比阿兹利痴"（彝语无义），遂成汉族。①

这种类型的故事很多，而且记录的模式为：长子一般是本族人（讲故事的人），而老三一般是指汉人。如民国时期民族学家华企云记录的景颇族：野人大哥，摆夷二哥，汉人老三。对于此类"汉人为老三"的故事，当时的调查者只是将此记录下来，并未有对此作仔细分析。直到当代，王明珂将其称之为"弟兄祖先故事"，并站在他者的角度，分析其"历史心性"，认为这样的故事是想表现本族的自尊，汉人的优势，以及各民族间应有的对等关系。②

然而记录也显示了另外一种情况。于汉族记录者来讲，虽然都是本族人讲的故事，江应樑的记录却并不一样。在《凉山夷族的奴隶制度》中，凉山传说中同样的故事却出现了不同的民族排位顺序：老大是汉人，老二是黑夷，老三是藏族，老四是白夷。③ 在陈国钧的记录中，显示的也是"汉先苗后"④。这是否是记录者"以汉为尊"的心

---

① 马长寿：《凉山罗彝考察报告》，巴蜀书社2006年版，第664页。

② 王明珂：《民族文物之反映与映照》，《历史月刊》2003年6月，第115页。

③ 江应樑：《凉山夷族的奴隶制度》，《江应樑民族研究文集》，民族出版社1992年版，第135—137页。

④ 陈国钧：《生苗人的人祖神话中》，吴泽霖、陈国钧等：《贵州苗夷社会研究》，民族出版社2004年版，第114页。

理，而修正了一种关于祖先的历史记忆呢？

无论是本族人的“攀附”，还是汉人的自尊，当时调查者记录下来的兄弟故事，其实都重在强调共同血缘，即各族皆为同根生。把这样的故事放在民族志中，是为了证明无论什么民族，都与汉族是一体的同胞。

如此的观察点还在于通过“古历史”与“今现实”的观照，从苗族的“神话”中看苗族的“历史”。用进化论的观点看，神话里留着进化的痕迹。“神话中的野蛮怪诞的要素可以说是古时野蛮祖先的遗物”①。因此，神话是我们过去的“历史”。

在《湘西苗族调查报告》中，凌纯声强调神话的文化作用。强调洪水神话等至今仍活在苗族社会生活中，并且影响着苗人的生活、命运和活动。② 凌的强调，明显带有功能主义的特点。在故事讲述中，凌未像吴泽霖等人作阐释和分析。在叙述完（凤凰吴良佐讲述的）故事后，却提到故事详考可参看芮逸夫《苗族的洪水神话故事与伏羲女娲的传说》一文。

根据各地洪水神话故事，并通过文献考证，芮先生的《苗族的洪水神话故事与伏羲女娲的传说》从神话学的观点，得出伏羲女娲为苗族之祖神，并且，此类“兄妹配偶型”模式，范围自中国本部，南至南洋群岛，西起印度中部，东迄台湾岛，可成为一个“文化区”（culture area），其文化中心当在中国本部的西南，并由此传播开去。③ 芮氏的人类学报告给闻一多先生很大的启发。在《伏羲

① 林惠祥：《神话论》，商务印书馆1933年版，第13页。

② 凌纯声、芮逸夫：《湘西苗族调查报告》，“中研院”历史语言研究所单刊甲种之十八（上）1947年版，第243页。

③ 芮逸夫：《苗族的洪水神话故事与伏羲女娲的传说》，《“中研院”历史语言研究所人类学集刊》，1938年第1卷第1期。

考》一文中，闻列表比较分析了四十九个采集于各地各民族的兄妹洪水神话，指出故事的最基本主题是洪水遗民再造人类，即造人是故事的核心。而在造人故事中，葫芦又是造人的核心。葫芦，作为南方洪水神话所反映出来的具有普同性的文化要素，受到闻一多的高度重视。根据葫芦造人这一原始观念，闻一多又进一步到古代文献中寻求伏羲女娲与葫芦的关系。他通过神名的音韵训诂，得出伏羲女娲就是葫芦的结论。同时他还论证了瑶畲民族所信仰的“盘瓠”亦为“匏瓠”即葫芦，并且与伏羲同姓，说明苗瑶亦同源共祖。闻一多认为“龙和蛇本同类，从古至今是分不清”①，证明了龙与伏羲女娲之间的关系，提出“龙图腾”的重要概念，论证了他认为属于龙图腾的古代部族，确定了夏、共工、祝融、皇帝以及匈奴、苗、越等部族均为龙图腾的部族。进而，闻一多在芮逸夫的基础上，圈了一个更大的文化区，他所提到的所有部族，均同祖同源。

以上的神话研究与人类学关系极其密切，以致闻一多欣喜地发现人类学的调查报告正给了自己非常适用的材料。实际上，“五四”前后的神话研究普遍地采用了人类学的观点。在未接触马克思主义神话理论之前，中国学者对神话的见解主要受人类学派神话学的影响，这可从茅盾《中国神话研究初探》（1978）一书再版时的前言看出来：“人类学派的神话学者，被公认为神话学的权威。”②

人类学派的神话研究，其理论逻辑在于：现代的文明人是由野蛮人进化而来，这两类人的思维之间并无不可逾越的鸿沟。因此，他们

---

① 闻一多：《伏羲考》，《闻一多全集》（第3卷），湖北人民出版社2004年版，第58—131页。

② 马昌仪：《人类学派与中国近代神话学》，苑利主编：《二十世纪中国民俗学经典》（学术史卷），社会科学文献出版社2002年版，第79—80页。

主张用人类学的方法“取今以证古”，即通过对现代野蛮人生活及信仰的研究，去了解并恢复古代原始神话的面目。[①] 这种论证方法也被史学家所认同，徐中舒就非常赞同芮逸夫的观点：“从民族与地理的分布，认为伏羲女娲为苗和猓猓的传说，盘古为猺和畲民的传说，为古史指出一个新方向。芮先生的两个假定，皆有坚实论证。”[②] 同时，人类学派神话学家运用进化论的观点来解释神话的各种现象，肯定了神话与原始人生活及思想的关系、并把神话研究领域从神话学派只注意的印欧民族扩展到全世界、全人类，从文明人扩展到未开化的野蛮人，从语言学派只关心的自然神话扩展到社会神话（泰勒称之为文化神话）。[③] 由是观之，对于研究神话的学者来说，证明古代神话在世界神话史中的地位，是其神话研究的学术目标之一。显然，这种论证为民族志的溯源研究作了很好的注释。无论是芮逸夫，还是闻一多，其神话传说研究都倾向于共同的旨归，即要论证一个更大的具有同质性的文化区。而利用人类学采集的口传故事，是为了使其论证更显“科学”的权威。

无论是民族志中传统文献的族源追溯，还是利用传统文献对照现实的神话传说；无论是借古论今，还是取今证古，学者们都借用人类学方法，为治学找到了新方向。对于人类学家而言，为探讨现在“初民”社会之特性，借古论今更重要；对于历史学家而言，为古史研究寻找新方向，取今证古更重要。不过，历史学与人类学毕竟都在时间的差异中寻找连接，其目的并非一分为二，而是一石二

---

① 马昌仪：《人类学派与中国近代神话学》，苑利主编：《二十世纪中国民俗学经典》（学术史卷），社会科学文献出版社 2002 年版，第 78 页。

② 芮逸夫：《中国民族及其文化论稿》（上），艺文印书馆 1972 年印行，第 1062 页。

③ 马昌仪：《人类学派与中国近代神话学》，苑利主编：《二十世纪中国民俗学经典》（学术史卷），社会科学文献出版社 2002 年版，第 78 页。

鸟，郑振铎的研究可为一例证。周予同在《汤祷篇》（序）中这样表述：郑振铎想凭借他的希腊神话学的修养，应用民俗学、人类学的方法，为中国古史学另辟一门户，使中国古史学更接近于真理的路![1] 然而，在《汤祷篇》结尾中，郑振铎用“蛮性的遗留”学说来揭露和鞭挞当时社会的陋习，指出“在文明社会里，往往是会看出许多的‘蛮性的遗留’的痕迹”，“原始的野蛮的习惯，其‘精灵’还是那么顽强的在我们这个当代社会里作祟着！打鬼运动的发生，于今或不可免”[2]。郑氏的研究既论证了古史，也为“借古治今”找到了理由。

从政治现实的角度看，苗汉同源实为急迫现实的需要。实则比他们更早，一批国外研究已经有了关于苗的族源论说。1924 年，法国传教士萨维纳著《苗族史》，苗族的起源路线为里海和波斯湾之间，向东行，受阻于帕米尔高原，后至东北，经土耳其、西伯利亚、蒙古、陕西、河南，然后分散到西南各地。此为典型的“苗族”西来说。[3] 此外还有日本关于苗族与印度支那关系之说，比如鸟居龙藏的调查研究。鸟居当时到中国西南进行人类学调查之前，就已经出过《有史以前的日本》一书，此书论说日本民族的构成要素中就有印度尼西亚与印度支那民族，而所谓印度支那族，是指华南地区汉化以前的居民，包括苗族系统的人。在《从人类学上看中国西南》一书的开头，他提出台湾高山族和中国西南的一部分苗族“在人类学上有没有密切关系”的问题，此问题需要通过对苗族的实地调查来解决，这是他去旅行的主要目的。第二个目的是乘机到

① 郑振铎：《汤祷篇》，《郑振铎全集》（第 3 卷），花山文艺出版社 1998 年版，第 575 页。

② 同上书，第 603 页。

③ ［法］萨维纳：《苗族史》，立人等译，贵州大学出版社 2009 年版，第 134 页。

云南、四川等地对散居的彝族等民族也做一些调查。所以，鸟居做调查时目的是欲解决苗族和高山族的关系问题。[①] 在后来撰写的《苗族调查报告》一书中，鸟居着重记述了苗族在外貌、体质、语言及其文化方面与印度支那居民相类似的许多例证，也就是对日本民族构成要素中的印度支那民族的要素展开来分析比较。在苗族“土俗”中，鸟居说，苗族土俗上之事实，颇类似于古代汉族及现今印度支那诸民族，尤以后者为多，此非偶然之符合，盖有民族间之相互关系可以证明也。[②]

扩展开来，为什么要追溯夷族[③]的族源，是因为关于夷族的来源，日、英、法学界都有他们的说法，日本论者认为：大和民族是由南洋来的，夷族也是由南洋来的，同时南洋来的，彼此应亲近。英国论者认为：夷族是西藏族之别支，系由前藏移来；法国论者认为：海外九支，海内三支，海外是洋人，海内就是番夷。我们同一祖宗，夷人常欢迎洋人帮忙，信奉洋人宗教。以上说法，显然各有用心。[④] 因此，我们可以看到，在识别夷族的过程中，处于当时的语境下，实际上一直渗透着一种认同的思想。中国学者认识到，如何重新论证苗族之来源问题变得至关重要，显然，论证结果为与汉族“同源”更为重要。

---

① ［日］大林太良：《到中国的少数民族地区去》，黄才贵译，贵州民族研究（季刊）1994 年第 1 期。

② ［日］鸟居龙藏：《苗族调查报告》（1903），国立编译馆译，贵州大学出版社 2009 年版，第 261 页。

③ 关于西南民族的表述，当时也用“夷族”作为西南民族的统称，有时又用“夷苗”作为统称，有时仅用“夷族”来指“彝族”。当时的用法并不统一。

④ 安成：《西南夷族不是中国土著民族吗?》，《新夷族》1936 年第 1 卷第 1 期。

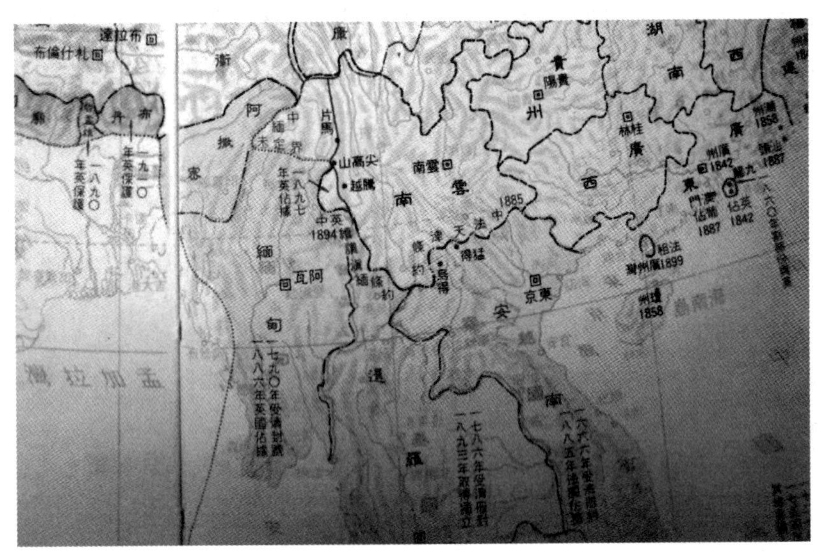

图 3－1　民国西南边危图①

值得注意的是，在上述讨论中，梁聚五所说的苗夷民族的概念几乎可以囊括西南民族。而凌纯声在《湘西苗族调查报告》中的苗夷民族，是指狭义的苗（真正的苗或称纯苗）。② 但是，这些都未成为他们作为论争的焦点，在某种意义上说，无论是广义还是狭义的苗，与汉同源，才是学者们思考的重点所在。因此，我们总会在各类考源中看到性质相同的结论。其实，关于族源考察方法，当时学者谈到的远不止这些，但论证方法都涉及传统文献。

有时候，即便是血统来源，研究者也利用传统文献来推测。在《么些民族考》中，方国瑜对西南 naci 一族词源进行了考查，认为其称谓“当与汉人频繁接触后，因为 naci 的意思为‘黑人’或‘黑

① 张其昀监修，程光裕、徐圣谟主编：《中国历史地图》，中国文化大学（台北）1984 年版。

② 凌纯声、芮逸夫：《湘西苗族调查报告》，“中研院”历史语言研究所单刊甲种之十八（上），1947 年版，第 1 页。

族’，应是与汉人肤色对比后的称谓。因此，从前的‘么些’为野蛮时代之名称，而naci则为已开化时代之名称。对于族之名称问题，方国瑜认为太‘繁伙’，名称代表文化集团，而西南实由一血统民族，以血统言之，今日西南民族中，鲜有不混合者，众族之汉文化程度有差异，亦即汉族血液多寡之差异，名号无存在之必要，想必有一日西南民族之众名尽归于消失也。”① 最后一句，可看出作者论说的真正目的。

王明珂认为，中国史学界流行的溯源问题已被学者们从语言学、考古学、历史学等方面进行研究。② 在民族志调查中，这些方法都被不同程度地运用。如语言学被认为具有客观科学的证据，在溯源中很多人都会由此下手。吴宗济在《拼音文字与西南边民教育》一文中，认为本部与边地联系的链子是“同语系”。甚至西南各省的五花八门的民族，无论语言分歧到怎样，装束不同到怎样，一提起语言来，大部分仍和汉族同一系统。这系统我们称为“印度支那语系”。因此更加强了西南民族和汉族的统一性。③

而利用文化这一新术语来研究又推陈出新。董彦堂的《僰夷历法考源》，考证了僰夷所用的是“佛历”，将这“佛历”与古代历法相比后，董发现：僰历是古之四分法、僰历正月是秦之正朔、僰历置闰同于秦历。由此，僰夷民族的本原及其最初的根据地和僰夷原始民族和秦的关系值得考究。怎么追述呢？僰夷自称为“台”，而这正是“氐”的音变。在殷周之时，称西方的异族为氐羌，到了秦代则称曰西戎。“氐”之原始根据地必在秦陇之南四川西北一带。再考证秦与

---

① 方国瑜：《么些民族考》，《民族学研究集刊》1944年第4期。

② 王明珂：《华夏边缘：历史记忆与族群认同》，社会科学文献出版社2006年版，第35—44页。

③ 吴宗济：《拼音文字与西南边民教育》，《西南边疆》1938年第1期。

西戎的历史关系，氐与秦人有混血无疑，因此氐与秦人关系亲切。从历史记载来看，秦之声威及于西南。作者最后总结说：

> 就文化方面研究西南民族，只此一个小小的历法问题，便可以推求出僰夷与秦相关，也可以见西南民族历史的悠久。如能一一考其源流，则二千年来，为汉人歧视的西南民族，安知不是二千年前，吾中华民族之支裔流派，同沐吾先民文化的一家人？英人史考特（T. George Scott）由体质与语言之观点研究台族与中国民族之关系云：台族与中国民族之关系，似无问题。其在人形与特质方面，较在语言尤其显著（录马长寿译文）。史氏又称台语与中国语为“姊妹语言”，我们现在由历法上的证明，也可以说僰夷的文化与中国文化为“兄弟文化”。[①]

从“姊妹语言”到“兄弟文化”，皆为殊途同归的表述诉求。其中，英人斯科特（T. George Scott）的观点因为跟中国理想的论证结论相符合，被当时众多学者引用。

主张西南不要再分民族的张廷休，在《再论夷汉同源》一文中也从夷汉语言的同源、神话与传说的同源、夷汉在体质上的同源、夷汉的混合四个方面进行论说。[②] 夷汉同族到底有多少证据？安成从体貌、语言文字、畏天敬祖、传说、历法和服饰五个方面来进行论证，认为其与汉族文化习俗非常相同。[③] 刘锡蕃的《岭表纪蛮》（第二十八章）算是大全。刘认为，汉蛮之不同，是由于“进化之先后”与“环境之善恶”，即从时间与空间上找到了“蛮人”落后的证据，进而作者又

① 董彦堂：《僰夷历法考源》，《西南边疆》1938 年第 3 期。
② 张廷休：《再论夷汉同源》，《西南边疆》1938 年第 6 期。
③ 安成：《西南夷族不是中国土著民族吗?》，《新夷族》1936 年第 1 卷第 1 期。

用达尔文的观点“生活状态，能直接影响于身体构造之发达，且其效力能及于遗传”而论证之。而一部分同化之苗、獞、獠、猺各族，则完全与汉人一样，无论何人，不能指出何种特异之区别，此即可为例证。然后，作者选取了“汉蛮同族之十大证据”专门进行分析：姓氏、干支、言语、家族村舍之组合、集会、祭典、岁节与婚俗、巫蛊、契券、史事。[①] 现在看来，这些证据大都以一概十，以偏概全，充斥着调查者的主观见解。

可见，族源考证成为中国早期民族志调查的首要之项，其重要性可见一斑。而神话传说的祖源追溯，实际上加固了族源考证的力量。神话传说来源于田野调查，历史文献的“前田野”（文献田野）工作结合田野“口述史”的实地调查，牢固地构建了西南少数民族的历史。同时，这样的研究也成为中国新史研究的添加与增补。

第三节　历史·民族史·民族志

一　民族史：借民族学表述的中国历史

民国时期，由于民族问题的重要，中国历史的研究，有时也变成了中国民族史的研究。梁启超的《中国历史研究法》可见一斑。梁认为，“中国史之主”如下：

> 第一，说明中国民族成立发展之迹而推求其所以能保存盛大

① 刘锡蕃：《纪表岭蛮》（1934），南天书局（台北）1987年版，第263页。

之故，且察其有无衰败之征。第二，说明历史上曾活动于中国境内者几何族，我族与他族调和冲突之迹何如？其所产生结果何如？第三，说明中国民族所产文化以何为基本，其与世界他部分文化相互之影响何如？第四，说明中国民族在人类全体上之位置及其特征，与其将来对于人类所应负之责任。遵斯轨也，庶可语于史矣。①

梁启超先生的历史研究，一直与“民族”问题紧密联系。1905年，梁氏就发表了《历史上中国民族之观察》。1921年秋，梁又在天津南开大学作关于历史研究方法演讲，并于1923年出书发行《中国历史研究法》，民族问题在其历史研究中之重要地位凸显。该书从首次出版至1947年共印了七版，② 可见影响之大。虽然，梁氏主要针对中国历史研究法，但在上述问题如“中国境内者几何族”“我族与他族调和冲突之迹何如”的追问中，却重在关注民族问题。中国历史研究，变成了中国民族史研究。

在20世纪早期，民族志有时也被用作民族史。早在梁启超发表《新史学》的1903年，刘师培已写成《中国民族志》。《中国民族志》是一本什么样的书呢？如果说鸟居龙藏的《人种志》是介绍世界各民族的分布、体质类型、人口、语言及风俗等情况的话，③ 那么刘师培的《中国民族志》是否就是介绍中国各民族的分布、体质类型、人口、语言及风俗呢？如前文（第二章第二节）所述，刘氏的《中国民族志》仅是ethnology。在书里，刘认为，“民族者，由同血统之家族化合不同血统之异族而成一团体者也”。刘师培说明著作《中国民族

① 梁启超：《中国历史研究法》，上海古籍出版社1998年版，第6页。

② 同上书，第17页。

③ 王建民：《中国民族学史》（上卷），云南教育出版社1997年版，第76页。

志》的原因："吾观欧洲当十九世纪之时，为民族主义时代。希腊离土而建邦，意人排奥而立国，即爱尔兰之属英者，今起而争自治之权矣。吾汉族之民，其亦知之否耶？作民族志。"刘作民族志的心情是急迫的，但仔细分析其书中的"民族"又有着特定的内涵。此书虽然记述的是中国历史上各民族的基本分布、发展与兴衰等，却更像是一本民族史尤其是汉民族史的著作，全书以汉族作为全书的主线，将汉族与各民族之间的关系脉络进行了概述。在"论本书大旨"中，刘师培说明该书是"以汉族为主，而以他族为客"，并把中国历史上的民族关系分为：四个"汉族界线之扩张"时期、五个"异族势力之侵入"时期、"汉族与异族之混合"三大板块。[①] 民族志实质是民族史。在这里，志即为史，而且是国史。在这个层面上，其承接的是章学诚"四方之志，是一国之全史也"[②]。刘实际上是借用了"民族志"这一西学术语，来书写中国的民族史。

更有甚者，当时，在一些知识分子眼中，民族史的民族，指的就是汉族，如刘师培。刘"曾著《攘书》以排满复汉，更撰《中国民族志》而倡民族主义"[③]。刘氏曾写过《汉人之称所自来》，称"今世称中国人为汉人，习古言也，自古已然"[④]。关于中国民族起源的追溯中，刘师培在《皇帝纪年论》中说："黄帝者，为四百兆汉族之鼻祖，乃制造文明之第一人，而开四千年之化者。近世以降，若康梁辈，渐知中国纪年之非，思以孔子纪年代之。吾谓不然。盖康梁以保教为宗旨，故用孔子降生为纪年；吾辈以保种为宗旨，故用皇帝降生为纪

---

① 刘师培：《中国民族志》，蔡元培、钱玄同：《刘申叔遗书》（上），江苏古籍出版社 1936 年版。

② （清）章学诚著，叶瑛校注：《文史通义校注》，中华书局 1985 年版，第 571 页。

③ 刘师培：《中国民族志》，芮逸夫序。中国民族学会 1962 年版。

④ 刘师培：《汉人之称所自来》。参见李妙根选编《国粹与西化——刘师培文选》，远东出版社 1996 年版，第 139 页。

年。”保种之目的，当“欲保汉族之生存”，“以之纪年，可以发汉族民族之感觉”[①]。可见，正如梁启超所言，刘师培类的反满立汉思想不过是“小民族主义”[②]，而《中国民族志》正是他汉满种界之辨思想的体现。

刘师培的思想主张，还可以从当时他对“中国文明西来说”的认同进行分析。关于中国文明的起源问题，最初讨论的并不是中国学者，西方学者和日本学者作了很多考释，形成了文明起源的多种说法，主要有埃及说、巴比伦说、印度说、中亚说。在这几种学说中，引起当时中国知识分子最大兴趣的是文明西来说。[③] 但上述的几种论说在寻找证据的时候都是通过与中国汉民族，特别是汉民族文字的类比得出的结论。此种结论现在看来确实有些证据不足，因为其无视中国是由多民族构成的社会现实。事实上，中国的满、蒙古、藏、维吾尔等民族都有自己的文字。之所以主张文明西来说，跟当时知识分子的民族意识有很大关系。以刘师培为例，其民族意识既有西方近代民族主义的因素，又有中国固有的“华夷之辨”观念，呈现出中西交会的特色。前者体现在认同汉族同样具有欧洲民族的“种姓”，完全有能力在优胜劣败的种族生存竞争中取得胜利；后者体现在以“夷族劣而汉族优”为借口，以“物竞天择，适者生存”为依据，强化的是

---

① 刘师培：《皇帝纪年论》。参见汪宇编《刘师培学术文化散文》，中国青年出版社1999年版，第222页。

② 梁启超：《饮冰室合集·文集》(13卷)，中华书局1989年版，第73—76页。

③ 参见陈星灿《中国史前考古学史研究（1895—1949）》，生活·读书·新知三联书店1997年版。中国人种、文明自西而来，巴比伦是发源地的核心观点，对刘师培、章太炎、梁启超的影响较大。主要体现在英国拉克伯里（Terrien De Lacouperie，1844—1894）的 *Western Origin of the Early Chinese Civilization from* 2300 *B. C. to* 200 *A. D.* 与 *Traditions of Babylonia in Early Chinese Documents* 两部著作中。

“排满建国”的合理性。①

同样在1903年，以种姓论的方式论说汉族在历史上的权威地位，极端地体现在章炳麟的《訄书》（重订本）中，《序种姓》宣告以继承王夫之的反满思想为职志，希望保持汉种独贵，不可使“异类”攘夺政权。《序种姓》的核心思想，就是要辨明“夷族”和汉族姓氏的根源，使之流别昭彰，不得互相混淆。“对于巴、僰、賨、蜑吊诡之族，或分于楚、越，亦与诸华甥舅，宜稍优游之，为定差等，勿使自外。独有满洲与新徙塞内诸蒙古……视之若日本之视虾夷，则可也”②。并提出“历史民族”的概念，以区别于“本使然”之天然民族。③ 章氏的汉族中心意识使其他民族要么被极端地排除，要么被视之为次等级。

试图以“汉族”替代“民族”的旨意也体现在其后学者所著的民族史中。利用中国的历史文献，在民国时期特别是20世纪30—40年代，产生了一批以“中华民族”或“中国民族”命名的民族史，这批融合了西学方法的史书为国族建构提供了“较为完整的相关知识系统”④。这些史书如：常乃德的《中华民族小史》（1928），张其昀的《中国民族志》（1928），王桐龄的《中华民族史》（1934），吕思勉的《中国民族史》（1933）、《中国民族演进史》（1934），郭维屏的《中华民族发展史》（1936），林惠祥的《中国民族史》（1941），李广平的《中华民族发展史》（1941），张旭光的《中华民族发展史纲》（1942），俞剑华的《中华民族史》（1944）等。

著者们对民族史的表述不尽相同，但表述的重点大体都是以汉民

---

① 李帆：《西方近代民族观念和“华夷之辨”的交汇——再论刘师培对拉克伯里“中国人种、文明西来说”的接受与阐发》，《北京师范大学学报》2008年第2期。

② 章炳麟：《訄书》，辽宁人民出版社1994年版，第94页。

③ 同上书，第64页。

④ 黄兴涛：《民族自觉与符号认同：“中华民族”观念萌生与确立的历史考察》，《中国社会科学评论》（香港）2002年2月创刊号。

族为中心，融合其他各民族而成中华民族或中国民族。在论证的过程中，重点在于如何由“异”而“同”。具体论证模式为：第一，血统混杂，无突出之“异”。如吕思勉谓：一国之民族，不宜过杂，亦不宜过纯。过杂则统理为难，过纯则改进不易。唯我中华，合极错杂之族以成国。而其中之汉族，人口最多，开明最早，文化最高，自然为立国之主体，而为他族所仰望。而其民族性自不虞澌灭，用克兼容并包，同仁一视；所吸合之民族愈众，斯国家之疆域愈恢；载祀数千，巍然以大国立于东亚。斯固并世之所无，抑亦往史之所独也。[①] 王桐龄表述为：实则中国民族本为混合体，无纯粹之汉族，亦无纯粹之满人。[②] 林惠祥之“今日之汉族实为各族所共同构成，不能自诩为古华夏系之纯种，而排斥其他各族”[③] 表达的都是同样的意思。第二，汉族为主，异族同化。吕思勉说，《中庸》“车同轨，书同文，行同伦”是最表现得出我们民族形成的情形的；而亦即是我们民族所以能形成的原因。“车同轨”是表示政治的统一的。因为交通也是一种政治。“书同文”表示语言的统一。现在许多人，都说中国语言不统一，比不上外国，是非常荒谬的。说这话的人，忘掉中国有多大。中国本部之大，略 = 欧洲 - 俄罗斯。他们的语言，共有几种？中国则只有一种，不过因地方广大，发音不甚一致而已。这实在算不得什么歧义。[④] “行同伦”是代表风俗和信仰的统一的，中国的风俗与信仰是否统一，吕思勉并不敢肯定地说，所以只说“一个民族，信仰，风俗，都不宜走于一极端”。[⑤] 以上所论体现出传统的中原史观。在谈到中国民族怎

① 吕思勉：《中国民族史》，《中国民族史两种》，上海古籍出版社 2011 年版，第 10 页。
② 王桐龄：《中国民族史》（序），文化学社 1934 年版。
③ 林惠祥：《中国民族史》（上），商务印书馆 1934 年版，第 40 页。
④ 吕思勉：《中国民族史》，《中国民族史两种》，上海古籍出版社 2011 年版，第 287 页。
⑤ 同上书，第 288 页。

样演进的时候，吕思勉认为，过去数千年的民族，被同化于中国的，已不知凡几；而此项作用，现在还在进行；将来很有把这一区域内的民族，陶铸为一的希望。说到本部的西南各山岭崎岖之地时，吕认为，虽有苗、粤、濮三族杂居，然以地形论，不能自成一区。所以这诸族，在很早的时期，就成为中国国内的杂居——非国外对立的民族。其同化，总是迟早问题。① 张其昀于民国十七年撰写的《中国民族志》与刘师培同出一辙，第一章即为“中华民族发展史”，其在“中华民族同化之次序”中谓“汉族为二千年来同化他族之主体”。并说，中国自秦汉以来，向以一个民族造成一个国家。东西洋各国常有一个民族分属于几个国家者，或一个国家之内包容数个民族者。故在外国，言民族与国家者，往往有别，而在中国则民族即国家，国家即民族，此实中华民族之特色也。其书的第五章为“原始民族之开化运动”，论说了西南诸族和东北森林地带诸小民族及其开化问题。②

吕思勉的《中国民族史》也承认中国境内不只有汉族，还有匈奴、鲜卑、丁令、貉族、肃慎、苗族、粤族、濮族、羌族、藏族等。在《中国民族演进史》中，他认为，民族是民族，国族是国族，二者是不能混淆的。但是，在“中国民族的起源”问题上，又说：开化较晚的民族，或可借助于开化较早的民族的历史，以说明其起源。③ 中国民族是怎样形成的呢？吕氏列举了中国的黄帝谱系，认为中国境内，皆黄帝子孙。而南方民族谱系，与三苗之国有关，

---

① 吕思勉：《中国民族演进史》，《中国民族史两种》，上海古籍出版社 2011 年版，第 271—288 页。

② 张其昀：《中国民族志》，商务印书馆 1928 年版，第 1—52 页。

③ 吕思勉：《中国民族演进史》，《中国民族史两种》，上海古籍出版社 2008 年版，第 271 页。

“三苗亦姜姓之国……炎帝之后。”[①] 可见，在当时，所谓的“中国民族史”皆为汉族史。在进化观及同化思想的影响下，中国知识界将中国传统历史与西方现代知识巧妙地结合，构建了一个新的中国“民族史”。

以上说明中国历史研究如何借民族史来强调汉民族的历史。在此问题的探讨中，人类学视角与材料已经被借用来说明中国民族史的问题了。本章第一节也说道，在20世纪早期，作为西学民族学、人类学而来的民族志，与正史、方志关系密切。在《中国民族演进史》中，吕思勉用到人类学家鸟居龙藏的调查报告，及人类学的演进派、传播派等观点。[②] 在《中国民族史》中，吕氏也用了很多文献中的文化风俗材料来分析。如羌族、濮族之别在于：濮族椎结，而羌族编发、濮族耕田有邑聚，而羌族随畜移徙。[③] 虽然吕氏大都用传世文献来证明民族的演进史，但是在西南少数民族部分，又写到今之调查得来的事实，如：“今贵州男子，有娶苗女者，犹多为亲族所歧视；甚至毁其宗祠。至汉女嫁苗男者，则可谓绝无矣。……今苗人疾病，犹不知医，一听于巫。俗谓其人能畜毒蛊，造蛊以害人，则未必有此事。”[④] 此类写法，似乎有民族志之特点，但未见作者标注调查材料来源。

另外，本章第一节也列举了李泰棻民国修方志的问题，“新史学”的范围也包括新方志与民族志。以上都说明，无论是中国新的民族史

---

① 同上书，第282—286页。

② 吕思勉：《中国民族演进史》，《中国民族史两种》，上海古籍出版社2008年版，第272页。

③ 马戎：《读王桐龄〈中国民族史〉》，王桐龄：《中国民族史》（1934），吉林出版集团责任有限公司2010年版。

④ 吕思勉：《中国民族史》，《中国民族史两种》，上海古籍出版社2008年版，第184—185页。

还是方志，民族志作为其中一部分，其作用之一在于增补中国新的历史。

二　民族志：进化论中的线性历史

民族志在溯源问题上，遵循的是梁启超《新史学》中的“历史者，叙述进化之现象也”。进化论成为溯源之理论，而时间问题则贯穿始终，这种时间大多是一种直线时间（linear time）而非当地的时间（local times）观念。

在关于“我者”与“他者”的时间关系中，西方学术界提到，“他者”自己的历史不是被忽略，就是被“我们”所利用，从而得不到真正的呈现。如费边（Fabian）认为，“他者”被排除于“我们的”历史之外，放置在一个完全不同的时间里；[①] 沃尔夫（Eric Wolf）也说，虽然有些社会对时间有不同的概念，可是显然没有任何社会是在历史之外的；[②] 克斯汀·海斯翠普（Kirsten Hastrup）强调，“他们”不应该只是因为被牵扯进我们的历史才被历史所承认，应该让他们有自己的历史。[③] 在西南民族志的表述中，这种关于“他者”与“历史”的关系表现为：“他者”的历史被编制进了“我们”的历史之中。另外，费边（Johannes Fabian）在《时间与他者》（1983）中，通过社会人类学表述中的“时间和时态”，来对进化论以来人类学各学派加以重新思考。他认为，功能主义以前的人类学总用“过去时”

① Fabian, Johannes, *Time and the Other: How Anthropology Makes its Object*, New York: Columbia University Press, 1983.

② Eric Wolf, *Europe and the People without History*, Berkeley: University of California, Press, 1982.

③ ［丹麦］克斯汀·海斯翠普编：《他者的历史：社会人类学与历史制作》（导论），贾士蘅译，中国人民大学出版社2010年版，第2页。

来讨论非西方文化，把非西方文化当成西方文化以前的历史；而功能主义之后的人类学则把非西方文化当成“没有历史的文化”，似乎只有西方文化才有历史。①

民国时期的西南民族志同时具备了费边所言的两种历史特征。林耀华的《凉山夷家》、田汝康的《芒市边民的摆》、许烺光的《祖荫下》、费孝通的《禄村农田》（1943）等受功能主义影响的民族志文本，是无法纳入溯源研究的，在结构上，也未见族属来源的篇章。在功能主义看来，“现在”社会形态更重要。因为这个特点，也被后来的一些学者称之为“北派”，即以燕京大学社会学系为基础，以吴文藻为首的人类学家社会学家们为代表。② 不过，上述文本并不追溯调查对象的历史，是因为功能主义的学术规范之因，并不证明他们不重视历史。在民族志文本之外的表述可以看出，他们尤其关注少数民族与汉族的历史关系。比如，撰写《凉山夷家》的林耀华先生在《边疆研究的途径》中谈道：

> 所谓历史包括历代的记载和民间的口传。从历史事实，我们得悉区域内发展的过程。我们可以探求什么民族在什么时代居住什么地方，这民族有没有移居迁徙，移居时移到什么区域，因为什么缘故移居，移居之后怎样调适或控制新的环境，发生何等样文化，这文化经时多久，这民族有没有和外族接触，有没有引用外族文化，或和外族冲突，冲突之后，哪个民族得胜，哪个民族失败，被侵略者是是否被迫同化，抑或被驱境外，另行迁移其他

① 王铭铭：《西方人类学思潮十讲》，广西师范大学出版社 2005 年版，第 149 页。

② 黄淑娉、龚佩华：《文化人类学理论方法研究》，广东高等教育出版社 1996 年版，第 420 页。

区域，重新建造起来。这些问题应当反复追问，精细检讨。①

林耀华先生列举，西南的历史状况未曾经过详细的研讨和分析，但是由于正史和方志等的记载，我们略知这些民族情形以及他们和汉族的关系。林先生追溯了大约汉族向南发展的几个时期。追溯这些有什么用呢？有了这些部分之后，林先生马上进入了功能主义的社会观察：史地情形的叙述和分析要详细精确，使民族或人群团体间的生活状况、交通情形、冲突斗争、分布状态等，能够一一表现出来。有了史地之后，即应划分区域，民族或团体，以作分头的考察和研究。②林先生关注少数民族历史，还是为了重建中国正史。

本书更要重点讨论在民族志撰写中也融入历史的“南派”。此处所讨论的南派，是以20世纪30年代在南京的“中研院”民族学组以及南方的一些大学的人类学者们为代表。“他们接受了早期进化学派的一些观点，但更多地受后来的美国历史学派的影响，并与中国传统的历史考据方法相结合。他们认为中华民族文化也有进化的过程，提出应研究中华民族的文化历史的主张，而人类学方法正是重建中华民族文化史所必需。”③ 如凌纯声在实地考察的方法中论及，“怎样对付土人”？要“真正的同情”。同情如何表达呢？

> 一是告诉他们，我们的祖先即为你们现在这样的生活，这样他们便可以“自愿说出两种文化的相同点和相异点”；二是将他们以上等人相待。因为“虽然他是受制于某种环境，文化的阶段及其他情形，以致形成他的生活和思想，这种事文明人的祖先大

① 林耀华：《边疆研究的途径》，《边政公论》1943年第2卷第1—2期。

② 同上。

③ 黄淑娉、龚佩华：《文化人类学理论方法研究》，广东高等教育出版社1996年版，第420页。

半都经历过，不过现在已成过去了。”[①]

在这里，凌先生明确表达了我们就是文明人，他们就是我们过去的“同祖同源”的思想。历史学界的桑兵说：人类学者在处理历史问题时，常常会将调查材料直接作为史料来运用，或是以调查的体验作为理解史料的钥匙，其假设前提，无疑是认为下层社会的变动比较缓慢，可以长时间为衡量单位，或者所关注的多属文化风俗，本来就没有什么变化。[②] 此说法有一定道理，即土著的历史，大部分被看作静止的历史。这种历史被放置于“我们”的过去，成为我们历史的一部分。这种观点就体现在凌纯声的上述调查指导中。

在关于神话的分析中，也同样蕴含着历史的进化观。林惠祥在《神话论》中认为，神话中的野蛮怪诞的要素可以说是古时野蛮祖先的遗物，而这种祖先的智慧程度是和现在的澳洲人、布须曼人、印第安人、安达曼岛人等相近的……蛮族人也和文明人一样富于好奇心而喜欢知晓事物的原因，可惜他们的注意力却不足，他们急于要知晓现象的原因，只要有一条说明便满意了。他们的知识基础既薄弱，所产生的意见自然常是错误的。[③] 这种观点即为泰勒所言的“残存”（survival）概念，“现实中残存着无意义的习惯，它们在当时曾经具有实用意义，至少为了礼仪性的目的而曾为人们遵守，但当它被移植到新的社会后，由于完全丧失了其原先的意义，于是就成了无聊的旧习……可是根据这种或那种习惯的原来所拥有的、但在今天已经丧失了的意义，我们能够解释用其他方法所不能洞察其意的、一直被认为

① 凌纯声、林耀华：《20 世纪中国人类学民族学研究方法与方法论》，民族出版社 2004 年版，第 5 页。

② 桑兵：《晚清民国的学人与学术》，中华书局 2008 年版，第 124 页。

③ 林惠祥：《神话论》，商务印书馆 1933 年版，第 13—16 页。

是完全不可思议的诸习惯。"[①] 通过追溯少数族群“残存”的文化遗留之物，正可以重建一种适用于现在的进化中国史观。

这种“借古言今”的方法表现在马长寿先生关于凉山罗夷的考察报告中。马氏在“凉山罗彝”之《创世经书》神话中，找到了本地“荒古史中一进化之观念”，在“罗彝古史钩沉”一章中，马说：

> 创世史中，雯治子十二变化，略述人类进化之历程。古彝语谓人不曰“楚”而曰“举”，言“脊”，言人之脊椎。人类进化以脊椎进化为其特质，其为义至为新颖……举成为有生之伦之共名。以雯治十二种变化神话之本体言，雯治可变为动物，亦可变为人，唯人则须经几种历程始能成为完型之人，其同源而异流，人类乃修积而至之意，至明无待赘言。[②]

作者仔细分析了《创世经书》有关“猴”的一些说法，再列举了罗彝关于猴之传说。指出罗彝心理有进化之观念，并说，此观念“始由于远古时代所遗留之由猴变人与人与其他生物齐观等说以形成之。今之科学家盛昌‘生物进化’与‘人猿同源’之说，而罗彝神话仿佛尚能暗示其端倪一二于此。其由原始民族去古未远，荒古郰莽之情，尚易回忆其什一，抑偶有相合耶？志于此，以待生物学家之参考”。[③] 作者在罗彝的本族文本中惊喜地发现其“进化之观念”，正契合了他所期望的罗彝之进化观，并将其视为具有现代科学之特性。

本节最后再考察一下 ethnohistory（民族史）的来源。“ethnography”被翻译成“民族志”与“ethnohistory”被翻译成“民族史”，

① ［英］爱德华·泰勒：《原始文化》（1871），连树声译，上海文艺出版社 1992 年版，第 98—99 页。

② 马长寿：《凉山罗彝考察报告》，巴蜀书社 2006 年版，第 151 页。

③ 同上书，第 153 页。

都有着同样的缘由，即前文所言，不仅因为“民”与“族”本身所指代的人群概念内涵，还因为“民族”一词契合了当时的社会需要与知识分子的政治诉求。然而，在北美，ethnohistory 起初是民族学（ethnology）研究中的一支。按 William C. Sturtevant 的说法，民族史“通常是为人类学家所研究的族群的历史”①，因为涉及史学，民族史究竟属于什么学科并没有在学界取得一致的看法。② 民族史是一个在人类学与历史学之间徘徊的学科。但是在中国 20 世纪早期，民族史却偏向历史（而且是正史），最终成为主体民族撰写并强调主体民族的历史。在表述除主体民族之外各族历史之时，并不从人类学的角度来撰写“他者的历史”，从而，其余各族（他者）的历史，成为主体民族（汉族）历史的一部分。在“时间”的观念上，他者的历史也融入当时所谓“进化论”的线性时间轨道上。这一观念也被人类学民族志借用。

的确，与之前相比，西南民族从未被如此重视过，如吕思勉等学者，利用当时的民族调查资料，将苗族历史作为重点写进了“民族史”，但在当时民族史更像是正史的情况下，即主要撰写“我族”历史的情况下，便消退了在撰写他者民族时所应当具有的“他者”眼光。

在认识中国历史的问题上，“民族史”占据着重要位置。在《湘西苗族调查报告》中，吕思勉的《中国民族史》作为参考文献，在苗

---

① Sturtevant, William C., “Anthropology, History, and Ethnohistory”, *Ethnohistory* (13). 1966, pp. 1 – 51. 转引自庄孔韶《行旅悟道——人类学的思路与表现实践》，北京大学出版社 2009 年版，第 320 页。

② 王明珂：《台湾地区近五十年来的中国西南民族史研究》，徐正光、黄应贵主编：《人类学在台湾的发展》，“中研院”民族学研究所 1999 年版，第 302 页。

史溯源中被引用。[①] 同样，在这之前的《松花江下游的赫哲族》、梁启超的《中国历史上民族之研究》、王桐龄的《中国民族史》、张其昀的《中国民族志》等[②]，也被凌纯声先生引入调查报告。总之，借用民族学方法重建中华民族文化历史的学术思想，[③] 是民族学研究的目的之一。而民族史作为新文类，也作为中国民族志中历史书写的一部分，成为当时认知中国新知的来源之一。

第四节　“科学民族志”与溯源研究

一　溯源研究中的科学讨论

虽然当代学者将20世纪早期的民族调查称之为民族学、人类学的民族志进行研究，但能被当时学人称之为“民族志”的却极少。据笔者检索，仅凌纯声先生的《松花江下游的赫哲族》及与芮逸夫合著的《湘西苗族调查报告》被作如是称。[④] 一是1934年《图书季刊》介绍新书《松花江下游的赫哲族》：“这书虽属于民族学中偏于记录的民族志（ethnography），然而对于古代记载的参证，以及欧西人对于

---

① 凌纯声、芮逸夫：《湘西苗族调查报告》，“中研院”历史语言研究所单刊甲种之十八1947年版，第6页。

② 凌纯声：《松花江下游的赫哲族》（1934），“中研院”历史语言研究所专刊甲种第14号，“中研院”历史语言研究所1991年版，第1页。

③ 龙平平：《旧中国民族学的理论流派》，《中国民族历史与文化》，中央民族学院出版社1988年版，第191页。

④ 笔者检索民国时期期刊资料，除发现凌氏的两本外，其他运用功能主义调查文本如林耀华的《凉山夷家》、田汝康的《芒市边民的摆》，或调查大全的刘锡蕃《岭表纪蛮》都未有“民族志”一说。

东北民族研究的见解，都加以很公允的论断。”① 另外是1948年，胡庆钧对《湘西苗族调查报告》的书评：“这是一本可以称为民族志（ethnography）的皇皇大著，全书447页，共十二章。”② 而对其民族志的科学性，只针对《湘西苗族调查报告》这样说道：

> 从这本厚厚的报告里我们不只是得到很丰富的材料，而且可以看出它所表现的方法，这方法是多元的，举凡历史、地理、考古、工艺、宗教、语言等，各种科学的训练都在这里兼容并蓄，交织其中……③

真正将上述文本称之为“科学民族志”，已经是20世纪后期的事了。凌纯声的《松花江下游的赫哲族》，在李亦园先生看来，堪称第一本完整的科学民族志书，也是继1922年马林诺夫斯基（B. Malinowski）出版《西太平洋航海者》（*The Argonauts of the Western Pacific*）之后至1935年，全球人类学致力于基本民族志资料收集与著述期中，重要的民族志书之一，而在国内也长久是民族学田野研究的范本。④ 跟随赞同者众多，如学者祁庆福也认为，凌纯声等人的民族志调查可被奉为中国的经典民族志。⑤ 王建民说，他享有这样的殊荣，与当时提倡实地调查和革新学术研究范式的历史要求相关联。⑥ 质疑商榷者也有，如台湾学者何翠萍、黄应贵等人。其质疑的重点都放在用古籍资料来进

---

① 《新书介绍：〈松花江下游的赫哲族〉》，《图书季刊》1934年第1卷第4期，第57页。

② 胡庆钧：《湘西苗族调查报告》（书评），《边政公论》1948年第7卷第3期。

③ 同上。

④ 李亦园：《凌纯声先生的民族学》，王汎森、杜正胜：《新学术之路：“中研院”历史语言研究所七十周年纪念文集》，“中研院”历史语言研究所1998年版，第739页。

⑤ 祁庆富：《凌纯声和他的〈松花江下游的赫哲族〉》，《中南民族大学学报》2004年第6期。

⑥ 王建民：《中国民族学史》（上），云南教育出版社1997年版，第391页。

行溯源考证的科学性问题上。关于溯源研究的目的，论者众多，如王明珂总结，顾颉刚等古史辨派学者所掀起的中国古史之争，一方面显示，“科学理性”使得部分中国学者已无法接受传统中国史料中的古史之说；另一方面，激烈的争辩显示，站在驳斥与维护古史立场之双方都对此历史“起源”有深度关怀。在此情境下，凌纯声的《松花江下游的赫哲族》与《湘西苗族调查报告》等都有借用历史学将异己纳为国族同胞的溯源行为。[①] 黄应贵认为《松花江下游的赫哲族》还是重在解决中国上古史问题。[②] 另外，台湾大学学者谢世忠也曾撰文论说，芮逸夫先生一生都有在其学术研究中构建“中华民族”的企图。[③]

对溯源科学性的质疑，主要体现在台湾学者何翠萍的讨论中。何氏列举凌纯声为赫哲生活留下的记录时强调：“因为研究民族学的人在研究一民族时，对于所见所闻，都要很忠实的记录，既不能如文学家的做小说，可以凭空悬想；也不能如史学家的修史，必须考证事迹。”何认为，其说法很符合当时社会及知识界在五四运动之后所标榜的求真、求实、求辩的科学精神。但何质疑：为什么一本如此强调科学性，而地点、族别都标示得如此明确的赫哲专书，全书的各章节却总是以包括整个中国的地理范围、贯穿古今不同民族的中国古籍开场？[④] 何将《湘西苗族调查报告》一同纳入分析，认为凌纯声与芮逸

① 黎光明、王元辉：《川西民俗调查记录1929》导读，王明珂编校，“中研院”历史语言研究所2004年版，第20页。

② 黄应贵：《人类学的评论》，允晨文化2002年版，第299页。

③ 谢世忠：《类含与全述/典型与异型：芮氏中国民族志的半世纪》，徐正光、黄应贵主编：《人类学在台湾的发展：回顾与展望》，“中研院”民族学研究所1999年版，第319页。

④ 何翠萍：《从少数民族研究的几个个案谈“己”与“异己”的关系》，徐正光、黄应贵主编：《人类学在台湾的发展：回顾与展望》，“中研院”民族学研究所1999年版，第367—369页。

夫先生对溯源的兴趣，与其说是对异文化的研究，还不如说是对自己的中国或中国古代边疆史的研究。从文化上看，是当时人不自觉地将“异己”与“己”间关系预设为同质，但有上下、尊卑、礼俗、文野的等级秩序的文化概念。①

何的质疑最后还是回到了对溯源研究目的的讨论上。本书受其质疑启发，想借此讨论，被现代学者认为并不科学的溯源研究，为何被正当地放入所谓规范、科学的民族志中？当时学者是如何看待借用文献求证的科学性问题？

用现在标准看来并不科学的文献考证，在当时学者看来可能并不如此。换句话说，遭遇现代社会及学科转型时期的他们，既带有传统学术的纠缠，又显示着现代学术的激进，使得其对“科学”概念的理解时而严谨，时而随意、宽泛，可能希望“科学的东方学之正统在中国”② 的强烈愿望，致使他们在对某些问题的解释上，不自觉地向科学的含义靠拢。

二 “科学民族志”在中国

据金观涛考证，“科学”一词是甲午后大量留日学生从日本带回来的。最早是日本学者西周在 1874 年《明六杂志》第二十二号《知说》一文中提及的，其意义是分科之学。中国最早在现在意义上使用“科学”一词的，是康有为 1897 年的《日本书目志》，其中有《科学

① 何翠萍：《从少数民族研究的几个个案谈“己”与“异己”的关系》，徐正光、黄应贵主编：《人类学在台湾的发展：回顾与展望》，“中研院”民族学研究所 1999 年版，第 370、373 页。

② “中研院”八十年院史编纂委员会：《追求卓越——中央研究院八十年》（卷一：任重道远），“中研院”2008 年版，第 19 页。

之原理》和《科学入门》等书名。[①] 但这一用法并不普及。在这之前，甚至直至 1902 年，中国对应 science 的，乃是“格致”一词。

早在明末，士大夫已经用“格致”概括西方科学知识。金观涛从中外文化融合的长程模式出发来理解“五四”以后中国思想的科学主义，梳理了中国文化的第二次融合，即始于 19 世纪，从“格致”到“科学”的演变历程。他认为，甲午后，除了“科学”和“科举”两词容易混淆外，另一个阻碍“科学”取代“格致”来译 science 的因素是意识形态。在 19、20 世纪之交的重构儒家道德意识形态以指导改革的思潮中，今文经学在引入西学潮流中扮演了重要角色。在今文经学中，“格致”具有建构意识形态功能，最具代表性的是：“格致”中原有的一个侧面——“格古今之事”，在这一时期高度凸显，它具备“科学”不可能包含的意识形态意义。而 1902 年后，中国知识分子纷纷抛弃“格致”，而采用“科学”作为 science 的译名，是因为“科学”取代“格致”意味着中国知识系统的现代转型，与儒家意识形态中的“格致”划清界限；20 世纪中国文化虽然实现了现代转型，但在知识系统和终极关怀的关系上，仍受到传统结构的制约。[②]

“格古今之事”的“格致”之意虽然被 science 对译的“科学”所抛弃，却使中国知识分子在面对西学东渐的科学话语时埋下了一个情结，其表现为对古史的争议（对疑古学派的讨论）或对史学的执着。以王国维为例，他认为疑古学派的症结在于：“而疑古之过，乃并尧、舜、禹之人物而亦疑之。其于怀疑之态度及批评之精神不无可

---

① 金观涛、刘青峰：《观念史研究：中国现代重要政治术语的形成》，法律出版社 2010 年版，第 339 页。

② 同上书，第 325—340 页。

取，然惜于古史材料未尝为充分之处理也。”[①] 王国维既不赞成尚古，也不赞成蔑古，他说：“今之君子，非一切蔑古即一切尚古。蔑古者，出于科学上之见地，而不知有史学；尚古者，出于史学上之见地，而不知有科学。”[②] 1925 年，王国维在《古史新证》中明确提出“二重证据法”，二重证据法的实质就是王国维在朴学考据方法与科学实证方法之间所做的一种调和。[③]

从“格致”到“科学”，谈“史学”与“科学”，早期民族志的溯源研究正是体现了当时知识分子与传统历史文献相纠结的“科学”心态。这种“科学”是否与马林诺夫斯基的科学民族志相吻合呢？

马氏在《西太平洋的航海者》的“导论”中总结自己的田野调查经验，确立了科学人类学的民族志的准则和方法。科学的民族志必须做到收集资料的主体与理论研究的主体的合一。马氏在《西太平洋上的航海者》中讲到田野调查的三种科学处理方式：

> 第一，在科学的处理方式中，一位学者会将调查勘测的完整性与精细性扩展得更为深入，并且采取一种学究式的系统而有条理的方式。第二，在科学的处理方式中，科学训练过的头脑会追寻真正相关的途径，朝着真正重要的目标推进；事实上，科学训练的目标即在于它给以经验为依据的调查者提供了一份“心智航行图”，使他能够据此调整航向。——“心智航行图就应该被转换成现实中的一类，它应该被物质化为一份图表、一个图样、一种穷尽一切案例的大纲式的列表”。第三，记录下其精神内

① 王国维：《古史新证》，姚淦铭、王燕主编《王国维文集》（下），中国文史出版社 2007 年版，第 286 页。

② 王国维：《国学丛刊序》，《王国维文集》（第 4 册），中国文史出版社 1997 年版，第 366 页。

③ 杨骊：《重估大传统：四重证据法的方法论价值》，《百色学院学报》2012 年第 4 期。

容——土著人的看法、舆论与说法。①

大体说来，马氏所言民族志的科学方法在于实验、实证、参与观察的科学记录。凌纯声的《民族学实地调查方法》把调查问题格分为23类842条，溯源问题不在其中。但溯源研究是否影响了民族志的科学性？

三　“科学民族志”本土化

对于溯源研究而言，“科学民族志”的本土化体现在中国传统考据学的使用，考据法，民国时期梁启超、胡适等人也曾认为其具有科学性。梁启超认为，清代考证学，愈析而愈密，愈浚而愈深，是近于“科学”的。② 胡适指出乾嘉之学“是归纳和演绎同时并用的科学方法”。③ 但美国学者施奈德（Laurence A Schneider）认为：对顾氏和胡氏来说是一样的，科学主要是方法。科学从观察开始仍然回复到观察。从西方自然科学发展出来的演绎法与归纳法之间有复杂的关系，但顾、胡二氏对此仅有皮毛的了解。④ 梁、胡的观点在学界的争议这里暂且不论。但是，“中研院”史语所的创始人傅斯年并不推崇文献求证。他说，清代在唯六经三史是尚的研究典范下，所用的方法及材料是内循环式的，基本上是从文字到文字，从文献到文献。⑤ 在《考

---

① ［英］布罗尼斯拉夫·马林诺夫斯基：《西太平洋上的航海者》，张云江译，中国社会科学出版社2009年版，第11—19页。

② 梁启超：《清代学术概论》，《饮冰室合集》专集之三十四，中华书局1989年版，第22、78页。

③ 胡适：《清代学者的治学方法》，《胡适文存》第2卷，上海亚东图书馆1926年版，第216页。

④ 转引自田旭东《二十世纪中国古史研究主要思潮概论》，中华书局2003年版，第161—162页。

⑤ 傅斯年：《性命古训辩证》，《傅斯年全集》（第3卷），台湾联经出版事业股份有限公司1980年版，第501—502页。

古学的新方法》中，傅氏又说："我们要用全副的精神，做全部的观察，以整个的文化为对象去研究，所以必比墨守成规专门考订文字要好的多。""古代历史，多靠古物去研究，因为除古物外，没有其他的东西作为可靠的史料。我们大概都可以知道，古代历史多不可靠，就是中国古史时期，多相信《尚书》《左传》等书，但后来对于《尚书》《左传》，亦发生怀疑，不可信处很多很多，于是不能不靠古物去推证。"① 虽然有上述看法，但是对于文献大国的中国，古史材料又不能不用，如何用才算科学呢？傅斯年说："《说文》为材料之一种，能充量的辨别着去用一切材料，如金文、甲骨文等，因而成就的文字学，乃是科学的研究。"②

看来，傅斯年认同文献溯源之方法，在于"凡一种学问能扩张他所研究的材料便进步，不能便退步。……材料愈扩充，学问愈进步，利用了档案，然后可以订史，利用了别国的记载，然后可以考四裔史事。"③ 虽然并未扩张到"动手动脚"找的东西——器物层面的考古证据，但凌纯声却利用了很多当代民族学的材料。而很多材料，尤其是溯源部分，依然是从文献到文献。比如，在《松花江下游的赫哲族》中，凌在溯源部分，对汉学家与中国民族史中关于"今之通古斯为古代的东胡"的观点一一列举驳斥。④ 但凌氏的方法依然是从文献到文献。在序言中，凌交代："脱稿后，又承蔡孑民，傅孟真，李济

---

① 傅斯年：《考古学的新方法》，《傅斯年全集》（第3卷），台湾联经出版事业股份有限公司1980年版，第88—94页。

② 傅斯年：《语言历史研究所之工作旨趣》，《傅斯年全集》（第3卷），台湾联经出版事业股份有限公司1980年版，第10页。

③ 同上书，第6页。

④ 凌纯声：《松花江下游的赫哲族》（1934），"中研院"历史语言研究所专刊甲种第14号，"中研院"历史语言研究所1991年版，第1页。

之三先生精审指正；著者均所深感，谨此志谢！"[①] 可见，凌"大胆假设，小心求证"而来的结论，是为傅斯年等人所满意的。在后来的《湘西苗族调查报告》中，凌也驳斥了吕思勉《中国民族史》中"今所谓苗族者，其本名盖曰黎"的观点，[②] 同时，也对外国人对苗族之调查的结论一一考证、辩驳，树立了自己关于"今日之苗为古代之髦"的观点，[③] 从而将苗汇入"西南夷"的统称中。

在傅斯年等人看来，凌纯声先生即使在古籍层面上做溯源研究，但因没有仅仅依靠古籍，而是在新材料的扩张上做文章，大概也可解释为"科学"吧。这也与地质学出身的丁文江关于科学的看法异曲同工。丁氏认为，所谓"科学"与"非科学"，是方法问题，不是材料问题；只要用的方法不错，都可以认为科学。[④] 只是傅斯年没有想到的是，凌在溯源考证中违背了他处理材料的准则，即"反对疏通"。"我们反对疏通……推论是危险的事，以假设可能为当然是不诚信的事。所以我们存而不补。这是我们对于材料的态度；我们证而不疏，这是我们处置材料的手段"[⑤]。

在后来的研究中，凌纯声总结自己边疆研究得出："科学"已经证明，昔日被视为是无稽之谈的夷汉同源说是事实。……根据现有的材料，从时空两方面去悉心研究，以能寻流溯源，条分缕析，渐得证明汉藏系西南各族实为同源，至少是同干异枝的文化。[⑥] 可见，在溯

① 凌纯声：《松花江下游的赫哲族》（1934）（序），"中研院"历史语言研究所专刊甲种第 14 号，"中研院"历史语言研究所 1991 年版，第 2 页。

② 凌纯声、芮逸夫：《湘西苗族调查报告》，"中研院"历史语言研究所单刊甲种之十八 1947 年版，第 6 页。

③ 同上书，第 8—9 页。

④ 丁文江：《科学化的建设》，《独立评论》（第 105 号）1935 年 5 月 19 日，第 10 页。

⑤ 傅斯年：《语言历史研究所之工作旨趣》，《傅斯年全集》（第 3 卷），第 10 页。

⑥ 凌纯声：《中国边疆文化》，《边政公论》1942 年第 5 卷第 7 期。

源研究中，也有空间的活态文化或实物为证。比如，张廷休的《再论夷汉同源》从夷汉语言的同源、神话与传说的同源、夷汉在体质上的同源、夷汉的混合四大证据列举，[①] 刘锡蕃《岭表纪蛮》从姓氏、干支、言语、家族村舍之组合、集会、祭典、岁节与婚俗、巫蛊、契券、史事十大证据分析“汉蛮同族”[②]。所以，总体来看，早期民族志溯源研究其实也融合了实地调查与现场记录。

然而，对于实地调查得来的“遗俗论”，马林诺夫斯基并不赞同。费孝通先生对此有过诠释。1995 年，在北京大学社会学人类学研究所开设的文化人类学高级研讨班中，费向学员讲了“从马林诺斯基老师学习文化论的体会”：

> 马老师对这种（遗俗论）人类学很不满意，而且概括出一条有关这些学派共同的“方法论”，说他们专门寻找失去了现实作用的奇闻怪俗作为立论的关键论据。他说那不是把科学建立在“无知”之上么？因为所谓“失去了现实作用”就是说研究者不明白这种风俗在当地人民生活中的作用。那不是无知么？无知的基础上怎能建立科学呢？……马老师一再说明他所反对的只是凭空臆造的历史，“遗俗”重构的历史是主观的设想，不是事实。[③]

马氏并不认同现存活态文化现象与过去的联系。凌纯声也附和了这一观点，他认为，原始民族根本就没有历史，又如何能分辨历史上

① 张廷休：《再论夷汉同源》，《西南边疆》1938 年第 6 期。

② 刘锡蕃：《纪表岭蛮》（1934），南天书局（台北）1987 年版，第 263 页。

③ 费孝通：《从马林诺斯基老师学习文化论的体会》，谢中立主编《从马林诺斯基到费孝通：另类的功能主义》，社会科学文献出版社 2010 年版，第 24—25 页。

的人物?[①] 凌氏正是根据马氏《巫术、科学、宗教与神话》一书的观点，即原始人的艺术或者理论科学都是研究神话的历史派或自然派附加上去的。[②] 可见，凌先生还是站在我族中心来看待何谓历史的问题。

凌纯声等被称为民国时期人类学、民族学的“南派”学者。有学者指出，即使学习了美国历史学派的研究方法，但在研究中国时，他们却与美国历史学派形成了较大的差异：

> 南派也被称为中国的历史学派，但美国历史学派研究族群及其文化却不重视研究它们的历史发展，而中国人类学家却在运用人类学方法研究中国历史文献记载的同时，也在一定程度上利用已有的历史资料进行人类学研究。这一研究方法在后来的中国人类学研究中有进一步的发展，研究现状追溯其历史发展进程，以说明现存社会文化现象之所以然。[③]

综上所述，从溯源研究来看，“科学民族志”在民国年间的本土化特征表现在，溯源需要“格古今之事”。在这个意义上，科学的含义仍然依附着传统史学的意识形态。在西学科学主义的大潮流下，近代中国的知识分子在民族志溯源问题上依然无法抛弃强大的史学传统，然而科学与史学也时显抵触。

为了科学的民族志，学者们似乎常常在博厄斯与马林诺夫斯基之间徘徊，前者认为“人类学是一门科学，而科学是历史”，后者寻求

---

① 费孝通：《从马林诺斯基老师学习文化论的体会》，谢中立主编《从马林诺斯基到费孝通：另类的功能主义》，社会科学文献出版社 2010 年版，第 302 页。

② ［英］马林诺夫斯基：《巫术、科学、宗教与神话》，李安宅译，中国民间文艺出版社 1986 年版，第 82—83 页。

③ 黄淑娉、龚佩华：《文化人类学理论方法研究》，广东高等教育出版社 1996 年版，第 421 页。

一种关于文化的科学定义。[①] 而科学，在某种意义上不过是学者们的一种工具，力图站在国家立场，将异族纳入中华民族的凌纯声等人，有时将科学作为区分民族差异的标准，有时又利用其作为称赞一种文化现象的口实。其实，大部分学者都并不追求其严格的定义。

① 比阿特丽斯·鲁伊斯：《人类学：科学与哲学》，姚介厚译，《第欧根尼》2001 年第 2 期，第 36 页。

第四章　夷汉分类：区分与认同

通过族源的追溯，西南各民族都被纳入中华民族的大体系之中，然而，西南各族到底还是不同于中原汉族。在民国之前的明清时期，在类似于民族志的官方与民间文本与画册中，滇黔非汉族群，被汉人透过历史记忆、既存的族群关系和刻板印象来强化华夷之别。[①] 到了民国，如明清类的历史文献被再次借用，却是为了重新思考华夷之别的民族关系，或者为了突破传统的华夷之别观念。重新思考或者突破传统的关键在于对西南族群的识别与认知。既然少数民族的族源被追溯为同源，那又如何来认知在考察中所看到的斑驳异族景象及其形成的原因？如何来识别与中原汉族在文化习俗方面具有相当差异的西南各族？

其实，就历史来看，中国人对于中原与边疆，区分的观念远远早于认同的观念。即使在近代强调国族一体性的语境下，历史上遗留下来的区分观念也并未消除。因此，本书此处沿用旧称（夷/汉）来讨论西南民族的分类问题，理由在于：其一，关于民国时期对非中原汉族的称呼并没有一个统一的说法，有边疆民族、边胞、蛮夷等。有的称呼是20世纪始创，有的是历史的沿用，如“西南夷”，是自《史

---

① 王鹏惠：《汉人的异己想象与再现：明清时期滇黔类民族志书写的分析》，《台湾大学考古人类学刊》2002年第58期，第146页。

记》以来汉文献对西南民族的总称。[①] 因此，“夷”也被大量写进20世纪早期民族调查报告中，本书选“夷”统称，是因为此时的“夷”也是对“汉”以外民族的普遍称呼，但此处是取其中性之义，无褒贬、歧视之别。即《说文解字》释：“从大，从弓，东方之人也”，或《礼记·王制》所言：“东方曰夷。”其二，此处列出“夷”“汉”，并非为了强调其二元对立之关系，而是暂用这种习惯的称呼，客观论证在民族志中如何通过族别分类，来表述二者之关系。另外，作者在撰写分类，识别西南民族时，除了历史既存传统文献的支证外，也有西方现代科学分类方法的借用。

分类的关键是什么呢？如果说上一章族源追溯重在强调夷汉之间“时间的悬殊”，那么此章判断西南民族特质的主要原因在于“空间的隔绝”[②]。地理空间首先被作为对异族认知的重要依据，也成为分类的“客观”条件。在西南民族的调查报告中，无论是规范的还是模仿的调查文本，都非常重视对地理空间的描述。本章即首先分析科学的地理学知识如何进入民族志调查文本，并与西南民族的生存状况及其文化特质产生关联；接着分析客观的地理条件如何隔绝出具有差异性的异族文化，这些具有差异性的异族文化，又如何被调查与分类。

① 依祁庆富的观点，在绝大多数情况下，“西南夷”是一个时代的专称，仅指两汉。两汉以后，“西南夷”一词不绝于史籍之中，但指的是作为不同时代“西南少数民族”的泛称。并且，两汉时期的西南夷，是立足于巴蜀，并不包括巴蜀，巴郡和蜀郡是开拓西南夷的基地。参见祁庆富《西南夷》，吉林教育出版社1990年版，第3—4页。

② 凌纯声：《中国边疆民族与环太平洋文化》，台湾联经出版事业股份有限公司1979年版，第33页。

第一节 地理交通：分类的起点

20世纪前后，关于中国发生历史性剧变的原因，各界学者从各方阐释，众说纷纭。在文化界，从东方文化与西方文化的关系来思考中国的文化困境及其前途，被梁漱溟、金子马治、北聆吉、李大钊等众多学者讨论，其中，最引人关注的莫过于梁漱溟于民国十年秋出版的《东西文化及其哲学》（尽管梁在后来再版的序言中一再强调，初版中论述有很多错误，包括见解错误，方法错误）。在此书中，梁认为，西方文化是以意欲向前要求为其根本精神的；中国文化是以意欲以调和持中为根本精神的；印度文化是以意欲反身向后要求为根本精神的。梁是从文化整体观的角度，阐释了中国文化之所以出了问题，是因为其没有按照文化发展的客观进程，所以要回头接受西方文化，但是人类最后要落实到肯定人生、调节欲望的儒家文化。①

梁氏从文化的角度阐释中国出现的问题，却不能为一心救亡图存的知识分子所满足。因此，地理学，这一更具科学性的西学（当时有“地理科学”一说）被中国学者所借用，来阐释东西文化差异。从当时《地学杂志》所刊登的文章来看，20世纪早期，地理学、地学已被借用来解释文化，如郑光禹在《地理与文化之关系》中写道：

> 一则因环境甚佳，自然界能满足人生之欲望。故东方人民能与物游，而无需从事环境上之改造。故其思想常在一整一之极大

① 费孝通：《论梁漱溟先生的文化观》，《群言》1988年第9期。

系统笼罩中，故中国之数千年前即有灿烂之文化，而不能有继长增高之进步者，则因中国之环境，皆不能为中国之观摩，环华夏而处者，仅有东夷南蛮西戎北狄之野蛮民族而已。故与邻国相接触，亦不能得他山之助。由是中国人有以中国为“天下”之称，其“夜郎自大”之态度，实足以减其锐进之精神。

在他看来，文化因地理而形成。以中西文化对比，平原丘陵之文化易进步，而高地山岳之文化壅塞，大陆文化具宏大之规模，而海岛文化少宏大之规模，以及寒温热三带文化有发达之难易。同时地理因文化而改造。[①] 这是从中国的地理环境来判断中国之所以不进步的原因，而环境甚佳的中原却造成了中国的“不进步”，是因为“环华夏而处”的野蛮民族，“不能得他山之助”。

20世纪早期，美国著名学者埃伦·塞坡尔（Ellen Semple）领导着学术界的“环境决定论”。他以“环境决定论”为基础，把文化的发展看作是人类适应基本气候因素的过程。后来，“环境决定论”被所索尔（Carl O. Sauer）所批评，认为其将文化的复杂性简化为推动整个系统发展的唯一因素，“环境决定论”是为欧洲帝国主义辩护的自私理由。[②]

对于中国学者而言，他们对地理环境学说的认知与接受，显得更为复杂。一方面，他们用“环境决定论”来分析中国“蛮夷”之地造成了中国文明整体落后于西方；另一方面，他们又不愿承认，西方或其他优秀的文化是由地理环境所决定的。如此，中国岂不永远落后于西方？所以，中国学者的地理观，在论说的层面会因目的的不同而

---

① 郑光禹：《地理与文化之关系》，《地学杂志》1922年第13卷第2期。

② ［英］迈克·克朗：《文化地理学》，杨淑华、宋慧敏译，南京大学出版社2003年版，第20页。

有所区别。具体来说，当中国作为世界文明古国来看待，需要显耀中国的灿烂文明之时，地理环境成为一个科学合理的解释。如：

> 地理不仅与文化有关，而且与世界文明之差异有关，亦与文明之发达成比例，区而分之，可为三种。一曰高原，二曰平原，三曰海滨。高原之特质最适于畜牧。牧民逐水草而居间。其富则数畜以对。而非数地以对也。虽行族长政治。颇近似于国家。然舍血族之外，更无他道以相团结。虽有成吉思汗帖木儿等野蛮中之英雄，时田于其间，然终不能成一巩固之国家。故文明无可言焉。中国，印度，埃及，巴比伦，皆在数千年以前庞然成一大国。文明灿然。盖平原之地势使然也。①

文明灿烂的中国是平原（中原）文明使然。如此，在论说中国整体文化时，地理环境，成为文明与野蛮的分野，所以成吉思汗帖木儿最多也只能算是“野蛮”之英雄，因为其居住之地的高原特质。“人类之进化与退化，民族性固有大关系，而其所处的地位足以判定之或限止之。地位若优，则性虽较蠢，未常不能进化，反之，民性固优，而所处不良，反足以阻减之。即谓位置可以定人类的进化，亦未始不可”②。所以，人是其次，地为首要。

另外，当针对外国地理学家纯粹以物质的地理环境论，来解释人类社会种种的事物及历史变化，用所谓“地理决定论”（Geographical Determinism）来解释中国落后于西方的时候，中国学人并不赞同。如一生注重民族文化建设的罗家伦在《民族与地理环境》一文中，认为：

① 中国之新民（作者不详）：《地理与文明之关系》，《新民丛报》第1号。

② 盛叙功：《地理在人类历史中的潜势力》，《地学杂志》1923年第14卷第3—4期。

> 英国伯克尔（Buckle）著《英国文化史》（*History Of Ceviliza-tion in England*）将英国文化的发展，完全归之于自然环境，美国的韩停顿（Huntington）著有《文明与气候》（*Civilization And Climate*）单从气候说明人类文明的发展可以靠气候所支配，美国地理学家孙扑尔女士（miss Semple）《地理环境的影响》（*Influ-ences Of Geographic Environment*）中所阐述的观点，都属于“地理命定论”。这种学说自然也持之有故，言之成理，然而它把地理环境对于人类的影响却看得太呆板了，所以它的结论只限于一方面，而不能顾到他方面。因为，第一，从客观方面或物的方面来考察，地理环境本身是可变的。所谓“高岸为谷，深谷为陵”。第二，从主观方面来说，地理环境可以由人来改造的。所以人类的行动和全部历史的发展，虽然与地理环境有很大的关系，但绝不是受地理环境的绝对支配。若是但从地理环境来研究一个民族，一定很偏颇而很难得当的。①

罗家伦所赞同的是人文地理学派，如法国的白拉熙（Vidal de La Blache）和费伯佛（L，Febvre）的观点。费伯佛著《地理与人类进化》一书，认为地理对于人类的关系，不过是提供许多“区域的可能”而已。所以一个区域对于一个民族，只是一大群可能的业绩，而非一个前定的命运来断定民族的将来。那些可能纯赖这个民族的选择才能实现；而一个民族的前途，也就决定于这种选择的关系之中。所以讲到地理环境与人类的关系，最重要的还不是前者所提供现存的种种可能，而是后者对于这种种可能之随时的选择。如从经济文化方面来说，中国领土以内，有种种不同的地形、气候、物产，因此有种种

① 罗家伦：《民族与地理环境》，《新民族》1938年第1卷第15期，第1—3页。

可能，发生互相调剂的作用；从军事与国防方面来说，中国是真正的“自然区域”，如喜马拉雅山野人山及怒江形成西南那方面的局势，是中国“雄壮完整的版图”的一部分。① 如此，罗家伦即想证明，以“自然区域”来讲，中国即使现在落后于西方，中国的领土也是有可能产生优秀民族与文化的地方。同时，与下文周仁术之于西南的观点不同的是，西南作为自然区域，也成为中国雄壮版图的一部分。

否定地理决定论，从中华民族可能发展的地理空间来看待中国，使得更多的学者站在与罗家伦相同的立场。在罗家伦前后均有学者对环境与国家民族的关系进行过探讨。在罗之前的1928年，毛起鵕就撰文《地理环境与文化》，表达了与罗大致相同的观点。毛认为，地理环境是不能说明文化的，因为在同样的环境中，能发现各种特殊的文化；因为文化的产生，并不一定要在相当的环境中；文化的发展，也并不一定要在有利于人类生活的环境中；因为有许多文化或许在相当的环境中遗失，或许在不易生活的环境中保存的。② 另外，1935年，李长傅也提倡科学的地理学之新转向，认为，地理学起源甚早，有“百科之母”之称。可是以前重记述，不过是地的记述而已。其成为科学，尚在近一世纪。人地关系论的缺陷在于用速成推论法，而将人地中间项，全然忽略。③

但是，在分析中原周围的蛮夷之地时，“环境决定论”被普遍采用。如周仁术也将其用于中国境内的划分，并用于西南人物特性分析。在他看来，开发西南的观点不一定全对，因为中国的西南，不问

① 罗家伦：《民族与地理环境》，《新民族》1938年第1卷第15期，第4页。

② 毛起鵕：《地理环境与文化》，《社会科学杂志》（上海）1928年第1卷第4期，第1—11页。

③ 李长傅：《科学的地理学之新转向》，《地学季刊》（上海中华地学会）第3卷第3期，1935年2月1日，第25—29页。

东南与西南，虽然土地肥美，人口众多，但只够资格为工业国家的仓库，产生及储藏各种农产品或矿产品。南方地理环境，对于各种基本的工业，是很不相宜的。在中国，北纬三十三度以南的地理区域，有三个最大的仇敌，一是温度过高过久的气候，最不利于南方民族的健康及工作的效率；二是潮湿过高过久的空气，最宜于寄生虫与微菌之滋生与繁殖，故南人疾病的数量，实远超过北人的数量；三是南人所食的白米之营养，远不及北人所食之小麦之营养。而西南正具有上述缺点，因此开发西南是“忽略了民族生物学的原理，而把我国整个优秀民族再行投入悲惨的命运之中！”[①] 西南民族，因为客观的地理环境，被周仁术认定不可能成为优秀的民族。如此，“地理”清晰地区分出民族之优劣。

虽然中国学人质疑“地理决定论”，却又适时利用了“地理决定论”。对于他们来讲，地理知识非常重要，学界对地理学也高度重视。当时，地理学知识的传播载体是“中国地学会”与《地学杂志》（*The Geographical Journal* 1910—1937）。地学会由国学大师章炳麟、地质学家邝荣光、人文地理学家白月恒、水利学家武同举、历史学家陈垣、教育学家张伯苓和蔡元培等一大批著名学者组成；《地学杂志》在28年的办刊过程中共刊登文章1520余篇。[②] 同时，中国地学会会长张相文非常重视对西方先进地理思想与理论的吸纳传播，其作者中不乏一些著名学者和知名人士，如章鸿钊、张謇、白眉初、翁文灏、章太炎、梁启超、邹代钧、王桐龄、谢家荣、王恒升、李春昱、谭锡畴、竺可桢、徐炳昶、谭其骧、朱士嘉、黄国璋、邹豹君等。且当时中国地学会会员以及《地学杂志》的编辑中有许多留学生，因此《地

① 周仁术：《地理环境与人生》，《新文化》1934年第2期，第8—14页。

② 陈亦文：《中国地学会与〈地学杂志〉》，天津网－数字报刊，2009年3月29日。

学杂志》中刊载了很多介绍西方地理理论以及地理名著的部分篇章。[1]可见，当时的地理学已涉及整个人文学科。

图4－1　中国地学会创办的《地学杂志》封面[2]

地理学的重要，还在于地理知识对解释中国现状的有效性。民国时竺可桢的学生，地理学家张其昀认为："地为万物之母，地理所以究名人地适应之故。历史所以解释过去，地理所以解释现在。文化者，盖合时地人三要素而成之，偏举其一，皆不足以概括本义而无憾。"并倡导：高中课程开设地理，可考见人地相应之故，而明"易地而皆然"之义。让学生知道"人类学与风俗学之常识"，将来至海外经商、游历、从军、作吏，对于土著皆有同情的了解。要而言之，

① 李兆江、刘焱：《试论〈地学杂志〉与中国近代地球科学》，《科学》2012年第2期。
② 来源于孔夫子旧书网：http：//book. kongfz. com/23787/160045535/。

地理教育虽尚不出实验时期，但其地位之重要，则已卓立。今之地学，绝非拾他科之余粒，而实自成一有机体，生气勃然者也。[①] 这里，张氏将地理知识列为人类学与风俗学常识，以使其“对土著同情的了解”。1928 年，张出版《中国民族志》一书，其中有一部分，就是结合边疆地理来解释中国的民族，其中写道：“云贵高原”的西南方山谷间有蛮族数百万人，尚未开化。[②] 张正是用地理知识解释现在民族的状况。

对于认识中国边疆民族的现状，地理环境是最重要的一环，以至于地理环境成为边疆民族具有“特殊性”“差异性”的客观因素，甚至西方人所持，而被中国部分知识分子所否定的“地理决定论”，有时也被用在中国边疆民族特性的论说之中。下面以西南民族志为例分析之。

一　民族志中的地理表述

史书的族源追溯是调查前的文献准备，而真正在调查中的第一感官认知，则是其所处的地理环境、地理空间，被用作西南民族现状独特性之原因分析。在一本民族志中，开篇之首如无溯源研究，则可能是有关地理、区域等记录；或有溯源研究部分，接下来也很可能就是地理、区域等研究。其书写的逻辑即如张其昀所言，“历史所以解释过去，地理所以解释现在”。先用历史解释过去，后用地理解释现在，成为民族志书写的惯用思维方式。

用西南地理来解释西南的“现在”，是表述西南的常见方式。但

① 张其昀：《近年英国地理教育之趋势》，《教育杂志（1909 年）》1926 年第 18 卷第 4 期。

② 张其昀：《中国民族志》，商务印书馆 1929 年版，第 3 页。

有意思的是，在这种貌似客观的表述中却流露出表述者的主观见解。如凌纯声先生：

> 中国西南的地形甚为复杂，境内多崇山大川，深箐峡谷，以致交通困难。外来移民一经移入住定之后，因山川险阻，与故乡的本族因失去联络，即在西南的同族，亦常老死不相往来。由于地理的隔绝，文化因交流的不易，每得独立生长而继续保存。……西南文化的区域，大概可分为青藏高原区，云贵台地区，南岭山脉区三个主要区域。①
>
> 青康藏高原可称西南文化的起源区，因汉藏系各族多自称来自中亚，约在高原的东北，部族只有迁出而少移入，故至今文化能保持统一。南岭山脉为文化残留区，仅有若干文化列岛，苟延残喘，不久即将消失。云贵台地为文化的总汇区，各族文化先后移入，因山川险阻，交通不便，各种文化而得继续保存，各自发展，迄于今日集成西南文化大观。②

如此，地理环境解释了“现存”民族文化之状况。地理与文化的关系自然很重要，但在预测未来的可能性上，凌先生的“南岭山脉为文化残留区……苟延残喘，不久即将消失”的论点，又带有明显的地理进化观。谁来“消失”那些“残留”的文化，凌先生到底要表达什么？从上面的论说中，可以看出，一方面，客观的地理环境造成了现存西南各族的“特异”；另一方面，在解说这些差异性时，又带有论说者的主观选择。

---

① 凌纯声：《中国边疆民族与环太平洋文化》，台湾联经出版事业股份有限公司 1979 年版，第 33—34 页。

② 同上书，第 37 页。

西南各族所处的地理环境，到底是他们主动的选择，还是被动地屈居这里暂不讨论。这里重点分析，当时的调查者，如何对这种客观的地理环境进行表述。“独立罗罗”“苗疆腹地”“秘密车里”等被中国史书记载不多的“隔绝区”，是被调查者如何打开的呢？下面以“独立罗罗”为例进行分析。

据杨成志考证，独立罗罗（Independent Lolo）[①] 的说法，最早是英国人 Davies 对西南特殊区域人群的描述。[②] 所谓的“独立”，是外国人所称的“国中之国”“汉人难以接近的地方”[③]，只有邮递员、商人、洋人三类人敢去。[④] 杨成志是在调查中用“独立罗罗”一词最多的人，他甚至曾计划写一本名为《独立罗罗》的书。并列出了详细的纲要，但最后未完成计划。[⑤]

为夷务治理，进入“独立罗罗”进行考察并撰写报告的很多。这些考察报告，既是政府行为的产物，同时也不乏学术性。比如常隆庆等人的《四川省雷马屏峨调查记》，是由中国科学院组织的考察团，分为地质、植物、动物三组对四川雷波、马边、屏山、峨边等地进行调查。另外，更具有人类学与民族学特点的调查报告为杨成志的《从西南民族说到独立罗罗》、马长寿的《凉山罗彝考察报告》、江应樑的《凉

---

① “独立罗罗”，当时的考察报告也写成“独立罗罗”，或“独立倮倮”等，这里统一简写为“独立罗罗”。

② 《云南——印度与扬子江的连接界》，被杨成志在调查报告中引用，见杨成志《杨成志人类学民族学文集》，民族出版社 2003 年版，第 192 页。据李列的考证，英国人巴伯（Barber）是第一次称凉山彝族为“独立罗罗”。以后，西方很多著作中都用到“独立罗罗”。见李列《民族想象与学术选择：彝族研究现代学术的建立》，人民出版社 2006 年版，第 61 页。

③ 李列：《民族想象与学术选择：彝族研究现代学术的建立》，人民出版社 2006 年版，第 61 页。

④ 曾昭抡：《大凉山夷区考察记》（第二编，关于凉山区域概况），见骆小所主编《西南民俗文献》（第 13 卷），《中国西南民俗文献》（第四辑），兰州大学出版社 2003 年版。

⑤ 杨成志：《杨成志人类学民族学文集》，民族出版社 2003 年版，第 56 页。

山奴隶制度》、林耀华的《凉山夷家》等。这些报告大部分都对凉山的地理环境作了一番描绘，以凸显为何会被称之为“独立”的特点。

周边自然地理区域的特点，成为“独立罗罗”由来的科学依据之一。杨成志在《从西南民族说到独立罗罗》中描述：

> 巴布凉山，汉人称为“蛮子的大本营”，外国人称为“独立罗罗”。未到之前，脑子里所想象的，云南就是高山，野蛮人和瘴气的地方，现在觉得惟其因有高山，才有野蛮人的存在；惟其因有野蛮人，才发生种种隔阂的瘴气传说。这可使人惊怕三种连环事体，我们现在要把他们倒转起来，变成为自然科学的实验室，社会科学的博物馆和民族学语言学和历史学的故乡看才对！

紧接着，杨成志追述了历史上汉人进攻独立罗罗，均被他们所称的“蛮子”伏击，巴布凉山确是滇川两省的心患，他们不受政府的政治权力支配，其实川滇两省的当局也没有什么力量来统治他们。所以外国人叫他们为“独立罗罗”，他们叫汉人为“汉奴”，这似乎是应该的。[①] 如此的政府立场，结合“惟有高山，才有野蛮人的存在”之地理观，促成了杨成志完整的地理表述。

杨成志的学生江应樑，于民国二十九年自重庆西入成都，沿岷江至嘉定，逆大渡河到峨边境，跨进了凉山区域，出入沿边夷汉之区，经峨边、屏山，而至马边，由马边深入凉山，出雷波而达金沙江岸，过江入云南境，始出凉山界。用时110余日。[②] 后江根据其经历，写成《凉山奴隶制度》。在此文中，江用科学的地理学知识首先对凉山

---

① 杨成志：《从西南民族说到独立罗罗》，《新亚细亚》第4卷第3期（1932年7月）。

② 江应樑：《凉山奴隶制度》，《江应樑民族研究文集》，民族出版社1992年版，第118页。

作了地理描绘：

> 西康省的西昌、会理以东，西康省的越嶲和四川省的峨边以南，四川省的马边以南，屏山、雷波以西，云南省的巧家、永善以北，永胜、宁蒗东北，便是所谓的凉山区域。位置约当北纬27—29度，东经102—104度之间，海拔1000—5000米。①

用科学的地理学知识描述，自然是很客观，可是接下来，作者写道：

> 在历史上，凉山的区域远较现时为广，唐代征马湖夷，于其地设马湖部；元明为马湖府；清为马湖厅；后改建为峨山、马边、屏山、雷波等县，广大夷区，乃渐成为汉土，清代更日向内经营，至清末，夷人所保有的，仅限于万石坪以南，黄茅埂以西，昭觉以东之地，这即是现在一般所指的大凉山。民国初年，夷人几次叛乱，攻占昭觉，陆续侵占雷、马、屏、峨诸县境，今日黄茅埂以东，洼海以北的夷地，都是这一时期陆续侵占的，这些地带，即是一般所谓的小凉山。全境面积究竟有多大，因自来无人实际测量过，无法知其确数，据边地人士估计，谓纵横约及千里，兹试以凉山中心的牛牛坝为起点，照一般步行抵达四周汉地的途程，以测知凉山范围的大小。②

此段描述，结合历史表述，使得夷人现在所遭遇的环境带上了“主动选择性”，而且还是叛乱“侵占”而来。可见，在地理研究上

---

① 江应樑：《凉山奴隶制度》，《江应樑民族研究文集》，民族出版社1992年版，第118页。

② 同上书，第121页。

作为“他表述”的立场取向。或许，梁氏所引用夷人的话：“你有千军万马，我有大山老林”的表述，[①] 才暗含着这个神秘区域迄今依然保持其原始状态的真正原因。

对地理环境的描述，有时甚至更多地为了现实关怀，即使在以功能、平衡论的观点去考察凉山社会[②]的《凉山夷家》中也是如此。功能主义注重共时性研究，因此，林耀华先生未对“夷家”进行溯源，而是将“区域”作为其文本的第一章。在此章中，林先生客观地描写了雷波、马边、峨边等各个地势，更将西宁这个非常具有社会特性的边区作为描写的重点：西宁由于居于雷、马、屏三县的交界处，又为夷汉杂居的中枢，因此作者认为：开发小凉山应先充实西宁，即开发大凉山亦当以西宁为根据地。[③] 林更详细地交代每到一处所见到的夷汉交易情况，这样的表述既补充了“区域”所呈现的文化特征，同时也在区域描写中透露出将其“纳入国家”系统的设想与愿望。在此书后的《川边考察纪行》中，讲到泛舟金沙江，看到东南山与西南山，林氏由此感叹：“两山遥相对应，夷汉原是一家。”[④] 通过第一章的“区域”描写，后文的“氏族”部分随即而出，正是林先生所自称的“造出许多神话”[⑤] 的氏族社会。

在政府调查报告中，有更多“人间地狱”之凉山奴隶存在的表述。1934 年，中国西部科学院雷马屏峨考察团在《雷马峨屏调查记》中认定：“在大凉山中，倮儸分为黑白二种。黑夷为真正之倮儸。白夷为黑夷之奴隶，乃均系被掳去之汉人专卖而来。惟黑白二

---

① 江应樑：《凉山奴隶制度》，《江应樑民族研究文集》，民族出版社 1992 年版，第 119—120 页。

② 林耀华：《林耀华学述》，浙江人民出版社 1999 年版，第 75 页。

③ 林耀华：《凉山夷家》（1947），云南人民出版社 2003 年版，第 6 页。

④ 林耀华：《川边考察纪行》，《凉山夷家》（1947），云南人民出版社 2003 年版。

⑤ 林耀华：《林耀华学述》，浙江人民出版社 1999 年版，第 64 页。

夷，不通婚媾。种族之阶级之界限，极端分明。……黑夷乃真正之倮儸，为凉山之贵族。”[①] 1941 年，四川省政府印行的《雷马屏峨夷务鸟瞰》内亦承认“有黑夷、白夷、娃子之分……娃子贱于黑白夷，为奴隶阶级”[②]。1942 年，政府派遣康昌旅行团及康青考察团分别视察西南西北。朱楔参加康昌旅行团，沿途视察财政金融，留意经济民生，窃仿顾炎武《天下郡国利病书》之遗意，写成《康昌考察记》[③]。其中描写西南夷民，“种有数十，而以倮为最强大，盘踞深山之中，时服时叛，为数千年来未解决之问题。民国以还，土司制度解体，夷人更割据一方，互相仇杀，呈无政府状态；甚且侵城掠地，杀人越货，掳劫汉人，沦为奴隶，夷务问题之亟待解决，不自今日始矣”[④]。1947 年，任映沧的《大小凉山倮族通考》引经据典地对此进行了确认。[⑤] 并称“凉山夷区奴隶社会之发展，实为吾国近代史上之一大污点，非仅以‘独立倮儸’之遗讥于世也。余耻之，痛之！”文中用了一系列形容词——“残暴”“黑暗”“苛刻”“堕落”等，描写了奴隶制度之“罪行”，还重点关注了此“夷患”问题的解决，并在最后为“近百年解放凉山奴隶之呼呎”提出了“制夷”方案。[⑥]

在上述的“他表述”中，独立罗罗的地理环境为何会造成如此的“独立”，似乎跟其“叛乱”行为有更紧密的联系。这样的表述使得罗罗在环境选择上更偏向主动性。而其本身“残暴”“黑暗”“苛刻”

① 常隆庆等：《雷马峨屏调查记》，中国西部科学院 1935 年版，第 38 页。

② 唐兴璧，毛筠如编述：《雷马屏峨夷务鸟瞰》，四川省政府 1941 年版。

③ 朱楔：《康昌考察记》（1942），骆小所主编：《西南民俗文献》（第 13 卷），兰州大学出版社 2003 年版，第 3 页。

④ 同上书，第 101 页。

⑤ 任映沧：《大小凉山倮族通考》，西南夷务丛书社 1947 年版，第 284—295 页。

⑥ 同上书，第 495 页。

“堕落”之“事实”，结合着“深山阻隔”的客观现状，造成了政府所关心的“夷患”问题。

二　被选择的地理与被区分的族群

被描述为急需官方治理的夷族、叛乱的夷人等，是否为本族人所接受呢？关于“罗罗”与“独立”的“自表述”中，本族知识分子有自己的看法。1933年，夷（彝）族军官曲木臧尧在《西南夷族考察记》中，理清了“他称”与“自称”的区别，指出历史上汉人对“猓猡”的称呼，其意“轻视”，与“动物相似”，“不脱犬羊的形状，未具做人的资格”，这证明的是中国民族的狂妄自大。而“夷人”的称呼，是当地汉人对猓猡的“平常称呼”，比较客气的称呼。[①] 另外，客观地说，对少数民族“他称”上的改革，国民政府做出了一定的努力。1929年，国民政府颁布行政院训令，禁止沿用苗、夷、蛮、猺、猓、獞等称谓。此次改动了65字，改大部分“犭”旁为“亻”旁的共有43字，改用同音假借字者，有22字。[②] 虽然民族学家的调查中使用的“猡猡”或“猡猡”，已经过“他称”的修正，变为去掉动物性、歧视性的“罗罗”或“罗罗”，但是这只是汉人阅读的书面表述而已，在口语中仍然无法回避这一发音的相同性。“罗罗”的表述法，对于凉山中的夷人而言，仍然体现了汉族中心的沿袭。对“独立罗罗”一词的使用与认同，更使“罗罗”带上了一种不服从、不归顺的反叛特性。

夷（彝）族开明土司岭光电也反对“独立罗罗”的“独立”说

---

① 曲木藏尧：《西南夷族考察记》，拔提书店1933年版，第3页。

② 见芮逸夫《西南少数民族虫犬偏旁命名考略》，《中国民族及其文化论稿》（上），艺文印书馆1972年版，第96—97页。

法。他认为，是历史造成了被动的“独立”选择。他说：“对彝人所占领地的认识不应该与一个独立国家在外交上的认识混淆起来，其实它只是对彝族进行战争的延期偿付……黑骨头的贵族并没有像缅甸和泰国那样形成一个国家，这里没有国王也没有中央政权，没有城市，更说不上拥有被中央政府称之为首都的地方。在十分紧急的情况下，当这个种族到了生死存亡的关头，这时才会召开所有彝族贵族首领大会，在危机期间，彝人有可能选出一个临时的首领来领导他们。”① 这是《彝人首领》的作者顾彼德拜访岭光电时，岭光电对外人称自己民族为“独立罗罗”的反感表现。

顾彼得带着《三国演义》中所描写的族群想象踏入了神奇的彝人②“帝国”，顾氏对他所体验的异文化充满着好奇和称赞，作者将神秘区域中所见的情景称之为“丛林中的文明”，并在通篇都体现出对高贵的黑彝赞美之情（虽然常常弄错了黑白之彝族）。在关于汉彝之间的关系上，作者对彝人充满了同情。在略带夸张又具想象的表述中，显示出第三方立场：

> 是省里的汉人把他们给抹黑了，汉人厌恶彝人，同样也被彝人所厌恶，彝人真的是这么声名狼藉吗？汉人和彝人之间之所以存在这么大的敌意，是因为前者想征服后者，汉人想把他们的官员和文明强加给彝人，把彝人肥沃的土地开放给汉族农民，榨干彝人所拥有的一切财物，而在他们自己的政府里则不给彝人任何的发言权。可惜的是，彝人有自己的想法和文明，不管他们在汉人的眼里看来是多么的野蛮，但他们的确是天生的武士，而且绝

① ［俄］顾彼得：《彝人首领》，和锷宇译，四川文艺出版社2004年版，第113—114页。

② 此处所用的是当代的翻译本，因此被译成“彝人”，这里采用译本的用法。

> 对不笨也不傻。他们的生活方式看上去确实显得原始或是古老，但现在我明白了，希望过着朴素和节俭的生活，远离城市生活的奢华，他们认为那样的生活会腐蚀自己的肉体与灵魂，最终使自己衰弱和使整个民族堕落。①

这似乎与本族人的观点契合。曲木藏尧对此表示：一到追溯历史上之沿革，为何会有夷汉关系的不和，责任却并不在夷而在汉，因为当地办理夷务的长官敷衍，“不以实情上闻，且不予以法律保障，其教育与政权更说不上，不但如此，并助汉抑夷”，以致夷族激愤日久，心生报复，却被汉人称之为“夷匪作乱”。②

同样，这种情况也发生在苗族。苗族学者梁聚五对于苗子造反，也说：“试问乾嘉咸同之后，贵州哪年没有苗子‘造反’？他们的造反，虽和过去不同，可是反对清朝统治者的势力，是和太平天国没有两样的。苗族失去了土地，只好在高山穷谷间，实行原始的刀耕火种。尽管刀耕火种，收获过于欠薄；但为维持他们的生命，繁殖他们的子孙，除此一路，还有什么方法呢？有的就是不断的‘造反’。”③

如此，自表述所言的“被动”与他表述所言的“主动”显然有别。虽然如此，但最终是谁来定义这些被表述人的特性？他们的特性与地理有何关系呢？

关于地理与群体分类的问题，英国的迈克·克朗（Mike Crang）在《文化地理学》中表达了这样的观点：特性的分类既不完全是人为的，也不完全是先天的，对人的划分是一个政治过程，对那些被认为理所当然、无可置疑的分类进行定义是这一过程的标志。特性是建立

---

① ［俄］顾彼得：《彝人首领》，和锛宇译，四川文艺出版社 2004 年版，第 143 页。

② 曲木藏尧：《西南夷族考察记》，拔提书店 1933 年版，第 3 页。

③ 梁聚五：《苗族发展史》（1950），贵州大学出版社 2009 年版，第 246 页。

在区分的基础上。[①] 那么，这跟地理有什么关系呢？接下来克朗说：对特性的定义，是根据我们是什么样的人，而不是根据我们是谁。克朗所选择的案例，主要是欧洲人面对美洲的“他者”与东方的“他者”时，都会互相给对方以定义，但这种定义是“不平等”的。[②] 在对人进行定义之时往往是将其看着“客体的物”，而不是“主体的人”。[③] 这正是地理学的切入点，因为这里的“我们”和“他们”常常是以地域来划分界限的：

> 我们采用空间速记的方法来总结其他群体的特征，即根据他们所居住的地方对“他们”进行定义，又根据“他们”，对所住的地方进行定义。[④]

这种根据被调查者自己的特性来定义被调查者的做法，也体现在中国西南民族的书写中。虽然这里的“地域”跟本书所讲的“地理”不能等同，但地理环境成为识别西南民族性质的客观知识，这种客观知识，使得西南的“他们”与我们进行区别分类的时候，就有可能因为其居住的地理环境而带有“理所当然”的性质，从而遮蔽了可能因历史原因造成的被动选择。如马毅对西南何为“异族”的解释是：所谓苗夷，概括湘桂黔滇边地各种部族而言。西南各部族同胞，大部分非尽土著，亦有经历代变乱，逃避隐居，终以地处偏僻，散居深山邃野，保持其固有之风俗言语习惯，遂亦目为“异族”。[⑤] 马毅的观点，代表了一般学人的普遍认知。

---

① ［英］迈克·克朗：《文化地理学》，杨淑华、宋慧敏译，南京大学出版社 2003 年版，第 77 页。

② 同上书，第 83 页。

③ 同上书，第 87 页。

④ 同上。

⑤ 马毅：《苗夷教育之检讨与建议》，《西南边疆》第 7 期，第 26 页。

对于被大多数调查者作为“高尚的野蛮人”想象的摆夷边民，赵纯孝也强调了地理环境与其文化特征之间的重要关系，他认为，云南各部族的复杂最能有力地解释厥为云南地形之特殊复杂：

生活在优裕环境中的汉人，绝不愿去冒这个大险，更因地理环境的险阻，使摆夷社会少和外界交通而与外面的文化隔绝，这是使摆夷社会能保存其原始文化制度形态之较完整而不被强族完全同化消灭的最大原因。……我们在上面把云南区的地形和气候所以作这样详述，是因为如果对于这一个区域的地理环境没有一个明白的认识，则对于特殊形态的摆夷社会制度是不易了解的。如果单讲摆夷社会经济制度的历史上的成因，而忽略了这个地理环境的因素，这只能说明其制度之来源，而不能解释其现时的存在。①

当时的西南民族调查，正是先将西南地理进行界定与说明，进而将与此相隔的人群归为不同于边疆之内的（内地）特质的人群。汉人与摆夷，在地理上已经区分开来，自然也因地理形成了不同于汉文化的特征。而这些未受到教育的边民将会给国家带来很大的麻烦：

彼等既无国家观念，又无民族意识，散处边地，易受外人诱惑，今日为中国人，明日亦可为外国人。朝秦暮楚，不知国家民族为何物。对于国防上及安定后方生活危险殊甚。②

---

① 赵纯孝：《摆夷边民研究（中缅之交）》，《亚洲民族考古丛刊（第二辑）》，南天书局（台北）1999年版，第26页。

② 凌民复：《建设西南边疆的重要》，《西南边疆》1938年第1期。

如此表述，地理环境已提到救国的高度，而对于“懵懵懂懂”的自在边民来讲，自己无意中居然成了国家的绊脚石、国难的责任者。

地理问题，常常与交通问题联系在一起进行表述。当时，有“交通救国论”的宣导。交通总长叶玉虎于民国十一年，发表《我国今后急待发展之交通事业》；接着，凌鸿勋在《国闻周报》也发表了《述交通救国》进一步对其加以论述；再后，有徐汉夫的《交通救国论》，更有1935年，容业熊在《大中学生》上发表的《交通救国论》长文。[①] 其中，徐在文中倡导，交通的功能在于传播文化。学问由切磋而进步，智识由交换而增加，切磋也，交换也。自轮船火车通，而缩地有方，邮电设而飞行使者现。互相交换，互相切磋，取其善者而从之，取其不善者而改之，则文化昌明，指日可期，民国因之而得志。国因之而能强。故交通为文化宣传利器。[②] 交通，也是救国的利器，因为交通可以串联起全国疆域，是全国团结的硬件设施。“全国疆域，或划割为若干势力范围，或分隶于不同之交通系统，对本国中枢，反呈麻木不仁，或有各自为政之概。有其独立交通系统，或与自国之政治中心联络，或与自国之经济口岸相通，如此则有中枢，有四肢，如脑使手，如手使指，有节节相通，得心应手之效”。[③] 交通网络，成为打开西南文化的通道。

在民族志表述中，地理问题常常与交通问题结合起来，更加固了“边民”的特性，其表述逻辑是：

---

① 参见凌鸿勋《述交通救国》，《国闻周报》第2卷第35期，1925年；徐汉夫《交通救国论》，《商业杂志》1929年第4卷第11期；容业熊：《交通救国论》，《大中学生》1935年第4期。

② 容业熊：《交通救国论》，《大中学生》1935年第4期。

③ 胡焕庸：《交通革命中之云南》，《西南边疆》1938年第3期。

地理险阻——交通不畅——风俗各殊、语言各异、情愫不通——蛮人为蛮

以刘锡蕃的《岭表纪蛮》为例。第十四章“交通概况”，文章首先叙述的是：

苗山猺山地方，万山峁郁，高凌霄汉，一峰未逾，一峰又来，镇日跋涉，非上即下，幽深险阻，迥绝人寰。其人不但与汉族断绝往来，即其同类蛮族，相距略遥，亦即不相闻问。是以同一苗人，而风俗各殊，同一猺人，而言服互异。吾人游于苗山，至甲寨，为花苗；行数里，至乙寨，又为红猺；再行数里，至丙寨，则又为青苗。此种情形，在在而有。甚至望衡对宇，亦风俗语言各异。情愫不通，同类尚难同化，其于情格势禁猜忌嫉恨之汉族，欲其“华风沃泽，同流共贯”，又乌可能，此蛮人之所以为蛮人也。[①]

接下来，作者才提到其“道路”“桥梁”“船舶”“伙栈”等具体的交通问题。交通问题时常转化为人的问题：“终身不知舟车为何物者，居其大半。若与之谈火车、轮船、飞机、电报，真如对牛弹琴，向顽童说封神。”[②] 最后说，“蛮人自生至老，皆与嵚嵚险峻之环境奋斗，故其本能亦特异于人”[③]。

在另一篇民族调查中，也生动地写到猺人这一特点：

轮船、火车，飞机为交通利器，除非不谈交通问题，如果谈

① 刘锡蕃：《岭表纪蛮》（1934），南天书局（台北）1987 年版，第 115 页。

② 同上书，第 116 页。

③ 同上书，第 120 页。

> 起这个问题，总脱不了这三种。猺人知识闭塞，完全不晓得这三样是什么东西，甚至除了一两个自命极开通的人物以外，其余许多许多简直连船都没有看过，乘坐更不必说了。①

由交通说起，接着作者就列举猺人幼稚的问题：“与水这样的接近”，“船里面不是很冷吗?”进而嘲弄没有坐过火车的猺人坐在火车上是如何的紧张、窘迫，吓得脸都白了，“双手紧紧的抱着椅靠，双足实实的踏着车底，眼瞪瞪的看着我”。最后作者说，严格说起来，猺山山里头简直无交通之可言，有之也不外一些千湾万曲，鸟道羊肠的山路罢了，然而以那十分懒怠的猺人，能够做出怎样的路道，我们不难一揣即得了。② 在作者看来，这些现代词汇，甚至国民交通工具，作为现代的国民——猺人也应该懂得。所以认为他们居然都不知道，实属好笑。结论是，猺人既无交通，当然需要“我们”去建设交通。因为猺人是不可能做到的。

此为中山大学生物学系的助教任国荣先生于1929年撰写的《广西猺山两月观察记》。他们此行不但收集到两万件动植物标本，而且还顺便获得《广西猺山两月观察记》这样的成果，让当时负责西南民族调查的顾颉刚先生兴奋不已，于是有了后面《西南民族研究专号》的出炉。

在这里，仅仅借用一个交通问题，即道出异族“猺人”闭塞，完全不懂现代知识，显然不同于“我们”的特点。在任氏写交通之前，更有“概略”部分专门写了猺山的地理、地势，以及在行走过程中的险阻。

---

① 任国荣:《广西猺山两月观察记》(1929),《亚洲民族考古丛刊（第二辑)》，南天书局（台北）1999年版，第26页。

② 同上。

不懂现代“交通”为何的猺人，却在外人涌来之时不自觉地充当了交通工具。

其实，“地理”“交通”这些西方经由日本传入中国的外来词汇，对当时中国知识界，不仅是一种认知冲击，更是一种思想的变更。如上所述，在开始较大规模的西南调查之前，中国学者已经非常重视地理知识与现代文明国家的关系了。任国荣正是用自己所具有的西学知识谱系调查西南瑶族，才导致了他们如此区分地去看待“异族”猺人。

通过地理、交通等客观现状，中国人群可以被“科学”地区分出“夷”“汉”类别。这种以“客体的物”作为分类的起点，也影响到对西南夷（人群）自身的分类。

图 4－2　川康科学考察团地理组“全家福”①

① 孙明经摄影，孙健三撰述：《定格西康——科考摄影家镜头里的抗战后方》，广西师范大学出版社 2010 年版，第 44 页。

第二节　分类层级及表述

西南“夷”，即西南少数民族。作为群体单位，由微观到宏观，西南“夷”实际上涉及三个层次的分类：某具体族群的分类；西南民族的分类；西南民族被统称为夷，然后对夷与汉进行二分。在当时的西南民族调查中，这三个层次都有不同程度的呈现，下面先稍加阐述。

微观层次，即调查者对调查的具体族群进行分类。如苗族，罗罗族，摆夷等。此分类的标准一般是汉族调查者对“他者”（具体族群）的汉化程度进行区分。常用形容词“生”与“熟”等，如生苗与熟苗，生番与熟番等，或者借居住地域以区别，如旱摆夷与水摆夷等，或以同一族群的不同风俗文化特征进行分类，如花苗、白苗等。

中观层次，即调查者用民族学知识对西南民族整体进行分类。这些分类根据语言、地域、文化习俗等特点进行。通过如此分类，西南民族被分成几大类别。

宏观层次，即西南民族常常被统称为“夷”，与“汉”进行区分，先形成二元区分后，再被合二为一。如此，西南“夷”既被区分于“汉”，又被强调为中华民族的一部分。下面就从第三层次到第二层次再到第一层次，从微观到中观再到宏观进行分析。

一　微观：同一“族群”的多样性

这里借用当代学术术语“族群”，或用识别后的族称回过头去分析民国时期的族类表述，可以更清晰地显示，现在被称之为同一民族

（族群）的人群，在文化上具有的多样性。而这种多样性，既表现为一种客观的存在，也体现为一种主观的划分。

地理交通，影响到对西南具体族群的分类。地理空间造成西南族群与汉族的隔绝，于是少数民族在传统上已有“生”与“熟”之分：

> 其深藏山谷，不籍有司者为生苗；附近郡邑，输纳丁粮者为熟苗，熟苗与良民无异，但性顽嗜杀。①

于是在调查者眼中，汉化成为识别此族群的第一个标准，汉化的程度被用“生”“熟”这样的形容词来区分：

> 贵在羁縻，未有怨毒猜嫌而能长久宁贴者。贵州境内多与苗疆相接，“生苗”在南，汉人在北，而熟苗居中，受雇直为汉人佣，相安已久。“生苗”所居深山密箐，有熟苗为之限，常声内地。②

不得不强调的是，这样的区分并不是民国时期所特有，而更多的是传统分类的有效运用。如上文关于生苗与熟苗的分法，是历史文献的沿用。在《明史》与《清史稿》中，即有大量“生苗”的描写。如：

> 有苗民绝异于汉人而不能相害者，熟苗之外另有生苗，多在深山穷谷之中，性情嗜好，饮食居处，皆与人殊，汉民既不能入生苗，亦复稀出，虽有狡黠客民，无所施其伎俩。③

---

① （清）贺长龄：《清经世文编》卷八十六兵政十七，清光绪十二年思补楼重校本，第2265页。

② 赵尔巽：《清史稿》列传七十七，民国十七年清史馆本，第3435页。

③ （清）葛士浚：《清经世文续编》卷八十兵政十九，清光绪石印本，第1558页。

境内夷民，种类不一，其居山野者，曰洞人，曰场□，曰仡僚，曰犵头，曰沐僚，曰生苗，曰熟苗。①

又欲割地以授友，谋于渊，因以夭坝干乃本州怀远故地，为“生苗”所据，请兵取之。②

上述描写，在民国时期的调查中也被沿用，如此，西南民族在具体族群分类的特点可以概括为：

第一，沿用了历史上的分类标准，在一定程度上，也体现出中原汉族的书写立场，采用历代汉化的标准，用“生”与“熟”来区分异族，以区别其汉化的程度。即未汉化的或汉化程度较少、保持自己文化特性的被称之为“生”，汉化或汉化程度较大的称之为“熟”。

在《湘西苗族调查报告》中，有“苗疆的人生地理”一章，在此章中，凌纯声根据严如煜的《苗防备览·险要考》分出“生苗”区域：

“马鞍山城西南五十里，高约八九里，山势险峻，形似马鞍，山顶有井，取汲不竭，山冲颇有水田，为生苗历凭之险。”腊耳台地，因多山坪与井泉，所以村寨星罗棋布，苗人生息其间，向为生苗巢穴。溪河下游区……溪河可行小船，交通较为便利，为汉人移殖之区。③

第二，在关于地理及人群描述上，大多数文本既有历史文献的旁证，也有现实地理描绘，历史文献与现实调查的结合，强化了分

① （明）沈庠修、赵瓒纂：《（弘治）贵州图经新志17卷》，贵州图经新志卷之五，明弘治间刻本，第221页。

② （清）张廷玉：《明史》卷三百十二列传第二百，清乾隆武英殿刻本，第3350页。

③ 凌纯声、芮逸夫：《湘西苗族调查报告》，“中研院”历史语言研究所单刊甲种之十八1947年版，第30页。

类标准，地理成为“生”与“熟”分野关键而客观的条件，也成为汉化的重要因素。作者最后的目的是要考虑如何打通进入“生蕃”的通道，强调更多的现实关怀，有时类似战术分析。如凌先生描述：

> 汉人的聚落，多分布于交通的孔道及哨卡要地。一遇警报，即可互相声援……苗寨的分布多不在交通要道，常在山谷深处，只有小径可通。远处虽可望见，但多可望而不可即。如无近代的火器，颇不易攻破。数百年来湘西苗乱不断，与苗寨所处易守难攻的地形，可说大有关系。①

第三，在貌似客观的族群分类上（大多数对生苗再进行区分），无论是历史文献已有的归纳，还是民国调查的再次分类，都具有随意性与主观性。如苗族学者对黔西苗族进行调查时就谈到，黔西十三种苗中，除水西苗一名包含有地理意义外，其余各名皆以苗族装饰形式命名者也。而装饰化苗民，大多数可能为他集团之苗或非苗族之民族所命名，而实非该苗族集团原有之名。②“装饰性”名称也可称之为“修饰性”名称，意为在“他表述”中，为了区分不同的“苗”而运用形容词或名词对不同的“苗”进行描述与修饰。例如民国以前关于“白苗”的文献描述：“白苗”之习略同花苗。其服先用蜡绘花于布，而后染之。③

此类“修饰性”名称也是源于传统文献的借用，而并非民国学者

---

① 凌纯声、芮逸夫：《湘西苗族调查报告》，“中研院”历史语言研究所单刊甲种之十八1947年版，第35页。

② 杨汉先：《黔西苗族调查报告》，杨万选等《贵州苗族考》，贵州大学出版社2009年版，第165页。

③（清）舒位：《瓶水斋诗集》别集卷二疆圉大荒落，清光绪十二年边保枢刻十七年增修本，第318页。

的发明。如凌纯声先生在《湘西苗族调查报告》中将“苗族的地理分布”——湖南部分（作者调查地）的苗分类为二十二种，即来源于《永绥厅志》，分别为：红苗、青苗、黑苗、爷头苗、洞崽苗、八寨苗、箐苗、清江黑苗、白苗、九股苗、黑山苗、黑脚苗、车寨苗、西溪苗、平伐苗、东苗、花苗、杨保苗、紫姜苗、吴家苗、梁家苗、侗家苗。①

上述分类标准不一，有以服饰颜色分的，如白苗之“衣尚白”；有以地域名称分的，如洞崽苗之“洞崽称小寨”；还有的根据服饰样式或其他不太明显的标准。于是，在列出上面《永绥厅志》的二十二种后，凌先生用表示颜色的苗之分类再次进行了归纳，并且为了与“苗”进行区分，又改为更与民族易混的“族”字进行称呼：

> 红苗、吴家、梁家为红族；黑苗、爷头、洞崽、八寨、箐苗、清江黑、九股、黑山、黑脚、车寨、紫姜为黑族；青苗、西溪为青族；白苗、平伐为白族；花苗、东苗为花族。②

其实，杨汉先对民族学家的“分类”问题有不同的看法，认为对其进行“分类”不妥，如若“归类”却得当。为何有如此见解？实则在杨汉先看来，苗族之所以被分成如此之细，全是历史造就。而这历史，都是因为汉人参与苗族的历史：

> 明代以前，汉人移来贵州甚少，于是苗族原有集团未被破坏。此所以大集团虽有，然小集团则无之原因。及至明太祖开

---

① 凌纯声、芮逸夫：《湘西苗族调查报告》，“中研院”历史语言研究所单刊甲种之十八1947年版，第19—23页。

② 同上书，第23页。

辟贵州后，汉人大量迁入贵州，又加以历代战争结果，于是苗族集团开始分裂。此又所以明时苗族始有种别记载之原因也。大约明初苗族大集团开始分裂，明中则小集团开始形成而长成。明末及清初则又因吴三桂剿水西战事，再加以清中咸同事变等，于是又由小集团分裂为许多支集团。故苗族今日所有之长角、短脚、大花、小花等细各种类，实形成长成于清代。此所以唐代樊绰使滇虽亲身经历若干途程，然仅言苗众而未言苗种，而清之陈鼎始于《黔游》一书，别苗种为十也。实际上此二十种苗，如在陈鼎时即加以科学的分类，则亦不过数种。既又经百数十年，苗族小集团分化更多。后世于是有分为数十种至数百种者。①

汉人进来，造成了苗族由原来的大集团，不断被细化为更小的集团直至数百种类。即此种种名称，“大多数为无知及好奇之汉人所命名。既无科学价值，且复无确定范围”②。同时，对于上文提到的“修饰性”名称，如花苗等，杨汉先也不认同：

第一，一集团而数名。如安顺普定之 hmong a nchi，汉人有名为水西苗、歪梳苗、梳子苗、花苗及汉苗等名称。

第二，一名称而所指集团范围不定者，例如花苗一名，就说以穿花衣得名，然苗族中女子莫不穿花衣。又如威宁苗及贵阳苗，皆有名花苗者，然威宁花苗文化与贵阳花苗文化之差异程度较之威宁花苗与毕节白苗者相去远矣。诸此不胜枚举。

---

① 杨汉先：《黔西苗族调查报告》（1947），杨万选等《贵州苗族考》，贵州大学出版社 2009 年版，第 160 页。

② 同上书，第 161 页。

第三，调查者的命名与被调查者的命名不符。如安顺之 hmong ndzang 汉人名彼等为补龙苗，然彼等却不以自己为补龙苗，而只知为 hmong ndzang 或青苗。[①]

如此，杨先生认为，苗族名称如要分类，第一应摸清该民族历史变迁；第二应根据日常生活；第三应根据语言，即“以历史渊源为经，语言为纬，再辅以经济生活，并沿旧有红、花、白、青、黑等名”，可以更清晰地进行分类。[②]

对于汉人主观随意的分类方式，苗族另一位学者梁聚五先生同样表示质疑：

如果看见他们穿着黑衣红衣，就称他们黑苗红苗；看见他们居高山，或平地，就称他们高坡苗，平地苗；看见他们来自水西或黔南，就称他们水西苗，清江苗；看见他们职业是木匠或铁工，就称他们木老苗，打铁苗……真是皮相之谈，离开事实太远。照这样分类，不但苗夷族可分百余种，就是千万种也分得来的。[③]

不过，梁聚五反对如此分类，却未提出更为合理的分类标准。他的目的在于反对分出更多的类别，反对强调苗族自身的多姿多彩，而更赞同苗与汉有更多的共同点而非差异性。关于此点，后文将论及，此暂不论。

总之，本族“自表述”所强调的分类及其立场，与“他表述”

---

① 杨汉先：《黔西苗族调查报告》（1947），杨万选等《贵州苗族考》，贵州大学出版社 2009 年版，第 161 页。

② 同上书，第 165 页。

③ 梁聚五：《贵州边民的礼俗》（1944），张兆和、李廷贵主编《梁聚五文集——民族、民主、政治》（上），华南研究中心 2010 年版，第 471 页。

显然有别。孙大川作为台湾原住民（卑南族）的后代，批评了鸟居龙藏对于台湾原住民的调查与分类，他认为，从一个原住民的立场来看，鸟居对原住民的分类不过是一种博物学式的对动、植物的分类研究，而不是对待一个人、一个民族、一个文化的态度。他们从祖辈得来的口传的民族记忆绝不是什么黑暗的世界，也不必纳入什么分类系统，才得以存在![①] 对于苗族的分类，当时如杨汉先、梁聚五此等本族学者也能如孙大川一样，从被调查者的主体位置来质疑他者的分类，但是，作为汉语世界长大的他们，对分类的质疑在目的与诉求上却与孙大川有别。

二　中观：西南民族的系统化

在西南民族被系统分类之前，西南民族的古代分类，在当时学者看来，其特点是太简或太繁。如司马迁《史记·西南夷列传》按文化习俗，将西南民族分为"耕田"民族、"随畜"民族，"半耕半猎"民族，实为太简。之后晋范晔《后汉书·南蛮西南夷传》以地名族，未触及分类实质。至明清，有明谢肇制（"制"实为"淛"，原文误用——笔者注）《滇略》与清李宗昉之《黔苗图说》。前者分类，"为云南民族，川、黔、湘、粤之民族不与焉"，实不周全，不能概之为西南；而后者，82 种的"枚举法"，"过事分析，未能综合"[②]。杨成志认为："元明以上的，多偏于记载史实；元明以下的，多偏于记载惯俗；其中关于西南民族的分类，《云南通志稿·南蛮志》（172 卷至 190 卷）记载云南的土人共有 140 种，也同样是错的。因为是'闭门

① 孙大川：《面对人类学家的心情——"鸟居龙藏特展"罪言》，邓启耀《视觉表达：2002》，云南人民出版社 2003 年版，第 303—304 页。

② 马长寿：《中国西南民族分类》，《民族学研究集刊》1936 年第 1 期。

造车’的资料，犯了画蛇添足的笑柄，《黔苗图说》列述贵州共有苗人 82 种的名称也犯了同样的错误。”①

近代对中国西南民族进行描写与分类以欧洲国家最盛。据统计，晚清民国时期的分类在百种以上。其中，以三分法最为普遍。如 1897 年英人浩熙（Alexander Hosie）的《华西三年驻节记》，1909 年英国军官达卫斯（H. R. Davies）的《云南，印度与扬子江流域之连锁》，1911 年克拉克（S. R. Clarke）的《中国西南民族》均分西南民族为三类。其中所提大抵为苗猺、仲家、倮倮或摆夷几大类。在马长寿看来，虽然上述分类方法有其缺陷，但三分法最为中国民族学家所接受，尤其是 Davies 按语言体系对中国西南民族的科学分类方法，最为中国学者青睐，比如马长寿关于西南民族分类，就主要借鉴了 Davies 的方法。但马氏还综合其他学者之体质与文化研究，并参考了中国史志关于分类的记载，作了西南民族新分类。

马长寿对 Davies 的分类方法进行了肯定之后的否定。否定主要在于两个方面：一是不同意 Davies 对民家与蒲蛮的分类，将其归入蒙克语族；二是不同意只有用语言作民族分类的方法，因为语言具“游离”，因此不甚周全，需要对照中国历史演变之事实。

Davies 将西南民族按语言分为四系统：蒙克语系、掸语系、汉语系、藏缅语系（西南少数民族即为除“汉语系”外的三系统）；而蒙克语系包括（甲）苗瑶族，1. 苗或蒙；2. 瑶。（乙）民家群，民家或白子。（丙）瓦扑喇，1. 瓦；2. 喇；3. 蒲蛮；4. 仆喇；5. 卡莫。

① 杨成志：《西南民族的研究》，《西南研究》（创刊号），中山大学西南研究会 1932 年 2 月 10 日发行，第 9—18 页。

此处，蒙克语者，盖指安南语，柬埔寨或克麦语与蒙古或台稜语而言。作为英国军官，Davies 将中国边疆的诸多民族纳入安南语系统，此为“帝国殖民化的东南亚视野”，而并非“中国化的西南视野”①。中国民族学家偏向后者。如马长寿等人对其分类的科学性赞同的同时，也以历史文献为证，找出不同意将民家与蒲蛮列入蒙克语系的依据，将 Davies 的分类方法进行本土化修正。即“达氏谓民家有蒙克语源，而周围无蒙克民族。推其原因，盖在南诏建国时，以瓦拉为兵丁，蒙克语因而传授于民家”。民家的族属应是：南诏为僰夷所建，可知白国之组织者亦为僰夷之近族。蒲蛮与民家“犯同一谬误”，湄公河流域云州之东北之一部蒲蛮略带蒙克语源，然四周无操类似语言之民族，因“濮与蒲同音，当为同族”②。

在分类的论述中，马长寿也兼顾了有关体质、风俗等调查资料，但历史文献甚多，如上面所举的“僮僚族”，马借用《魏书》《北史》《广西通志》《隋书》等史志材料，来论证其出自巴蜀。西南民族族群的多样性、复杂性，使得仅靠中国民族学家自己刚起步的不足之田野调查远远不够，所以只能依靠历史文献。在科学分类部分，他们大都依照西方学者的分类准则，少数地方作了本土化变动。

马长寿用族系的概念，将相邻地域不同族类放到一个更大的体系

---

① 彭文斌认为，19 世纪法国占领越南、老挝、柬埔寨，英国占领缅甸、马来半岛以后，英法两国在东南亚殖民事业的拓展也启动了有关殖民地的民族志产业（ethnographic enterprises），同时也将帝国的视野从中南半岛投射到地处中国西南边疆的云南省。商业的利益、政治的影响、学术的兴趣或传教的愿望，推动英法两国的学者、情报官员、探险家和传教士（也包括欧美其他国家的传教士）去寻求和发现能够连接英法殖民地与中国西南边疆的族群“走廊”，并试图建立人种、语言、文化、习俗等方面的“谱系”关系。参见彭文斌《中西之间的西南视野：西南民族志分类图示》，《西南民族大学学报》2007 年第 10 期。

② 马长寿：《中国西南民族分类》，《民族学研究集刊》1936 年第 1 期。

之下。既考虑了综合，也考虑了分类，同时，放弃了 Davies 分类中的“蒙克语系”，形成了西南民族的三族系分法：

（一）苗瑶族系

（甲）苗群，(1) 红苗，(2) 白苗，(3) 青苗，(4) 黑苗，(5) 花苗，(6) 杂苗。

（乙）瑶群，（1）瑶族，（2）畲氏或畬客。

（丙）瓦仆喇族，（1）瓦，（2）喇，（3）仆喇。

（二）掸台族系

（甲）僰夷群，（1）僰夷，（2）蒲蛮。

（乙）仲家群，（1）仲家，（2）水家。

（丙）僮僚群，（1）僮，（2）僚或土佬，或仡佬，（3）侬，（4）沙，(5) 狼，冰，佯，伢，但。

（丁）黎群，（1）黎或俚，（2）岐或缶（3）孝。

（戊）民家群，民家或白儿子，或那马。

（三）藏缅族系

（甲）西藏群，藏族或古宗。

（乙）西番群，（1）西番，（2）么些，（3）怒子。

（丙）倮倮群，（1）倮倮，（2）僳僳，（3）罗婺或倮黑，（4）窝泥。

（丁）缅甸群，（1）马喇，（2）喇溪，（3）阿系，（4）阿成。

（戊）开钦群，开钦或青颇。①

对每一族系之下的族群识别，马氏都采用了民族志调查资料，

① 马长寿：《中国西南民族分类》，《民族学研究集刊》1936 年第 1 期。

从地理分布、体质特征、衣饰风俗等方面进行描述，并将体质与文化风俗，拿来与汉族比照，标示出其同与异，以规定其范畴、类型。杨成志也认为："西南民族的科学分类应该包括三方面：一为体质测量，二为语言的比较，三为惯俗的考勘。在文化落后的中国，尚未做到。因为我国无人类学一科，也无民族学。只有惯俗的考勘可在历代文人学者的著述中查询一些。现时只能靠着外国的调查家和西南各省天主教的神父或基督教的牧师等所出版的数百本关于西南民族的著述为参考。"① 但总的来说，中国学者在民国时期以来的西南民族分类，史实与惯俗兼而有之，且多具有科学性。

中国西南民族按语系进行分类是芮逸夫在民族学上的独特贡献。他将西南民族分为四个语系，每个语系下分为不同的语群，语群下面再分各种语言及其分布的地域，列如下：

一　藏缅语系

（一）康藏语群

（1）藏　语　在西藏。

（2）康　语　在西康及四川西北、青海南部。

（3）嘉戎语　在四川西北即西康东北。

（4）估倧语　在西康南部及云南西北。

（5）怒予语　在云南西北。

（6）俅予语　在云南西北。

（二）罗么语群

① 杨成志：《西南民族的研究》，《西南研究》（创刊号），中山大学西南研究会1932年2月10日发行，第9—18页。

(1) 倮儸语　在四川西南、西康东南、贵州西北及云南东北、中部，广西西部亦有少数。

(2) 么些语　在云南北部及西康东南。

(3) 窝泥语　在云南中部偏南。

(4) 傈僳语　在云南西部。

(5) 倮黑语　在云南西部。

(6) 阿佧语　在云南西南。

(7) 民家语　在云南中部偏西。

(8) 羌　语　在四川西北。

(三) 佧侵语群

(1) 佧侵语　在云南西北滇缅北段未界定一带。

二　泰掸语系

(一) 西支：(1) 摆夷语　在云南西南。

(二) 东支：(1) 侬人语　在云南东南及贵州中部。

(2) 沙人语　在云南东南。

(3) 仲家语　在贵州中南部及云南东南。

(4) 僮人语　在广西中、西、南各部。

(5) 黎人语　在海南岛中北部。

三　苗傜语系

(一) 苗语群

(1) 苗　语　在贵州、湖南西部、云南东部、南部及四川南部。

(二) 傜语群

(1) 傜　语　在广西中、东、北各部、广东北部、湖南西南、贵州东南及云南南部。

四　猛吉语系

（一）瓦崩语群

（1）佧佤语 在云南西南滇缅交界一带。

（2）佧喇语 在云南西南滇缅交界一带，佧佤之北。

（3）崩龙语 在云南西南滇缅交界一带，佧喇之北。

（4）蒲人语 在云南西南。[①]

上述分类芮氏参照了大约十家包括伊尔斯氏（H. L. Eales）、泰勒氏（L. F. Taylor）等九位外国人及中国语言学家李方桂的相关论说。综合各家观点，并参照各种地理、游记及调查报告，加上自己的田野调查，形成了芮氏按照语言进行分类的特点，即芮氏修正了西人对于中国西南民族的分类多被纳入东南亚体系或印度支那语系的做法，[②] 亦即采用中国本土话语方式，替换了其中的一些提法。关于这一点，当时中国学者丁文江、凌纯声、马长寿、李方桂、陶云逵、罗常培、芮逸夫、岑家梧在西南分类中皆有所论述。[③]

① 芮逸夫：《西南民族的语言问题》（1943），《中国民族及其文化论稿》，艺文印书馆1972年版，第1362页。

② 同上书，第1351页。

③ 丁文江、凌纯声和马长寿在各自的著述中，通过不同的步骤用本土术语取代了“孟吉蔑、孟克（孟高棉）”的提法。丁文江采取的是把“民家列入撣人类，苗猺自成一系统；又另列交趾类包括蒲人等。戴氏的蒙克语系，为丁氏三分取消”。凌纯声虽然认可戴氏苗瑶属于“孟吉蔑语”分类，“仍愿保留戴维斯的三分法”，但是他在分组中，摒弃了“孟吉蔑”的提法，用“蒲人类”来代替，该组包括蒲僰、瓦崩和苗瑶。马长寿虽然也认为苗瑶语属于“孟吉蔑语”，但他干脆以“苗瑶族系”（包括苗、瑶、瓦崩）直接取代戴维斯的“孟吉蔑语系”，形成了他的“苗瑶族系”、“撣台族系”、藏缅族系三分法。参见彭文斌《中西之间的西南视野：西南民族志分类图示》，《西南民族大学学报》2007年第10期。

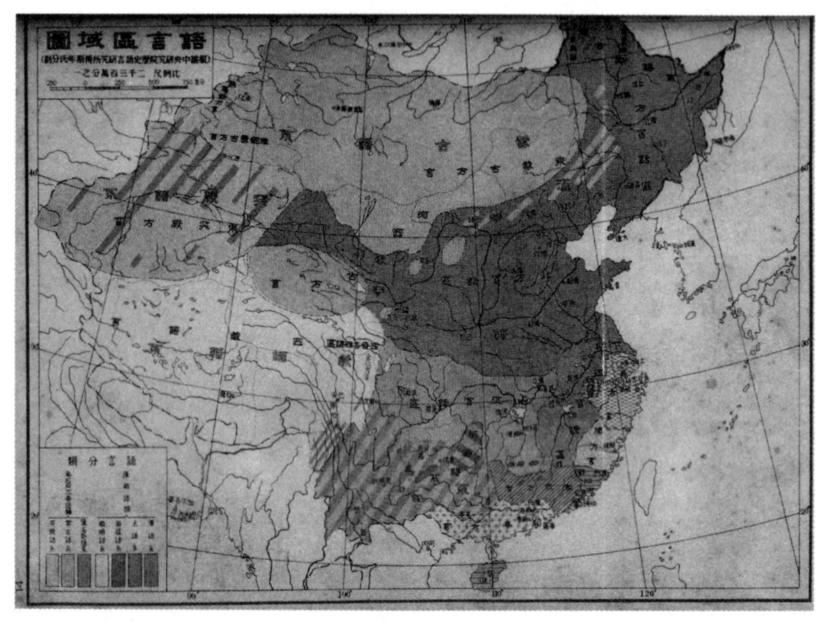

图 4－3　民国语言区域①

由以上分析可以看出，中国学者的西南民族分类体现出两个特点。第一，因考虑其科学性，西南民族分类标准主要以西方调查分类为重要参照点，但同时更依赖了中国历史文献，对西方分类进行了本土化修正。这种修正源于中国学者想通过学术争夺对西南边境的话语权，从而与西方帝国抗衡。第二，由于分类者所站的汉族中原立场，修正之后的西南民族分类，更具有“中国之西南分类”的特点。即对西南民族分类的同时，更关注对整个中华民族进行分类。下面就以芮氏为例，将第二个特点再补充论之。

因为抗战爆发，芮逸夫跟随历史语言研究所辗转迁徙至云南昆明、四川南溪李庄。除了近水楼台进行西南田野调查之外，芮氏也开始了他的民族学研究，即对中国民族的综合阐释。芮先生先后完成

① 丁文江、翁文灏、曾世英编纂：《中国分省新图》，上海申报馆 1929 年版，第 14 页。

《中华国族解》《西南民族的语言问题》《中华民族的支系及其分布》《西南民族与缅甸民族》《西南少数民族虫兽偏旁命名考略》等文章。这是他从单纯的民族志数据记录与收集，转以分析性角度整理、组织田野材料，企图从诸族群的民族志比较，归纳族群间的异同、影响与关系。此外，身兼立法委员一职也促使他在民族政策方向进行深入的思考，进而发表出一篇篇边疆问题系列文章。[①] 此时，如果说身居西南的芮逸夫关注西南民族，不如说他更关注整个中国的民族形势。因此，将西南边疆纳入整个中国的分类系统成为了芮逸夫研究中华国族的一部分。芮逸夫认为中华国族、中华民族和中华国家是“三位一体”：中华民族是于社会的及文化的观点；中华国家是于政治的及法律的观点；中华国族则为兼有由社会的、文化的、政治的、法律的种种观点而称说的名词。[②] 因此，讨论中华国族的分类，既是芮逸夫社会、文化方面的民族研究，也是政治、法律方面的国家言说。

芮对中华国族分类所作尝试的前提，是赞同孙中山先生关于“民族就是国族”的说法，而分类的原则为孙中山先生关于民族的构成，包括血统、生活、语言文字、宗教及风俗习惯五种因素。因此，厘清这五个要素而来的民族特点，实际上就完成了整个中华国族的分类。芮氏认为，孙中山的民族构成五要素中，血统为人种学的范畴，而生活、语言文字、宗教及风俗习惯属民族学的范畴。[③] 这样，孙中山的民族五要素就被纳入人种学、民族学的西方现代学科体系之中。

---

① 芮逸夫：“中研院”网站·村寨网：http：//ethno. ihp. sinica. edu. tw/frameB. htm。

② 芮逸夫：《中华国族解》（1942），《中国民族及其文化论稿》，艺文印书馆1972年版，第4页。

③ 芮逸夫：《中华国族的分支及其分布》（1944），《中国民族及其文化论稿》，艺文印书馆1972年版，第11—12页。

芮先生将中华国族分为“共相”和“自相”层面。“共相”层面为：大体说来，是同一血统，同一生活，同一语言文字，同一宗教，同一风俗习惯，即构成我们国族的因素大体是相同的。“自相”层面即一个胎里生不出两个完全相同的兄弟，[①] 即国族因素的差异性。由此可以看出，对于分类而言，“自相”层面的分类并不是作者意向所在。因此，在“中华国族的分支及其分布”中，作者说：

在4亿5千万中国国民中，约有94%至95%是由古代的华夏渐次融合各种族类，历4至5千年而成的汉人；其余5%至6%的国民，一向被认为异于汉人，而实际仍为构成中华国族的重要成分。所以这4亿5千万中国人，可以说完全是一个民族。它的构成分子，在大体上都是相同的。[②]

而这5%强的少数国民，乃是作者所称的国族支系，即“自相”层面。芮氏在文章中将国族支系区域化为六类：东北支、北支、西北支、西支、西南支、南支。每一类又按其所操语系及宗教信仰来作为分类特征，分出不同的组，共为6支30组。这样，西南支被包括在中华国族的6个支系之中。[③]

芮逸夫在赴台后发表的另一篇《中国民族》一文中，又用了“宗支”的概念来进行分类：

5%强的国民，常被认为异于汉人，而称为蒙古人、满洲人、维吾尔人、哈萨克人、西藏人、倮罗人、么些人、山头人、摆夷

---

① 芮逸夫：《中华国族的分支及其分布》（1944），《中国民族及其文化论稿》，艺文印书馆1972年版，第12页。

② 同上书，第11页。

③ 同上书，第24—25页。

> 人、仲人、僮人、黎人、苗人、傜人、高山人等等，其实仍为构成中国国民的重要成分，他们都是中国民族的宗支。……他们有不少差异。那些差异，主要是由于过去地理环境上的殊异，使他们保持着某种程度的隔离，因而使他们显现出若干体质特征和文化特质的不同。以地理分布为经，以生活、语言文字、宗教信仰为纬，把他们分为东北、北、西北、西、西南、南、东南七个区域，代表着大都住在边疆的中国民族的七大宗支。①

西南宗支的国民，“散处在云、贵高原，川、康南部山地，广西台地的西北部。他们大都是史记、前、后汉书所谓‘西南夷’之后。他们都营农耕生活，间或也兼事渔猎”②。

作者最后说：“以上所述七个宗支，凡75族。此外，虽然还有不少族类，只因作者的见闻有限，且参考资料缺乏，这里不能尽述；但主要的已经略备于此……不容讳言，这是他们和94%以上的大多数国民，在语言文字、生活方式、宗教信仰、风俗习惯上，颇多殊异的事实。虽然已有不少正在逐渐融和中，但仍有待于进一步的融合。”③ 如此，西南民族被图谱为中华民族的一个西南小分支。芮氏对西南小分支将来的命运解释是：

> 不容讳言，尚有待于进一步的融和。这个进一步融和的责任，我们就应该担负起来。我们应该遵照建国大纲的规定，扶植他们，使大家达到现代文化的水准，同进于文明之域。扶植之道，首先要把我们的传统文化，统一的文字，普及于各支、各

① 芮逸夫：《中国民族》（1953），《中国民族及其文化论稿》，艺文印书馆1972年版，第33页。

② 同上书，第44页。

③ 同上书，第50页。

> 系、各族的国民，使大家都有“同声之应”，“同气之求”，且得“同文之便”。[①]

“同声之应”“同气之求”“同文之便”所代表的是正是语言、风俗与文字的统一。芮先生是第一个用人种学、民族学的方法，最详尽地绘制出中华国族图谱的民族学家。在此图谱中，“地理环境上的殊异”仍然是造成如此众多“分支”或“宗支”存在的主要的、客观的原因。而国族融和成为他图谱论说的主要目标。但芮氏认为，融和不是被迫，而是“愿意”。对愿意合在一起的民族，芮先生列举了蒙古系的布莱雅族由苏俄迁入东北，突厥系的哈萨克族由苏俄迁入新疆，侗傣系的傣、掸诸族由泰国（暹罗）、寮国（老挝）到达南北（掸邦）。并且芮先生认为：“由于中国民族文化的适度的放射性，使文化的光被及四表；四方诸族受了感召，产生一种向心力，使他们寻向光明，所以愿意来和我们合在一起。这样说来，是很可以使我们乐观的。”[②]

这里所谓“放射性”之放射源，在地理位置上指“中心”，放射所涉的四表，指“四方”。这里的“中国民族文化”，指的是“中原民族文化”，因为在他所举的文化动力——保存、创新、吸收三方面的列举中说得很清楚。边疆各系各族的许多文化，都是属于“四方”的文化。芮氏的“愿意”融和观，自然是当时情境之需要，但对于分类而言，看似客观的“愿意”，却体现了阐释中的“主观性”。

另外，随着边疆民族调查的兴起，所谓的“五族共和”之“五

① 芮逸夫：《中华国族的分支及其分布》（1944），《中国民族及其文化论稿》，艺文印书馆1972年版，第24—25页。

② 芮逸夫：《中国民族的构成》（1953），《中国民族及其文化论稿》，艺文印书馆1972年版，第69—70页。

族”问题，在实践层面上面临着挑战。随着西南民族调查的展开，所谓的五族，即汉、满、蒙、回、藏，已经无法容纳进西南之民族。于是，在“五族”不变动的情况下，“系”“宗支”“分支”等词不断产生，以对新发现之民族进行阐释与容纳。如杨成志认为：“中华民族，需要再分之为诸夏、东夷、巴蜀、东胡、闽粤、北狄、氐羌、西藏，苗蛮九系。所谓西藏苗蛮系者，即西南民族的主人翁，这种主人翁，虽中华开化有数千年的历史，然而各有其领域，社会、政治、信仰、文化、语言、风俗和习惯，殊途异趋，分部独治，名虽同处于中华领土之内，实则像数十百个小独立国，有形和无形中表现其貌合神离的各种把戏。”① 因为作者分类的前提是中华民族即汉、满、蒙、回、藏五大族。所以在此分类中，作者将西南民族称之为“西藏苗蛮系”，里面包括“数十百个小独立国”，到底是多少，其实在作者心目中只是一个很模糊的概念。在人数上，可能“不下三千万”②。

然而，对于苗族知识分子梁聚五来说，上述的“五族”不变，将苗夷民族用“分支”之一来概括的做法并不能使他满意。在《苗族发展史》中，梁陈述了历史上苗夷所起的重要作用，他认为，民国的建立，都与苗夷有很大的关系。苗夷民族，“从顺治康熙一直到光绪宣统年间，作了继续不断的斗争，已将朝廷嫡系军队——旗营（满兵），在苗疆消失殆尽了。否则，武汉起义决不会这样容易的”。因此，他反对红、黄、蓝、白、黑代表“汉、满、蒙、回、藏”的五色国旗，不主张中华民族为一族、两族、三族、四族、五族的分类。他对于六、七、八、九、十二族的主张，认为是“比较令人满意的”，为何

① 杨成志：《云南民族调查报告》（1930），《杨成志人类学民族学文集》，民族出版社2003年版，第26页。

② 杨成志：《民族学与中国西南民族》，《更生评论》1938年第3卷第4期。

呢？因为“苗夷民族总是计算在内的。中国全部历史，苗夷民族之活动，曾占了不少重要的篇幅。并且这民族的潜势力，是不可忽视的”。[①] 在梁聚五这里，苗夷民族即是西南民族的泛称。即拥有四千多年历史的苗夷民族，包含了蛮、荆、黎、傜、僮、僚、罗罗、摆夷、水家、洞家、僰人、越人、蜑人、畲人……各个支族。[②] 对于蒋介石《中国之命运》一书否认“民族”而承认“宗族”“支宗”的观点，梁氏极力反对，称之为是“赤条条的大汉族主义”者，因为苗族并非黄帝子孙。而对其意旨的执行者杨森更称之为“可耻”，因为杨企图“去苗夷民族”，而用广义而歧语的“边胞”代替，他的目的，在迫使苗夷民族同化为汉族，以消灭其语言文字服饰及一切生活习惯。[③] 可见，本族知识分子，何等看重西南苗夷民族在中华民族中的历史地位。

对于西南民族的学术分类，当时的杨成志、马长寿、凌纯声、芮逸夫等众多民族学家都做出了努力。这里不一一论及。[④] 以上分析表明，西南无论是宗支还是分支，或是西南民族作为共和之一族，都体现了在民国建构中，西南开始作为中华民族整体之部分的意义。

三　宏观：西南“夷”的整体化

需要说明的是，这里的“夷”并非指狭义的苗夷或夷族（㑩㑩），而是指广义的除汉族以外的统称。如此，西南民族被归类为“夷”，是“夷”的一部分。

---

① 梁聚五：《苗族发展史》（1950），贵州大学出版社 2009 年版，第 262 页。

② 同上书，第 40—47 页。

③ 同上书，第 266—267 页。

④ 详见彭文斌《中西之间的西南视野：西南民族志分类图示》，《西南民族大学学报》2007 年第 10 期。

杨成志是较早进入西南正式进行民族调查的学者。在他的很多调查篇章中，都提到关于西南民族分类问题。据他的归纳，西南民族史上的统称，有三代的“三苗”和“有苗”；商周的“百濮”；春秋战国的“南蛮”；秦汉的“西南夷”和“远夷”；后汉的“蛮夷”和“哀牢”；六朝的“爨”和“僰”；唐的“南诏”和“吐蕃”；宋的“大理国”和“西南蕃”；元的“八百媳妇”“罗罗蛮”和“缅蛮”；明的“乌蛮”和“苗蛮”；清的“苗”“猺”“罗罗”“黎”“童”等。①

上述（中观部分）用了科学的人类学方法，将西南民族进行了分类，是西南民族现代分类的第一次重要的尝试，这种分类结果影响至今。不过，尽管民族学在此意义上进行了详细的西南民族分类，但这种分类的学术性并不被大众所普遍接受（详见本章第三节）。另有调查者，更有兴趣在传统“夷”“汉”对立的基础上，强调“夷”“汉”关系的转变，即统一。也就是说，在民族国家建构的过程中，“夷”“汉”关系，变成了虽是二元但却并非对立的关系。

夷汉分类的第一个特点为，夷汉分野的关键同样在于地理环境因素。夷汉之关系，被凌纯声称之为华夏与边疆的关系。凌纯声认为，现代的中国民族，从文化的地形上和地理的分野上，可以分为华夏和边疆二群。在中国民族成形的历史上，华夏民族和边疆民族的范围时时刻刻在推移、变动。中国民族史上最早的华夏民族，为汉藏语族的一支，在当时地处边疆。汉藏语族入主中原，主要经过三次的波动，最早的华夏民族跟着第三次的波动来到中原以后，将最早的土著同化或迫迁，华夏民族遂作第一次的扩大，而土著变为边疆民族。华夏范

① 《西南研究》（创刊号），中山大学西南研究会发行1932年2月10日，第9—18页。

围后日复逐渐扩大，以至于今。①

其中的中国边疆民族，被凌纯声分为五个系统：汉藏、金山、南岛、南亚、依兰。其中，汉藏系包括汉掸族、苗瑶族、藏缅族三族。②如下所示：

汉藏系边疆民族
- 汉掸族——汉人群、掸泰
- 苗瑶族——苗人群、傜畲群
- 藏缅族——罗缅群、臧番群

西南边疆民族在哪里呢？汉藏系边疆民族，即汉藏系中除去汉族以外之大部分西南土著之总称。③

凌纯声强调了华夏与边疆民族的分野。边疆民族，指华夏民族四周外，开化程度较低之民族而言。华夏民族既不断扩大，边疆民族亦不断向外推移并渐减少，将来当有全部涵化的可能。今日边疆民族与华夏之分野，不在文化，而在地理与环境文化配合。④

夷汉分类的第二个特点为，夷汉区分之后，在文化上相较，论者强调同，胜于强调异。比如杨成志二十年来在国立中山大学致力于这种西南苗夷各族团的考察与研究，得出这样的结论：

> 西南各省的总人口约有二千万众……在种族上言，他们与我们汉人同属于蒙古利亚种或黄种，换言之，即与我们的祖宗是同血统的，虽因地境、气候、食物的殊异，与汉人比较起来呈现某些少程度变态上的固有体质型，然这种殊异在汉人中间，如黄

---

① 凌纯声：《中国边疆民族与环太平洋文化》，台湾联经出版事业股份有限公司 1979 年版，第 7 页。

② 同上书，第 11 页。

③ 同上书，第 16 页。

④ 同上书，第 10—11 页。

> 河、扬子江与珠江三大流域的居民的差异体质型也可观察出来，并不是例外的一回事。至其文化总形态的表现，在各地各族群中间固因地域限制产生其原有的特殊元素，然因战争、移民、交通、商业等接触与影响，数千年来在有形与无形间，或直接与间接间，已受着中心的汉族文化所熏陶了。换言之，今日西南苗夷文化固有其特殊素质，然一般说来总可称为中国边缘文化的大观。说到各族团的土语方言，虽随地而异，因群而别，要之大概分起来，也不外属于藏缅、泰和苗三大系而已。在亚洲人群语言学的分类上，我们也可把族团语言统称为“中国国语”类的大范围内。概括言之，他们与汉族大相殊悬者，不是种族的先天有别，却因他们处境艰困，生产不足，教育缺乏，技术简陋，遗俗束缚和活动限制……各种原因，迫使他们虽时至今日的原子能时代，然而依旧滞留于原始的，或未开化的，或半开化的生活方式。假使汉族能改变放弃边民的观念和政策，换以积极的开化设施，我相信二千万众的西南边胞在教育、文化、社会和经济等的提高，一定会随时改进的。①

即使对本民族知识分子而言，上述诉求也同样存在。以苗族知识分子梁聚五为例，在《边地地理讲话》一文中，梁氏主张：第一，要采纳边地优点，搬到内地来推行，与内地“共同进化”。第二，要打破以内地县份作“示范”作“中心”的畸形政治，要求边地共同参与、平衡发展，“没有边地，就没有内地”。第三，沟通边地与内地。第四，建立西南新长城的边地国防。② 只是，梁的“共同进化”，并

① 杨成志：《民族问题的透析》，《边政公论》第6卷第1期，第33页。

② 梁聚五：《边地地理讲话》（1945），张兆和、李廷贵主编：《梁聚五文集——民族、民主、政治》，华南研究中心2010年版，第511—516页。

非只以汉族“中心”为标准，而更重平等的强调。

对苗夷文化体现出溢美之情的同时，梁并不认为这种文化的独特性与汉族文化存在多么大的差异。对于贵州边民“百里不同风，千里不同俗”，梁氏认为，差异，可以带来“礼失而求诸野”的作用，那就是：采取边民礼俗的优点，以补充内地礼俗的缺点，发扬内地礼俗的优点，以改进边民礼俗的缺点。在对比了汉、回、苗、夷各族的礼俗之后，梁找出了极少的不同点，比如婚嫁，苗夷族不过是质朴些，汉族热闹些而已。对于质朴的礼俗，也不应该斥责为不进化。他认为：“玩那些热闹的花样是将心思放在‘个人的立场或家族、宗族的立场’，耽误了社会事业，并不是‘文明’。——国父孙中山先生斥‘中国只有家族、宗族，没有国族’为阻碍实现三民主义的病根，确有至理。我们若是不否认，国父孙中山先生的话，真应该减少家族和宗族的观念，而加强国族的观念。”①

上述论见出自梁氏《贵州边民的礼俗》，此文写于1938年，正是全面抗战爆发的紧急年头，此年头最需要的就是抗日新阵线的组建。“国族”的内涵需要在实质上延伸，即消融各民族的歧视和差异，需要找出汉回苗夷生活相同的习惯，找出汉回苗夷生活不可分割的事实，作整个中华民族复兴的根据。梁氏的结论是，多共同，少特殊，就是汉与苗夷礼俗的共通点。其最终的目的是使汉回苗夷各民族都得到一个合理的进步。这进步，可以走到“国内各民族一律平等”，也可走到汉满蒙回苗夷各民族构成一个整体的“国族”。②

对于梁聚五来讲，强调苗夷是中华民族成员的政治诉求，大过尊

---

① 梁聚五：《边地地理讲话》（1945），张兆和、李廷贵主编《梁聚五文集——民族、民主、政治》，华南研究中心2010年版，第489页。

② 同上书，第472页。

重苗夷文化差异的诉求，以致他在对苗地文化进行描述时，差异并非重点，强调与汉族相同才是重点。

夷汉分类的第三个特点为，分类问题有时又与族源联系在一起，强调区分之后的融合，强调夷汉一家，不主张再对“夷”进行细分。

对于更多的调查者，尤其是非民族学专业出生的调查者而言，人类学的民族调查过于细分民族并非必要。在这一点上，姚荷生的《水摆夷风土记》表现得尤为明显。1938 年冬，云南省建设厅组织了一个边疆实业考察组到西双版纳进行调查。云南省政府要求在滇的中央有关研究单位派人参加，清华大学农研所就派出了姚荷生。调查组在两个月的调查后就匆匆回到昆明，而姚荷生独自留下，直到 1939 年深秋才回到昆明，之后，他将留下调查而得的资料整理成《水摆夷风土记》，1948 年由上海大东书局发行。此书一面世，就得到我国著名社会学家和民族学家费孝通教授的重视，并赞誉姚荷生先生是当今进行少数民族社会调查，特别是对傣族历史文化研究的第一人。①

本书可说是一部介于业余民族志和科学民族志之间的作品，② 或者说是一本游记性质的民族志。此书本以云南摆夷为描写对象，但作者却单辟“汉变夷夷变汉”一节，并表述：

> 汉夷在血统上已有无法区分的混杂性：汉变夷，夷变汉的情形，几千年来一直继续着。两族的血液混杂得很厉害。汉族中含有许多摆夷的血统，夷族中每一个人都带有汉族的血液。甚至有许多汉人原来是纯粹的夷人，许多夷人本来是纯粹的汉人。今日的所谓汉族和所谓夷族并没有体质的不同，遗传的不同，只有外

① 王国祥：《姚荷生和〈水摆夷风土记〉——〈水摆夷风土记〉校注》（前言），《版纳》2005 年第 2 期。

② 龙晓燕：《中国西南傣族民族志：历程与反思》，《云南民族大学学报》2010 年第 3 期。

表的不同，即言语和服装之不同。其差异的程度也不过是广东人与河北人的差异相等罢了。[①]

但是，在这种无法区分的混杂性中，作者强调夷人向汉人“攀附”：当汉人的影响和文明向四周发展，邻近的部落都觉得去学习汉话和采用一些汉人的习惯很为方便，最后总有一天，有些人瞧不起自己的语言习惯和服饰，而以模仿汉人为光荣。一旦他们有了这种观念，自称为汉人的时期就不远了。一个汉族就这样长成，虽然有些人身体里实在没有汉人的血统。[②] 这种攀附性强调隐含了作者突出夷汉之间的差异与区分，即夷劣，汉优。

在这种夷汉二元区分而又非对立的关系中，也流露出姚荷生的大汉族主义思想，以至于他并不赞同其他的人群作为“民族”单位存在：

中国境内的全部人民，成为一个整个的种族——大汉族。有些人把汉族一名辞限定只指住在中原的中国人，而把居住在其他区域的人分为藏族，苗族，夷族等，这是不对的。中国境内并无所谓苗族夷族等，只有藏人，苗人，夷人……所谓苗人，猺人，夷人等只含有所说的言语和所住的区域不同的意思，夷人是指居在夷山的汉人，夷人是说摆夷话的汉人，苗人是说苗话的汉人。正和我们说老张是河北人，老李是广东人一样。[③]

在本书第三章关于族源的追述中，汉夷同源、汉苗同源、汉蛮同源的论证，已将认识蛮夷之目的表达尽致。刘锡蕃《岭表纪蛮》

---

① 姚荷生：《水摆夷风土记》（1948），云南人民出版社 2003 年版，第 148—151 页。

② 同上书，第 150 页。

③ 同上书，第 151 页。

中的“汉蛮同族论”，张廷休的《再论夷汉同源》等，既讲区分，也论同化。一般是先区分，再论民族国家建构中汉化夷、同化夷的合法性。

上述所论述的是人类学中人与自然的关系。可以说，从19世纪末20世纪初接受西方近现代社会思想起，中国基本上直接承接了西方文化中“人”和“自然”的二分理念，用在民族调查中即为区分中心与边缘，野蛮与文明，汉与夷的客观依据。具体表现为，蛮夷边民之所以具有现在的生活状况，其原因是受到自然（地理环境）的影响，而对其提出的策略是让其超越现存的自然，通过开发道路、改善交通工具、改变环境，接通与所谓“文明”世界的联系。

应当说，西方现代民族学、人类学知识的东渐，使得西南民族得到了更为科学明确的分类。主动深入的西南民族调查，使这块区域及其中的群体获得了史无前例的关注。但传统帝国模式下走出来的中国面临一个全新的“民族”，而“民族”的概念也并没有一个被学界认同的定义。这个“民族”有时候等同于“国族”，有时候等同于“民族”，有时候等同于“族群”或“种族”，由于这三种意思的存在，使得西南民族的分类具有了上述所论述的不同层次。进入民国，地理上的四方、边地、边疆需要重新调整与中原的关系，族群上的“蛮夷”“边民”需要纳入“国民”系统，以使帝国成为真正的“民国”，于是调查“四方”“边地”与“边疆”，认识四方蛮夷、边民，使以前模糊的“四方”及其群体，变成一个可以归类、界定的空间与人群，成为民国知识分子学术应用调查的重要目的。但族别分类的效果，不仅体现在地理空间上绘出了一幅“异民族”的分布图，而且也体现在此地图上形成了一种夷汉的对照与区分。自然，分类本身也极具隐喻，分类不仅是要把事物、事件以及有关世界的事实划分成类和种，使之各有归属，而且要确定他们的包含关系或排斥关系的过程。① 对于西南民族而言，这一点既体现在对其进行认知、分类、区分的过程，更体现在将其从政治上引入统一与融合之途径的过程。通过分类，既可处理在民族国家建构中各个具体族群之间的关系、西南族群与中国的关系，同时更要在观念上重新认知整个中国边疆民族（夷）对于新兴民族国家的重要作用。

第三节　西南民族分类的相关讨论

一　“西南民族”调查与争议

先从有关“西南民族”的不同表述说起。

自从我宣统三年在贵州遇见仲家和苗以后，我对于西南的土著人种就发生了兴趣，很想有机会研究他们……直到等我从个旧到龙树脚，方才再遇见这种土人。

……

僰人和爨人是云南土著中的两大民族，爨在北而僰在南。以前的土司都是这两族人做的。②

这种风气恐怕是西南土著民族所原有的，因为他们计算日

① ［法］爱弥尔·涂尔干、马塞尔·莫斯：《原始分类》，汲喆译，上海人民出版社2000年版，第4页。

② 丁文江：《蒙自个旧的土人——侬人、猡夷、黑苗、（狗）鸡、獛猁、土獠、倮倮》。《漫游散记》，云南人民出版社2011年版，第85页。

子，还是完全用干支。……①

此段文字是丁文江对西南土著人群的描绘，这个在中国较早以人类学的视角观察西南及人群的地质学家，对西南这群人的称呼是“西南的土著人种”或“西南土著民族”。在他的《漫游散记》里，用“土著”一词来修辞人种或民族十分普遍，而未去掉“土著”二字，直接称之为“西南民族”的。

其实，民国以前，极少有“西南民族”这样的表述。大致相当于此表述的是两汉时期出现的“西南夷”。《史记》首次标“西南”之名，辟为专传，详细记载西南各民族情况，称西南地区各族为“西南夷”，即《史记·西南夷列传》。② 不过，此处“西南”的地理位置有其特定的范围，大致相当于今云南、贵州、四川南部和西部以及甘肃南端、广西西端少部分地带。而其族群即为此地被正式纳入郡县制范围的众多少数民族的概称。③ 自东汉后西南夷这个词逐渐地从古代中国的史册中消失，直到清末学者们开始注意到边疆危机时，西南夷这个词才被重新启用。④

“西南夷”再次被采用有其特定的历史背景，最关键的是“西南”作为边疆的重要性凸显。在民国时期的《史学专刊》《东方杂志》《新夷族》等各类刊物上，“西南夷”被不断地用着文章的标题被学界讨论，如《中华民族之复兴与西南夷》《西南夷地之危机》《西南夷胞与西南国防》等。⑤ 此时的“西南夷”在范围上大于《史

① 丁文江：《贵州的土著民族》，《漫游散记》，云南人民出版社 2011 年版，第 19 页。

② 杨庭硕、罗康隆：《西南与中原》，云南教育出版社 1992 年版，第 7 页。

③ 祁庆富：《西南夷》，吉林教育出版社 1990 年版，第 1 页。

④ 杨斌：《全球视野下的边疆历史思考——以云南为例》，陆韧主编：《现代西方学术视野中的中国西南边疆史》，云南大学出版社 2007 年版，第 359 页。

⑤ 分别见《西南夷族》1936 年第 1 卷第 1 期；《民族公论》1940 年第 3 期。

记》上的“西南夷”，在含义上并非等同，但是被启用的原因，或许是因为没有更好的词来替代。

与此同时，随着近代现代民族主义的兴起，借用旧词“西南夷”表述的一类特定群体开始被另一个词取代，即“西南民族”。自《中山大学语言历史研究所周刊·西南民族研究专号》创刊以来，“西南民族”一词开始频频出现在文章标题中，如余永梁的《西南民族起源的神话——槃瓠》《西南民族的婚俗》①，远远多于“西南夷”一词出现的频率，大有替代“西南夷”之势。②

在学术界，“西南民族”作为研究对象得益于1928年7月《中山大学语言历史研究所周刊·西南民族研究专号》的出炉。语史所周刊先后出版了“民俗研究专号”“西南民族研究专号”“猺山调查专号”“云南民族调查报告”4个专号，均以西南民族研究为主题。

“西南民族研究专号”的刊出有非常重要的意义，它在中国第一次开启了有组织的对西南这一新领域的调查和研究。“西南”开始进入当时学者们的视域中。值得注意的是，此时被频频使用的西南民族之“民族”概念究竟为何呢？“西南民族研究专号”的编辑余永梁，在“西南民族研究专号”的《跋语》中，说到研究西南民族是“要解决西南各种人是否是一个种族”？通过体质测量与实地调查，摸清“各民族的文化、语言、风俗、宗教与分布情况”③。可见，在余的用法里，西南民族似乎等同于西南种族，或者说种族与民族的概念并没有明显的区分，有西南各种族实为西南各民族的意思。

---

① 《国立第一中山大学语言历史学研究所周刊》1928年第35—36期。

② 此为笔者的统计。方式为，在“大成老旧期刊网”分别输入关键词“西南夷”与“西南民族”，前者出现12次，后者出现30次。参见http：//www. dachengdata. com/tuijian/showTuijianList. action？type =1。

③ 绍孟：《国立中山大学语言历史学研究所周刊》（编后）1928年第35—36期。

傅斯年的表述又不同。在“中研院”《历史语言研究所工作之旨趣》中，傅说：据人类学的材料，汉族以外还有几个小民族，汉族以内，有几个不同的式和部居，这些宝贵的材料怕要渐渐地开化和交通的缘故而消灭，我们想赶紧着手采集。① 傅的概念中汉族以外的几个小民族，大概是指“五族共和”的五族中除汉族以外的满、蒙、回、藏。而他所谓的西南民族之“民族”，或许是汉族以内的“式”和“部居”。“式”和“部居”到底是什么？傅并没有更进一步的解说。但是将其算在汉族之内，就知道傅的大体用意和他当时对西南族群的认知程度了。

再看当时实地调查的学者对“西南民族”概念认知。“西南民族研究专号”刊出不久，国立中山大学语言历史学研究所西南民族调查专员杨成志，受中央研究院院长蔡元培和中山大学校长戴季陶的委派，于1928年7月12日，会同俄国人史禄国夫妇、容肇祖一行奔赴云南作调查。本是一次集体性的调查分工行动，最后因各种原因只剩下杨成志一人留下调查。根据调查资料，杨先后写成《云南民族调查报告》《云南罗罗的巫师及其经典》《从西南民族说到独立罗罗》《西南民族专号》等报告文章。在《云南民族调查报告》中，杨成志说“西南民族”：

> 提起“西南民族”，谁都知道是一种极其重要，无论在民族上，社会上，政治上和学术上都是引起国人注意而待解决的急切问题。因为中华民族的成分，括称之为汉、满、蒙、回，藏五大族，再分之又为诸夏，东夷，巴蜀，东胡，闽粤，北狄，氐羌，

① 傅斯年：《历史语言研究所工作之旨趣》，《史料论略及其他》，辽宁教育出版社1997年版，第47页。

西藏，苗蛮九系。所谓西藏苗蛮系者，即西南民族的主人翁，这种主人翁，虽中华开化有数千年的历史，然而各有其领域，社会，政治，信仰，文化，语言，风俗和习惯，殊途异趋，分部独治，名虽同处于中华领土之内，实则像数十百个小独立国，有形和无形中表现其貌合神离的各种摆戏。①

杨成志将西南民族称之为五大族再分下来的“九系”中之“两系”，即西藏与苗蛮，此系是五大族中的分支，不过，到底是五大族哪一族的分支，就分类的逻辑而言，又不是很清晰，作者提到“西藏苗蛮系”，只能勉强归入“藏族”的一个分支，虽确定地表示属于“五族”之内，而苗蛮实无着落。

在同一篇文章中，杨成志又说：

何为西南民族？所谓西南民族者除汉族外即指我国版图内西南各省和印度支那的苗、夷、蛮、番、猺，藏……各种土著的部族而言。②

此处说的是“部族”。在《我对于云南罗罗族研究的计划》一文中，杨成志再次说到“西南民族”：

“西南民族”一词，是包括粤、桂、黔、滇、川、康、藏及印度支那（安南、暹罗、缅甸）各地所分布的半开化的或未开化的部族之总称。简言之，即是世俗称为“南蛮”或“苗蛮”或“苗族”或“西南夷”的。此种受天演淘汰的残余部族，在我国

---

① 杨成志：《云南民族调查报告》，《杨成志人类学民族学文集》，民族出版社 2003 年版，第 23 页。

② 同上书，第 136 页。

历史上曾占重要的篇幅。①

由上述三种略有不同的表述中可以看出，西南民族实质为西南部族，有时又被加上“半开化或未开化的部族”这样的附加条件。更具体地说，这些部族包括：

> 西南民族史上所谓三代的“三苗”和“有苗”；商周的“百濮”；春秋战国的“南蛮”；秦汉的“西南夷”和“远夷”；后汉的“蛮夷”和“哀牢”；六朝的“爨”和“僰”；唐的“南诏”和“吐蕃”；宋的“大理国”和“西南蕃”；元的“八百媳妇”“罗罗蛮”和“缅蛮”；明的“乌蛮”和“苗蛮”；清的“苗”“猺（去掉犭字旁）”“罗罗”“黎”“童”……②

究竟什么是确定的“西南民族”概念并被固定使用，在杨成志的调查中看不到。杨成志是第一个将西南民族这个概念用现代知识系统诸如人类学、民族学予以解说的人。他将西南民族这个词，称之为“新的科学”。并且断言，“若站在今日人类学，民族学或民族志的根本条件来说，凡从前关于我国西南民族的记载，实找不出一部满足人意的，除了历史方面以外”。如何成为“新的科学”？那就是“实地做一番勘定的比较的分析和综合的研究”③。

再看当时知识分子对“西南民族”与“中华民族”的关系认知。

在中央院成立之初，“西南民族专号”的刊出及杨成志这一批西

---

① 杨成志：《云南民族调查报告》，《杨成志人类学民族学文集》，民族出版社 2003 年版，第 223 页。

② 《西南研究》（创刊号），国立中山大学西南研究会发行 1932 年 2 月 10 日，第 9—18 页。

③ 杨成志：《中国西南民族中的罗罗族》，《杨成志人类学民族学文集》，民族出版社 2003 年版，第 191 页。

南调查的先行者所体现的时代意义是十分明显的。具体可以概括为：第一，中国人类学民族志书写的“四夷”之“西南”凸显。在我们称之为中国周边的概念里，在杨成志这一行动之前，中国学术界关于西南的研究并没有得到足够的重视，除了鸟居龙藏的《苗族调查报告》等外国人类学报告引起讨论外，未有国内人类学的调查报告发表，仅有零星的学术与官方考察，如丁文江对云南和四川的少数民族进行调查和体制人类学测量，1912 年杜明燡的《峨马雷屏调查记》等。第二，其代表了以中山大学为中心的“南派”人类学调查的新成果。第三，杨成志所代表的中国民族文化多样性的调查，提供了“五族共和”模式的再思考。

对于“五族共和”模式，有必要在此讨论。其实，“五族共和”的“五族”并非只是民族调查以后才被学者注意到其不合理性。1905 年，梁启超在《中国历史上民族之观察》一文中提到当时尚未完全融进“中华民族”的其他少数民族，如苗族、百濮族等。1912 年 5 月 12 日，北京成立了“五族国民合进会”。该会“简章”中说，“我五族国民以外，西北尚有哈萨克一族，西南尚有苗瑶各族，俟求得其重要人员，随时延入本会”,① 1914 年，一个叫夏德渥的人完成了《中华六族同胞考说》一书，该书详细考述了中国历代各种史书的有关记载，专门论证中国汉、满、蒙、回、藏、苗六族间的同胞关系，“冀览此书者恍然于汉、满、蒙、回、藏、苗论远源为同种，论近源为同族，而慨然动同胞之感”。并强调中华民族的主要构成成分中，无论

① 见《姚锡光等发起五族国民合进会启》，《申报》1912 年 6 月 11—12 日。另见刘苏选编《五族国民合进会史料》，《北京档案史料》1992 年第 2 期。其中除了“会启”和“简章”外，还有“支会章程”，呈请立案呈文、组织构成条款及内务部批文等内容。内务部批文曰：“查所呈各节系为五族国民谋同化起见，尚无不合，本部应准备案，仰即知照。”转引自黄兴涛《民族自觉与符号认同：“中华民族”观念萌生与确立的历史考察》，《中国社会科学评论》（香港）2002 年 2 月创刊号。

如何也不能没有“苗族”。①

1917年2月19日和4月18日，李大钊在《甲寅》日刊上发表《新中华民族主义》和《大亚细亚主义》两文，文中说：

> 吾国历史相沿最久，积亚洲由来之数多民族冶融而成此中华民族，畛域不分、血统全泯也久矣，此实吾民族高远博大之精神有以铸成之也。今犹有所遗憾者，共和建立之初，尚有五族之称耳。以余观之，五族之文化已渐趋一致，而又隶于一自由平等共和国体之下，则前之满云、汉云、蒙云、回云、藏云，乃至苗云、瑶云，举为历史上残留之名词，今已早无是界，凡籍隶于中华民国之人，皆为新中华民族矣。然则今后民国之政教典刑，当悉本此旨以建立民族之精神，统一民族之思想。此之主义，即新中华民族主义也。必新中华民族主义确能发扬于东亚，而后大亚细亚主义始能发挥光耀于世界。否则，幻想而已矣，梦呓而已矣。②

上述几则材料，黄兴涛先生将之用在对“中华民族”的自觉认同中加以考察，笔者在此借用是要强调，在认同“中华民族”的论述中依然无法回避被忽略的“苗”“瑶”等的存在。不过，除了夏德渥的《中华六族同胞考说》略显对“五族”的抗争外，其余的虽意识到“五族”之外其他族的存在，不过还是因为被“中华民族”的强调和认同所淹没了。最激烈的抗争还是土著民族自身对政治参与的强烈要

① 夏德渥：《中华六族同胞考说》自序，1917年湖北第一监狱石印。转引自黄兴涛《民族自觉与符号认同：“中华民族”观念萌生与确立的历史考察》，《中国社会科学评论》（香港）2002年2月创刊号。

② 《李大钊文集》（上），人民出版社1984年版，第302—303页。转引自黄兴涛《“中华民族”观念萌生与形成的历史考察——兼论辛亥革命与中华民族认同之关系》，《辛亥革命与20世纪的中国——纪念辛亥革命九十周年国际学术讨论会论文集（中）》，2001年。

求。中华民国第一次国民代表大会，土著苗人石启贵就申请增设苗族土著代表，原定于民国二十六年十一月十五日召开的国民大会，因抗战军兴等原因六次延期直至民国三十五年十一月十五日才正式开幕。这中间的十年，石启贵一直争取并最终作为湖南土著民族代表参加国民大会。①

通过杨成志早年的调查得知，杨成志没有违反“五族共和”模式，他将“中华民族的成分，括称之为汉、满、蒙、回，藏五大族，再分为之又为诸夏，东夷，巴蜀，东胡，闽粤，北狄，氐羌，西藏，苗蛮九系”。② 但对“民族”这一概念，杨并没有一个清晰的界定。在不能将“苗”等称之为“苗族”的情况下，云南民族、西南民族等“区域+民族”的族称方式时常出现在文本中，甚至直接作了标题《云南民族调查报告》，这种族称方式究竟应该如何处理？是否符合当时的语境？可以说，这种境况体现了当时知识界对“民族”的模糊认知而又不断探索的过程。

其实，在抗战之前，中国已经有五大区域在进行人类学调查，按王建民先生的归纳，可分为东北、华北、华东、华南、西南几个区域。③ 在这几大区域中，按研究对象的类型可以分为两类：一类为汉人社区研究；另一类为少数民族区域研究。汉人社区研究主要是以燕京大学社会学系组织的调查，研究区域主要以华北地区的社会人类学田野调查为主。少数族群的研究涉及东北的赫哲族、浙江的畲族、广西的猺人、台湾番族，以及西南的倮倮等。随着调查的不断展开，中国多民族、多文化的景观不断呈现，被调查群体已经远

---

① 石启贵：《湘西苗族实地调查报告》，湖南人民出版社2008年版，第690—691页。

② 杨成志：《云南民族调查报告》，《杨成志人类学民族学文集》，民族出版社2003年版，第23页。

③ 王建民：《中国民族学史》（上），云南教育出版社1997年版，第168页。

远超出所谓的“五族共和”之“五族”。如此一来，时代危机之下族群凝聚的内在危机开始凸显。在民族—国家一体化的创建中，如何处理由民族调查所呈现的民族多样性，是当时的知识界不得不关注的问题。

抗日战争爆发后，中国西南成为抗日大后方，大批学术力量南迁，云南成为学术重镇，也成为当时各种人士聚集的大舞台。按萧乾的说法，昆明也经受了一份不小的变动。最突出的是“西南联大”的成立，忽然间从沿海城市疏散来成千上万的青年学子和他们的老师们，顿时冲破了这城市的沉寂。正义路上摩肩接踵出现了奇装异服的男女，个个不是江浙就是东北佬的口音，这么多外乡人，来得又那么突兀，既引起当地老乡的兴味，也一定是一个不小的冲击。① 各民族、各阶层汇集的各类矛盾也开始凸显，云南文山县的本地学者楚图南在后来的回忆中这样描述：

> 除蒋介石的“中央”与云南省掌门人龙云的“地方”之间控制与反控制的矛盾之外，在文化教育界，已经产生了“本省人和外省人，云大与联大之间的隔阂”，以及“高级知识分子之间如留美派、留欧派、洋教授和土教授等门户之见”。②

在《益世报》上，楚图南也发表了《关于云南的民族问题》一文，认为“汉人殖民云南的历史，差不多纯粹是一部民族争斗的历史。……”③ 但楚氏的观点，一些知识分子并不认同，如陈碧笙在

---

① 萧乾：《昆明偶忆》，《从滇缅路走向欧洲战场》，云南人民出版社 2011 年版，第 7 页。

② 岳南：《从蔡元培到胡适——“中研院”那些人和事》，中华书局 2011 年版，第 105 页。

③ 同上书，第 105 页。

《滇边散忆》中，就明确列出“云南没有民族问题”进行论说。[①] 对于杨成志在西南进行的民族调查，张廷休在《再论夷汉同源》也如此评说：

> 现在因为抗战的关系，迫使许多学者来到苗夷聚集的西南各省，大家都留心这个问题，我想这是苗夷人民复姓归宗的最好时候了。但我仍然不免有许多忧虑，就是看见许多研究此类问题的文字，常喜滥用“民族”二字，什么苗夷民族，摆夷民族，甚至最近有一部分人好立新名正在提倡研究什么云南民族，中华民族是一个，现在的云南人无论夷汉都是中华民族的一部分，绝没有什么云南民族。如若拿这个新名词去问云南人，他一定不知道什么叫作云南民族，而且以为你是侮辱他，有意说他不是中华民族的一分子了。[②]

显然，在张廷休看来，云南民族这样的提法万万不可。而且在同一篇文章中，张说，杨成志调查了苗夷黎僮等人多年，未曾发见什么和汉人不同的特点，如有差异，只是政治的或教育的而不是种族的。[③]

随着各地民族调查的广泛展开，上述矛盾上升至傅斯年、顾颉刚与吴文藻、费孝通之间关于“民族”的著名论争。整个论争的过程可以从傅斯年致朱、杭二人的密函可得知：

> 先是颉刚在此为《益世报》办边疆附刊，弟曾规劝其在此少谈“边疆”“民族”等等在此有刺激性之名词。彼乃连作两文以自明，其一，论“中国本部之不通”。其二，论中华民族是一个。

① 陈碧笙：《滇边散忆》，商务印书馆 1941 年版。
② 张廷休：《再论夷汉同源》，《西南边疆》1939 年第 6 期，第 8 页。
③ 同上书，第 6 页。

其中自有缺陷，然立意甚为正大，实是今日政治上对民族一问题唯一之立场。吴使弟子费孝通驳之，谓“中国本部”一名词有其科学的根据；中华民族不能说是一个，即苗、瑶、猓猡皆是民族。一切帝国主义论殖民地的道理，他都接受了。颉刚于是又用心回答一万数千字之长文，以申其旧说。

欲知此事关系之重要，宜先看清此地的“民族问题”。此地之汉人，其祖先为纯粹汉人者本居少数，今日汉族在此地之能有多数，乃同化之故。此一力量，即汉族之最伟大处所在，故汉族不是一个种族，而是一个民族。若论种性，则吾辈亦岂能保无胡越血统。此种同化作用，在此地本在进行中，即如主席龙云，猓猡也；大官如周钟岳，民家也；巨绅如李根源，僰夷也。彼等皆以“中国人”自居，而不以其部落自居，此自是国家之福。今中原避难之“学者”，来此后大在报屁股上做文，说这些地方是猓猡，这些地方是僰夷，更说中华民族不是一个，这些都是“民族”，有自决权，汉族不能漠视此等少数民族。更有高调，为学问做学问，不管政治，弟以为最可痛恨者此也。①

这场论争最后以吴文藻离开云南而结束。在整个过程中，顾颉刚的《中华民族是一个》是论争的中心。在这篇将近一万字的长文中，顾要处理的中心问题是，既然中华民族是一个，那“五族共和”之“五族”应该怎么看待的问题。对此，顾认为：“‘五大民族’这个名词却非敌人所造，而是中国人自己作茧自缚。将‘民族’（nation）与‘种族’（race），混为一谈。于是，一般人对于民族一名就起了错觉，以为民是人民，族是种族，民族就是一国之内的许多不同样的人民，

① 张廷休：《再论夷汉同源》，《西南边疆》1939 年第 6 期，第 107 页。

于是血统和语言自成一格单位的他们称之为一个民族，甚至宗教和文化自成一个单位的他们也称之为一个民族，而同国之中就有了许多的民族出现。一方面，又因‘中国本部’这个恶性名词的宣传，使得中国人再起了一个错觉，以为本部中住的人民是主要的一部分，本部以外又有若干部分的人民，他们就联想及于满、蒙、回、藏，以为这四个较大的民族占有了从东北到西南的边隅，此外再有若干小民族分布在几个大民族的境内，而五大民族之说以起……于是造成了今日边疆上的种种危机。”[1] 最后，顾颉刚用三大文化集团对中国境内文化进行了划分：

> 我现在郑重对全国同胞说：中国之内绝没有五大民族和许多小民族，中国人也没有分为若干种族的必要（因为种族以血统为主，而中国人的血统错综万状，已没有单纯的血统可言）；如果要用文化的方式来分，我们可以说，中国境内有三个文化集团。以中国本土发生的文化（即在中华民国国境内的各种各族的文化的总和）为生活的，勉强加上一个名字叫作“汉文化集团”。信仰伊斯兰教的，他们大部分的生活还是汉文化的，但因其有特殊的教仪，可以称作“回文化集团”。信仰喇嘛教的，他们的文化由西藏开展出来，可以称作“藏文化集团”。满人已完全加入汉文化集团里了，蒙人已完全加入了藏文化集团了。[2]

在顾颉刚这里，别说有西南民族，连“五族”也没有了，“五族”之说已经不利于抗战之时的群体与民心的凝聚了。想当初“西南民族研究专号”刊出后，顾颉刚言其意义在于为学界“揭示出一个题目”，使学术界“知道天地间有所谓的‘西南民族’者也，知道学问

① 顾颉刚：《中华民族是一个》，《益世报》1939 年 2 月 13 日。
② 同上。

中有所谓‘西南民族研究’的一回事也”，为“语言历史研究所中又开了一方新园地了”！[①] 估计自己也没有想到，在时代的乱潮中，顾颉刚自己也有“作茧自缚”之举。持“中华民族是一个”是“今日政治上对民族一问题唯一之立场”的傅斯年，也是“西南民族学会”成立的参与者，也曾极力组织“西南民族专号”创刊。顾与傅等人对“西南民族”前后变化的认知过程也体现在政治与学术之间，学术向政治妥协，学术为政治而调适的现象。不过，尽管有中华民族“一元论”的主导，但难掩西南“多元”的真实景观，此待后文再论。

二　从“五族”到“国族”

当时，国民政府组织编撰了《绥蒙辑要》，在题为《中华民族》的开篇说明中，清楚明白地这样表述：五族＝中华民族＝国族。具体表述如下：

> 孙总理说，中华民族，就是国族。——民国成立以来，并将五族平等的原则订在约法，孙总理的民族主义亦完全以团结国内各民族，完成一大中华民族为目的。现在中央政府遵照总理遗教，对于国内各民族，竭全力以扶植之，时时刻刻，为我们边远的同胞，图谋幸福，解除痛苦，又特设蒙藏委员会，专为我们蒙藏同胞筹划一切的改进，中央委员也有蒙古人员。所以说五族，就是中华民族，就是国族。[②]

① 顾颉刚：《猺山调查专号·跋语》，四川大学博物馆藏，第127—128页。

② 转引自黄兴涛《民族自觉与符号认同：“中华民族”观念萌生与确立的历史考察》，《中国社会科学评论》（香港）2002年2月创刊号。第71条注释：此书中国人民大学图书馆有藏，标价4元，却未见具体出版时间和编者及出版单位。

类似这样的表述在当时是不足为奇的。民国大型辞书《辞海》中，这样解释“中华民族”：民族合汉、满、蒙、回、藏、苗等人而成整个之中华民族。人口共约四亿七千余万。①

在最初的观念里，孙中山的“五族”同样带有“一”之性质，对于五族之关系，他说：

> 讲到五族的人数，藏人不过四五十万，蒙古人不过百万，满人只二百万，回教虽众，大都汉人。讲到他们的形势，满洲既处日人势力之下，蒙古向为俄人范围，西藏亦几成英国的囊中物，足见他们皆无自卫的能力，我们汉族应帮助他才是。汉族号称四万万，或尚不止此数，而不能真正独立组一完全汉族的国家，实是我们汉族莫大的羞耻，这就是本党的民族主义没有成功。由此可知，本党尚须在民族主义上做功夫，务使满、蒙、回、藏同化于我汉族，成一大民族主义的国家。
>
> ……
>
> 不能笼统讲五族，应该讲汉族的民族主义。或有人说五族共和揭橥已久，此处单讲汉族，不虑满、蒙、回、藏不愿意吗？此层兄弟以为可以不虑。彼满洲之附日，蒙古之附俄，西藏之附英，即无自卫能力的表征。然提撕振拔他们，仍赖我们汉族。兄弟现在想到一处调和的方法，即拿汉族来做个中心，使之同化于我，并且为其他民族加入我们组织建国的机会。仿美利坚民族的规模，将汉族尽管扩为中华民族，组成一个完全的单一民族国家，与美国同为东西半球二大民族主义的国家。②

---

① 见《辞海》（子集），中华书局1938年版，第92页。
② 《孙中山全集》（第5卷），中华书局1985年版，第473页。

这“一大民族主义”就是汉族主义。可见，在孙中山那里，五族具有汉族中心的意思，如果这“一大民族主义”再进一步，即为国族主义。孙中山说：什么是民族主义呢？按中国历史上社会习惯诸情形讲，我可以用一句简单话，民族主义就是国族主义。中国人最崇拜的是家族主义和宗族主义，所以中国只有家族主义和宗族主义，没有国族主义。① 所以在孙中山看来，国族是具有实体性质的，即家族联合成宗族，宗族再联合为国族。

对于以上问题，芮逸夫于 1942 年在四川李庄时专门撰文进行了回应。

首先，关于“中华民族是一个”的争论。芮逸夫在《中国国族解》一文中这样解释：当时大家所争的只是“中华民族之内能不能再析出什么民族？”却不讨论“中华民族”是什么及“民族”又是什么？其实我们首先要考虑的是“中华民族”这个名词乃是一个人为的符号，它是通过一种程序去表达我们所要表达的实质，所以我们不能忽略事实。另外，“中华民族”这个名词在语法上分析起来，应当是指“中华国家的国族”。借用墨子“私名”“类名”“达名”的概念，从人类学的观点看，人群系统应该是：

类（达名）：　　人类（指整个人类的全体）

亚类（类名）：　民族（指各别的民族的全体）

次亚类（私名）：中华民族（指中华民族的全体）

在芮逸夫看来，就全体国民来说，再用同样的概念细分下去应该是：

① 《孙中山全集》（第 5 卷），中华书局 1985 年版，第 474 页。

类（达名）：　　中华民族（指中华民族的全体）

亚类（类名）：　　亚类民族（指中国的汉藏语系民族、阿尔泰语系民族等）

次亚类（私名）：　次亚类民族（蒙古族、苗族、倮㑩民族等）

由政治的观点说，中华民族是确定的不可分割的整体。但由学术的观点来说，是可以析出不少个体。[①] 芮氏的解释，倒是对争论的实质做出了恰当的分析，析出中国境内关于人群的三种分法，也正是本书中讨论的三层次分类。不过，到底是两种观点各行其是，还是政治的观点压倒学术的观点？

接着，在同一文中，芮逸夫又对孙中山的"民族就是国族"进行了详细的阐释。在他看来，国族有四个含义：地域的、人种的、语言的、文化的。这四个方面都是多元的："领土兼具多种地形，人种混凝多种族类，语言包含多数支系，文化融合多数特质。然此种种，早已混合同化，而归于一。"然而，究竟地域的、人种的、语言的、文化的，都融合于一了吗？这个解释并不能解决当时民族调查中所发现的多语言、多文化等现象。作为民族学家，芮逸夫于 1934 年与凌纯声同时参加了湘西的苗族调查，不可能不考虑这一重要的现象。不过，芮逸夫更进一步地论说到另一个很重要的条件：他引用了法国一位历史语言学家 Joseph Ernest Renan（1823—1892）给"民族"一词所下的定义："民族是一个大的人类团体，大家都愿意合在一起。""愿意合在一起"，这个因素是不容易用科学方法来研究的。我们对中国民族既是一个，同时又可析为 12 个或更多个系的事实，可以获得

① 芮逸夫：《中国国族解》，《中国民族及其文化论稿》（上），艺文印书馆印行民国六十一年（1972 年）版，第 3 页。

一个清楚而符合事实的解释（见本章第二节）。①

两个月后，又在李庄、芮逸夫写了《中国国族的分支及其分布》一文，此文将《中国国族解》中提到的问题进行了细分和阐述。文章分为三部分，1. 国族因素的观察；2. 国族支系的分类；3. 国族支系的分布；4. 国族融合的回顾与前瞻。在“国族因素的观察”一节，芮说：

> 4亿5千万中国国民，其中约有94%至95%是由古代的华夏渐次融和各种种族，历4至5千年而成的汉人。约有5%至6%的国民，一向被认为异于汉人，而实际仍为构成中华国族的重要成分。所以这4亿5千万中国人，可以说完全是一个民族。它的构成分子，在大体上是相同的。②

在此段的论述中，芮氏用了很多不确定的概说：“约”“可以说”“大体上”……在他不得不面对自己所见的“异”时，可以说是芮不得不采取的一种解说策略。所以他只得说：中国国族大体说来，是同一血统，同一生活，同一语言文字，同一宗教，同一风俗习惯。换句话说，就是构成我们国族的因素大体是相同的。③“大体”被频繁采用。然而，对于“大体”这一词所隐含的“差异”，芮逸夫花了更长的篇幅来论说。在“国族支系的分类”与“国族支系的分布”两节里，芮将中国国民中的5%单独列出分析其国族支系，根据其生活、语言、宗教三种因素，共分了6个支系，30组。六支系④分别为：

---

① 芮逸夫：《中国国族解》，《中国民族及其文化论稿》（上），艺文印书馆印行民国六十一年（1972年）版，第68页。

② 芮逸夫：《中国国族的分支及其分布》，《中国民族及其文化论稿》（上），艺文印书馆印行民国六十一年（1972年）版，第11页。

③ 同上书，第12页。

④ 同上书，第16—30页。

甲：东北支：操胶着的，单声调的通古斯语，信萨满教；（分2组）

乙：北支：操胶着的，单声调的蒙古语；（分4组）

丙：西北之：操胶着的，单声调的突厥语；（分7组）

丁：西支：操孤立的，复声调的，藏、缅语系的康、藏语；（分4组）

戊：西南支：营农耕生活，或兼渔猎；（分9组）

己：南支：信泛灵教：营农耕生活，或兼渔猎。（分4组）

正如芮逸夫自己所言，由于调查和资料有限，体质、血型、风俗习惯根本未纳入考量，此种分类相当粗疏，大部分只是来自文献。不过，有了这些大略的归纳，芮终于可以说，我们可以根据“民族性的中庸”，“收同化之效”。[①] 主族已经有94%至95%，其余5%至6%的支族，在芮看来只是进一步融合的事情了。“国族前瞻”是什么呢？就是“遵照建国大纲的规定，扶植他们，使大家达到现代文化的水准，同进于文明之城，首先要把我们的传统文化，统一的文字，普及于各支、各系、各族的国民，使大家都有‘同声之应’，‘同气之求’，且得‘同文之便’”。[②] 如此，芮氏算是解决了国族建构中的“异”之问题。

其实，国族的概念更多地含有政治的意味，如果就“nation”这个字在现代英文中的意义而言，“nation”不仅指涉中文的“国家”（即英文的同义字 state，country，commonwealth），也可以指涉“民族”（即英文的同义字 people，tribe，nationality），而当一个“民族”

① 芮逸夫：《中国国族的分支及其分布》，《中国民族及其文化论稿》（上），艺文印书馆印行民国六十一年（1972年）版，第30页。

② 同上书，第31页。

以追求独立自治、建立“国家”为政治目标时，“nation”亦可以被理解成“国族”或“民族国家”（即 nation – state 或 national state）。[①] 潘光旦认为，就国族、族国、国家三个词来说，国族最适当。因为当我们讲种族时，是不想到什么组织的，最多也不过想到一个人群中间的血缘关系。讲民族时，就得同时讲到生活组织，即一群中人与人于血缘外的种种关系。讲国族时，那就完全注意到组织，并且是狭义的组织，政治组织。[②] 显然，芮逸夫对国族概念中的学术含义与政治含义进行了调适。他的国族论说，凸显了他作为民族学家与国民政府立法委员的双重身份特征。

---

① 江宜桦：《自由主义、民族主义与国家认同》，扬智文化 1998 年版，第 7 页。

② 潘光旦：《民族的根本问题》，参见潘乃穆、王庆恩选编《潘光旦民族研究文集》（第 9 卷），北京大学出版社 2000 年版，第 239 页。

第五章　文化表述："落后"边胞与"现代"国民

上两章从时间和空间两方面分析了西南少数民族的表述。第三章通过溯源，分析了表述者如何强调了时间的延续性，从"同种"等层面，论证了西南少数民族与汉族的亲缘关系；第四章在对夷进行分类的表述中，既区分了"夷"（西南少数民族）与"汉"，又将其纳入了更大的板块（中华民族）之中，完成了空间上的整合。溯源与地理分类虽然大都采用传世文献进行描述，但却被放在调查文本的开篇，其重要性不容忽略。不过，在貌似客观的描写中，却渗透着作者的主观表述，这种主观表述，恰恰流露出作者的记录目的。这些都是中国早期民族志特有的表述方式。然而，这只是民族志文本的一部分，且文献来源较多，而实地调查较少。20 世纪初，因调查工作的展开，对异族的描写变得丰富起来，对异族形象的表述由模糊的形容词变成了具体的身体及其文化描写。这部分描写，更多借用了同时期的西方民族志调查方法，即对地方他者（the Other）风俗文化的参与观察并描述。对于这部分内容，西南民族志是如何表述的呢？

第一节　差异与认同

即使是经过学术训练的民族学家，他们也明确表示了自己的调查对象：

林惠祥：人类学便是一部"人类自然史"，包括史前时代与有史时代，以及野蛮民族与文明民族之研究；但其重点系在史前时代与野蛮民族。①

黄文山：民族学虽以研究文化为题材，但此种题材究以初民社会为限。②

凌纯声：现代的民族学只研究文化低的民族或称为原始民族的文化。③

李安宅：人类学是研究原始社会的科学，而原始社会便是经济落后的社会，并没有旁的意思。所以人类学来研究一切经济落后的社会，是再对不过的。④

杨成志：因民族学着重于无文字记载，其文化尚未进步到像我们一样水平线的人类集团，或属于一个未曾开发的文化区域（Culture area）为出发点。这落后的人类集团或未知的文化区域，在今日四通八达的交通与熙来攘往的接触情况下，无疑地，非局

---

① 林惠祥：《文化人类学》，商务印书馆 1991 年版，第 6 页。

② 黄文山：《民族学与中国民族研究》，《民族学研究集刊》1936 年第 1 期。

③ 凌纯声：《民族学实地调查方法》，《民族学研究集刊》1936 年第 1 期。

④ ［英］马林诺夫斯基：《巫术、科学、宗教与神话》（译者序），李安宅译，中国民间文艺出版社 1986 年版，第 3 页。

处于穷乡僻壤，即退于孤岛山国。[①]

虽然杨堃也曾感叹：“中研院”民族学组的工作范围，似乎仅以中国境内的后进民族为限，这真是一种遗憾![②] 但人类学进入中国之实践，在于对地方（中国边疆）的调查、记录，即中心民族对边缘异民族的记录，具体表现为汉记录“非汉”。上述定义中所谓野蛮民族、初民社会、原始民族，隐含着与此相对应的文明民族、现代社会，而后者正是如凌纯声等民族学者所置身的中原文明社会。值得注意的是，这种将他者的文化用落后、野蛮等词表述，也跟西方同时期的人类学表述相同，而非仅仅是中国传统的夷夏之分观念。如马林诺夫斯基也用“野蛮”（savages）一词（*The sexual life of savages*）来描述特罗布里恩德岛上的人群。在西学中，志是对异文化的描写，这个原初的异文化，也是远离书写者时代的、次于主流的、野蛮的殖民地他者的文化。只是不同的是，民族志应用到中国社会内部，由西方语境中人类学源于殖民者侵略目的之学问转化为认知中国初民，开启民智之学问。这一学问大多体现在对中国“非汉”少数民族的记录、书写和描述之中。

所以，先进与落后、文明与野蛮，成为当时文明社会对比异族社会的表述通则。因此，如果仅仅用这样的二元对比描述来分析当时的文本表述，实无多少意义，因为当时的调查无法脱离学术语境，所以对研究者也不能提更高的要求。实质上，对于“他者”的表述词语，有时是一种意义的象征，理解这种意义的象征，才可以分析人们对社

---

① 杨成志：《广东北江傜人调查报告导言》，《杨成志人类学民族学文集》，民族出版社 2003 年版，第 244 页。

② 杨堃：《中国现代社会学之派别及趋势》，《民族研究文集》，民族出版社 1991 年版，第 16 页。

会文化总体现象的描写。

如此，本书选择"差异"与"认同"来分析对他者文化的表述。什么是差异？差异就是被用来标示自己与他人的认同，以及建立人我区别的那些事物。差异的标示是任何一种分类系统的关键要素。[①] 从人类学的角度说，差异，是他者呈现出不同于我者的普遍文化特点。正如"洁净与危险"一样，被标识的"差异"需要从总体分类的文化关系中寻找其意义来源。[②]

谁来认同？谁感觉有差异？这是表述者的问题。也即是说，如何界定他者，与如何界定自我有关。自我与他者是互相界定的参照物。他者一直是我们衡量自己有无价值、特征或共同人性的标尺。无论他者是比我们更好或更差、与我们相似或相异，总不会是中性的，与他者的比较总会有自我的映射。[③] 对于本研究来讲，自我，即是表述者。

对那个尚未被确定的他者而言，表述变得至关重要。谁在表述？调查文本中的表述，既显示出表述者的身份，又决定了未被确定的"被表述"者的身份。对于"他表述"的调查者而言，所谓的"差"与"异"正是与自己所代表的身份或者身体上所赋予的文化立场对比而来的结果。换句话说，寻找"差异"，要结合一个"正常"的、被认同的参照物。而且，"正常"与"异常"是一种非客观性的、解释性的、主观的认知。符合社会主流的认知即是正常，不符合社会主流的认知即是不正常的、具有"差异"的。

---

① ［英］Kathryn Woodward 等：《认同与差异》，林文琪译，韦伯文化国际 2006 年版，第 50—51 页。

② Mary Douglas, *Purity and Danger: An Analysis of Pollution and Taboo*, London: Routledge, 1966.

③ ［美］威廉·亚当斯：《人类学的哲学之根》，黄剑波、李文建译，广西师范大学出版社 2006 年版，第 7 页。

用符号学的“标出性”可以很好地证明这一点。“标出性”原是语言学中的一个概念，被赵毅衡先生借用到文化符号学并探讨文化研究中的标出性。标出性有三项关系：正项（非标出性）、中项（被正项携带从而不标出项）、异项（标出项）。在文化研究中，中项偏向的一边，就是正常的、中性的；中项离弃的“异项”，认知上是异常的、边缘化的。中项无法自我表达，甚至意义不独立，只能被二元对立范畴之一里卷携带，即是只能靠向正项才能获得文化意义。但是这个被动表现的中项，对决定哪一项标出，有决定性意义：它与正项联合起来，标出异项，排除异项。[①] 以服饰为例，在汉族人眼里，汉族服饰属于正项。而少数民族服饰属于异项，在认知上属于异常的，不正常的，边缘化的。因此，在文本中总是会将不同于我们（汉族）的服饰作为异常进行描写。如服饰与我们（汉族）相同，何有描写的必要？所以，文化标出性的悖论是，生活在某个文化中的人，并不觉得自己的文化元素风格特别：每个文化中人经常在异族人身上发现大量奇异的个性元素，而自己的礼仪服饰是正常的。[②]

从表述来看异文化标出性，并结合本书探讨的相关内容，如图5-1所示。[③]

图示表明：对于表述者（观察者）来讲，如果一个文化场景的人认同了科学，那么原始巫术类就是差异（不同于“我们”）；如果认同了汉族服饰，那么少数民族服饰就是差异；如果认同了女人应该知羞耻知礼仪，那么裸浴就是差异；如果认同了男女有别，授受不亲，

① 赵毅衡：《符号学》，新锐文创2012年版，第363—364页。

② 同上书，第365页。

③ 本图参考赵毅衡《符号学》中图示并增加本书讨论内容，新锐文创2012年版，第364页。

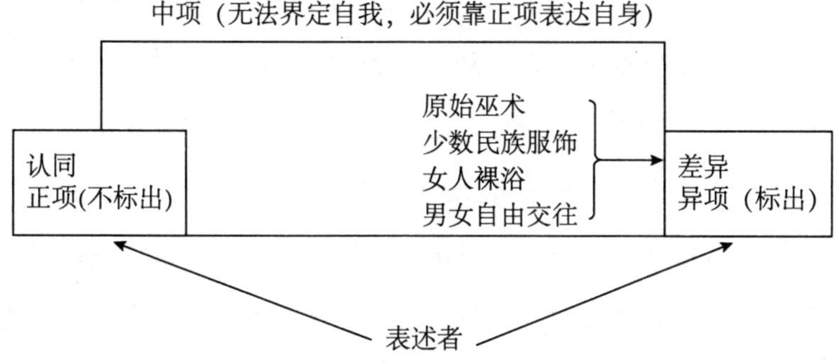

图 5-1 表述者对文化标出性的影响

那么男女自由交往就是差异。而这个表述者就是生活在这个文化场景中的人，表述者怎么表述，一定跟自己所处的文化场景有关。

这绝非一种刻意的行为。从认知与区分的角度看，道格拉斯（Douglas）关于文化的观点值得借鉴：就某种意义而言，文化是某个社群公开的、标准化的价值观，它被个体的经验所中介出来。文化预先提供了若干基本类别，这些类别就像实际的模式一般，思想观念与价值观在其中被有条不紊地组织起来。特别重要的是，因为每一个人对文化的赞同，都是从其他人的同意而来的，因为文化有其权威性。① 处于一定文化场景中人已经被形塑了某种文化特性，这种文化特征也是他所认同的文化特征，以至于他一旦"表述"，其文化特性就会显示出来，也会影响到对他者的文化表述，而在对他者的文化进行表述时，显示文化权威的是自我的文化特性。在与自己所认同的文化特征进行对比之时，他者文化的差异性即表现出来。所谓差异，则由"与他者相关的象征记号（symbolic marking）所建立"②。在民族志中，

---

① Mary Douglas, Purity and Danger: An Analysis of Pollution and Taboo, London: Routledge, 1966, pp. 38-39.

② ［英］Kathryn Woodward 等：《认同与差异》，林文琪译，韦伯文化国际 2006 年版，第 21 页。

这些象征符号众多，原始宗教、民族服饰、男女社交、风俗习惯等。不过，在对西南少数民族的表述中，差异到底意味着什么？“差别”“奇异”甚至“差距”“怪异”？这些赋予他者的词语描述都是有其象征意义的。本书选择与他者相关的宗教信仰、服饰及婚恋观的表述，来分析调查者如何通过与汉族或文明人的对比，来表述这些差异，并试图认知其表述背后隐喻的真正认同是什么。当时的人类学者用人类学民族志的方法来研究中国的异族社会，就是因为人类学学科的有效性。人类学是一部“人类自然史”，包括史前时代与有史时代，以及野蛮民族与文明民族志研究；但其重点系在史前时代与野蛮民族。[①]中国人类学研究的目的是什么呢？在林惠祥看来，就是“蛮族的开化”与“国内民族的同化”。[②] 这也是当时民族调查的目的，即通过差异对比的表述，来达到最后的认同，我们很可以体会到这一点。

但需补充的是，这里的表述，并非单纯的“他表述”，“自表述”总是参与其间，虽然有时并不起主要作用，但是这种或轻或重，或深或浅的，或隐或显的地方族群多元声音，却有助于我们理解被表述文化的整体特性。

第二节　初民社会与原始信仰

从文化包含的几个范畴——人与自然、人与人，人与超自然来看，初民社会的原始宗教属于人与超自然的范围。从当时的认知程度

① 林惠祥：《文化人类学》（1934 年），商务印书馆 2007 年版，第 6 页。

② 同上书，第 19—20 页。

来看，超自然与科学，在大多数人的眼里，是互相抵触的一对词语。可是，宗教信仰却在少数民族生活中占据了重要的位置。调查者如何表述它呢？民众对其普遍认知如何？哪些力量参与了对宗教信仰的认定？哪些力量引导着民众目光的方向？又特别是对于被认定的异族对象，他们是否有办法回应，如果有，他们怎样回应"他者"对"自我"的表述？

在民国的社会语境里，异族宗教的认识与推动主要有这样两种力量：一种是学术对其性质的认定与创造，另一种是国家权力对其存亡的控制。前者体现在学术报告中，后者体现在官方调查报告与国家话语的结合。两者实质均为他者（汉族）对异文化的表述。本节通过文本比较，具体分析两种"他表述"的异同，并通过自我（本族）"自表述"的顺应与修正，探讨当时左右少数民族宗教特别是西南少数民族宗教论说的主导力量，从而展示表述者相对真实的宗教认知状况。

一　时间的隐喻："初民社会"的宗教巫术说

在国外系统学习了人类学、民族学知识的调查者，在描写初民原始信仰时，遵循的大多是人类学家马林诺夫斯基关于巫术、科学与宗教的观点。马氏的话被凌纯声引用在"巫术与宗教"记录之首：无论怎样原始的民族都有宗教与巫术，科学态度与科学通常虽都相信原始民族缺乏科学态度与科学，然而一切原始社会，凡经可靠而胜任的观察者所研究的，都是显然地具有两种领域：一种是神圣的领域，另一种是世俗的领域或科学的领域。①

① 凌纯声、芮逸夫：《湘西苗族调查报告》，"中研院"历史语言研究所单刊甲种之十八（上）1947 年版，第 127 页。

在凌纯声的《湘西苗族调查报告》中，第八章为“巫术与宗教”，凌专门记录了祭祖、吃猪、打家先、椎牛、赎魂、祭疱鬼、打干锣、退古树怪、洗屋、洗猫儿、超度亡人、五谷鬼、接龙、暖牛笼、交牛等16种“苗教”形式及24种“客教”（由汉人传去的宗教称为客教）形式，另有画水、放蛊两种“巫术”形式。凌纯声否定了鸟居龙藏关于“今日之苗族已失去固有的宗教”的说法，认为，湘苗没有失去固有的宗教，即与宗教有关的巫术至今存在。我们尚能找到他的遗留至世俗的或科学的领域内，则因湘苗汉化较深，有些地方，已不能分别其为固有或已受汉化。接着作者不厌其烦地描写了上述的16种苗族的宗教形式，24种客教形式，并时时配有图示，显示出调查时科学客观的态度。作者将这部分宗教称之为“巫教”，因为其带有巫术的色彩而失去实用的效能。[①] 而将“画水”与“放蛊”列入“巫术”内容，因其还有使用的效能。作者细致地对上述两种巫术进行了描写，但是对于如何看待这些巫术，作者秉持科学的态度，并未作相关评价，在此章文末，作者这样说：

我们说巫蛊是黑巫术或恋爱巫术，不过是一种假定而已。因为不知道一种巫术的咒语与仪式，及术士执行这种仪式时所有的姿态与表情，当然不容易确知其内容的。[②]

凌纯声跟随法国社会学和民族学大师莫斯（M. Mauss），尤其受法国民族学派的影响，形成了较为注重实地调查资料、注重收集资料的研究风格，或多或少地保留了西方理论学派的“不以理

① 凌纯声、芮逸夫：《湘西苗族调查报告》，“中研院”历史语言研究所单刊甲种之十八（上）1947年版，第194页。

② 同上书，第201页。

论代事实，不以一般代特殊，不以部分代整体，按步深入，实事求是"的研究方法和"宁愿为事实而牺牲理论，决不肯为理论而牺牲事实"的精神。[①] 这种精神特别从其关于宗教与巫术的表述中得到呈现。

马长寿与林耀华对罗夷宗教信仰的学术表述也具有同样特征。1936年秋，马长寿先生进入正在筹备的国立'中研院'任助理研究员。当时，为了开展对四川民族的研究，同时搜集一部分民族文物，"国立'中研院'、中央博物院合组四川民族考察团"，以马长寿、赵至诚、李开泽三人组成，马长寿总其事，赵至诚负责摄影和绘图，李开泽协助调查，并负责文书、会计等工作。马长寿于1936年参与四川调查共1个多月。1939年12月1日，马长寿又进行了第二次调查，共计115天。通过这两次考察，马长寿拟写了长达十四编的《凉山罗夷考察报告》，约80万言，其中第十章为"罗夷巫术祭祀与信仰"，但当时因抗战及搬迁等原因并未出版，而是到了2006年，才由其弟子周伟洲整理出版。出版时将《凉山罗夷考察报告》改为《凉山罗彝考察报告》（以下按新版"罗彝"称呼），并将第十章调整为第九章"凉山罗彝巫术、祭祀与信仰"。在此章中，马长寿共写了十二个方面，包括：1. 罗彝对于自然之态度；2. 巫术；3. 祭师——毕摩；4. 祭祀；5. 招魂与祈禳；6. 诅咒敌人；7. 禳送鬼魔；8. 解毁与修餐；9. 占卜；10. 苏尼或师娘；11. 黑巫术之传播；12. 民间巫术。[②]

---

① 凌纯声、芮逸夫：《湘西民族调查报告》导读，民族出版社2003年版，第9页。

② 谭旦冏：《中央博物院二十五之经过》，中华书局1960年版，第97页。

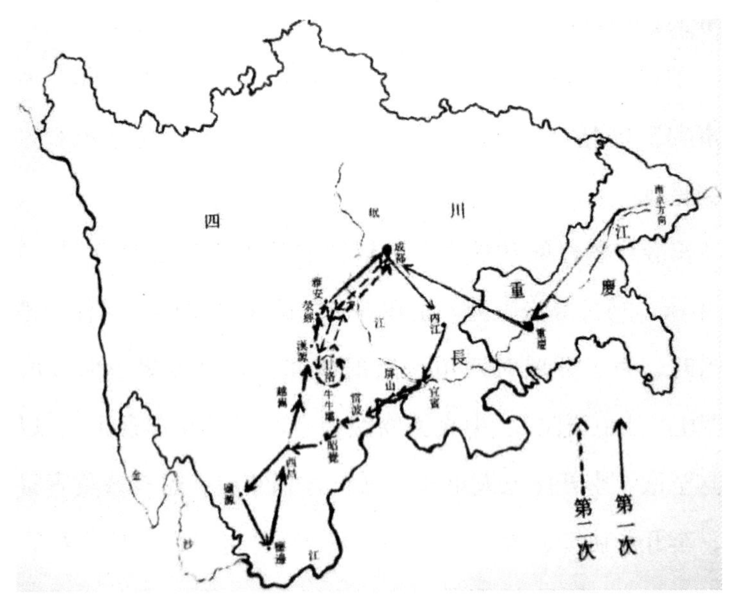

图 5－2　马长寿先生考察路线图①

马长寿运用了当时人类学界对于宗教与巫术的界定来判断，罗彝对于超自然的态度，不能称之为“宗教”。原因有二：第一，宗教有祈祷、忏悔等特征，而在罗彝信念中俱无之。或不能曰俱无，其成分亦仅有百分之少数。第二，罗彝时有人力齐天之想，此与宗教之本意根本矛盾。但罗彝有宗教思想，表现在巫术、附带有宗教性之宇宙观，以及若续若断或明或晦之泛神思想。②

对于罗罗巫术，马长寿将其起源时间推得更早，认为“自有人类，即有巫术”，体现在原始的特点为巫术与祭祀不分，巫术成为战争之奴婢，巫术与政术不分，巫术与学术不分等特点上，并用民族学之术语观之，毕摩为“褐色巫术”，苏尼为“纯黑巫术”。③ 马氏的结

① 马长寿：《凉山罗彝考察报告》，巴蜀书社 2006 年版。

② 同上书，第 531—532 页。

③ 同上书，第 540 页。

论是：罗彝崇拜自然，而无系统之宗教思想。重诅咒而少祈祷，主报复而不自戢，恶业多于善业，驱鬼重于祭神，且鬼多于神，此为黑色巫术之特质。虽亦有命数之说、魂魄之义，究其极，不过玄学之雏形、宗教之萌芽，而不能成为玄学或宗教。故罗彝对于超自然之态度，仅能曰"术"不能曰"教"，更不足曰"学"也。①

在对罗彝的宗教观念解释中，马氏运用了本土经典文献进行叙事，非常注重利用罗彝的各种原始经典如《招魂经》《指路经》等，来客观记录本地人的说法及仪式的经过。作者在调查中，专门找了当地人翻译，同时自己也试着学习罗罗语。在表述时，只注重客观的描绘，并不去作那些"危险"的解释，在此一点，颇具第三方的学术立场。这在当时的书写中是难能可贵的。

但在整个文本中，马氏还是将另一条时间的线索作为整个叙述的统摄。本来按照本土经典，罗夷关于自己的信仰部分有自己的一套叙事逻辑，但这显然不是马长寿最终的关注。马长寿找出罗彝夷的本土叙事，实际是证明其差异，然后将"我者"（汉族）与"他者"（罗夷）之间的差异放置在"时间"的脉络中加以说明，② 多借用当时民族学、人类学界的观点，用宗教演化论，将罗民巫术放置于原始阶段，并结合文化传播观，将罗彝巫术与中原原始巫术进行对接。如作者认为：

罗彝古代经典，均无"苏尼"之名，苏尼非为罗彝固有之发明，因此推测，"苏尼"之名似来自汉族"师娘"之译音，"苏"与"师"相近，"尼"与"娘"近而无尾音，盖罗语尾声无

---

① 马长寿：《凉山罗彝考察报告》，巴蜀书社2006年版，第536页。

② Johannes Fabian, *Time and the Other: How Anthropology Makes Tts Object*, New York: Columbia University Press, 1983.

> 也。……虽不能断定为汉族文化之传播，然与其他西南民族如羌、苗等之端公师娘，必有关系。[1]

但是相对后面将要论述的一些文本来讲，马氏对他者的描写，特别是心理活动的分析还是保持了一定的谨慎，并没有妄加猜测，特别是对于民间巫术所涉及的初民心理方面。马氏认为：

> 凡一类巫术都涵育有浓厚的与错综的初民心理。罗彝之各种民间巫术亦然。但在此时叙述诸民间巫术时，似乎不必躲在心理方面描述。其原因在于：第一，巫术之历程，由始至终，便是一个心理的历程。不过心理的历程藉巫术表现出来，不特二者初无二致，而且表现心理之活跃，甚为明显。第二，描述心理固是一件烦难的工作，而解释心理更易有“仁者见仁智者见智”的危险。故不如只就巫术事实作一种客观的叙述。其心理历程，由读者体会，便可得到一种大略的解释。[2]

在列举了罗彝异兆之说后，作者说，“有为吾人所易理解者，有为吾人所不易理解者。有遇吉而以为凶，遇凶而以为吉者。其例与汉族习传梦出殡为吉，梦婚事为凶，同一为因果相反，而不易为吾人所理解之逻辑。今以此客观叙述之，以资民俗学者藉作一般比较之研究”[3]。可见，马氏的描述很明显受演化论与传播论的影响，但是在初民心理的分析中，又尽可能保持了一种学术中立。

在十几年后产生的《凉山夷家》文本中，同样是写罗夷，林耀华并未涉及本土历史文献，而是更多地运用弗雷泽（J. G. Frazer）关于

---

① 马长寿：《凉山罗彝考察报告》，巴蜀书社2006年版，第613页。

② 同上书，第617页。

③ 同上书，第621页。

巫术与宗教的论述，将罗罗社会的宗教置于"初民"社会时期，强调了其过去之性质。"我们考验初民的巫术与宗教，从中可以窥察初民适应环境在心理上的反应，也就是在思想方面的表现。"林耀华借用弗雷泽关于巫术的说法认为，巫师就是初民的科学家。实则巫术因对付超自然界的因果观念，往往不能得到实验的结果，因为超自然界的因果关系是人类根据错误的类比（Ana Logies）所想象创造，在自然界中却没有存在的余地。罗罗的宗教实属原始时期，与巫术相混不分，一切实施多偏重于巫术的活动。巫术严格地根据传统的技术，并以为技艺实行没有错误的话，必能达到所要求的目的。夷家巫术亦系因生活紧张的情况而产生，然后一代一代地传达下来。[①] 林先生同样遵循了民族志宗教表述的西方传统，更多地运用西方民族志关于风俗研究的学术话语，并没有对此加以批判。作者同时也运用了西方功能结构主义来说明，这种宗教会在此社会中一直保持下去，是为了维持社会的平衡。比如说到丧葬的仪式，作者认为：

> 丧葬的仪节，一方面因信仰鬼灵，由于仪式的举行送祖灵安然渡到另一世界，一方面对于生人因在感情紧张的状态之下大家聚会行礼，以求渡此难关，渐渐恢复到平日生活，使人类社会的均衡状态得以保持。[②]

由于民族学的训练，林氏秉持均衡论的理念，更多地解释此种宗教的功能。因此，只谨慎地将其放入"初民"的时间框架中。

1936年，凌纯声在《民族学实地调查方法》一文中提出了"现代民族学"的概念，加上"现代"二字的"民族学"的含义何在？

---

① 林耀华：《凉山夷家》（1947），云南人民出版社2003年版，第83—87页。

② 同上书，第91页。

凌氏说："西学的 Ethnologie 是代表研究人的科学的总称"，"民族学应该研究世界各民族的文化，然有许多文化高的民族，已有历史、文学、美术等等去研究他们的文化，所以现代的民族学以研究文化低的民族，或称为原始民族的文化为主"。所以在田野调查中对付这样的文化低的民族，一是告诉他们，我们的祖先即为你们现在这样的生活，这样他们便可以"自愿说出两种文化的相同点和相异点"；二是将他们以上等人相待。因为"虽然他是受制于某种环境，文化的阶段及其他情形，以致形成他的生活和思想，这种事文明人的祖先大半都经历过，不过现在已成过去了"[①]。在此论述中，凌先生采用的是泰勒所提出的"遗俗论"（Survivals）。在被称之为"科学民族志"典范的《松花江下游的赫哲族》一书中，凌就用了此法，他关注如何利用调查到的赫哲族相关数据解决中国上古史的宗教起源问题，这是"礼失求诸野"的态度与做法，将人类学、民族学所研究的"原始民族"，视为上古社会文化的"遗存"。[②]

前面论述过，强调功能主义的马林诺夫斯基并不赞同"遗存"说，他认为，一种文化的遗存特质，只有在这种行动的伴随行为中，在它得以实行的方式里，才能得到最好的体现。而我们现在看到现存的活生生的仪式并不是半死半活的苟延残喘。[③] 他认为文化如果不能满足人们生活需要的东西，就不是文化。文化因其对人有用处才能存在，这样就从根本上否定了"遗俗"，认为"遗俗"重构的历史是主观的设想，不是事实。[④] 尽管功能主义在中国民族调查后期产生了很

---

① 凌纯声：《民族学实地调查方法》，《民族学研究集刊》1936 年第 1 期。

② 黄应贵：《人类学的评论》，允晨文化 2002 年版，第 299 页。

③ ［英］布罗尼斯拉夫·马林诺夫斯基：《西太平洋上的航海者》，张云江译，中国社会科学出版社 2009 年版，第 17 页。

④ 谢立中主编：《从马林诺夫斯基到费孝通：另类的功能主义》，社会科学文献出版社 2010 年版，第 24 页。

大的影响（尤其是以吴文藻为代表的社会人类学界），但马氏关于"遗俗论"的观点并没有被当时大多数调查者所采用。抗战期间，岑家梧在西南进行过深入的调查与研究，对原始社会史和文化史研究具有浓烈的兴趣。他并不赞同功能主义认为"遗存"只是虚构的概念，他说：

> 人类学上遗俗的概念，大概是从进化论脱胎而来的……现在所以留存着，据达尔文解释，它只表示进化的痕迹而已。反进化论的学者虽也曾作过其他的解释，可是到了现在，还没有一种比达尔文当时的解释更为完满。文化现象也有如体质那样的逐渐演化发展过程。在演化中，旧的逐渐消失，新的逐渐生长，在新旧文化作有机的转化时，旧的文化，往往也有许多像生物的体质一样，作痕迹的遗留。

岑氏进一步说，遗留存在不成问题，功能也未必完全消失，他干脆将其称之为"新功能"，[①] 只是遗憾，他并未就"新功能"举以详案阐释。以上论说也说明，对于研究中国少数民族极具有效性的进化论思想，是不容易被学者们轻易否决的。

上述考察报告大多利用西方民族学、人类学关于宗教与巫术的观点，比较客观地对文化边缘异族的"原始宗教"进行描绘。只是放入进化轨道上的"原始宗教"，隐含的是用"进化时间"代替"本土时间"，凡不同的变成了远古，历史变成了一种二元叙事——过去与现在。过去变得很长且具有同质性。虽然马长寿试图找出本土文献叙事

① 岑家梧：《遗俗论》，《岑家梧民族学论文集》，民族出版社 1992 年版，第 289—291 页。

中的不同声音，但一切都是为配合“研究民族、收集标本”[①] 的更大目标，此目标压倒了本土文献叙事，异族宗教同样成为现代人类的“过去遗存”。但是，在异族宗教价值的判定上，此类学术性文本的表述较为客观，至少极少有否定、废弃、遗弃之类的言说，林耀华甚至称“巫师就是初民的科学家”，可见其明显的研究态度。

二　消失的神秘：官方话语之“破除迷信”论

林耀华先生的《凉山夷家》出版较晚（1947），所以在民国时期，难被其他调查文本引用，是否引用笔者也未获得证据。而马长寿的调查报告已有被引用的痕迹，1945 年，曾昭伦《大凉山夷区考察记》这样谈道：

> 二十八年，管理中央庚款董事会所组织的“川康科学考察团”，有一部分到宁属各县考察。其中三位，由常隆庆先生代为帮忙接洽一切，遂自西昌通过凉山到达雷波。参加此项考察团者，有语言学家马长寿教授等。该团亦有报告书，惜系非卖品。[②]

作者可能将马学良的语言学家之称冠之于马长寿了，但报告确实是马长寿所出。可见，马长寿的学术性报告已经被带有官方性质的考察报告所引用。如何表述异族宗教，在当时的文本互动之中，学者的表述也影响到官方的调查报告。但是仔细对比，官方的调查报告关于此部分表述却发生了变化，主要在于关键词“迷信”的频繁出现。

---

① 马长寿：《凉山罗彝考察报告》，巴蜀书社 2006 年版，第 1 页。

② 曾昭伦：《大凉山夷区考察记》，求真社铅印本影印，1945 年，载骆小所《中国西南文献丛书》（第四辑），《西南民俗文献》（第 13 卷），兰州大学出版社 2003 年版，第 240 页。

有意思的是，在用"迷信"一词时，官、学两界却有差别。台湾学者黄智慧先生分析了日据时期五十年来有关台湾土著宗教信仰的研究成果，发现有一个系统的著作中都采用"迷信"这个观点来理解原住民族的宗教行为，而另一个系统的著作则全无此概念，甚至反对此概念。而这个歧义点或者"分袂点"正涉及官、学两界对于"迷信"概念的解释与认定。在论述中，作者分析，官方大多使用"迷信"这个概念，而学界有的不用，如鸟居龙藏的调查，有的用之则是不得已，因为"还想不出更好的词语"，如森丑之助。① 黄氏的文章对于本书的研究很有启发。不过，民国时期大陆的情况有些不同。虽然官、学两界之间的联系有些相似，但是大陆的官、学两界在"国家化"的过程中所面临的强大传统显然不同于日本的殖民语境。何况，本土知识分子同样也参与表述。而关于"迷信"一词的讨论，首先出现在学术界即民俗学界。民俗学界大量使用的"迷信"概念并没有在人类学的民族调查报告中使用，却在官方的调查报告中频繁出现，这个现象值得注意。

官方对边缘异族宗教信仰的关注并非先有一套成型的理念，为何"迷信"一词被选择成为其关键的判断？"迷信"是什么？为厘清这一问题，须先从"民俗学"传入中国的情况做简要分析。

在面对德语 Volkskunde 与英语 Folklore 的不同含义时，中国到底应该采取哪种说法，开始并无一致的意见。研究宗教学的江绍原先生编译的《现代英吉利谣俗及谣俗学》的"附录七"有专门介绍：

> 德语 Volkskunde 的含义确较英语 Folklore 的为广……中国研

① 黄智慧：《日本对台湾原住民族宗教的研究取向：殖民地时期官学并行传统的形成与纠葛》，参见徐正光、黄应贵主编《人类学在台湾的发展——回顾与展望》，"中研院"民族研究所 1999 年版，第 159—166 页。

究者今后将采取哪个说法，自当早一点决定。又此学普通称“民俗学”，从日本译名也。然日本人所谓“民俗”，虽有时有民间——俗间的意思，移植到中国来，却颇有被误解为民间风俗之危险。中国研究者是可以不理会这层呢，还是痛快点自行定名，也应早日决定（德文中“比较民学”一名，很可以介绍到中国来）……我个人提议此学为“民学”，且下了一个范围似乎比德国民学还要广的定义。①

《现代英吉利谣俗及谣俗学》于1932年出版，然而在这之前，“民俗学”的提法已经出现。② 并且关于“迷信”一词已经被大量论及（见下文）。江绍原先生之所以不同意“民俗学”的说法，是因为中国学界对“迷信”研究的兴趣过浓，以至于狭义化了德语Volkskunde、英语Folklore或日译的“民俗学”：

我既因一星半点的迷信研究而被认为民学的一员，我想我应该趁早提醒大家，迷信绝不是民学的唯一的主要部分。民学的范围不限于迷信、传说、故事等等，而是包括民间种种制度（例如摇会）在内的。③

德文Volkskunde的含义最广，然而在当时，“德文民学书籍，连在北平似乎也不可多得”，④ 日本的“民俗学”最为中国学界所熟知和认同，江绍原之所以要创造“民学”的新说法，正在于当时的学

① 江绍原编译：《现代英吉利谣俗及谣俗学》“附录七”，中华书局1932年版。

② 中国1922年12月7日北京大学《歌谣》周刊的创刊为标志，其发刊词中第一次使用了“民俗学”一词。

③ 江绍原：《民学与合作研究》，参见王文江、江小蕙编《江绍原民俗学论集》，上海文艺出版社1998年版，第8页。

④ 江绍原编译：《现代英吉利谣俗及谣俗学》“附录七”，中华书局1932年版。

界，过于重迷信风俗等的研究，包括江自己，也曾被鲁迅邀请往中山大学先后为国文系学生开设了过去各大学从未开设过的"迷信研究""礼俗与迷信之研究"，并写了大量关于迷信研究的文章。[①] 迷信研究为何会如此的被重视？

关于"迷信"一词，早在中国传统文献中就已出现，如，今按旧传迷信之说，动土有忌，或"避土"之意，[②] 中国文献中的"迷信"，大体是关于旧有的一种信仰的说法。偏向贬义并非完全贬义。

然而，"迷信"作为学术术语来谈及，却是一个西学的概念，并且进入中国较早，外国人对中国"迷信"的研究也较早。据杨成志的说法，当时，上海法租界徐家汇的天主教会，也是一个对我国宗教迷信调查研究的中心。法国的多列著《中国迷信研究汇编》（H. Dore, *Recherches Sur les supersitition en Chine*）（1911—1929），19 年间，用法文刊印了 20 余册，又有英文翻译本的刊行，可算是一部中国迷信大观。[③]

江绍原先生在《礼俗迷信之研究概说》中讲：

> "迷信"这个概名，我国是从何时才有的呢？不管它是否为西方 Superstition 之译语，近若干年来始从日本输入我国的；我们之用它来称呼本国（和外国）的种种迷信言、行、念，则似乎直接或间接颇受了西洋的影响。[④]

"迷信"概念如人类学一样，是西学东渐的一部分。关于"迷

① 王文江、江小蕙编：《江绍原民俗学论集》，上海文艺出版社 1998 年版，第 367 页。

② （明）宋濂：《元史》卷六十五志第十七上，清乾隆武英殿刻本，第 766 页。

③ 杨成志：《我国民俗学运动概况》，《民间文艺》1962 年第 5 期。

④ 江绍原：《礼俗迷信之研究概说》，王文江、江小蕙编《江绍原民俗学论集》，上海文艺出版社 1998 年版，第 249 页。

信”，中国学界有自己的定义，按照江绍原先生的界说：

> 一切和近代科学相冲突的意念、信念以及与它们并存的行止，我们皆称为迷信，其中有一部分（或许一大部分）普通常用“宗教”“法术”两个名词去包括[①]……要研究迷信，最好不要和科学界的新学说新发见太暌隔。……我们姑且将以上所说的“糊涂心思”“假知识”“不可靠知识”“以为如此”等等呼为“迷信”，则“糊涂行为”“无意识的行为”等等岂非便应呼为“迷信的行为”？……迷信的本质，是将本来乌有的事认为有，本不存在的关系认为存在，其实不能发生的功效和不至于出现的危险认为能发生、能出现；糟粕视为精华，轻重不免倒置，种类鉴别不清，观察只及表面。[②]

另外，乔峰（周建人）等合编的《迷信与科学》（1923），以为“要下迷信的界说，只能说在当时，并无哲学上的根据，又与科学得来的结果冲突，都可以叫作迷信”。此书后几章所讲的迷信分为“文明人与野蛮人的迷信”，“对于物类生死的迷信”，“对于人种起源的迷信和传说”。[③]

由以上可以看出：第一，“迷信”定义主要是通过“科学”的标准而来，赛先生（Science）的引进加强了对迷信的反对。第二，广义的“迷信”即为不符合科学标准的信仰和传说，甚至可能更广，江绍原的“迷信之分类”为：宗教、人事、生活、制度、生业与职业、社

---

① 王文江、江小蕙编：《江绍原民俗学论集》，上海文艺出版社1998年版，第251页。

② 江绍原：《血与天癸：关于它们的迷信言行》，王文江、江小蕙编《江绍原民俗学论集》，上海文艺出版社1998年版，第161—164页。

③ 王文江、江小蕙编：《江绍原民俗学论集》，上海文艺出版社1998年版，第249—250页。

会、艺术等类型，并详细地列出各种类型所包括的各个方面。[①] 此处，"迷信"已经变为形容词了。

在江绍原的定义里，"宗教"和"法术"是迷信的一部分，同时，迷信对应的又是"愚夫愚妇、生番熟番们的言行"。[②] 江绍原等人依学术的态度，从科学的立场去定义迷信，可以说是对"五四"以来的科学主义盛行、科学救国呼声的一种回应。虽然，江氏也无法逃离一种假定：愚夫愚妇、生番熟番们的言行是违反科学的、愚昧落后的迷信。但从江对"发须爪"的研究可以看出，在他的思想体系中，"迷信"与"科学"被放置在进化论的系列之中，迷信就是黑暗、蒙昧，是人类进化和文明发展的初级阶段中的现象。同样，浸润着迷信的"礼俗"也被视为是"文明的野蛮"。但同时迷信与道德、宇宙观是结合在一起的。他探讨"发须爪"与各种"观"的联系：药物观、治疗观、病因观、身心关系观、祭观、刑观、时观、死观、死后生存观——观之多虽未足以观止，然也很可观了——都有关。[③] 这种研究很难说是要将其全盘否定。或许他也疑惑：新科学是否会带来新的信仰，是否会重建各种新的"观"？而"迷信"是否真的该被"破除"，对于民俗学出身的江绍原来讲，显然不是，请看他在《妙峰山进香专号》中如是说：

> 如今科学，唯理主义，无论教论、以及以善破多神迷信自许的基督教都输入中国，渐渐占势了，中国人的物质环境社会环境

---

① 江绍原先生在《礼俗迷信之研究概说》，王文江、江小蕙编：《江绍原民俗学论集》，上海文艺出版社 1998 年版，第 293 页。

② 江绍原：《血与天癸：关于它们的迷信言行》，参见王文江、江小蕙编《江绍原民俗学论集》，上海文艺出版社 1998 年版，第 161 页。

③ 舒瑜：《发须爪中的"迷信"与"道德"——读江绍原〈发须爪——关于它们的迷信〉》，参见王铭铭编《中国人类学评论》（第 11 辑），世界图书出版公司 2009 年版。

也渐渐改变了。如果……同志们之调查观察记载，不能与那些破除迷信者用力一般勤，进行一样快，我恐怕中国社会进化史要失去不少的好材料。我恐怕将来的人责备我们，比我们责备我们以前的人更严；将来的人的“迷恍的烦闷”要比我们现在所觉到的更厉害。了解民众改造社会等事，暂时丢开不谈，但我们即使只想在将来的人的面前争得自己的体面，也就应该快动手了。①

江绍原先生曾于1927年被鲁迅邀请往中山大学为国文系学生开设过“迷信研究”课程。1929—1930年，他在广州中山大学开设有关民俗学课程之后，又开设了“礼俗与迷信之研究”及“总教学”两门课程。但“由于当时社会上对于民俗学科的研究，得不到应有的重视，被摒弃于科学殿堂之外，两课终被停授”②。傅斯年当时对民俗研究也未见热忱，而且还曾经批评中山大学《民俗丛刊》有些“浅薄”“无聊”。③ 为何江绍原类的迷信研究与教学“得不到应有的重视”？其中可能的原因是其研究方法难以达到傅斯年所谓的科学实证。更可能的原因在于当时学界认为其是非科学的“无聊”学问。在知识界或政府界相关“破除迷信”呼声此起彼伏的情况下，江绍原对“发须爪”那种前科学时代的遗留或许被认为批判得不够彻底？至少在江氏的研究中，迷信中的各种“神秘”与其各种“观”是紧密联系的。

由上可知，江氏对当时中国的迷信研究做出了很大的学术贡献，然而，其对迷信的情结又是双重的，既从进化的角度批判之，又从学术研究的角度保护之。但是，这种对待迷信的态度并不能代表学界的

---

① 江绍原：《妙峰山进香专号》，中山大学民俗学会小丛书1928年版。

② 王文江、江小蕙编：《江绍原民俗学论集》，上海文艺出版社1998年版，第367页。

③ 王汎森：《容肇祖与历史语言研究所》，王汎森、杜正胜：《新学术之路：“中研院”历史语言研究所七十周年纪念文集》，“中研院”历史语言研究所1998年版，第348页。

主流，从江绍原的民俗学课程在中山大学的遭遇可以看出，当时学界的批判态度慢慢占据主流。

在学界，为何破除迷信，当时还有人从学理上进行论证。比如曾留学日本学习心理学的陈大齐，早在1920年之前，就参与科学与灵学的论争，并用心理学上的学说来打破迷信，将他的《辟"灵学"》《心灵现象论》等文章定名为《迷信与心理》一书出版，影响颇广。在此书中，陈显示了比江绍原更明确的对待迷信的态度：

> 迷信这件事情真是罪大恶极！要想科学进步，要想人在社会上做一个更有幸福的人，都非打破迷信不可。科学和迷信不能两立，科学发达了，迷信自然会倒……心理学在这一点上——打破迷信，是和别种科学同样的重要，或者更重要些。因为心理学不但能证明许多迷信的不合于理，并且能把迷信的原因说明，使读的人恍然大悟一切迷信的由来。①

按照Superstition本来的意思，即为一种原始的信仰（belief），从学术研究的角度来看的话，迷信首先应该是一个中性词。② 但是从Superstition到"迷信"，中国学界强调其与科学对立的解释法，影响甚广。自然，这与晚清至民国的科学救国论调有关。以报纸为例，在晚清特别是民国，报纸是作为民族"想象共同体"的主要渠道。1872年上海创刊，影响甚广的《申报》除了刊登政治、经济、军事、外交之外，也刊登文化、民俗。强调新闻真实性的《申报》在创刊初期经常刊登以妖狐鬼怪为内容的社会新闻，而到1890年前后，《申报》开始对怪异传说等进行批判，"新闻栏目的面貌发生了明显变化——以

① 陈大齐：《迷信与心理》，新潮出版社1920年版，第4—5页。

② 王娟：《民俗学概论》，北京大学出版社2011年版，第157页。

神妖狐鬼为内容的社会新闻从版面上显著减少，即便是涉及传异志怪类的新闻报道，往往也从科学角度来解释，试图澄清、消除其负面影响”。[①] 从这一现象可以看出，以科学反对鬼神信仰在很早就开始进入读报民众的视野。20 世纪初期，出现了更多以“迷信”为话题的文章，登在各个刊物上，更包括《小说月报》等文学性报刊，题目如《婚姻之迷信》《吉凶之迷信》等。[②] 到了国民政府时期，《申报》更是成为政府在上海反迷信的阵地。[③] 检梳当时各类刊物上发表与迷信相关的文章，时常可以看到忧国忧民的知识分子对“迷信”问题痛心疾首。迷信成为一种负面、消极、影响社会发展的现象，成为一个形容词，其所代表的神秘性成为民众的愚昧、落后的表征。国民政府的惯用语是“破除”“打破”迷信，并将其与自私自利相联结，认为其迷信行为并无国家民族的关注。[④]

由上可知，学界对迷信的批判态度慢慢占据主流，自然与当时的社会语境有关。20 世纪 30 年代，国民政府旨在从精神上塑造新国民，于是发起风俗改良运动，政府在制定改良风俗政策的时候，借用了“迷信”一词，来专指与科学对立、不符合科学的不良风俗。“迷信”作为贬义的、应该取缔的含义出现在相关政策条文中。1934 年 4 月 14 日，国民党中央民运会检送《民俗改善运动大纲及民众卫生习惯指示纲要》致各省（市）党部公函，其民俗改善运动大纲原则为：（一）以科学常识破除迷信；（二）以正当娱乐代替恶习；（三）以简

---

① 张天星：《试析 1890 年前后〈申报〉反迷信活动与中国传统新闻观念的近现代转型》，《东南传播》2010 年第 6 期。

② 《婚姻之迷信》《吉凶之迷信》，《小说月报》1911 年第 2 卷第 1 期。

③ 王成、邵雍：《从〈申报〉看上海地方政府反迷信措施（1927—1937）》，《淮北煤炭师范学院学报》（哲学社会科学版）2009 年第 2 期。

④ 《打破迷信与革除自私自利》，《南京市政府公报》1932 年第 121 期。

俭宗旨代替礼节；（四）以军事训练整齐运动。[①] 此外，还拟出各种办法在各省市责令实行。并发起了著名的"新生活运动"，旨在"民族复兴"。[②] 新生活运动的各项原则和宗旨，尤其是关于"衣、食、住、行"的各项规定，遂成为官方异族调查的对照点。

但是，民俗学的兴起并不是首先针对所谓的边民，而是针对与贵族、文明社会相对的民间。虽然从 1931 年开始，南京国民政府所颁布的有关宗教信仰的文件均强调尊重各民族宗教信仰自由等，[③] 但国民政府最具纲领性的政策，针对的是当时中国"五族共和"中的藏、回两族的两大宗教——佛教与伊斯兰教，并非因为抗战的原因才开始关注到的西南苗夷信仰问题。

西南，不仅成为官方表述中迷信代表的"重镇"，更有甚者，如戴季陶，在中国还未展开西南民族调查之前，就在《湖州月刊》（1925）上发表"科学与迷信"一文，认为西南的奇风异俗简直不能叫作文化。[④] 随后，"中研院"与中山大学等都曾组织过西南民族调查，但黎光明等人的川西调查并未被中研院认可，自然也未出版，而杨成志的西南调查也未及时出版。很多调查中列的计划项目到最后也未出版。所以人类学、民族学的调查在当时应该不如官方调查在社会上的影响大。

1934 年 10 月，国民政府蒙藏委员会发布咨文：查我西南各省，苗夷杂处，种族甚多，生活习尚，各有不同，为团结国内各种民族，

① 中国第二历史档案馆编：《中华民国史档案资料汇编》第五辑，第一编《文化》（一），江苏古籍出版社 1994 年版，第 441 页。

② 张学良：《民族复兴与新生活运动》，《新生活周刊》1934 年第 1 卷第 26 期，第 2—5 页。

③ 李国栋：《民国时期的民族问题与民国政府的民族政策研究》，民族出版社 2009 年版，第 234 页。

④ 戴季陶：《科学与迷信》，《湖州月刊》1925 年第 2 卷第 1 期，第 11—17 页。

为防止帝国主义者之利用，对于苗夷民族各项情况，实有深切明了之必要。兹经制定调查表式，拟请住有苗夷民族之各县政府，认真调查，确实填载，俾作施政之参考。表格包括民族种类、户籍、人口、语言、生活习尚、教育情况等项内容。① 到1935年3月，国民党中央民众训练部拟定的《倡导民间善良习俗实施办法》并没有专门对待西南风俗改良的经验。其中第三条是：倡导民间善良习俗，应以实行礼义廉耻、整齐清洁、简单朴素、迅速确定、共同一致之新生活为标准。第四条是：民间旧有习俗与法律不相抵触、时代不相违背，不妨碍公共秩序，且有提倡价值者，应辅导其善良与发展。并特别提及："蒙古、西藏两地，因宗教关系，风俗特殊，应另订蒙藏地方推行新生活办法以倡导之。"② 此处的提法说明，对于边地，当时还只注意到蒙古、西藏，没有提及西南及其他族群如何推行新生活运动。1935年3月24日，蒋介石由川飞黔，于3月25日、4月1日和4月15日分别作了题为"剿灭赤匪与建设新贵州""贵州应如何实行三民主义"及"合军事政治社会整个力量来剿匪才可以彻底成功"的演讲，③ 也并未提及具体的改良风俗言论。

虽然没有对待西南异族关于风俗改良的经验，但是当时从事民俗研究的容肇祖、杨成志等人，到云南收集相关资料时，同时也做人类学调查。因此，西南文化的多样性也为民俗学界所熟知，将西南异族纳入民俗调查的范围，就是要将民间的概念扩大，所以，杨成志说："我们所谓民间，不限于汉族，凡属于中国领域内的一切民族，如苗、

① 云南省档案藏：《蒙藏委员会第112号咨文》，1011全宗28卷，1934年10月5日，第1页。转引自白兴发《20世纪前半期的云南民族学》，民族出版社2011年版，第60页。

② 中国第二历史档案馆编：《中华民国史档案资料汇编》第五辑，第一编《文化》(一)，江苏古籍出版社1994年版，第444页。

③ 娄贵品：1935年蒋介石在贵阳的三篇"演讲"概说，见 http://blog.sina.com.cn/s/blog_8440a1120100wj61.html。

瑶、畲、蛋、倮罗等等皆是。"① 不过，杨堃后来对此有过评论，他说：《民俗》周刊内所载的资料与论文并非仅以民众或民人为对象，而是将边疆民族如苗、瑶、黎、彝等包括在内。这是否已超出民俗学的范围而侵入民族学领域之中，这是应值得讨论的。② 在当时，民俗学与民族学研究的边界并不清晰，中国少数民族都被作为二者的研究对象。作为当时社会已普遍关注并用于形容落后风俗的"迷信"一词，自然也用在民族调查关于异族宗教信仰的描述中。下面以刘锡蕃的《岭表纪蛮》与毛筠如的《大小凉山之夷族》为例分析之。

20 世纪 30 年代初，刘锡蕃任广西特种师训研究所所长，为了了解边疆民族，深入其地，他多次游历广西各地，用三年时间写成《岭表纪蛮》，书中涉及现在被识别为壮、瑶、苗等族群的族源、风俗习惯、经济、文化发展等。此书撰写在结构上极其细致，共有三十章，方志与民族志体例混杂其间，包括：诸蛮种属及其南移之大势、性质与体质、住域与居室 、饮食与餐具、光怪陆离的蛮族服饰、家族组合与家庭惨剧 、婚姻与丧葬等。其中宗教信仰部分，作者专辟第二十一章名为"迷信"，内容列举了巫觋、卜筮、吊称锤、摸尺、占米卦、放鸡鬼、放火箭、还炮恶、蛊毒、苗人的符箓、獞师的经典、灵异的法术、发苗疯、杂述等十几种。③ 在关于上述"迷信"的表述中，作者既没有描述如凌纯声等人的细致，也未如江绍原讲"发须爪"那样的结合其各种"观"进行分析。但是，在未详尽深入描述的情况下，作者却对其流露出喜好、褒贬的判断，以达到去原始宗教神秘性效果。

---

① 杨成志：《我与中山大学人类学系》，《杨成志人类学民族学文集》，民族出版社 2003 年版，第 549 页。

② 杨堃：《我国民俗学运动史略》，《民族学研究集刊》1948 年第 6 期。

③ 刘锡蕃：《岭表纪蛮》（1934），（台北）南天书局 1987 年版，第 181—197 页。

从作者于本文之前的“提要”可知作者著此书之目的与要旨。其中第二条提要为：读本书者，由各蛮族之“风俗”“宗教”“政治”“语言”“交通”各方面研究，可以窥见其所以不易进化同化之种种缘由。① 同样，作者用当时非常流行的进化观考虑各民族，认为其为“最低级之民族”,② “未开化之蛮族”③。因此，他们“对于天然可敬可怖之物，无不信以为神而膜拜之，此为任何民族进程上所必经之阶段。蛮人在现时，仍多数滞留于此等阶段中。风动木摇，亦付之于神鬼”。即“西南诸蛮，在迷信上有极深长之历史”。对巫蛊的描写，作者说，贵州古为鬼方，其地产生的“发苗疯”，使其族“迷信深，进化难”。④

对于巫师等描述，作者完全持否定态度，认为其存在使蛮民耗巨资，废操作，以从事于媚神之举。自生至死，对于世界情势，绝无所知，其环绕于脑际者，唯“巫师”与“怪异之神话”。⑤

在作者眼里，蛮族的“迷信”之神秘性完全是因为“未进化”“无知”，于是才将一切自然之物敬为鬼神。对于獞师的经典，作者如此写道：

> 獞师经典，大半已汉译；但唱时仍多操獞语，其教义既浅陋，而译者之程度又低劣，故其词遂流于山歌小调，东拉西扯，似通非通，殊无何种精彩可言。⑥

可见，作者并未真正听懂或深悉獞师经典，却用当时流行的科学

① 刘锡蕃：《岭表纪蛮》(1934)，(台北) 南天书局 1987 年版，第 226 页。
② 同上。
③ 同上书，第 194 页。
④ 同上。
⑤ 同上书，第 184 页。
⑥ 同上书，第 188 页。

进化观将原始信仰"去神秘化"，认为其巫师的行为是"媚神之举"，而各种"迷信的集会"，"鬼气阴森，而莫之能悟也"![1] 如此蛮族如何进入当今民族平等之列才是作者真正想要关心的。正如黄旭初在序中所言：吾省此类民族，实繁有徒，现正从事开化，使跻于平等，执斯篇以为治理之南针也可，即以其风俗习尚研究民族之真谛，亦无不可，质之当世君子，以为何如?[2]

同样专辟一章将异族信仰称之为"迷信"的是毛筠如的《大小凉山之夷族》。此书共分为种族、文化、生活、职业、家族、社会、风俗、迷信、结论九章，毛将第八章迷信分为巫觋、祈祷、禳解、占卜四个部分进行描写。与《岭表纪蛮》相比，毛筠如的表述更具客位色彩，常用"光怪陆离"等主观性较浓的词语，并附有更多的价值判断，如"教义极浅"等。在迷信部分，与《岭表纪蛮》一样，毛筠如关于迷信每一节的描述极短，并没有深入描写过一个仪式。作者在收集材料部分，谈到资料来源之一为"中央军校夷生，各地有人，以师生关系，问答当不厌烦劳，且决翔实而不敢诳报"，并专门交代了写作本书是"以一般未开化之夷族为对象，以大凉山为夷族之中心，设法搜求一般普遍性之材料"[3]。所以作者在对"迷信"描述完之后写道：

> 综上所述倮夷之社会，是一纯粹迷信之社会也，坚守旧习，不事进化，浑浑噩噩，并无文化之陶冶，亦无科学之可言，故其一切不能不决诸于鬼神而崇尚迷信也。[4]

---

① 刘锡蕃：《岭表纪蛮》(1934)，(台北)南天书局1987年版，第173页。
② 同上书，黄旭初序。
③ 毛筠如：《大小凉山之夷族》，四川省政府建设厅1947年版，第6页。
④ 同上书，第124页。

作者同样用科学观念消解了倮夷信仰之神秘性。如此描述，是要从信仰角度解释不能开化的倮夷社会。

即使对于佛教，也同样有迷信的表述。黎光明于 1929 年到川西地区进行民族调查。在他写成的调查报告中，有“迷信之一斑”一节。作者认为，此地普通的人并不识字，而只是念几个简单的字。代表佛的四部心部（佛部心、宝部心、莲花部心、金刚部心）的六字真言，被作者认为只是“简单的几个字”而已。其意义是代表几个神，与信佛的汉人常念“南无阿弥陀佛”是一样的意思。① 最让作者惊奇的是叩长头，是“由他们的迷信中所表现出一种最惊人的毅力”②。

对于活佛和喇嘛，作者也尽情地嘲弄，甚至到了亵渎的境地。作者写道：

> 他们对于活佛高僧之信仰特深。被活佛或有道的大喇嘛摩一摩头自然是纳福，甚至于西藏活佛的大便掺和于麦面中做成丸药，他们朝藏时而食之，都是很荣耀的一件事。③

对于康他出示给他看的喇嘛遗物，康他非常重视，并道上面有特别的味道，而作者却说，那上面确有一种陈年老汗的特别气味。④ 如果用局内人、局外人的眼光来看，作者对于考察地的宗教，完全是带着局外人的眼光来看。在“游葛昧寺”一节，作者这样写参观活佛的墓之情形：

> 我们刚一进了这屋子……气象凄切万分，令人毛骨悚然，好

---

① 黎光明、王元辉：《川西民俗调查记录 1929》（导读），王明珂编校，“中研院”历史语言研究所 2004 年版，第 67 页。

② 同上书，第 69 页。

③ 同上书，第 70 页。

④ 同上。

像真是有鬼。马大爷恰站在我们两个之间，他看见凝戈等扑下去念经，他也扑下去，而且扯着我们的衣襟，要我们也扑下去。我们虽然没有照他们那样的扑下去，但经马大爷暗示之后，我们觉得独自站在别人扑下的旁边，有些伤感情，所以我们也随着马大爷扯衣襟的力量而蹲下了。①

在"寺院"的一节中，作者尽情书写白教如何的不守教规，公开喝酒，近女色。女僧如何与和尚狎昵。② 在"游对河寺"中，也写到朗日喇嘛如何地与媳妇有染。③ 这一系列的调查记录都将佛教的神圣性向世俗靠近，同时也透露出表述者完全不相信、不理解，更确切地说是不认同的心理。

三　自表述的"他性"：本土模仿的顺应与修正

上文毛筠如在文末谈到收集材料时说："作者在夷族中略具信仰，与各支夷人领袖，尚多晤谈机会，夷族中优秀豪俊之士，相善而往还者，亦在在有人，本夷生之口述，与考察之纪实，佐以各支部领袖与优秀夷胞之斟酌辨认，润色判断，然后付梓，此'大小凉山之夷族'一书，似可认为有系统而详尽确实之善本。"④ 由此可见，毛筠如的文本混合着本族人的声音，而文中所提及的"夷人领袖""夷族中优秀豪俊之士"应是倮族末代土司"夷人领袖"岭光电与"优秀豪俊"曲木藏尧。

① 黎光明、王元辉：《川西民俗调查记录1929》（导读），王明珂编校，"中研院"历史语言研究所2004年版，第121页。

② 同上书，第77页。

③ 同上书，第113页。

④ 毛筠如：《大小凉山之夷族》（编后言），四川省政府建设厅1947年版，第7页。

何以可见？在《大小凉山之夷族》的正文之前有岭光电的“敬题”与曲木藏尧之“序”，在文字表述中，他们肯定了毛筠如其人、其书，如岭光电“敬题”就作了充分的肯定：

> 大小凉山有百万以上的夷胞，他们的心理，值得同情；他们的前途，值得重视，一切的设施，必须因时、因地、因人、因事，以收事半功倍之效。我认定大小凉山夷族一书，是夷族实情的缩影，请拿来作边政设计的重要根据吧！①

曲木藏尧与毛筠如同是中央军校成都分校共同训练大小凉山边民的学生，曲木对其热衷于边事及其对边事所表现出来的行为非常认同。其“序”言：

> 破除夷汉互相仇视之恶习，招抚各地叛夷投诚，代表政府，导化夷族，了解夷族，代陈一切困苦，夷众感荷不已，当尊之曰阿普阿（我们的菩萨）？汉族同胞有志于边区者，颇不乏人，然能坚苦卓绝，矢志不移，坐立起行，实事求是而历久不变者，在余心目中，实惟有毛君一人耶。……编著“大小凉山之夷族”一书，对于我夷胞之种族文化，社会情形，风俗习惯种种，无不考察尽致……实为开发边区，开化边民之贡献资料不可多得之作品也。余此次赴京出席国民代表大会，由夷区抵蓉，适逢毛君之著述出版，感佩交集……②

对于毛筠如如此细致地呈现自己族群情况，本土（倮夷）知识分子流露出感恩之情。在关于本族的表述中，更可以看出本土知识分子

① 毛筠如：《大小凉山之夷族》（编后言），四川省政府建设厅1947年版，岭光电题记。
② 同上书，文前曲木藏尧题记。

对于官方表述的顺应。如果说，官方的民族志表述具有本土知识分子的声音，但这种声音也只是一种"润色"，一种"添加"或者"修正"，在表述权威方面，谁引导谁，谁导向谁，似乎不证自明。但是在本土知识分子的"自表述"中，"他表述"又怎样强势地存在，以致可以影响到本族学者的表述呢？

曲木藏尧的《西南夷族考察记》出版于1933年（其撰写时间远远早于毛筠如的《大小凉山之夷族》）。书之体例范式为：猓夷民族、猓夷民族之生活、猓夷民族的风俗、猓夷民族的社会组织、猓夷民族的文化、猓夷民族之出产、其他事项。为何要用"猓夷"？他是想用此证明，中国民族的狂妄自大。而"夷人"的称呼，是当地汉人对猓猡的"平常称呼"，比较客气的称呼。于是，曲木修改"猓猡"为"猓夷"，还是保留了汉人"他称"的一部分，虽然"猓"同样具有贬义。

有意思的是曲木在"猓夷"民族的风俗部分关于"迷信"的描写，从这部分描写可以看出，曲木的调查报告，实为写给汉人参看的文本：

> 夷族虽无明定的宗教，但在迷信中，亦有宗教的意味。因夷人迷信鬼神极深，甚为虔诚。举凡一切交易，作战，婚姻，庆吊之类，莫不委之鬼神，可说是多神的宗教，主其事者，为蛮端公（苏理）巫师之流，（兵母）祈祷天意之牧师，皆可说是多神宗教的教主教皇，不过没有一真正宗教的仪式与组织。①

不将自己民族信仰判定为"宗教"，乃是当时本土知识分子中普

① 曲木藏尧：《西南夷族考察记》，拔提书店1933年版，第44页。

遍流行的观点，因为不符合当时西方所定义之“宗教”含义。在“蛮端公（苏理）巫师之流，（兵母）祷祈天意之牧师”一句中，作者将与汉族相对应的称呼“端公”冠之“苏理”前，并加上“蛮”字，称之为“巫师之流”，可见符合汉族的阅读习惯与认同。接下来关于迷信的数种分类是：打木刻、雍骨祭、打鸡、做和尚、吃血酒、信风水、祈福免灾等。在这些表述中，有些已经采用了本族没有的汉人的或者非本民族的方式来进行表述，比如“端公”“做和尚”“信风水”等，[①] 对于本族人来讲，这些词均为外来词汇。

为何会有如此表述，作者的“自序”已经为本书定了基调：民国二十年，中央派余往川滇康一带，宣化夷族，创设化夷学校，从事文化的工作，领导夷族青年，改良夷族生活，并提倡汉夷通婚，其最大之目的，在于泯除民族界限，打破双方隔膜仇视之心理，以促成民族的大团结，作西南国防之屏障……[②]很显然，这样的文本不是写给“夷族”，而是写给治理“夷族”的汉族人看的，其目的是更快更好地共同御侮，以完成西南的“国家化”进程。

同样，岭光电在多篇文章中也提到夷人“迷信”问题，如《边疆问题：如何接近夷人?》《倮苏概述》等。[③] 特别是 1947 年发表的《我在夷区实施建设的经验》一文痛斥夷人的迷信，认为“世界上迷信最深的怕只有夷人了！他们真是迷信，莫名其妙的迷信”。在此文中，岭光电专门写了一节“把鬼毒死才得安静”：

> 到人有病、受伤、扑岩、落水，更认为有鬼，更积极的设法

① 曲木藏尧：《西南夷族考察记》，拔提书店 1933 年版，第 44—46 页。

② 同上书，自序。

③ 岭光电：《边疆问题：如何接近夷人?》，《边疆服务》1946 年第 11 期，第 3—6 页；岭光电：《倮苏概述》，《康藏研究月刊》1947 年第 7 期，第 13—17 页。

应付。应付办法是祈祷驱逐捕捉，唯一用品是马牛羊鸡犬猪，直接应付的是比木（毕摩——作者按）和尚；念夷经、杀牲畜、扎草鬼，一切事都要当天作完，东西些更是当天吃完。这种消耗便形成了夷人的贫穷与不进步，需要改良是任何人都感觉到的，任何人都应该立刻去改革的。我决定改革以后，先在外面买了些药回去，同欢迎外间医药人士去游历，时时向夷人宣传，必需使用医药。他们当中除极少数人以外，都不相信，认为自有夷人以来，就是有鬼作祟，和尚在医病，现在突然用医药是不妥当的！①

在这节论述中，岭光电认为迷信鬼的害处在于：耗散精力、消耗财产：使得"夷人的贫穷与不进步，需要改良是任何人都感觉到的，任何人都应该立刻去改革的"。从这些表述中，岭光电的立场表现得十分明显，"改良""改革"是他的关键词。并且用"和尚"取代"毕摩"，用"他称"取代"自称"，用科学医药取代一切的鬼神信仰的表述，跟当时政府推行的风俗改良运动是非常合拍的。

更有意思的是，岭光电为了说服夷人，编了一套让夷人放弃鬼神信仰，采用科学医药治病的理由，故事如下：

自若干年来夷人地方，不单是夷人了，汉人来了，西番来了，摩素来了，高鼻子绿眼睛的洋人也来了，可说是非常复杂，他们很多的死在夷地，或来时就带了许多鬼，使夷人地方的鬼也如生人一样复杂了。他们各有各的语言文字和道理，并且这些鬼也像生人一样，本领特别高强，因为这样，过去比目把夷人鬼对付得了，现在对付他们却不行了！第一，这些鬼不懂夷人语文和

① 岭光电：《我在夷区实施建设的经验》，《边疆通讯》1947 年第 4 卷第 8—9 期，第 10—16 页。

> 道理，用夷人语文和道理，同他们交涉，当然不会使他们接受，就接受也怕只限于少数懂夷情的，所以比目对很多病是没有办法了。第二，阳间与阴间是共同进步的，生人现在用步枪机枪，尤其洋人用大炮炸弹，他们的死鬼当然是一样的。那末我们就要想想我们生人用步枪还抵不住用机枪大炮，用过去战术胜不过现在方法，那有如比目用陈古八百年的刀矛盾索等，就想战胜用枪大炮炸弹的鬼？真不自量力！所以许多时候，比目不仅不能把人医治好，连自己也要受危险！第三，死鬼也如生人，各有所好，各有其用，如夷鬼当然喜欢牛羊猪，汉鬼也许喜欢金子银子，洋鬼那就只用票子了，你们想想他不喜欢的东西，一定勉强他用，他是不是会满意？当然不会满意，所以许多鬼，一遇住夷人打牛打羊来送他，他认为不知礼，便要发怒，把人害死。第四，过去人来往，完全在走路，现在却不同了，有的坐船，有的坐汽车，有的要坐飞机。我想鬼现在还是一样的，也有坐船的，也有坐飞机的，那末他们不会要牛羊了，要了也带不起走啊！有此种种，比目在目前是不多行了！①

在此段论述中，岭光电尽其所能，采用许多现代词汇，举了许多现代的案例，既让夷人逃离那个“鬼神的世界”，也让夷人明了夷人以外的世界所发生的变化。更用进化论的观点，强化了夷人作为弱势群体的落后形象，认为不跟进现代医药，已无法生存。虽然连岭光电自己也觉得是在“扯谎”，而且“不是医生会弹不会纺”，但是可以看出，岭光电对于改革、改良自己民族走上科学医学道路的决心与用心。

---

① 岭光电：《我在夷区实施建设的经验》，《边疆通讯》1947 年第 4 卷第 8—9 期，第 10—16 页。

图 5－3　笔者于 2012 年 10 月 1 日在西昌洛博村访谈的毕摩

在彝族精英的言说方式和民族认同上，李列认为，汉式教育使他们不自觉地带着汉式思维来表述自己的民族情怀，同时彝族身份又使他们处于一种尴尬的位置："要找到确立民族地位和表达自己愿望的最好途径，就必须和'他者'达成共识，以本民族精英和'他者'的联合视域来规界本民族的身份和地位，结果是，'他者'还是'他者'，精英却不可避免地被'他者'异化了眼光。"① 这样的论说是没有错的。不过，在顺应汉族表述的框架下，"自表述"也会从许多方面呈现出抗争与修正。下面仅以石启贵的"巫蛊"传说来分析之。

作为凌纯声学术资料收集的助手，苗族知识分子石启贵在《湘

① 李列：《民族想象与学术选择：彝族研究现代学术的建立》，人民出版社 2006 年版，第 412 页。

西苗族实地调查报告》中多处提到“迷信”。一处是关于“其他遗俗”部分，提到“迁居旧宅用牛犁之”的“可怪之迷信”“官进民房压倒龙神之迷信”①。尤其是作者表述的“巫蛊”迷信，值得分析。

对于凌纯声等《湘西苗族调查报告》中关于宗教信仰之“巫蛊”记录，石启贵似乎并不满意。如何辨别蛊妇，有传说“眼起红丝呈网状形，或近视烂眼，风火云翳，姿态劣拙，品貌不恭者，诬为蛊妇”②。石启贵认为这些都不是事实，在《湘西苗族实地调查报告》中，石启贵这样表述：“前中央研究院派凌博士纯声考察，携带各种实验机件，实验苗乡男女身体骨骼及眼力，乃悉蛊妇之谬传，应予纠正。”③ 石启贵认为，巫蛊传说本来就是汉人对苗人的污蔑行为，而凌博士等猎奇如此行为，使他们采取大惊小怪的行为，还展开科学的测验，而且测验的结果到底如何也未在调查报告中发表看法，这一过程，石启贵是很不赞同的。为何不赞同？还可以从凌纯声在《湘西苗族调查报告》的说法可以看出：“近年以来，地方政府屡次出示严禁苗中淫祀，因此跳鼓藏一类的鼓舞，已不常举行。而苗中稍受教育所谓有识之士，谈及他们的鼓舞，常引为奇耻大辱，以为是暴露他们野蛮的特性。”④ 可见在政府厉行，科学当道的情况下，这种民族调查会遭到本族有识之士的反对。即使是普通乡民，也“不容他人有所非议”。所以在调查过程中，调查者感到

---

① 石启贵：《湘西苗族实地调查报告》，湖南人民出版社 1986 年版，第 164—165 页。
② 同上书，第 567 页。
③ 同上。
④ 凌纯声、芮逸夫：《湘西苗族调查报告》，“中研院”历史语言研究所单刊甲种之十八 1947 年版，第 202 页。

"遇及困难殊多"。[1]

可是对于这些流传已久的巫蛊说法，如何证明那只是汉人的污蔑呢？石启贵采集了这样的资料：

石启贵通过乡长的口，讲了一个似乎很值得信服的故事。讲到他去凤凰县见乡长的时候，乡长正调解一桩民事。后来乡长回来，对他详述了其调解的事由。原来是讲寨子里的一家人中，老人患了风湿肺疾的病，请来一锅匠，谎称能医治，结果未医治，骗得钱财，同时又下了一个嫁祸于人的判断，称其媳妇是草鬼婆（蛊妇），所以导致该伯母生病。结果家人信以为真，媳妇于是一直被冤为蛊妇，直到一个真正的医生来"临室诊断"，谓是某种之鼓胀病，非蛊毒，该妇恢复名誉。[2] 通过口述的方式，石启贵的撰写让人感觉真实可信，不过，故事是真是假，其实与凌纯声当年调查报告中所撰写的苗女放蛊的故事一样，我们现在无从考证，也不是本书所要论述的重点。但是石启贵在这个故事中到底想要表述什么，我们是完全可以从故事中得知的。

既然巫蛊的存在不是事实，那么石启贵又如何破解巫蛊传说故事的流传呢？在讲乡长的故事之前，石先诉说了在人类进化史上，苗民由于地处穷谷，未有知识，还处于需要神明阶段：

> 人类进化，神明日减；智识低愚，迷信日深。所以苗民僻处山陬穷谷中，未有知识。尤于蛊妇，传说殊谬。[3]

又借用乡长的口云：

---

① 陈国钧：《贵州安顺苗夷族的宗教信仰》，吴泽霖、陈国钧等《贵州苗夷社会研究》，民族出版社 2004 年版，第 205 页。

② 石启贵：《湘西苗族实地调查报告》，湖南人民出版社 1986 年版，第 568—569 页。

③ 同上书，第 566 页。

我乡间人，知识低下，迷信过深，当事人丢工了日，为此劝解，牺牲精神毫无味也。[①]

同样是采集传说叙事，石启贵的表述与凌纯声等人采用的不一样，虽然石氏也用学术观点，将巫蛊视为汉代的巫术遗风，但石更着急于去否认这种事实的存在，并解释为何传说会如此的久远。更借用了当时所流行的科学与卫生观念对此加以解释："失于卫生，病从口入。"同时，"愚多智少，寡不胜众，故便成一人传虚，百人传是。诚能教育普及化之，人人明礼，具有科学常识，同时政府严禁巫医谬传，并积极推进医药卫生，社会自无其事也。"[②] 因此，他认为，苗民需要科学卫生，石将那些受骗的妇女称之为"愚妇"，苗民更需要教育。石启贵用当时官、学两界所共同运用的"科学""卫生"等现代关键词汇来对前面的论说进行回应。在此回应的过程中，石启贵也表达了苗人需要祛除这些巫蛊传说，迎接当时所谓的科学卫生的新生活。石在批判一种他表述的同时，又顺应了另一种他表述，即官方的"迷信论"。

由上可知，学界引入"迷信"一词后，由于官方的介入，"迷信"一词，远离了中性的含义，而成为一个广义的、十足的贬义词，尤其体现在官方的调查报告中。原始宗教与巫术，成为一种需要被"破除"的、被否定的、与科学对立的陈旧之物。此种论说及其所支撑的调查文本，成为20世纪50年代以后，新政府认定其为封建腐朽落后思想的有力证据。同时，相对而言，对于异族宗教的表述，两种"他表述"也呈现出不同的话语方式：民族学、人类学家的调查报告，

① 石启贵：《湘西苗族实地调查报告》，湖南人民出版社1986年版，第568页。
② 同上书，第567—568页。

虽然也用进化论、传播论的观点理解异族宗教，甚至偶尔也用到"迷信"，① 但同时也更多地展示了文化的多样性；官方调查报告却用"迷信"一词，同质化西南边民宗教信仰。这既说明了学术报告与政府报告的微妙区分，也呈现了学术话语与国家话语之间的张力与间隙；既体现在官、学两界对"打破迷信"一说的不同态度，② 也体现在知识分子对"新生活运动"的普遍嘲讽。③

无论是苗族精英石启贵，还是上述中所谈到的夷族知识分子岭光电、曲木藏尧等，都与当时进入地方调查的学者、官员有过深入的交往，④ 从他们对信仰表述的顺应与取舍中，既可窥见这些受汉语教育的本族精英分子有被国家认同的渴求，也显示出当时国家话语所呈现的强势主导力量。

上述论述可以总结为中国早期人类学对人与超自然关系的认知：大多数人，特别是官界的调查报告中，更流行用"迷信"这样的字眼来表述。原始宗教从形而上被拉到了形而下，报告并从负面的影响对

① 不过，"迷信"一词还是在不经意中流露出来。如《凉山夷家》中："从前西部科学考察团和四川省政府施教团人凉山考察之前，先与保头杀鸡宰牛发誓，双方饮血酒为盟。我们此次未饮血酒，开汉夷往来关系之先例，希望以后考察员不必拘泥于迷信风俗，反阻夷汉文化的流通。"见林耀华《凉山夷家》（1947），云南人民出版社 2003 年版，第 111 页。

② 汪屿的《迷信与道德》一文认为，迷信的地位差不多与科学同出一源，如天文学之起源于占星术，化学之起源于点金术……迷信也有益于人生道德。作者举了数例证明，不应该对迷信抱一切的打倒主义！这样也打倒了旧道德，旧道德既已破坏！而新道德又无从建设！所以弄到现在，家不成家，国不成国！无法，无天，为现在的社会状况！见汪屿《迷信与道德》，《兴华》1931 年第 28 卷第 31 期，第 6—8 页。

③ 有多人曾发表《为新生活运动进一解》，其中包括胡适，认为其太强调政治性，"过分夸张这种常识运动的效果，说这就是报仇雪耻的法门，那是要贻笑于世人的"。见胡适《为新生活运动进一解》，《独立评论》1933 年第 95 期，《拓荒》1934 年第 2 卷。同时，对新生活运动的嘲讽也体现在当时的小说中，如，钱锺书的《围城》与沈从文的《长河》中都有描写。

④ 在周伟洲整理的马长寿文本中，提到马氏在调查过程中"三次会晤岭光电，每次均在一周以上"，并在报告中时常提及。参见马长寿《凉山罗彝考察报告》，巴蜀书社 2006 年版，第 3 页。

其进行描述，从而导引了大众对于超自然的认知。规范科学民族志的宗教分析在整个知识界并不通行，因为即使在学术性分析中，也无法逃离国家及社会语境。比如，在民族学者徐益棠眼中，"'苗徭群'奉巫教，倮夷之宗教，纯粹为巫教"，因此提出需要新宗教来"同化边徼民族"①。且不说徐氏并不承认苗徭、倮夷等原始宗教为一种宗教，即使承认，也是将其作为同化他们的一种工具。

第三节　传统服饰与现代"性"观念

一　服饰的"同"与"异"

边地异族的"迷信"论说成为当时社会认同的主流，强调了其落后的一面，也强调了与现代国民的区分，以致成为中国"拯救"边地异族论说的一个合理依据。在岭光电作为本族土司都难以对其族人进行"教化"的情况下，如何将其纳入新国民、现代国民成为一大难题。但上述只是从人与超自然的层面进行论述，下面笔者主要从被调查者的身体及其附属的相关特征出发，来分析调查者如何对其进行表述，使其与现代国民产生关联。

关于近代中国国民身体的研究，近年来已引起学界关注，相关议题涉及"身体的文化政治学""身体政治"等，② 其中尤以作为身体

① 任映沧：《大小凉山倮族通考》，西南夷务丛书社1947年版，第474页。
② 汪民安编：《身体的文化政治学》，河南大学出版社2004年版。

标识的缠足、辫子等特征作为论说重点，强调身体如何在国家与社会运动中发挥作用。[①] 其中，黄金麟的《历史、身体、国家——近代中国的身体形成 1895—1937》论述了具有特殊历史经验的近代中国身体，如何在客观的历史结构下，被国家化、法权化、时间化、空间化。[②] 不过，在黄氏的论说中，近代中国的身体，都在社会主体构成的范围之内，并不包括边地异族，更别说这里将要论及的西南民族。黄氏的观点无法适用于整个中国，因为裹足与辫子的身体特征，实在并不体现在边地少数民族身上。中国身体、新国民到底由哪些构成？虽没有在黄氏的书中得到讨论，但在民国却是一个重要话题。虽然在 1937 年之前，大规模的西南调查并没有展开，但边疆危机早已成为既定事实。对于当时的学者而言，不仅要从学理上证明边疆在地理空间上属于中国，同时也需要证明他者（边疆异族人群）属于中国国民，从而达成国族认同。在调查过程中，调查者首先识别出与汉族相较的差异部分，来证明其特殊性，同时又要将作为异族的"他者"，纳入现代国民。因此，在文本中，如何进行表述，是值得分析的关键点。

差异如何标识？差异涉及一系列的象征系统，而这些象征系统可以通过身体及其行为标示出来，诸如服饰、婚姻观念、家庭组织等。这里仅以服饰与婚恋观为例。在调查者的描述中，这两方面与汉族相比，均有较明显的不同。当时的调查者如何表述这些差异，处理这些

---

① 高洪兴：《缠足史》，上海文艺出版社 1995 年版；王冬芳：《迈向近代——剪辫与放足》，辽海出版社 1997 年版；杨念群：《从科学话语到国家控制——对女子缠足由"美"变"丑"历史进程的多元分析》。参见汪民安编《身体的文化政治学》，河南大学出版社 2004 年版，第 1—50 页；于闽梅《一九二七：王国维的辫子——辫子、身体与政治》，《文艺理论与批评》2003 年第 1 期，第 52—60 页；侯杰、胡伟《剃发·蓄发·剪发——清代辫发的身体政治史研究》，《学术月刊》2005 年第 10 期，第 79—88 页。

② 黄金麟：《历史、身体、国家——近代中国的身体形成 1895—1937》，台湾联经出版事业股份有限公司 2000 年版。

差异的呢？

在关于服饰的描写中，一般来说，本族知识分子对自己的民族服饰会流露出明显的情感倾向。如石启贵关于服饰的描写：

> 男装：男子衣裳，崇尚古装，包头系腰，跣足跋行。……近于苗汉人杂居处亦有喜戴帽子者。身着衣服，概系短装，对襟少而满襟多……民国以来，较为进化，对此滚边绣花衣服已少见之。裤子短大，疏松异常。近有剪发，习汉装，穿长衫套马褂者。但为数较少，不上百分之一。男子均以黑帕缠腰，青布裹脚。也有喜包花裹脚的。一年四季少穿袜。未有洋袜以前，多缝白布袜及蓝布袜。若穿了袜子套上麻履，武夫赳赳，大有蛮风犷悍之气概耳。
>
> 女装：女子发型尚古式，不剪发，绚独辫。无论寒暑都包头，以露发示众为耻也。……裤子短，裤脚大，猑绣花边或数纱边。此是今日苗族妇女服装也。有礼裙，长而宽，缝成折叠，下脚边沿满绣花纹，缀花辫，五光十色，鲜艳美观。系于腰上，围满下身前后，行路摆摆之姿势，风度娉婷。此裙苗乡仍存，只是在吃牛、接龙盛大祭典方穿之。故称礼裙。鞋子绣花……美观异常。①

“武夫赳赳，大有蛮风犷悍之气概”，“行路摆摆之姿势，风度娉婷”，“美观异常”，此类溢美之词，出现在本族人石启贵对苗族的服饰描写中，而且未有“奇异”等词语。甚至对于各种饰品的描写，也同样如此，比如银帽：此非富者不能制。其造型，无异汉族之凤冠。

① 石启贵：《湘西苗族实地调查报告》，湖南人民出版社1986年版，第121—122页。

银丝之上端，连缀成一朵朵银花，满植于帽上，摇动如生，势若要走欲飞之状。银皮之上面，有镀金、有着彩，闪灼辉煌，美观悦目。①相比杨成志将瑶族妇女帽子称之为"狗头形高帽"② 实是大相径庭。

"他表述"在对异族服饰的描写中，似乎都秉持一种极其客观的态度，未将服饰体味为一种"艺术"，是因为民族志本身的科学性需要，还是因为对其缺乏认同呢？似乎又都不是。

王明珂将服饰视为一种"社会认同与区分体系"（a system of social identity and distinction）的反映：服饰是个人身体的延伸；利用此种延伸，个人或一群人强调自我认同以及与他群间的区分。③ 谁来界定表述这些人的服饰？在民国时代，人类学调查致力于服饰的描写，惊奇地发现了异族服饰的不同特征：奇装异服、光怪陆离。但在处理这些奇异的特征时却面临矛盾：既要识别出独特的异族，又要将其认同为统一的国民。这种差异与认同如何处理？

凌纯声曾撰写《民族学实地调查》一文，讲到"实地调查问题格"，共分为23类，842条，其中关于"衣服"类，有18个问题，关于"装饰与发饰"类有25个问题。从这43个问题中，大可得知当时关于服饰的详细信息。其中第181个问题即是：男女衣服有分别吗?④ 关于男女服饰有别几乎都体现在民族志文本的撰写中，因此，族群服饰往往分为两类描写，一类是男性，另一类是女性。其撰写模式体现出两个特点：第一，关于异族服饰（无论男女）常被总体表述

---

① 石启贵：《湘西苗族实地调查报告》，湖南人民出版社1986年版，第123页。

② 杨成志：《广东北江傜人的文化现象与体质型》，《杨成志人类学民族学文集》，民族出版社2003年版，第247页。

③ 王明珂：《后现代的民族文物展示　史语所文物陈列馆西南少数民族文物展示说明》，《古今论衡》1999年第3期。

④ 凌纯声：《20世纪中国人类学民族学研究方法与方法论》，民族出版社2003年版，第20—22页。

为“汉化”。第二，关于男女服饰的分别描述中，男性服饰更多趋于汉化，女性服饰更多趋于传统。

第一，服饰的总体表述为趋于“汉化”。这种概说式的服饰表述极多。与汉族相比没有什么差异的，一般表述为与“汉人相同”“与汉人相比，没有太大的差异”或者“已经汉化”“差异不大”“易于同化”。如芮逸夫的调查报告：倮黑人的体质和我国西南边境的汉人也并没有太大的差异；略有不同的只是肤色较深罢了。即男子服装也和汉人相同……倮黑人在生活习俗方面，大都已经汉化。[①] 此类表述不胜枚举。

即使女性服饰传统特点很浓，撰写者有时一律统一称之为“汉化”，“汉化”成为服饰书写较统一的框架模式。如此，女性服饰附属于男性，社会主体依然以男性为准绳。以“科学民族志”《湘西苗族调查报告》为例，作者在“服饰”一节开头即说：今日湘西的衣式，无论男女，多大同小异，可说完全汉化。[②] 但是，在接下来的描述中，“汉化”显得模棱两可，在女性服饰上尤显证据不足。作者认为，男子的汉化程度较高：男子以黑布裹头，青布或黑布短衣袴，黑布带束腰，跣足。在前清时唯寨长薙发，余皆椎髻，今则剪平头或剃光头如汉人，所不同者，唯用指甲或钳子，除去髭频须。今散布于黔、滇、桂、越的苗族，尚多保存他们固有的服式。[③] 作者的意思是，比起黔、滇、桂、越的苗族，湘西苗族的汉化程度更严重。但在接下来在关于女性的描述中，作者说：

---

① 芮逸夫：《颠缅边境四族小记》，《中国民族及其文化论稿》（上），艺文印书馆印行民国六十一年（1972 年），第 384—385 页。

② 凌纯声、芮逸夫：《湘西苗族调查报告》，“中研院”历史语言研究所单刊甲种之十八（上）1947 年版，第 77 页。

③ 同上书，第 77 页。

> 苗妇包头约分三种形式：盘式，以布盘绕头上，为最普通的形式；圆式，包头环绕成圆形；披式，以布盘绕后余布尺许披在头上。包头布有花格布、青花布、青布、黑布各种不同的材料，年轻妇女，多用花格布、青花布；年老妇人多用青黑二种布。妇女的发式，已嫁与未嫁时不同。已嫁者椎结后脑，未嫁者额发中分，结辫垂后。
>
> 苗妇的饰物有项圈、耳环、手镯、戒指、银索、银牌等。项圈有绞丝圈与排圈之别。前者平时多戴在项上。排圈则合大小三环而成，亦有多至五环者，与今日黔苗所用者相同。其余饰物，多与汉族妇女所用者大同小异。①

显然，"完全汉化"并不能统摄上述内容，因为所描写的女性服饰均与汉族迥异，但作者在结尾却说：其余饰物，多与汉族妇女所用者大同小异。这样的描写，让人无法知道到底与汉族服饰相比，异多还是同多。或许根本就无法准确地比对。但是最后一句却弱化了苗汉女性饰物之间的差距。

第二，在对男女服饰分别描述时，男性服饰更多趋于汉化，女性服饰更多趋于传统。在调查过程中，他们观察到的现象是，关于服饰，着装比较单一的男性由于劳动的关系或者其他原因，其服饰大多与汉族服饰相对接，即汉化程度较深。在民族志撰写的男女服饰中，大多数男性服饰趋于汉化，可以说是异族中的"异中之同"，女性服饰趋于传统，可以说是异族中的"同中之异"。这种比较对照都是以汉族服饰为参照。如：

---

① 凌纯声、芮逸夫：《湘西苗族调查报告》，"中研院"历史语言研究所单刊甲种之十八（上）1947年版，第89页。

川苗的服装，男子多与汉人同化了，没有好大的区别，有钱的身着棉布长衫，足穿鞋子和袜子，头戴瓜皮小帽。贫者则着自制的白熟纱麻布的衣裤，穿草鞋，裹白色或黑色的头帕。在校的学生则着学生服或中山装，足着草履，头发剪成各种的样式，不容易分出是苗人或是汉人。惟妇女则尚多守旧，与汉族妇女的装束不同。头发或剃或不剃，年老者头缠黑帕，少年妇女则终年都戴着帽子，帽子是用细篾丝编制成的，顶上用梭和马尾编成细辫，看去好像是头发，外面裹着一层黑帕，黑帕之外又是一层挑花的白巾，后面插上二条铜簪。衣服都是大镶大滚的，长约及膝，袖长及于手腕，衣领则绘有很细致的花纹。妇女通常皆不着裤，只围一条裙子，裙有褶缝数百，以印花土布制成，并扎以青线或彩线，非常的美丽。裙外罩一绣花黑色围腰，束以挑花或织花腰带，并有飘带下垂两旁。膝下则缠以青色或白色裹腿，足穿草履或白袜花鞋，从来没有缠脚的陋习。

川苗的男子不用什么装饰品，妇女则统统都戴耳环，富者所用为银质，贫者则以铜为之，间亦有用银质项圈及手镯戒指等者。①

通过对民国时期方志的考察，也可以看到，在大多数情况下，男子汉化，女子服饰保留传统。如关于瑶族的服饰：

平竹瑶乡，男子除束发外与汉人无甚差异，近年来瑶人与汉人接近，已渐去束发之习，至于妇女装束，式样不一。②

---

① 林名均：《川苗概况：四、川苗的服饰》，《新亚细亚》1936年第12卷第4期，第64—65页。

② 《平南县鉴二编》卷4《特种民族习尚》，民国二十九年铅印本，第3页。

> 瑶族……近来亦渐与汉族往来，略改旧日习俗，其男子大半薙发，女子亦多效法汉装，已有同化之可能。①

上述的对比分析或许可以很好地说明，在"他表述"中，服饰主要用来区分。不过，在区分中，女性服饰成为区分的重点，男性服饰基本"汉化"。如果将"服饰"作为一个文化符号（见本章第一节），那么，男性的服饰为正项，因为与汉人无异。女性的服饰为标出项，因为异于汉人。这种标出性的政治隐喻至今仍体现在全国两会期间，或者国庆庆典等有少数民族参与的节目中，活泼鲜明的少数民族服饰定格为一种刻板的历史记忆。

上述文本表述相对而言较客观，既不带本族人内心喜爱的情感，也未有鄙视之描写。但是带有官方性质的调查报告，划出异类，并将其边缘化的意图表现得非常明显，有时，作者的思维方式还受到民国以前对异族书写的影响。如刘锡蕃的《岭表纪蛮》。此书出版在1934年，即抗日战争爆发之前，在本书的"唐序"中，谈到刘氏写此书之原因时说：刘"尝谓蛮人榛狉不化，使社会形成一种斑形之社会，此等斑形社会，绝对不许存留于今日，尤其是地接强邻之西南，此问题尤为严重"②。而形成斑形社会的身体之标识即为蛮苗服饰的"光怪陆离"，刘锡蕃的描述是：

> 凡野蛮民族，最富虚荣心，"画身"及"文身"之俗，始为此类民族之普遍现象。至于佩戴唇环、臂环、耳环、腿圈、脚圈之饰品，尤风行于一般野蛮社会之中，此为研究进化史及民俗学

---

① 张邱灵修，黎启勋纂：《阳朔县志》卷2《社会·民族》，民二十五年石印本，第81页。

② 刘锡蕃：《岭表纪蛮》（1934），（台北）南天书局1987年版，第3页。

者，类能知之之事。西南蛮族，既未脱出太古野蛮之习惯，自然亦未能轶出此等之法则。其服色谲异，种类繁多，五光十色，几于不可名状；就中尤以苗山之妇女最为奇特。①

作者用“太古”的时间概念来赋予蛮苗的“过去”性，为处于进化论中值得研究的野蛮之阶段。“唐序”表示，这样具有野蛮特征的蛮苗“绝不允许留存于今日”。但是，内忧外患，国民需要团结的情况下，武力治服已被讨论不适宜治边了。所以，要在国家体系里容忍异类，以便纳入异类使其成为新国民。为达到这一目的，形成了最极端的杨森服饰改造，即改苗人服饰为汉人衣冠。

杨森在主政黔省期间主持边胞服饰改造。他根据蒋介石的《中国之命运》，认定了既然所有的边胞同为中华国族，那么如服饰衣冠、婚丧礼俗这样的差异，只是表面的差异而已。因此，在服饰方面，他要求上“中华小学”的夷女，必须换上汉装，并推行了一系列的服饰改革。正是因为有上文刘锡蕃那样的调查报告出场，所以杨森的服饰改革，除了遭到本族人的反对以外，外界也未见有多少知识分子非议。

但杨森等人在贵州推行改装之后，效果似乎并不明显，男女服饰依然体现出上述特点，从民国时期的县志可以看出：

鹑衣百结，褴褛不堪之贫民，触目皆是。其疾苦情形可概见矣。至夷胞服式，男子已全部汉化，惟妇女仍沿旧制，虽改装之宣传已久，然实行者寥寥可数，苗胞服式男女均为旧制。②

① 刘锡蕃：《岭表纪蛮》(1934)，(台北)南天书局1987年版，第59页。
② 饶燮干：《(民国)镇宁县志》卷之三，民国三十六石印本，第939页。

看来，强力推行服饰汉化并非可行之举。男性的服饰汉化较重（但杨森所推行的地区男性服饰依然为旧制），女性服饰依然保持传统。当然，也有调查者尽力去寻找少数民族服饰与汉族服饰的相同之处，以求证其汉化痕迹。如岑家梧借用很多民族志调查——庞新民的《两广瑶山调查》、刘锡蕃的《岭表纪蛮》、鸟居龙藏的《人类学上所见之西南中国》《苗族调查报告》、李拂一的《车里》、曲木藏尧的《西南夷族考察记》、林惠祥的《罗罗标本图说》等，通过他们调查报告中关于服饰的描写，总结出：西南民族上衣的形制，大概都是无口无领，只将衣衽向左交叠，腰部以带束之。稍稍保存唐代女装的体制。下部多不着裤，而围以褶裙，裙褶极多。黎族妇女的裙则无褶，着裤是受汉族影响的。[①] 但是，这种分析和考证也无法回避异族女性服饰在视觉上的斑驳陆离。

如此一来，本书将要讨论的女性服饰，在调查者看来，是跟着男性服饰继续汉化，还是一直保持传统呢？

服饰，犹能体现演化过程中过去与现在的关联。在现代"民族"与"民族国家"（nation－state）框架下，服饰扮演着奇妙的作用。王明珂先生以羌族服饰为例，分析了羌族妇女服饰如何被"民族化"的过程。在其文中，他引用了印度学者帕萨·查特杰（Prasenjit Duara）关于民族主义下线性历史所划分出来的二元性，即"世界"与"家"的区分，前者为进步的、男性的，后者为传统的，属于女性的，[②] 以此来说明，这种二元特性也同样体现在用少数民族服饰将"汉民族"与"少数民族"做出区分。在同一本书中，帕萨·查特杰也强调，民

① 岑家梧：《西南民族的身体装饰》，《文史杂志》1941 年第 1 卷第 9 期。

② 王明珂：《羌族妇女服饰：一个"民族化"过程的例子》，"中研院"历史语言研究所集刊，民国八十七年十二月第六十九本第四分。

族主义者将自己的文化分为物质与精神领域，并声称，宗教、种姓、妇女和家庭属于他们的精神领域，这种精神领域长久以来都保持着，并不为殖民所动摇。① 上述观点正可为本书的分析提供借鉴。但是，妇女保持传统的地位在民国时期是否不可动摇呢？妇女是传统还是现代，谁说了算？

首先来看关于女性服饰描述的特殊例子。

其实，以上分析并不能概括西南女性服饰的所有特质，还有一些“异例”更值得分析，也只有通过这些“异例”的分析，才可知知识分子对于边地妇女服饰的表述，并不仅仅停留在“传统”（此处强调的是差异，传统是我们现在赋予的词）的结论。通过服饰上的特异之处，学者们惊喜地发现了更可以用“现代”这样的词来形容边地妇女，而不仅仅是传统。

着装传统的女子，是否就是一种“落后”的国族建构之障碍呢？看如下描述：

> 男子服装，五猺大概相同，妇女却互有差别。我这里描写只能尽其大概，必不能予读者以十分明了的印象或推想。猺男衣服，与普通汉族乡下人一个样式，对襟，五个或七个布纽扣，三个或四个袋子。平常尚黑色，居家时穿白色，平常间中也有穿白的，但丧服的缝线却显露在外面，这与白色常服不同之一点。猺妇呢，在正猺及花篮猺都与西洋女子穿的大翻领相近似，腮喉以及前胸之大部分都显露着，初初看来，总不免有一点诧异，尤其是巍巍然只掩着点儿双乳。衣长过膝，通身没半个纽扣，只像道

① Prasenjit Duara, *The Nation and Its Fragments: Colonial and Postcolonial Histories*, Princeton, N. J.: Princeton University Press, 1993.

士般的将左右两幅叠起，用一条带子在腰部一束便了事。[①]

羅香麗姝
（正中者）

图 5－4　《广西猺山两月观察记》中所摄照片[②]

在上述关于服饰的描写里，让任国荣"诧异"的猺女可与西洋女子相较。但这里的服饰描写并非仅止于此，服饰，也是一种思想观念的表征。紧接着，作者描写了这些穿着开放的猺女很大方自然，"妇女，一字儿排在侧厅，目不转瞬地饱看着"他们这些外来的人，还偷看他们洗澡。更让他们惊异的是这里的"冶游"与"易妻"现象（前者是背地里夫妻双方都去找自己心仪的人约会，后者是明里夫妻双方交换性伴侣），猺人竟能泰然处之。[③] 任的考察报告带回来后，顾颉刚大加赞赏，并否定了自己从前在文献上看的《八排探猺记谈》中对其"过分野蛮与强悍"的记载。任国荣的"诧异"

① 任国荣：《广西猺山两月观察记》（1929），华西大学古物博物馆收藏，第 14 页。另可见南天书局（台北）1987 年版。

② 同上书，第 2 页。

③ 同上书，第 55—63 页。

中叶流露出几分赞扬，顾颉刚为其书报告作的“跋”，也并未否定这一点。①

边地妇女着装，更有一种“不穿”上衣的习惯。在庄学本与孙明经拍摄的边民尤其是康区较热地区的照片里，出现了很多上身裸体的妇女形象。“裸体”的表征是什么呢？在一些调查者看来，这些“不以为羞”的裸体边妇正是对前卫“裸体运动”的回应。不以为耻，对应的正是中原士人“以之为耻”的文化逻辑。② 而“裸体运动”，意味着当时主流社会中少数的前卫分子所认同的“现代”面向。“裸体运动”从德国传到香港再传到上海。③ 从1934年到1940年，中国报刊先后有关于国外“裸体”运动的摄影刊登与报道信息。如《摄影画报》(50)、《南洋奇观》(11)、《风月画报》(10)、《三六九画报》(9)、《东方小说》(8)、《海涛》(7)、《中外春秋》(6)、《沪光》(6)、《良友》(6)、《青青电影》(5) 等。④ 更有介绍裸体运动的专门书籍《裸体运动论》出版。⑤ 振精神，还康健，是支持者的言论；反进化，开倒车，伤风化是反对者的言论。⑥ 无论怎样，当大多数人对“裸体运动”谈虎色变的时候，调查者们竟然发现中国的边地习俗如此“前卫”，实在震撼。如当时的报刊有许多关于摆夷裸浴的记录。下面的一幅漫画就表述了调查者偶遇摆夷裸浴的过程：“我们”在云

---

① 任国荣：《广西猺山两月观察记》(1929)，华西大学古物博物馆收藏，第14页。另可见南天书局（台北）1987年版，顾颉刚《跋》。

② 王鹏惠：《失意的国族/诗意的民族/失忆的族/国：影显民国时期的西南少数民族》，博士学位论文，台湾大学2009年，第117页。

③ 《裸体运动——从原人到文明人（附照片）》，《时代之美》1934年第1期，第58页。

④ 笔者搜索《晚清民国的全文数据期刊》得到关于“裸体”话题的文献来源。括号内为文献数量。

⑤ 郁道缄：《裸体运动论》，良友图书印刷公司1933年版。此书“提倡裸体运动，返回自然，认为这样可以使生活简单化，消除阶级”。参见北京图书馆编《民国时期总书目》(1911—1949) 社会科学（总类部分），书目文献出版社1995年版。

⑥ 《裸体运动》，《每周评论》1934年第118期，第28页。

南边地很热的情况下跳河洗澡，不料误入有摆夷女子裸浴的河中，摆夷女子的主动与"我"的被动形成鲜明对比，"我"极其尴尬，表现出害羞与不自在。最后，"我们"只能装起广播，播放国歌吓唬他们而逃离。

图 5－5　《摆夷风情：滇边战地逸话》①

这是否就是一种所谓的"现代"呢？在调查者眼中，如此开放的观念自然可以称之为"现代"的。民国时期《大公报》著名通讯记者范长江，其通讯报道评述备受关注，通讯集《中国的西北角》《塞上行》风靡全国，其中就有如此描写：

> 岷江两岸藏人，藏民男女情歌相合，佳偶"天"成。亦可带至家中，此可谓绝对自由时代。结婚以后，稍有限制，必在男子默认情形下，始可另寻情人。然而藏人结婚，多系招男上门，不是女子出嫁，而是男子出嫁。家庭系统是母系，不是父系。妇女终身不穿裤子，只是外面一件大长皮衣，天气热的时候，或劳动的时候，妇女们上身全袒露出来。这才是最近代的最解放的女

① 《摆夷风情：滇边战地逸话》，《读者文摘》1946 年第 2 卷第 2 期，第 13 页。

> 性，现在，所谓文明民族，办到这个程度，还不是短时间的事情。①

“传统”，并不能完全概括边地女性服饰特点。而服饰，有时跟思想观念联结在一起，共同表述着边地女性。

二 现代“性”：边地“女国民”

与身体上的“穿”与“裸”来对应思想观念的说法，或许可以流通在主流社会，然而对于异族妇女，恐怕带有更多的想象性成分。尤其是在康区，或者更热的南方岛国，比起寒冷地带的北方异族，自然裸的成分居多。好在经过考察，就不论及服饰，调查者们也兴奋地发现（部分调查者的文本流露），确确实实，仅凭对“性”的态度，他们确实很现代。

“五四”以来，西方性学理论开始引入中国，许多知识分子接触到霭里斯到弗洛伊德的性学思想，并大力译介、宣传。不过，对于中国而言，对性学一直都有两种相反的态度。潘光旦对霭里斯（Havelock Ellis）性学研究的译介算是一种正面的肯定；而张竞生1926年以“性育社”的名义向社会征集并出版的《性史》引起社会哗然，张被讥讽为“性学博士”或“卖春博士”的现象，算是大众对超前性观念的质疑与反抗。② 即使对于潘光旦这样的性学研究者，也流露出过分性自由的担忧。霭里斯（Havelock Ellis）和弗洛伊德一起，是性科学领域里最早而且最著名的前驱，但是对于性自由问题，潘光旦认

---

① 范长江：《中国西北角》，新华出版社1980年版，第29页。

② 张竞生：《浮生漫谈：民国性学博士张竞生随笔选》，张培忠编，生活·读书·新知三联书店2008年版。

为，霭里斯所出的民族，是一个推尊个人与渴爱自由的民族，所以他的议论也很自然地侧重追求自由。但我们的文化背景与民族性格未必和盎格鲁—撒克逊人的完全相同，斟酌采择，固属相宜，全部效颦，可以不必。① 尽管如此，性观念的程度，还是被用来作为现代化的一个标杆，尤其是对于"新青年"们，性观念连带的婚恋观，成为他们衡量一个人在思想上是否现代化的标志之一。

在当时的民族调查中，边地妇女尤其是摆夷妇女的开放成为调查者书写的焦点之一。摆夷，或曰白夷，或曰僰夷。三国时为孟获的部族；东西晋时称为僰夷，唐（大诏）称为掸族，民国时调查报告中称呼大多为摆夷，有时也会以历史上的其他称呼唤之，其实他们称自己的族名为"歹"，即"自由"的意思。当时的外国调查者在英文书中表述为 Tai 或 Thai；在法文书为 Tha，或 Tug，或 Doi 原用其已族的名称。据当时外国人 Wiliam Clefton Dodd 的调查，摆夷人口约有 2000 万人，其中使用歹文的占 1375 万，没有文字的约占 625 万。人口集中云南南部，其中很多报告都提到车里（相当于今西双版纳傣族自治州），在周称为白濮或产里；在汉称为哀牢；元称彻里；明置车里军民府；清为车里宣慰司；民国初年改为普思沿边特别区；至十七年始将特别区改为八县治。被外国人称之为"东方的自由地"。②

从一些文本中可以看出，最吸引外地人（包括外国人与中国中原人士）目光的，是摆夷女子曼妙的身姿（因着装凸显身体曲线的紧身上衣与筒裙）及其开放的观念。中国流浪作家艾芜就曾在《南行记》里写道，克钦山中的摆夷成为西方人性追逐的对象。艾芜的《南行

① 潘光旦：《潘光旦文集》（第 12 卷），北京大学出版社 2000 年版，第 106 页。

② Ren. J. H. Freeman 著有一书，其名曰"An Oricnal Land of the Free"（《一个东方的自由地》）。见杨成志《云南的秘密区——车里》，《新亚细亚》1931 年第 2 卷第 4 期。

记》虽然是短篇“小说”集，但称其为游记类民族志也未尝不可。1925年夏天，艾芜为逃避包办婚姻，而独自徒步到云南，其中关于英国绅士的描写正是他流浪在缅甸克钦山中当店里伙计时发生的事情。在《南行记》中，艾芜讲了这段经历：

> 有个英国的绅士——翻领的白色汗衣，短的黄斜纹布裤子，长毛袜，黑皮鞋。手里握着手电筒，正把电光一下子放出，一下子关闭，那么地玩耍着。样子自然全是欧洲的模型制出的，只是一头光溜溜的短发，却是东方人的黑色，看起来大约是白种人和印度人的混血儿吧。①

这样一个享受着西方现代物质文明的英国绅士，跑到克钦山中居然是为了一个摆夷女子：“I want a girl!”“Where is she? My sweet girl...”店里老板不敢得罪。“我”——一个店里的小伙计，被迫带着英国人四处找店里的摆夷女人，“我”故意找到相貌丑陋或年老的女人给他看，结果他很是沮丧。英国人没有在“我”的帮助下找到心仪的摆夷少女，但是却被“我”领到另一家店里，在“我”不知情的情况下，店里老板满足了他的愿望，找到了一个sweet（甜蜜）的摆夷姑娘。

在艾芜看来，英国人的表情是“笑欣欣地咂着嘴的贪馋神情”“馋涎欲滴”“兽也似的叫声”。如此的绅士渴望另一种奇异的、异国情调的性的体验，而选择摆夷女子来满足这一愿望，可能也不会是他一时的冲动，似乎是寻找并验证着关于摆夷女子的传说。艾芜记下的这段经历使人不由得想起萨义德（Edward Waefie Said）的《东方

① 艾芜：《我诅咒你那么一笑》，《南行记》（1935），云南人民出版社2008年版，第88页。

学》，那类"sweet"的、可能也如萨义德所言代表东方的、自然的、自由性的女人。

在《东方学》中，萨义德列举了厌倦西方现代文明的作家们，比如纪德（Andre Gide）、康拉德、毛姆（W. Somerset Maugham）等人，"他们所寻找的——我认为这无可非议——常常是一种不同的性爱，也许是更多一些自由，而更少一些内疚"。而这一切是因为自19世纪以来，欧洲的资产阶级观念日益取得支配地位，性在很大程度上被加以规范化的结果："性在社会中被套上了一层由法律、道德甚至是政治和经济组成的具体而令人窒息的责任之网。"① 于是，东方的，或远离现代文明社会，未被规范化的原始女性成为厌倦西方文明的男人追逐的焦点。

对他者"性"的想象，体现在殖民地对被殖民地人民或西方人对非西方人的描写中，而这些描写充满着书写者的杜撰与建构。萨义德的《东方学》中已有福楼拜东方经历的经典例举。② 同样，法农（Frantz Fanon）在《黑皮肤，白面具》（*Black Skin*，*White Masks*）中也十分精彩地点出意识形态如何影响着观看的模式以及美丑的区分，在殖民者的眼中，黑人 = 生物的、性、强壮、爱好运动的、强有力的、拳击手、动物、魔鬼、罪恶。③ 法农以实例证明了与黑人性欲兽性说（animalistic black sexuality）有关的迷思（myth），是如何的被白人奴隶雇主杜撰出来，作为其暴虐行为的辩解之道。④ 总之，关于西方描述非西方人的作品，都会有一些身体特征被附加其上，如淫荡好

---

① ［美］爱德华·W. 萨义德：《东方学》，王宇根译，生活·读书·新知三联书店2007年版，第246页。

② 同上书，第242—246页。

③ ［法］弗朗兹·法农：《黑皮肤，白面具》，万冰译，译林出版社2005年版，第130页。

④ ［英］Kathryn Woodward等：《认同与差异》，林文琪译，韦伯文化国际2006年版，第130页。

色的、兽性的以及颓废不堪的。[①]

如果上述观点成立，即东方人在西方人眼中“暗示着丰饶而且暗示着性的希望（和威胁），毫无厌倦的肉欲，无休无止的欲望，深不可测的生殖本能”[②]，显然，《南行记》中的记录似乎可以为《东方学》增加一个案例，sweet 的摆夷女在英国人的眼中意味着“性”。

同样与性有关，但在中国民族调查的表述中，却体现出完全不同的意图。实际上，中国人对边地民族的关于性的描写有时也同样充满着迷思或偏见，不一样的是，第一，在同样的偏见中，却流露了要将之塑造成新国民的急切心态，无论是赞同还是反对，边地性行为与性观念都成为其与新国民相比较的对照点。第二，在大多数情况下，边地女性的开放使其与现代国民对接，由负面形象转换为正面形象。

首先来看第一点。从区分的立场来看，对边地异族的性问题确实存在偏见的看法。但这种偏见的基础是以中国正统的礼仪为参照点。以刘锡蕃的《岭表纪蛮》为例：

> 妇女刻意装饰，必欲借此达其“名”“利”“色”“爱”之目的，积久又久，遂造成此种五光十色之现象。大抵男女在社交公开之立场上，无论何种民族，对于服色服饰，皆有此等欲求。[③] ……无论是军事、公益、迷信、娱乐的集会，其共同之处在于都含有“两性上之交际关系”。惟其有此关系，故无论会务以何种条件为目的，而皆能使亿万之蛮人，有如火如荼，如川赴壑之势。而男女“社交方面”，“恋爱方面”，“家庭组合方面”，即于此等各种

① ［美］斯图亚特·霍尔编：《表征：文化表象与意指实践》，商务印书馆2005年版。

② ［美］爱德华·W. 萨义德：《东方学》，王宇根译，生活·读书·新知三联书店2007年版，第243页。

③ 刘锡蕃：《岭表纪蛮》（1934），南天书局（台北）1987年版，第59页。

会议层幕之下，酝酿而成。此即其间接所得之结果，而亦各种会议中伟大之潜势力也。①

作者认为因为他们没干什么正经事（有关民族国家的大事），因此，从服饰说到集会，作者都将其与欲望联系起来。如果此处作者还未作褒贬的话，在第二十章，"娱乐的种种"之"娱乐的剧幕"作者讲道：

苗猺受"种族上""政治上""经济上"残酷的压迫，所居之地，又在荒山长谷间，若不寻求相当娱乐，即绝无人生乐趣！但蛮人无高尚思想，于是其所谓乐，遂左倾于性欲方面！关于此点，已述之。惟其如此，所以蛮人邅迴留滞于人类进化之长途中，溺其志气，促其寿算，其乐愈多，其害愈大，层层剧幕，鬼气阴森，而莫之能悟也！②

显然，作者的观念是，此等男女的相恋属于进化的低级阶段，而且因此也无高尚的思想。其主要原因在于，蛮民不知国家，不懂外面的民国世界。所以人生乐趣只在"性欲"。作者在"治蛮刍议"中，提到非常直接的建议：纠正淫俗，革除淫祀淫会，导以正当娱乐。③

更有意思的是，马长寿认为罗夷与苗人性爱观的不同是因为：

苗人阐扬西方爱神的恋爱至上主义，彝族抑郁不脱。罗彝有阶级分层，而苗族是自由社会。何以不同，还有一理由，虽比较抽象，然亦颇为重要的，即民族意志一问题。一战败民族或被压

① 刘锡蕃：《岭表纪蛮》（1934），南天书局（台北）1987年版，第92页。

② 同上书，第173页。

③ 同上书，第288页。

迫民族，其强弱兴亡成败与民族意志之激昂或消沉，互有关系。意志消沉之民族最易沉湎于人类基本娱乐之酒色一途。同时，因沉湎于酒色，民族意志因而益为消沉。此种民族在闲豫时所发展者，亦仅最脆弱之酒色文化而已。反之，意志激昂之民族则不然。其处心积虑者为民族复兴之一问题。对于社会制度及风尚逐渐亦趋于扶进民族生存斗争，减少民族生命断丧之一途。由此理由，亦可解释苗族文化何以在音乐歌舞性爱方面特别发展，而罗彝则蓄意于武力之迈进，于武器之爱好甚于爱好妇人。①

刘锡蕃与马长寿都用“性”“色”“淫”及“堕落”等词汇对异族进行描绘，这既是因为传统知礼仪的两性观念植根于二者头脑中，更是因为“性”似乎并不适于在举国救亡告急之时去“沉湎”。显然，在他们看来，“性”更属于个人或者那些族群的私生活，而外面的世界，国家的危亡远远高于个人的性或者家庭的婚姻，更属于“公”的范畴。关于性的此种表述虽然有别于西方殖民者对非西方被殖民者的表述，马长寿先生的民族学调查也不是对其两性观念作简单的批评，但是，因为国家建构的需要，马氏仍然在阐释中流露出猜度与偏见，在他关于彝族尚武且彝男爱好武器甚于妇人的论说中，可以体察出其对于“力”与“色”的偏重与取舍，“力”对于“公”更重要。

正如大多数知识分子在传统与现代之间纠结一样，刘锡蕃的文本也体现出对调查对象的复杂态度。古遗风留存的苗猺“天然沐浴”使刘氏想起远古遗风：妙年妇女，亦行之自若。耕锄之暇，同性三五为

① 马长寿遗著：《凉山罗彝考察报告》，李绍明、周伟洲等整理，巴蜀书社 2006 年版，第 396—397 页。

群，浮沉清溪碧流间，扑朔迷离，若隐若现，浑然莹然，一丝不挂，香涛雪浪，草木皆春。行人至此，觉万古鸿荒未劈之山川，得此点缀，亦不寂寞，而不能不谓太古自由之乐，独遗于蛮民也！[①] 身为追求进步的作者，却时常有如此的流露，但囿于国家现状，此种想象，也为国难忧患所压制，所以对"太古"之感情，未继续深入。

刘氏略显"暧昧"的表述却被评论者借题发挥。抗战爆发的第二年（1938），一篇评论刘锡蕃《岭表纪蛮》的文章发表在《宇宙风》，其文非常明确地对其两性观察部分做出了肯定的回应，认为蛮夷两性恋爱及其婚姻已超越了西方：

> 或者我将指为有"浪漫"气味的人，我说，在所谓文明社会里，暂时的文化大体上是堕落的文化，实在没有什么可骄傲的。在恋爱生活上，有着文化的社会是最丢人的社会。《岭表纪蛮》里所描绘的恋爱生活，又好像其他我所仿佛的原始社会纯洁的理想。丢人的事小，两性生活的堕落，在根本上，即是人类生活的堕落。如果蛮族生活样样无可取，至少两性结合的方式（男女双方绝对自由，而且全盘纯洁）无疑的是一个有希望的社会所应该理想的！东西社会一致的买卖式恋爱和婚姻，是文明人的耻辱，除非文明就是耻辱。至于，新思潮涌入后的中国两性生活是加速地西洋化了，我想，那必须给予怀疑的（怀疑里毫无"还是中国老法好"的意思）。蛮族的恋爱生活，琴歌先生说是："最足称道"，我说，最足感动！[②]

《岭表纪蛮》关于两性观念的表述，并非代表了调查者的一贯写

① 刘锡蕃：《岭表纪蛮》（1934），南天书局（台北）1987年版，第43页。
② 顾良：《刘锡蕃"岭表纪蛮"评》，《宇宙风》1938年第65期，第185—187页。

法。在较学术性报告中，一般也只是客观的记录。在《湘西苗族调查报告》中，凌纯声如此写道：

> 苗中青年男女婚前的两性生活颇为自由，处女与人通者，父母知而不禁，反以为人爱其女之美，有时，女引其情郎至家，父母常为杀鸡款待。甚有设置公共房屋，专为青年男女聚会之用者。①

接着，作者引用地方志——《永绥厅志》加以引证：八寨苗，于近寨置空舍，男女未婚者群聚唱歌其中，情恰即以牛行聘。又清江黑苗未婚男子曰“罗汉”，春日携酒食至山上，互相歌舞，相悦者饮以牛角。苗中有跳年、跳月、调秋之俗。青年男女，结队对歌，通宵达旦。歌毕杂坐，欢饮谑浪。甚至乘夜相悦，而为桑间濮上之行，名叫“放野”②。不过，与前述对巫术的描写方式一样，作者因秉持科学客观的态度，描写中同样未对此加以评价。对于边地异族女性的性、恋爱与婚姻观念，更多的调查者将其放到正面作评价，特别是在民国后期。秉承功能主义民族志的江应樑，在抗战爆发之后，发表了《僰夷民族之家庭组织与婚姻制度》一文，在此文中，江对于“没有戕贼人性的贞洁观念”的僰夷民族大加赞扬，认为原始社会的两性恋爱与婚姻，有文明社会里最理想的婚姻模式。尤其是两性观念及其带来的婚姻制度：

> 若能把今日僰夷民族间的两性结合情形，从求爱至迎娶以后的大团圆，摄成有声影片，那将可成为一部富有情趣而兼有历史

---

① 凌纯声、芮逸夫：《湘西苗族调查报告》，“中研院”历史语言研究所单刊甲种之十八（上）1947年版，第94页。

② 同上。

> 学、人类学、社会学的最高价值之巨片。僰夷的两性恋爱与结婚，中间确实包含着多种民族间的结合方式……自由结合是人类最高理想的婚姻制度，这种婚姻方式，今日虽于最高文明的国家里流行着，但却不能说是人类文明的产物，实际却正是最原始社会中的最原始的婚姻制度。这即是说：此种婚姻制度，今日见之于文明社会里，同时也可见之于最野蛮的人群中，在文明与野蛮的过渡阶段中，便大不以此种结合为然……可喜的是在僰夷现时社会中，尚没有戕贼人性的贞洁观念。①

可见，在上述调查者眼中，边地异族的婚恋观一直延续至"最高文明的国家"里。如此，看起来从传统服饰上被区分的边地异族女性，可以在文明恋爱与婚姻观上与现代中原妇女相提并论，甚至超越文明城市女性的婚恋观。

在20世纪妇女解放的呼声中，被解放的妇女并不包括边地异族妇女，换句话说，从部分调查者的表述来看，边地异族妇女并不需要如汉族一样的废除缠足、打破包办婚姻的"解放"，因为他们从未被束缚，何谈解放？如此的民族调查至少可以对学界存在的两种关于女性的观点进行再审视：第一，妇女的解放与西方有关而与中国传统的历史文化无关；第二，20世纪之前的女性一直处于男权社会压迫下的悲苦地位。

对于上述两种观点的反驳，学界已有专著出版，并对妇女研究产生了很大的影响。如香港学者高彦颐（Dorothy Ko）的《深闺之师：17世纪中国的妇女与文化》（1995）与西方学者曼索恩（Susan

① 江应樑：《僰夷民族之家庭组织与婚姻制度》，《西南边疆》1938年第1期，第32—40页。

Mann）的《珍贵的记录：中国漫长的18 世纪中的妇女》（1997），两书都从妇女的能动性方面做了具体的案例分析，曼索恩还对西方汉学界关于现代中国社会许多现象是接受了西方观念而获得解放的结果之观点提出质疑，认为此观点是没有深入考察中国的历史文化所致。不过，边地异族女性，两书中都未提及。

关于中国妇女的研究，值得一提的是陈东原 1926 年在北京大学教育系读书时始写，于 1937 年出版的《中国妇女生活史》，作者想表达“我们有史以来的女性，只是被摧残的女性，我们妇女生活的历史，只是一部被摧残的女性底历史”①。显然，上述两部著作——《深闺之师：17 世纪中国的妇女与文化》《珍贵的记录：中国漫长的18 世纪中的妇女》是对其观点的挑战。不过，他们似乎没有注意到，在陈的书中，曾提及“中国之大，风俗不一，所以把边境及苗猺的事，汇述于此，读者当亦以为是妇女生活史中所不可少的材料罢”?②作者在第八章“清代的妇女生活”，描述了几处特殊的风俗：广州女子之同性恋、北方之妇长夫幼、甘肃之一夫多妻、金川的风俗、广西土民的风俗、两粤之猺俗、荆南之苗俗、琼岛之黎俗等。其中，关于异民族的风俗描写，作者都引用了相关文献，提到其性观念问题，当描写了荆南之苗俗后，作者写道：

> 陆次云曾专有一篇“跳月记”，述苗之婚礼。作者认为此篇文章把苗人天真之恋爱描写得真妙极了。野蛮人的婚姻都是注意恋爱的，家庭则是一夫一妻的，和西洋人一样，这一层很可令我们反省。③

---

① 陈东原：《中国妇女生活史》，商务印书馆 1937 年版。
② 同上书，第 313 页。
③ 同上书，第 311 页。

作者所提及的清代陆次云曾著《峒溪纤志》《峒溪纤志志馀》，所记诸苗蛮种种风俗，实为一种"志"。惜乎作者仅止于此，连关于西南异族的传统文献，作者也未多引。所以，《中国妇女生活史》中关于少数民族风俗观念的描写也未引起后来研究者的重视。作者著书之时，关于边疆的民族调查，中国几乎还没有开始，可能无法得知现状，但作者已注意到野蛮人以恋爱为基础的婚姻值得我们"反省"。

"五四"以后，《新青年》等革命刊物关于婚爱自由的呼声，虽然在知识分子阶层发挥了一定的作用，但是只有较少数人去尝试，而尝试的也有一些如鲁迅的《伤逝》样的结局。对于大多数民众而言，传统的根基依然很深。陈在书中论述了有关"五四运动与妇女解放""婚姻上的解放与其不足"，提出"性态度急应改革"：

> 社交所以不解放，就是性态度未曾改革的原故。中国虽已有多数人知道结婚须有当事人爱情的，但一面仍把性的行为看得太重大，使男女两性隔离得非常之远。由于这种态度发生的弊病，比较由于社交解放产生的，不更大些么？在性行为看得太重，男女隔离得太远的环境里，男性只认女性为"玩好殖民"的对象，女性不过是男性圈养的家鸡，虽然可以任意把她去宰割，但一不经意时，可以被"鸡扒子"一把粟的引诱而变为人家底鼎锅的！私通和奸通在过去的中国还少吗？现在中国所发生的流弊——粗率的结婚等，也是从前的弊病啊！两千多年前的"七岁不同席""男女授受不亲"的观念，表面似乎已经物化了，但他的灵魂，还依然在中国人的心中作祟。①

① 陈东原：《中国妇女生活史》，商务印书馆1937年版，第405—406页。

陈所呼吁的似乎都不需在异族妇女上着力。正因为应对着上述有关中国妇女解放运动的呼声，传统所认为的边地淫荡好色的妇女形象，被要求现代化变革的知识分子赋予了“现代”的色彩。如我国著名化学家曾昭抡先生的游记作品《滇边日记》，这样写“求爱在摆夷中”：

> 关于摆夷女子的生活，过去有许多错误的传说和记载。老实地说，摆夷女郎的行动，与其说是淫荡，不如说是恋爱自由。与其说是原始式的，不如说是近代化的西洋式。是的，谁要真想追求摆夷小姐的话，他能享受充分的自由和便利；因为在摆夷中间，男女间的社交和恋爱，是绝对地公开，绝对地自由。但是这种女郎宝贵他们自己贞节的程度，也和别种民族的女子差不多。平常传说他们任意性交，随便嫁人，全是一些不知内幕的造谣。①

摆夷妇女身上笼罩着的神秘与传说，被大多数到西南去的学者睹其风姿。她们不仅清新、自然、清秀，而且在两性观念上，成为新时尚的宠儿，更多生动的表述体现在游记、日志等颇具文学笔法的描写中。如姚荷生的《水摆夷风土记》流露出对摆夷自由恋爱的赞美：

> 当一个男孩子受到一个姑娘的美的吸引时，并没有阻止他们迅速地接近的最初障碍——这障碍是一切高等文明的特点，他能找到许多机会来表达他的感情。如果成熟到相恋时，就追随求婚结婚等习惯的过程。甚至于婚前就达到肉的因素和灵的吸引的融合。因此远远的崇拜，神圣的神秘的感觉，或仅被允许看到她的

① 曾昭抡：《滇边日记》，辽宁教育出版社 1998 年版，第 83 页。

愿望是不存在的。换句话说，在这里不能有柏拉图式的恋爱。[①]

不仅如此，在他们的眼里，山里的妇女，比起城里的摩登女性，更适于当时的社会情境。文明人的摩登带来了负面的效应，关键的问题不是奢侈、浪费的问题，而是追求摩登已经溢出了国家物质所供需的范围，洋货横行。报上文章刊登，在崩溃的农村，一般乡下姑娘，也由布衣面料变为洋货了。这样的趋势，间接地帮助了外货量的增加，而使国货的生产力受了一个很大的打击。在帝国主义以金钱武力侵略下，是不允许这样反动形势存在的。于是倡导妇女的服饰应该立即朴素起来。[②]而"山头"妇女，像摩登小姐一般的，他们都是剪发，不过还没有学会烫。她上身所穿的短褂，也是很朴素，下身也是系着一条黑布裙。[③]这是理想国民的一种形象：没有缠足，思想观念开放，同时也具备了朴素的时尚。简直成为一种女国民的标准模式了。

虽然马林诺夫斯基将特罗布里恩德岛（Trobriand）上野蛮人的性生活与生物需要相联系的观点并不为费孝通所赞成，[④] 但马氏认为这些土人有与"高级文明人"一样的爱恋与性生活。[⑤] 连研究性学的潘光旦也说，原始民族对于性的看法，总是很健全的。[⑥] 对于调查的知

---

① 姚荷生：《水摆夷风土记》（1948），云南人民出版社 2003 年版，第 99 页。

② 立民：《小评论——妇女服饰的探讨》，《妇女生活》1933 年第 2 卷第 4 期，第 4 页。

③ 曾昭抡：《滇边日记》，辽宁教育出版社 1998 年版，第 89 页。

④ 谢立中主编：《从马林诺夫斯基到费孝通：另类的功能主义》，社会科学文献出版社 2010 年版，第 28 页。

⑤ 在《野蛮人的性生活》一书中，马林诺夫斯基这样描述：土著人和我们一样，爱的突然降临，来自美和个性的第一次震撼。起初有种种因素阻碍情人之间发生迅速的性亲昵，这是所有高级文明的共同特点，我们赋予心上人难以估量的美德，把他或她置于灵光之中和神秘的渴求之下。对于男人来说，他们的创造性相像超越了他们对现实的实际感受，这种痴情完全可以导致白日梦和在恋爱关系中的过分羞怯。如果好感发展成彼此间的爱慕，事情就会进入习惯程度：求爱、订婚、结婚。参见［英］马林诺夫斯基《野蛮人的性生活》，高鹏、金爽译，团结出版社 2004 年版，第 186 页。

⑥ 潘光旦：《潘光旦文集》（第 12 卷），北京大学出版社 2000 年版，第 6 页。

识分子来讲，西南民族的女性，政治无涉不要紧，要紧的是她们有成为现代女国民的特质，尤其是前卫的现代“性”观念，实在是值得所谓的“文明人”反省、效仿。

自由恋爱，开放的性观念在调查者看来，自然是文明社会的理想状态，调查者的褒扬俯拾皆是。姚荷生都快乐地去参与“约骚”（摆夷男女约会）行动。对于他们，其喜悦心情流荡于文字之间：

> 原始共耕制度下的摆夷，人人都是丰衣足食，乐天安命；没有饥寒的威胁，没有富贵的扰心，所以他们尽情地追寻一切的欢乐。自由、互助、纯真的爱……这些文明人士所昼夜追求的理想，在这里是随处存在着。①

美国汉学家宇文所安曾这样研究民国时期对传统的观念：民国时期对“传统中国”盖棺定论，在文学史上出现了“传统文学”与“现代文学”的划分，现代革新派知识分子对传统颇为失望。② 显然，宇文所安的观点也仅适用于当时的社会主流。如果将当时少数民族女性称之为“传统”的话，这样的“活态传统”对于现代革新派知识分子而言，并非失望，反而是希望与惊喜。

三　现代还是传统？——被表述的“现代性”

现代的问题也表现在其他社会运动方面。以清代的戒缠足运动为例，运动的本质是什么，废除裹足，是为了国权的兴亡或国体的打造而发动的身体改造运动，因为忧惧妇女裹足可能导致弱国弱种的论

① 姚荷生：《水摆夷风土记》（1948），云南人民出版社2003年版，第164、253页。

② ［美］宇文所安：《过去的终结：民国初年对文学史的重写》，《他山的石头记——宇文所安自选集》，田晓菲译，江苏人民出版社2006年版，第257页。

调，并不是以妇女的身体权益作为最高考虑，也不是以美学的标准作为反省的基点，而是以国族的兴亡作为唯一的考虑。[①] 同样，鼓励妇女参加政治活动，并非因为考虑到妇女从前在政治中的地位问题，而是因为女性，同样要成为关注国家命运的"女国民"，不要成为国家前进道路上的羁绊。而主动参与政治的女性，更是值得鼓励。

西南夷族妇女在政治活动中表现突出的，首推夷族土司代表高玉柱。1936 年 6 月至 1937 年 7 月，作为"西南夷族驻京代表"，她多次赴上海请愿。抗战爆发，她又出任"西南边疆宣慰团少将团长"一职，可谓夷族中的女中豪杰。高在上海多次演讲，也被媒体多次报道，其中有一篇这样描述：

> 高女士装束入时，精神饱满，秋波凝水，顾盼自若，态度举止，与吾炎黄子孙了无异处。惟色泽似较黝苍，或系万里奔波，风尘仆仆，偶然之现象耳。然以地域俗尚测之，则肤色之深浅，又似为意中事。而黄种民族，则一望便知，实为不可掩饰与磨灭者。[②]

虽然这里并没有特别提到边地妇女的"摩登"[③] 特征，但从"他表述"的视角看，高的族性特征都不太明显，也不重要，更别说女性特征，最重要的是具"炎黄子孙"的精神、举止，肤色较黑有些不像，而所居环境不一，可稍作解释。由此可见，装束入时的高玉柱，俨然已经是炎黄子孙、现代国民。高在运动中表现突出，政治觉

---

① 黄金麟：《历史、身体、国家——近代中国的身体形成 1895—1937》，台湾联经出版事业股份有限公司 2000 年版，第 49 页。

② 薛明剑：《夷族"土司"代表高玉柱女士之演讲》，《人报》1937 年 2 月 7 日。

③ 王鹏惠：《失意的国族/诗意的民族/失忆的族/国：影显民国时期的西南少数民族》，博士学位论文，台湾大学 2009 年，第 125 页。

悟高，也关注本族的前途，在很多方面已超过了许多中原妇女。

无论是入时的装束，还是主动参与政治等行为，高玉柱都体现出边地现代女性的形象。但是，与那些裸浴、自由恋爱的摆夷女子比起来，高是自觉地认同并趋于现代（汉人所认同的现代）。这种行为也只是发生在少数民族精英或民族有识之士身上。[①]

然而对于自由自在，从未离开过本地的边民，调查者将其表述为“现代”，却是一种典型的被表述。

还是以性观念为例。当时的各种文本都可以看到性解放这一呼声的痕迹。除了前面所提到的报刊上的裸体及性解放话题，文学作品以欲望与性的文字描写，也作为性观念解放的传声。潘光旦认为，文学读物在性教育方面的影响之深且大，要远在那些专论性卫生的书籍之上；性卫生的书，无论写得怎样好，总只能就狭窄的性的范围说话，而顾不到性和其他生活方面的错综连贯的地方。[②] 但在王德威看来，清末至“五四”以来的文学作品，都喜欢将情欲论述理论化，只有以西南湘西淳朴性爱为题材的沈从文不太一样：

> “保守”的沈从文在一系列详细作品里，将妓女舟子毫无禁忌或者奢望的肉体爱恋，讲中蛊疯癫状态后的性欲力量，信手拈来，不滞不粘，感怀自在其中。在他貌似静谨的抒情叙述下，我们容易忽略这位木讷的“乡下人”真正前卫激进的性爱立场。[③]

看起来“保守”（意味着传统）的沈从文却有着“真正前卫激进

---

① 民族精英主动现代化的例子很多。比如许多文本中也描写到曲木藏尧、岭光电以及有钱有势的土司穿着及生活用具上。

② 潘光旦：《潘光旦文集》（第12卷），北京大学出版社2000年版，第82页。

③ 王德威：《如何现代，怎样文学？——十九、二十世纪中文小说新论》，麦田出版1998年版，第188页。

的性爱立场"，算是王德威对沈从文的新论。对于沈来说，这样的评价是对还是错呢？沈从文作品中所体现出来的"性爱立场"是否就是应和着"五四"性解放的呼声？汉学家金介甫也说道：

> 沈从文还在他的作品中，用对性爱的价值观来歌颂湘西。"五四运动"时期的知识分子几乎全都反对家庭包办婚姻，沈比他们走得更远。
>
> ……
>
> 沈主张性爱自由的原因，自然不是因为他是湘西人，也不是来北京后对性爱有什么体验，主要原因是他吸收了西方变态心理学的理论……①

承认"沈的爱情故事并非完全来自想象，而是在作品中把爱情主题和乡土文学紧密结合在一起的"金介甫也认为，沈的写作来源于一种更"反抗"传统的"现代"写作姿态与更西学的理论素养。

然而，他不是想要"现代"，而是要在现代社会中寻找一种"回归"。作为"乡下人"的沈从文，他书写了另一种不为当时沐浴现代文明的知识分子所知道的"真实"，这种"真实"，他可以"信手拈来，不滞不粘"。如果我们非要用"现代"与"传统"这样的词来形容，那么对于沈来讲，这就是传统，而不是前卫的现代。沈从文曾是李霖灿的老师，他曾经非常赞同李到云南收集民族学标本的行为，并将其写在作品《虹桥》中。② 实际上，沈从文的小说也极具人类学

---

① ［美］金介甫：《凤凰之子：沈从文传》，符家钦译，光明日报出版社 2004 年版，第 214—215 页。

② 李霖灿：《西湖雪山故人情：艺坛师友录》，浙江大学出版社 2010 年版，第 170 页。

性，目前也有学者对其作品进行人类学分析。[①] 如此看来，所谓的前卫，不过是被表述的前卫，是学者们站在现代知识分子的角度对其赋予的溢美之词。

但是，这些研究者并没有看到他们的“传统”，对于边地异族女性来讲，可能是千百年来的习俗与观念，却被表述，被他们看成为“文明”与“现代”。这即是他们之所以惊喜的原因。对于边地异族而言，为何是传统？因为从明清以来的方志文献可知，无论是裸体、裸浴，还是被表述的性观念开放，都不是20世纪才有的事。如：

> （万历）《秀水县志》：裸夷不戒，万历再纪，里户不戢。[②]
>
> （光绪）《广西通志辑要》：见男女裸体而渡，骢恻然曰：此令之过也，遂率民往筑凳。[③]

他们的裸体、裸浴跟“回到自然”“裸体运动”无关。《良友》杂志曾有人讲出了真话：“华氏表九十八度：衣裳是为冬天而做的，把衣裳脱掉吧，不是为了‘回到自然’，不是为‘裸体运动’，热是唯一的原因。”[④] 也许，这样的表述，更符合本地人裸露的心理。

但是，关于性观念及男女社交部分，民国前后的表述却不一样。从方志考察：民国以前，男女自由恋爱，性观念开放，大多被描述为“淫乱”，并认为其不知礼仪，需要教化：

---

① 何小平：《沈从文本土文化阐释视域的人类学分析》，《吉首大学学报》2006年第6期。

② （明）李培：《（万历）秀水县志》秀水县志后序，明万历二十四年修民国十四年铅字重刊本，第645页。

③ （清）沈秉成：《（光绪）广西通志辑要》广西通志辑要卷三，清光绪十七年刊本，第6985页。

④ 《良友》1934年第90期，第1页。

（康熙）《云南府志》：今愚民不知礼义，男女污杂以为淫祀，岂不哀哉！负神多矣，今欲刻诸坚石，以明神之英烈，以禁男女之淫乱，以明愚民之淫祀，岂不美哉。遂遣使不远千里特求文于予，辞不获命，以表牛公之用。①

（乾隆）《西藏志》：西藏风俗鄙污，人皆好佛贪财，不以淫乱为耻，不知臭秽，轻男重女。②

（雍正）《广西通志》：向有唱歌之习，屡经示禁，并谕地方官勤宣教化，广为谕晓，务去此淫乱之风，共臻礼义之化，近年亦已稍减。③

同样从方志考察，到了民国，淫乱之说减少，"自由恋爱"之说出现更多：

（民国）《马关县志》：娶妻不以媒，每自由恋爱而得之，俗淫而善歌。④

（民国）《镇宁县志》：苗族礼俗。一、自由恋爱 名向月亮，每逢月色清明之夜，达到婚□□□之男女，乃实行其恋爱生活之时机。⑤

可见，从"淫乱"到"自由恋爱"，如果用前文所说的"标出性"来看，这正是标出性的"历史翻转"⑥，这种翻转正是因为主流社会对文化或文明认知发生了变化，导致了对女性行为从一种

① （清）张毓碧：（康熙）《云南府志》卷之二十，康熙刊本，第2035页。
② （清）允礼：（乾隆）《西藏志》，清乾隆刻本，第79页。
③ （清）金鉷：（雍正）《广西通志》卷一百十九，文渊阁四库全书本，第10260页。
④ 张自明：（民国）《马关县志·风俗志》，民国二十一年石印本，第220页。
⑤ 饶燮干：（民国）《镇宁县志》卷之三，民国三十六石印本，第990页。
⑥ 赵毅衡：《符号学》，新锐文创2012年版，第367页。

被表述到另一种被表述，隐含着调查者表述目的的转换。从前的淫荡，被修正为现代，现代意味着进步，意味着可以将其团结为新国民。

被表述的现代性，有时候也体现在边地女性与现代都市杂志的关联。台湾学者王鹏惠专门分析了民国时期被拍摄的倮夷女子。"新西康专号"上庄学本于30年代拍摄的封面少女——罗罗少女，被《良友》第158期作为封面人物。《良友》大多以现代女性作为封面人物，而处于边地的罗罗少女却被搬上封面。搬上封面后的罗罗少女出现了柳眉、胭脂、唇膏，这些都是对原拍摄照片进行的再次加工。[①] 这种"摩登的改装"显然是一种被表述的现代性。另外，拍摄者也赠予当地女性一些带有现代都市女性图片的杂志。从这些细微的举动可以看出，媒体上边民的刊登起到一种沟通的作用：使边地女性现代化（包括知道中国"文明"城市发生的事情及民族大事），成为他们行走边疆拍摄边民的目的之一；同时，将其带回都市，不惜进行现代化改装，是想让更多民众接受边民，因为他们也是"我们"的国民。在中国，现代化运动带有非常强烈的国家意志色彩，并且是通过社会动员的方式来达到的。[②] 此例，实在可作最好的说明。

另外，作者也在照片的说明中强调边地妇女与现代性的关联。如庄学本说，青海土女夏日所戴竹制凉帽，与近今巴黎最时髦者无异。已婚妇女发式之一种，脑后装饰如扇，有西班牙之风。

---

① 王鹏惠：《失意的国族/诗意的民族/失忆的族/国：影显民国时期的西南少数民族》，博士学位论文，台湾大学2009年版，第112—113页。

② 此观点来源于杨煦生：《国学与汉学》，燕山大讲堂2011年4月20日第106期。见http：//view. news. qq. com/zt2011/ysdjt106/index. htm。

图5－6　庄学本于20世纪30年代拍摄的封面少女——罗罗少女①

随着整个中国现代、民主观念的高涨，被表述的"现代性"，逐渐作为女性的自觉主张，努力追求自身的进步。尤其是有些知识，略见世面的妇女更是如此。现代著名作家，活跃在第二次世界大战欧洲战场的中国记者萧乾，曾游历西南，并留下多篇散文。其中，作者写到1946年在昆明去围观昆明小姐选拔赛的场景，其中有对滇女们的描写。先看选拔赛时主席发言：

① 庄学本（摄），《良友》1936年第120期，第18页。

> 民国以前，妇女是被男子压迫了数千年，绑小脚，讲三从四德，处处不容我们妇女呼吸。民国以后数十年，妇女被男子玩弄了数十年。被压迫，我们终于尚知反抗。被玩弄，可就更不易翻身。因为人总是人，穿好的，吃好的，又出风头，谁不爱？然而这个当可上大了！于是，什么献花发奖，招待东洋贵宾，由我们来干；军政大事，公务私业，由他们男人包办！妇女要争平等，必先有平等的职业能力，从而争到平等的经济地位，使我们一样可以拍胸脯说，大妇女，富贵不能淫，威武不能屈。①

由于时间关系，作者只听到两位推荐人的演说，一位是一个非常老憨的村女提了菜篮用滇腔推荐她的姑妈，姑妈原给别人当丫头，自己逃跑出来，跑到工厂里做女工。后来政府革新，有了义务教育，考上了学校，毕业后又考上了蚕桑学校。最后姑妈站出来，是一个三十五六岁的乡妇，衣着朴素，很腼腆地向主席说：我穿的袍子便是我亲手养的蚕子吐的丝，绝不是外国货。

另一位推荐人是云南妇女社会教育会的会员，推举的是该会巡行教育车队的一个女司机张大嫂。张大嫂是他们驾车队的娴熟女司机。吃点粗，睡的苦，她全不怕。她只要什么倮倮苗子全变成中国国民。张大嫂一亮相，原来是身长七尺有余，体阔于哼哈二将，黝黑的脸上，是一片和气的笑容，双手抹嘴，爽快地说："天不谢，地不谢，单谢中国营养赶上了世界标准。"②

---

① 萧乾：《神游大西南》，《从滇缅路走向欧洲战场》，云南人民出版社 2011 年版，第 225 页。

② 同上书，第 226—227 页。

可以说，这是中国历史上第一次出现如此平民化的选美。[①] 清末民初的选美，也是烟花女子而非良家妇女可参与。在作者诙谐的文笔中，透露出这样的信息：看起来是选美，但不过借选美的契机，表达女性争取平等的国民权利。其具体意义在于：第一，妇女要争取与男子平等的地位，体现了女性解放的觉悟；第二，让"倮倮苗子全变成中国国民"，即是争取各民族平等的国民观；第三，选美平民化的竞选词，意味滇女已知男女平等、中国各民族平等的观念。可见，当时的昆明滇女，已有相当的现代妇女观念。

近年来，西方学界流行这样一种观点，即少数民族身份是被制造出来的，而国家的政治权力话语主导了被制造的过程。如美国学者杜磊（Dru C. Gladney）认为，通过展示少数民族女性的一些特性，中国艺术家制造了一种区分于他们自己的、被异化的少数民族女性形象。通过分析 1992 年纪录片《古今风俗奇观》展示的许多女性特征，如裸露的胸部、大腿等镜头，作者指出，异族女性经常被表述为"恋爱自由""性开放"等。"苗族少女，裸体相睇"！实质上是与大城市懂礼仪的和谐恋爱、婚姻与性生活相对比，目的在于与现代文明人进行区分。同时，作者又举出电影《青春祭》如何将傣族异化、情色化表述。[②] 作者还谈道，当代云南画派的艺术家们，也喜用固定的色彩，奇装异服与性爱等表述方式，将少数民族女性物化，从而使他们失去个性与主体性。最后总结说，这些中国艺术家们从事的是一种自摩尔

---

① 清末民初，上海滩就搞过选美，当时叫出花榜、选花魁，后来叫花国大总统、副总统之类，参加者多为烟花女子。当然，同为 1946 年，最轰动的不是昆明而是上海小姐的选举。和今天各种大行其道的选秀活动所不同的是，上海小姐选秀最初的目的是募捐赈灾，它的幕后操手就是上海滩上鼎鼎有名的杜月笙。由于昆明选秀发生在战争中的西南边地，以至于在历史长河里被掩埋，鲜为人知。

② Dru C. Gladney, *Dislocating China: Muslims, Minorities and Other Subaltern Objects*, Chicago: University Of Chicago Press, 2004, pp. 62 – 64.

根、博厄斯及其早期的历史进化论所建立的人类学事业，他们预设了一种原始人的“普遍心理”，从而模式化地去表述少数民族女性，特别是他们的性爱。[①]

以上说法有一定道理。但是，作者是否同时关注了傣族、苗族女性本身的传统（虽然，传统只是我们现在赋予他们的词汇）习俗呢？艺术家们表述的根基是什么？如果我们回到民国时期的调查文本会发现，对摆夷（傣族）等少数民族女性描述，虽然会呈现一种不同于我们的区分，但是仅用区分来概括却远远不够。有时，不同于我们的异族女性，甚至被表述为不属于我们一样的“传统”，而是“现代”的。虽然也是一种被表述，但这种表述不是要将其异化、排除，相反，而是要将其归类为新国民。

只是，值得反思的是，从此以来，摆夷（民族识别后的傣族）少女一直被作为现代性的符号，被主流社会运用。1979 年 10 月，毕业于中央美术学院的袁运生参与首都机场壁画创作，当其作品《泼水节——生命的赞歌》在首都机场出现时，人们排队观看。画中因大胆绘入三个沐浴的傣家女裸体，被称作“真正意义上的改革开放”。然而壁画的出现却引来了众多争议，以致上升到政治层面，因此这次事件被称作“壁画事件”。其实，争论的焦点依然与民国时期一样。不赞同的本土知识分子仍然觉得这种表述手法是讽刺自己民族的落后，是衣不蔽体的野蛮；而赞同者认为这是中国艺术开放，改革开放的现代化表述。[②] 在他者的表述中，我们依然可见少数民族女性被作为符号来标识“现代”与“开放”。

---

① Dru C. Gladney, *Dislocating China: Muslims, Minorities and Other Subaltern Objects*, Chicago: University Of Chicago Press, 2004, p. 72.

② 《壁画背后》，《见证·影像志》2009 年第 202 期。台湾青年学者王鹏惠为笔者提供此信息，特此致谢。

图5－7　拍卖的《泼水节——赞歌》线描稿①

图5－8　北京老候机楼餐厅三楼的壁画生命的《泼水节——生命的赞歌》最引争议部分②

① 1979年作《泼水节——生命的赞歌》线描稿（局部）纸本，http：//auction.artron.net/paimai－art69830026/。此图估价：18000000－28000000。

② 《22年前壁画风波 女人体首次现身中国公共场所（图）》，《北京青年报》2001年3月9日。

图 5－9　网上商店中琳琅满目却无人问津的傣女蜡染、十字绣①

然而，无论是带有贬义的“区分”于“我们”的“性开放”“男女交往随便”等，还是被“我们”所褒扬“认同”的“自由”“现代化”等，不都是“我们”作为调查者、观看者的表述吗？下笔千言，“我们”都没有离开自己所要的主题。“我们”到底要什么？西南调查先行者的大段表述，值得一引：

> 就车里十余万摆夷来说，他们名誉上虽归入我国版图有六百多年的历史，然至今尚通行其己族的语言和文字，信仰印度的佛教，服从土司的威权，具特殊的社会组织和生活的方式，恰与中

① 笔者截图网址：http：//s. taobao. com/search？stats_ click = search_ radio_ all%253A1&js = 1&initiative_ id = staobaoz_ 20140713&q = % B4% F6% D7% E5% B9% D2% BB% AD&suggest = 0_ 1&wq = % B4% F6% D7% E5% B9% D2&suggest_ query = % B4% F6% D7% E5% B9% D2&source = suggest&tab = all&promote = 0&bcoffset = 4&s = 44。

国文化分道扬镳，好像一个半独立国一样；且其人民性爱和平，尚自由，能互助，外国人称为"东方的自由地"，这是多么有趣一块地方呵！与国界——车里居云南的南部，东部及东南界法越，西南界英缅，面积十余万方里，得不够两个人口。富饶之区，竟成荒芜之域，我国人若置若罔闻不加爱护，多么可惜！然而英法两国正在垂涎三尺啊！英兵强抢了我们的片马和江心坡，大发其得寸进尺的帝国侵略；法国筑成了滇越铁道，其并吞云南的野心，昭然若揭。呵，车里已成了英法相持的鹄了，多么危险哩！你看英法两国接车里的重冲地方，俱驻有重兵保守，回观我国有殖边之名，而无置边之实，既少训练的边戍，又无能干的边吏，一旦有事，安能自守？这何异于自打开其门户欢迎敌人来攻么？

……

摆夷民性因凡事爱和平，不尚武力，故有特殊议会产生；因尚自由，不妨碍他人，故形成了安定的社会秩序；因能互助，不事争夺，故有原共产社会的遗留……这种美满的社会制度，恐怕在世界上无论何民族是很难找到的！至于物产，有著名的普洱茶，有树胶，冰片和樟脑，有金银铜铁锡的丰富矿苗，假使交通便利，何难成为膏腴之地？现在置边的呼声，已一天高似一天了！可是能够去实行工作的人，到底找不出有多少个！我以为像这个秘密的车里真值得我们开辟的！①

在当代学者王明珂的反思性研究中，经常会提及"何为中国""何为国民"等问题。何为"国民"？在他的"民族与反思性国民认

① 杨成志：《云南的秘密区——车里》，《新亚细亚》1931 年第 2 卷第 4 期。

同”中提到，在20世纪上半叶，“国民”（citizen）与“民族”概念同时进入中国，也随着边疆地理与民族考察而进入中国边疆——造“国民”与建构“民族”同时进行。然而，建“民族”易，造“国民”难，在他看来，造“国民”是近代中国之民族国家建构的未竟之功。① 民国时期，西南少数民族第一次被浓墨重彩地作为“国民”表述，说是褒扬认同当是情境中事。然而，从“壁画事件”看来，浓墨重彩的“国民”表述有些矫枉过正。造“国民”之难，其中就在于不懂被造之“国民”，造“国民”只是一厢情愿的“他表述”。这样的“他表述”一样具有自我想象或对异己建构的成分。马林诺夫斯基说：

> 特罗布里恩德人的两性关系十分随便，这只是表面的看法，事实并非如此，其实限制很多。阐明这一问题的最好方法，就是按时间顺序描述一个男人和一个女人从童年到成年的成长过程的各个阶段，即描述一对有代表性夫妇的性生活史。②

在民国的调查里，极少能将异族性生活，纳入其所属民族的历史脉络，即使是短暂的史，也未见描述。他们的性生活产生了怎样的社会关系？性行为与生育到底是怎么回事？这些问题都不曾解答，也来不及解答。开放的异族妇女，在广义的政治话语中，意味着新国民的可能，她们不再像自己的服饰一样，只成为“斑驳”的社会异景。

美国学者威廉·亚当斯在《人类学的哲学之根》里说：“每个美

① 王明珂：《建“民族”易，造“国民”难——如何观看与了解边疆》，《文化纵横》2014年6月。

② ［英］马林诺夫斯基：《野蛮人的性生活》，高鹏、金爽译，团结出版社2004年版，第3页。

国人类学家既是一个进步论者，同时又是一个原始论者。"[1] 对于中国早期民族学人类学家而言，这种情况何尝不是？不过，在他们那里，进步论时时压倒原始论，使其情感更多地体现在对现实中国的焦虑之中。但在西南民族调查中，进步论者也找到了他们原来只是想象的原始社会形态的活化石（同时为中国古史研究找到了新方向）；原始论者则找到了"高尚的野蛮人"，他们让其作了历史上最华丽的一次转身。不过，他们所寻找到的都是现实与想象相结合的"真实"罢了。

再统摄以上论说，或许可以如此总结：如何纳"他族"于"我族"，宗教体现了拯救他们成为"新国民"的思路，而女性的思想观念却体现了他们具有成为"我们（中国）"的"新国民"之可能。宗教作为"遗存物"，隐喻了中国的过去；女性服饰意味着民族的传统（后来演变为中华民族的传统，直到今天）；而开放的婚恋观，正是当时中国现代化努力的方向之一。

---

① ［美］威廉·亚当斯：《人类学的哲学之根》，黄剑波等译，广西师范大学出版社2006年版，第4页。

第六章　民族志与“观西南”

日本人类学家鸟居龙藏的《苗族调查报告》（1903）于20世纪30年代初被翻译成中文，在国内人类学、民族学界流行。但译进来时，其中的第一章旅行日记则被删除了。当时，民族学家江应樑曾发表评论讨论这一问题：倘使我们读本书的目的仅求对苗民得到个大体知道，那随读本书一过当已可满足；倘要借此书作研究苗民的资料，甚或进而探索作者调查苗民的方法步骤，那旅行日记一章之重要性则并不亚于本文。①

对于《苗族调查报告》至今所出中文版均无第一章，我们深表遗憾。因为要研究一部民族志，至少包括其含义的三个层面，一是以文本形式所体现出来的调查成果（文本论）；二是通过调查进而得到认识特定人群（人类）的方法（方法论）；三是作为调查过程的田野实践（实践论）。而要寻找民族志的田野实践，恰恰少不了旅行日志等文本。在本书中，前三章也只是分别从历史、地理、文化的角度，选取了民族志撰写的内容进行分析讨论，其中主要涉及民族志的文本论层面，同时也涉及一定的方法论。但笔者认为，仅止于此还不能全面理解中国民族志在特定时期的生产过程及表述特点。幸而民国时期国人

---

① 江应樑：《评鸟居龙藏之苗族调查报告》，《现代史学》1937年第3卷第2期。

调查的部分日志、行纪类材料尚存，故本章从其入手，将作为田野实践的民族志与作为认识特定人群方法的民族志相结合，重点关注民族志家，即书写文本的田野实践者，如何表述自己的田野过程，在表述中又透露出怎样的西南观，以及这种观西南的意义。

第一节　新西南：从新文体到新观念

当 enthnography 落地中国后，中国学术界对于中国边地研究的热情大增，同时出现了一种专门的民族志文本，用来记录中国边疆民族。民族志文本的出现，不仅意味着记录边疆民族方式的创新，更在于在调查过程中渗透的部分人类学观念，并被表述于文本之中。即新文体产生，带来的是新的思想观念变化，这个新观念既关乎人类学民族志所倡导的“科学”“客观”的“他者”记录，更影响了外界对边疆各区域人群的重新认知。

民族志是中国特定时期学术转型的新产物，对边疆民族的调查与书写成为实践这一学术产物的试验场。然而，绝非仅仅是为学术而学术，调查者或曰民族志学者（ethnographer）的“调查动机”值得关注。帝制瓦解，社会动荡，政治黑暗，置身于当时情境之中的知识分子因袭传统，沐浴西风，学通古今中西，却又心系于乱世之间。科举废除，仕途有变，其身份模糊暧昧，介于官、民之间，[①] 特别是关注人文学科的知识分子，受“新史学”观念影响，他们反思中国历史不

① 徐新建：《民歌与国学》，巴蜀书社 2006 年版，第 37 页。

应该仅仅是帝王将相史，于是开始眼光向下，向普通民众靠拢。而发现一个新西南，是各种条件催生的结果。

一　到西南去

20 世纪 30 年代前后，到西南去，成为知识分子的“时尚”选择，先行西南的知识分子更是大力宣传，因为西南是实现理想的抱负地。这一理想的情感可以从中国的教育家、政治家黄炎培的《蜀南三种》中看出。

1939 年，国民政府派黄炎培（时年 61 岁）率国民参政会川康建设视察团到西南各地考察，后写有《蜀南三种》一书，在序中，黄说：

> 我们奉了使命出去观察，我们的脑海里，出去的时候不可以有，回来的时候不可以无。为什么不可以有呢？出发时如果有的话，就是成见，这是犯大忌的。要空空洞洞像一面大镜子，一切形象才容得下，才摄取得真切，可是回来时，反而没有，那简直“如入宝山空手回”了。①

从黄炎培这本“不寻常的游记”中，我们似乎可以看到类似民族志的主位立场。可见，此时的黄已经具备一种平等看待异民族的观念。早在 1914 年，黄就以《申报》记者身份在安徽、江西、浙江、山东、北京、天津等地考察了五个月。1915 年，又随中国游美实业团体在美国考察了 25 个城市 52 座学校，广泛接触各界人士，考察教育，撰写《旅美随笔》。1917 年赴英国考察，同年 5 月 6 日，联络教

---

①　黄炎培：《蜀南三种》，国讯书店 1941 年版，第 5 页。

育界、实业界知名人士在上海发起中华职业教育社。次年，创建中华职业学校。此后数十年时间的教育和社会活动主要通过中华职业教育社来展开。1931年九一八事变后，黄炎培积极投入抗日救亡运动，创办《救国通讯》，宣传爱国主义。早年的黄炎培接受传统教育，曾中秀才，至举人。但很快接受现代教育，受蔡元培先生影响，一生致力于教育事业。

可以说，黄炎培是20世纪30年代关心国家前途的典型现代知识分子。虽然黄已有民族平等观念，但因为不是民族学家，目的不在于做出规范的调查报告，因此《蜀南三种》表述方式一如以往的《旅美随笔》等。黄特别强调其中有“地方政治问题资料，地方经济问题资料，边疆种族问题资料”，认为这是他们出来花了很多时间，走了很远的路而产生出的巨册报告书的精华。他不愿“严严整整地说这些正经话，排列许多正经资料给人家看，容易使人家沉闷到瞌铳”。还不如游记体裁，用轻松流利而通俗的笔调写出来的好。

照作者说来，比起巨册报告，这本考察精华更值得阅读。这是一本渗透作者强烈感情的书。黄氏长袖善舞，秀才、举人才华流于诗文。作者是在“极惨极愤慨或极兴奋”也“不知淌过多少热泪”的情况下写成的。全书共16小节的游记，既有以地点命名的，也有以感想命名的，或者以民族命名的。另外，全书收录作者途经的28地所写的28首诗。在所有的诗作中，黄特别强调要注意“敬告青年”与“重做人三章”。“敬告青年”言：中华国魂何在？民族复兴何赖？儿孙代代，只处处青年可爱！与君一纸书，赠君千万句：“爱国、爱人、自爱”，此外更无他语。舍我身，为国有。言不欺；行不苟！①

① 黄炎培：《蜀南三种》，国讯书店1941年版，第144页。

“重做人三章”：“身非我有”记得此言否？从此吾身献给民族献给国家有。[①] 黄炎培特别提到刘芷汀先生的《倮区汉奴吁天录》中的汉族娃子，并将那些穷苦原始的孩子，称之为“第二代国民”。[②] 而所谓的“敬告青年”“重做人”即在于作一个为国献身的青年，拯救那些“第二代国民”。

《蜀南三种》出现在抗战之后。到西南去的呼声，在抗战之前就已高涨。报刊中，时常可见《到云南去》[③]《到四川去》[④]《到边疆去》[⑤]《到边地去》[⑥]《到松潘去》[⑦] 等号召性文章，显示了到西南去带有宣传鼓动的特点，其中的爱国情绪如《蜀南三种》一样，是普遍的。大抵奉命到西南去调查的人，会被西南民族的实际生活所“震撼”。接着，便会在文本中，直接表露出“敬告青年”一类的激情号召。

到西南去为何可以实现理想？因为西南已经成为“新西南”！

> 中国的西南，是一块未开垦的处女地，在过去，由于地形的复杂，交通的不便，地理上的远离，政治的不上轨道，资金的短绌，以及其他一切主观及客观条件的阻挠，使西南成了荒僻之区，在未开化的名词下，被沿海的繁荣地带的人们所忽略而漠视。他正好像一个胸罗锦绣的才子，也好像空谷里绝色的佳人一样，一向被人们冷寂地舍弃，虽然怀着无限的富庶，但被埋没了

---

① 黄炎培：《蜀南三种》，国讯书店 1941 年版，第 173 页。

② 同上书，第 7 页。

③ 睡佛山人：《到云南去》，《天南杂志》1929 年第 1 期，第 68—73 页。

④ 孙锐存：《到四川去》，《宪兵杂志》1936 年第 3 卷第 9 期，第 140—142 页。

⑤ 刘松塘：《到边疆去》，《辟荒》1935 年第 5 期，第 23—24 页；天间：《到边疆去》，《清华周刊》1928 年第 30 卷第 8 期，第 7—8 页。

⑥ 杨露浓：《到边地去》，《康藏前锋》1933 年第 4 期，第 18 页。

⑦ 徐益棠：《青年中国季刊》，1940 年第 2 卷第 1 期，第 207—214 页。

> 数千年。自从抗战以后，西南也渐渐显露出她的重要性，她已得到了新的估价与新的认识，她被人们公认为长期抗战的根据地，中国复兴的“堪察加”。无疑地，她已经负起了前所未有的中国抗战建国过程中最艰巨而神圣的职务了。①

“新”西南并非说西南本身发生了什么新变化，而是在关键时刻，西南被重新认知与评估。如黄炎培的《蜀南三种》一样，其文主题在于鼓励当时爱国青年，看清西南的悲惨现状，以做好对其施行拯救的准备，西南的“新”，是西南之外的人对“西南”认知上的“新”。《蜀南三种》，即是用人类学客观表述他者的新观念，来表达一种新的西南认知观念。西南的形象，由华尊夷卑观念里的荒僻、落后、神秘，转变为需要敞开、需要开发的中国复兴地。

如何成为“新西南”？如汪哲冰在《到西南去》一文中说：

> 西南要获得全般的成功在人力物力上还急待有外界的加入，去开发西南无限量的矿产，去扫除西南无数的文盲，去彻底的协助地方组织更健全的政治机构，去发展更多的工商业，另外还有几千万苗、猺、猓猡等落后的民族，迫切地要人们去领导、教育、组织。这许多伟大艰巨的工程，老实说不单是西南各省所能担负，他是需要整个中国国民集团的力量，才能推进，完成。②

如果将这种声音扩大来看，“新”在民国时期是非常重要的关键词，新中国、新西南、新四川、新贵州、新云南、新西北、新国民、新女性等关键词，在当时各类杂志上可谓铺天盖地。“新”掀起的是

---

① 白水编：《今日新西南》，张研、孙燕京主编《民国史料丛刊（858）》，大象出版社2009年版，第9页。

② 同上书，第141页。

一种认知潮流，由新认知带来新视野，进而有新行动。同时，到西南去得来的文本，与现代科学的兴起有极大的关系。民国以来，中国关于西南描写的文本，大多与现代学科有关。丁文江是国人中较早写到西南土著的人，却是因为地质调查，顺带得来了西南土著的第一次描述。搞农学的崔毓俊，本是去西南作农学调查，却写成《到西南去》一书，其中不乏西南各土著的风土习俗描写。黄炎培的《蜀南三种》得来许多“边疆种族问题资料”。可以这么说，携带现代科学观念，有志于西南研究的知识分子，打开了通向西南的通道。这条通道，重点不在交通建设等硬件设施，而在于文化接触与交流中产生的对西南新的认知观。

二　中国并非华夏

1942 年，中国战地记者与作家萧乾，在英国出版了《中国并非华夏》（*China But Not Cathay*）一书，全书共 15 章。其中内容包括介绍古老中国的历史与现状，文化与地理以及抗日战争时中国政治、经济、文化、军事等各方面的情况。但是为何用《中国并非华夏》作书名？这是一本发行于西方世界的书，作者的目的用心均在于让西方人重新认识一个崭新的中国，而不是古老的华夏。

在该书的开篇两章，即古老的危机（The Danger of Being Ancient）与桑叶（The Mulberry Leaf），作者整理了西方世界所汇集的中国形象，主要有这样两个方面：一是自马可波罗以来，风景如画的中国一直被探险者描绘为神秘之地；二是从 19 世纪开始，在传教士的多样图画下，中国又成为其寻找的“黑暗大陆”。作者希望读者放弃“异国情调”的“英国式”的中国，用现实的态度去接受一个真实的中国。中国人也与别国人一样有自己的快乐与悲伤，问题与愿望。第

一，说中国是神秘之地是不了解中国的地理。北边的满洲里—西伯利亚边境到南边的云南—印度边境的距离是2500英里，从西边的新疆高原到东边的海岸大约3000英里。由于中国的地理环境，我们不能责备在19世纪末，中国与世隔绝、隔离自己于世界之外。[①] 地理环境也决定了中国人并非如林语堂先生所言，性格均受儒家思想影响的同质性。[②] 第二，在纠正了西方关于中国古老的华夏形象观之后，萧乾用了更大的篇幅（第3—15章）[③] 谈到中国再也不是“黑暗大陆”，中国即将到来一个民主的时代，白话文运动的开展、大众教育与高等教育的发展、女人们开始走出传统闺阁、经济开始重建、滇缅铁路的建设、通信得以畅通等即是证明。在这个时代中，中国人正用昂扬的激情应对抗日战争。

当时中国驻英大使顾维钧先生为此书作了序，此序并未具体陈述书中内容，却从更宽宏的国际视野，肯定了在别国人眼中，中国人应有的形象。认为此书展现了战争与工作中的真实中国图景，展现了中国人在面对严峻考验时的态度。当前的中国人勇敢、坚决、勤奋、充满活力、自信。萧乾重新发现了一个新的中国，这个中国团结一致，凭着智慧和决心在前进道路上战胜了惊人的困难。顾维钧预言中国将

---

① Hsiao Chien, China, But Not Cathay, Printed in Great Britain at The Curwen Press, Plaistow, 1942, p. 15.

② Ibid., p. 8.

③ 第3—15章目录为：3. 民主时代的到来（A Democracy Comes of Age）；4. 我的家乡被淹没了（‘MY Home is Drowned!）；5. 出笼的女人们（Women Out of the Cage）；6. 白话与文言（The Vernacular versus the Classical）；7. 遭破坏的首都（Captain of Destruction）；8. 大众教育与高等教育（Mass Education and Higher Learning）；9. 经济重建（Economic Reconstruction）；10. 滇缅路上（“On the Road to Mandalay”）；11. Air Ace一流空军刘粹刚之死（The Death of an Air Ace）；12. 通信：动脉阻力（Communication: Arteries of Resistance）；13. 游击队（Guerilla Industries）；14. 新闻战线（The News Front）；15. 当我们胜利时（When We Triumph）。

在战后的国际关系中扮演重要作用。①

康奈尔大学的马丁·贝尔纳在《黑色雅典娜：古典文明的亚非之根》一书的序言中这样提到《中国并非华夏》一书：

> 从我在剑桥正式开始学习汉语之前，我和中国的联系就开始了。第二次世界大战期间，我七岁时，作家和翻译家萧干②给了我一本他的书《中国而非震旦》③，当时他是伦敦“东方和非洲研究学校”的讲师。在书的卷首插图，他陈述了该书的主题，即中国不是神秘的东方天堂，而是一个真实的地方，中华民族当时饱受日本侵略、政治腐败和自然灾害的苦难，但中国人民的力量终将使它胜利。④

综上所述，《中国并非华夏》乃是作者面向西方读者，重点在于纠正其眼中的中国形象。同时，该书更从族群的角度，对于华夏之外的少数民族也有介绍与描写。但范围只涉及“五族共和”之五族中的满、蒙、回、藏，而且说，所有成员一律平等。⑤

在赴英国任伦敦大学东方学院讲师之前，萧乾曾有段考察西南边疆的特殊经历。1937 年 8 月 13 日，日寇飞机轰炸上海闸北，《大公报》缩减版面，遣散大量工作人员，萧也失业，离沪赴汉。适值杨振声、沈从文由北京南来，于是一道经湘黔到昆明。1938 年夏，萧又回

① Hsiao Chien, China, But Not Cathay, Printed in Great Britain at The Curwen Press, Plaistow, 1942, 序。

② 即萧乾。萧乾原名萧秉乾，冰心玩笑称之为“小饼干”，可能萧乾因此成为“萧干”。

③ 古代印度称中国为震旦。

④ ［美］马丁·贝尔纳：《黑色雅典娜：古典文明的亚非之根》（序），郝田虎、程英译，吉林出版集团有限责任公司 2011 年版。

⑤ Hsiao Chien, China, But Not Cathay, Printed in Great Britain at The Curwen Press, Plaistow, 1942, p. 18.

到香港恢复港版《大公报》事宜。1939 年春，他从香港经河内赶到滇缅公路采访。两年断断续续西南边疆行的经历，萧乾都有考察游记文章，发表在《大公报》等刊物上。

其实在赴英之前，萧就看到了西南族群远远不是“五族”所能概括的。1939 年发表在《见闻》上的《贵阳书简》，就写到贵州的“各色”苗民：

> 过镇远，沿途苗民便多了，青，黄，蓝，花苗都有，见到的以黑苗最多，花苗服饰最好看。有的三五成群，担草赶骡；因为服装一律，分外整洁。特别动人的是傍晚时分，坐在山腰牧着畜群的苗子，对着黄昏的天，很忧愁地望着。①

同时，作者也写到芒市的民族大融合：

> 你也许走过许多地方，看到各种不同的风光，但在一块空间上看到买番瓜、牛肚子里的傈僳姑娘，在显耀着她那田字图案的五彩花衫，背负草席的德昂妇人紫红的麻衫下，腰间缠了十几箍黑圈，山头姑娘的珠花裙已够美了，衬了她所卖的“五色锦”和“同帕”正是锦上添花，而营生更广、数目更多的是傣族人。②

中国并非华夏，在这里又作何解释呢？

中国传统对“华夏”的认知是：春秋各国，族姓甚多，何以能属于一共同文化体系呢？原来古代有一传说告诉我们，“他们都不过是姬姜两姓的支派，且姬姜两姓本尚是一族，都是少典氏的后裔。他们既是一族，自有其共同文化与生活，故共称华夏。和其生活不同的，

---

① 萧秉乾：《贵阳书简》，《见闻》，桂林烽火社 1939 年版。

② 萧秉乾：《被遗忘的人们》，《大公报》1939 年 6 月 29 日。

即分称蛮，夷，戎，狄；甚至即他们自己的族人，如有已蛮、夷、戎、狄化了的；亦视之为蛮、夷、戎、狄，不得称为华夏”①。

这种“一点四方”② 的华夏观念，到了近代中国，发生了根本性的变化。本书第三章专门讨论了民族志文本开篇关于少数民族起源问题，即民国时期的民族学家通过对少数民族起源追溯，认定其是“我族”同胞，就起源的意义上来说，中国即华夏！中国境内的少数民族，都与华夏在起源意义上等同。然而，中国境内的文化多样性应该如何解释呢？民族学家用地理知识（第四章），对文化多样性（第五章）进行了合理的解释。如此再考查“中国并非华夏”这一概念，国内学者的调查报告呈现出“中国”与“华夏”之外的少数民族之间的复杂关系：就起源意义而言，中国即是华夏；就文化意义而言，中国少数民族区别于华夏，隐喻着华夏文化才能代表中国文化。后者可以姚荷生的《水摆夷风土记》而论，作者常用“中国”来意指“中原”或“华夏”。如说到摆夷的民俗文化——抛绣球与泼水节，都认为其源于“中国（中原）”：

> 抛球戏似乎也起源于中国。因为五代冯正中有几首词，词牌名叫抛球乐。③
>
> 摆夷泼水、跳于络呵，实在源于中国的泼寒胡戏和唱“苏幕遮”。④

秋千戏或起源于春秋，或云始于汉。但在唐代，宫中和民间，秋

① 梁园东：《华夏名称及其种族考原》，《史地社会论文摘要月刊》1934 年第 1 卷第 3 期，第 5 页。

② 徐新建：《西南研究论》（总序），云南教育出版社 1992 年版，第 4 页。

③ 姚荷生：《水摆夷风土记》（1947），云南人民出版社 2003 年版，第 167 页。

④ 同上书，第 177 页。

千戏很流行。云南和中原的来往，也以唐代为最密，或许秋千戏就是在这个时期流传到云南的。①

图6－1　打秋千

（笔者2011年7月5日摄于版纳景洪）

用“中国”来区分“蛮夷”，在任乃强的表述中同样有之，比如，“番人武器，常较中国落后”②。可见，在学者们的表述中，四方蛮夷在某种意义（文化）上不属于中国（中原或华夏）的观念依然存在。由这个层面上讲，中国是华夏或非华夏，在当时的中国境内，

① 姚荷生：《水摆夷风土记》（1947），云南人民出版社2003年版，第167页。
② 任乃强：《西康图经（民俗篇）》，南天书局（台北）1934年版，第92页。

尚需要就具体语境作具体分析。

而萧乾先生的《中国并非华夏》，并非在空间上或族群上强调中国民族的多样性，而是在时间上强调中国并非过去神秘落后的“华夏”。由于在英国出版，萧先生的书并未在民国时期引起关于“中国”与“华夏”关系的讨论，实为憾事。然而，我们依然可以在此看出萧与其他中国学者一样，在对待中国多民族问题上的矛盾性与共同性。以中原人的身份，萧在对贵州“各色”苗族赞美后，不忘评论道：“这些人如不认真‘教育’一下，把他们变成力量，恐怕有人要代劳了。”①

从“到西南去”，再到对少数民族认知观念的形成，其中有些不容忽视的田野调查细节及文本呈现特点需要再进一步分析。

第二节　观西南：民族记录与文本表述

一　“志”民族：记录、询问与演讲、赠物等

如何放弃民族志调查中的“我族中心”观念，深入调查区域，客观地书写“他者”文化？在当时的民族志调查中，这样的问题在当时并未引起更深入的讨论。虽然在人类学、民族学观念的影响下，下层民众、边地民众成为调查者了解和认知的对象，但调查者并未刻意去回避自我的知识谱系，恰恰相反，如何将自我知识谱系用于边地调

① 萧秉乾：《贵阳书简》，《见闻》，桂林烽火社 1939 年版。

查，是他们思考的一个重要问题。在中国历史上，史与志，在地理空间上对应着内与外。内与外，先有区分，才有融合。对于此处的融合民族方式，并非武力与强暴，而是知识分子借用民族调查实践向异民族输入“文明”与“新知”。

从这个意义上讲，在整个调查过程中，民族“志”的“志”含义已扩大，或者说“志”已不仅仅是记录，或者说“志”伴随着更多超越记录民族的行为。无论西南调查的早期行动者杨成志，还是抗战时期深入西南调查的芮逸夫，在这之间还有黎光明、刘锡蕃、马长寿等人，都是边地现代民族知识的引入者、传播者。他们引入、传播方式各异：既有口授的访谈、演讲的民族知识宣传，也有赠国旗、地图等具有象征意义的行动。这些行为既散见于规范民族志报告中，也见诸随行的日志或游记类文本里。

作为西学知识的实践者，第一次深入西南民族调查时，杨成志被当地上层人士看作是“欧文亚粹吸收全，恰是翩翩一少年”[①]。1928年7月12日到1930年3月23日，共1年8个月的时间，杨调查了滇南、川滇交界的巴布凉山、昆明、河口和安南等地。1930年，其《云南民族调查报告》刊登在国立中山大学语言历史学研究所《周刊》上。报告结构如下：

《云南民族调查报告》结构

一、绪论

（一）云南的历史和地理概要

（二）云南民族略论

① 王子静对杨成志的赞美之词。见杨成志《杨成志人类学民族学文集》，民族出版社2003年版，第132页。

（三）调查经过纪略

二、独立罗罗

（一）独立罗罗名称的解释

（二）地理概况和历史背景

（三）一般制度和惯俗述略

（四）独立罗罗预稿的内容

三、中罗字典

（一）罗罗文的一般内容

（二）记录资料的纲目

四、独立罗罗歌谣集

五、关于花苗的语言和惯俗一般

六、关于青苗的语言和惯俗一般

七、昆明各民族的分析和比较

八、云南民族志资料

九、《云南民间文艺集》资料

十、河口傜人的调查

十一、安南民俗的资料

十二、此次收罗的民族民俗品登记表

附录：

第一　来往重要函件照表

第二　滇人赠语录

第三　西南民族概论①

这个报告，从结构体例来讲，与前文所分析的民族志报告有相同

① 杨成志：《杨成志人类学民族学文集》，民族出版社2003年版，第23—45页。

之处：历史、地理依然是报告打头的内容。但是仔细分析，比起凌纯声等人的《湘西苗族调查报告》，此报告在绪论部分添加了调查经过，即此报告融入了“调查日志”，完整而真实地呈现了调查内容和调查经过，以及调查之后的书信往来等。显然，杨成志并非只是为了完成一个科学的人类学调查报告，同时也为了急于将所见所感告知于有志之士，于此篇幅之中，常见杨氏到西南的行动与惊险、收获与惊喜，充满着英雄主义情调。其中，最值得在此处分析的是本属于民族志调查报告中伴随的一个文本（姑且看着“调查日志”）——“调查经过纪略”与“附录”部分。前者可谓到西南去的经过，后者可谓到西南去后的反响与回应。

“调查经过纪略”部分，杨成志重点分享了个人的西南调查经验，他深觉民族调查急应引起一般学生的注意，遂在昆明中等以上十余学校，轮流演讲民族学问题，并分发“西南民族调查略表”及“云南民间文艺征求表”给将近2500名青年学生照填。报告中将西南各种日报刊登的演讲消息照录下来，题目为：西南民族调查专员演讲——深入巴布凉山调查之一人。接着即介绍英雄式的调查者杨成志，如何克服险阻“经过多次危险”，成为“我国空前未有之民族调查成功之一员”。

杨成志十余日间，被邀请去演讲的教育机构与研究机构包括：历史研究社、青年会、省立第一师范、成德中学、高级中学、东陆大学、省立第一中学、省立女子中学、第一联合中学、昆明市立师范、昆明县立第二中学、建设人员训练所。

演讲的题目分别为：

从人类学谈到国立中山大学语言历史学研究所的工作及民族调查方法——历史研究社

西南民族概论——青年会

云南民族略论及调查方法——省立第一师范

云南民族概论——成德中学

云南民族的类别——高级中学

猓猡论略——东陆大学

民族调查的重要——省立第一中学

乡村教育与民族调查——昆明师范

妇女与民间文艺——省立女子中学

调查民族应注意的几点——第一联合中学

怎样开掘云南的宝库？——昆明市立师范

到民间去！——昆明县立第二中学

建设事业与民族调查的关系——建设人员训练所①

到各校演讲时，杨成志带有猓猡、花苗、青苗之民俗品多件及土人照片多张，依照其所分发之两种“西南民族调查略表”及“西南民间文艺征求表”逐一解释，引起了各校听者的浓厚兴趣，且极踊跃地尽自己之见闻照表分填，是可谓开滇省民族调查及民间文艺征求之先声也。② 杨的演讲题目，从“西南民族概论”到“云南民族概论”“建设事业与民族调查的关系”等，构成了一套有关民族、云南民族的新知识系统，杨将其传播于当地上层人士。

“附录”部分，包括杨成志在调查前后的来往信件、滇人赠予他的评价、西南民族概况三个部分的介绍，清晰地呈现了当地教育界及政界人士与作为“国立中山大学语言历史学研究所西南民族调查专

① 杨成志：《杨成志人类学民族学文集》，民族出版社 2003 年版，第 38—40 页。

② 同上。

员”[①] 杨成志之间的关系。前者所寄予后者（中央委员）之希望：“来开化此种民族”“开辟蛮地”“开辟凉山”[②]。杨成志在西南期间的表现，让他们看到了开发蛮族的远景，也即杨启发了西南上层人士对西南民族及未来的认知。虽然只是一位普通的调查专员，但是杨对于当地上层人士的意义，远不止于此，超越了学术调查，杨已然成为官方的代言人。可以说，在西南地区，既代表官方，也代表学术，杨作了第一次深入的知识普及：西南民族固有的文化，是我国学术上的宝库；西南民族的社会地位，是中华民族实现政治目标待解决的问题；西南民族居住的区域，是矿产密布的地区。[③] 即让特定区域的人群知道自己作为边疆、边地民族存在与国家的重要关联。如此，调查实践中的民族知识宣传在生存意义上影响了当地民众。杨成志借用民族学、民俗学知识，既对西南民族作了认知与区分，同时，也将自己的现代民族学知识，带给当地民众，尤其是当地上层精英人士。

民族知识的传播，同样体现在芮逸夫的川南苗族调查日志中。

为躲避日本侵华战争，“中研院”历史语言研究所于1940年迁至四川省南溪县的李庄。从1933年与凌纯声进行湘西苗族调查开始，芮逸夫都未中断对西南苗族的调查研究，云南的红河、贵州的花溪、青岩、贵定等地，都曾有他的调查足迹。可惜大部分调查都未留下记录日志。唯迁至李庄后，芮对川南叙永苗族调查留下日志一部。[④] 其日志显示，芮接触到几类人物，他们构成了一个混合的声音系统，形成了一个特定的话语圈，其中主要是当地“军政界、文教界人士”，有日志为证：

---

① 杨成志：《杨成志人类学民族学文集》，民族出版社2003年版，第40页。

② 同上书，第121—123页。

③ 同上书，第149页。

④ 此日志由台湾“中研院”王明珂整理出版。王明珂老师在中兴大学开设研究生课程时提到此日志，笔者在台访学期间有幸聆听并受启发，特此致谢。

> 十一时与胡同至县府拜访何本初县长，谈西南两乡（一、三两区）苗情颇详。并为余等建议路线：由后山堡，枧槽沟，分水岭，双河场（在云南威信），再返分水岭，而至黄泥嘴，清水河，至大坝。后赴宴之主客陆续而到（叙永党政机关法团士绅请客）。第二十四师廖师长、唐团长、徐团长亦先后到，此外尚有岳县议长（年已六十七，曾任蔡松坡将军之秘书）、李参议院铁夫、卫生院何院长、县党部郑书记长等。一时许入席，共四桌，廖师长中席首座，余左席首座，同席有李参议员、何校长、李副县议长等。二时半席散，摄影两帧辞出。与何校长同至省高中讲中华民族之意义。胡讲种族平等之意义。五时毕，曹教员邀往晚餐后，即辞别返寓。何海德教育科长来谈苗教育颇久，袁亦来约明日偕人来谈苗情云。十时睡。①

上述日志信息透露，芮氏的饭局及应酬主要在于透过当地官员及上层人士了解苗族详情，共同探讨有关民族问题等。另外，在整个调查过程中，芮逸夫对地方精英尤为关注。凡在当时比较活跃的民族知识分子精英，作者都把他们记在日记里。比如，二十六年《时事月报》中关于西南沿边土司夷苗民众代表高玉柱等，二十五年四月到京，其请愿事项，约分十点，全部详细记载在日志中。② 苗民代表韩介休是作者反复写到的苗族精英。韩三十年筹组叙蔺边民文化促进会，卅一年创办边民学校八所，今已增至十二间矣。芮逸夫称其“谈苗族一切问题，颇有见地。以一耶稣教徒不为耶教所囿，尤为难能可贵。”③

① 芮逸夫：《川南苗族：调查日志1942—43》，王明珂编校，“中研院”历史语言研究所2010年版，第5—6页。

② 同上书，第113—114页。

③ 同上书，第88页。

芮氏与上层人士的交流、应酬，反复提到与其讨论有关民族知识，或者如何认识当时的中国民族问题等，这是其日志的中心议题。芮逸夫还在南坍田苗民俊森的家里翻到一本历史书，正是顾颉刚等人编著，并将其记在日志中，此书的内容为：1. 中华民族是怎样组合的？2. 中国的文化受外缘的影响怎样？3. 中国势力影响到域外，起怎样的变化？4. 中国现有的领域，由怎样的蜕变而成？①

在考察当地学校并展开演讲，是大多数民族学家必做的功课。芮常常在演讲中注重用“民族史”来强调各民族间的密切联系。比如，在演讲部分，与当地何校长同至省高中讲中华民族之意义；“扩大纪念周讲话上演讲由‘古宋’② 九族说到西南民族”。芮亦谈到与当地知识分子“随意谈民族问题”③ 等。可见，当地有些开明的知识分子已经具备上述初步的民族学知识。

上述行为，反映了调查者传播现代民族知识于边地的一种举措。其实，写出的调查报告（学术）文本，只是供官学两界参阅用的，可能会间接影响到当地人；而在调查地的民族知识传播，则直接影响当地人对自我族群、民族国家的认知。

新国民应具备新知识，这是一种理所当然的想法，也是芮逸夫等人想要在少数民族中普及民族知识的原因。这种预设的想法有时会不自觉地体现在民族调查中，使得调查过程不可避免地体现出对未知这些现代知识之边疆民众的偏见与嘲笑。

受中山大学语言历史研究所派遣，黎光明于 1929 年到川西地区

① 芮逸夫：《川南苗族：调查日志 1942—43》，王明珂编校，“中研院”历史语言研究所 2010 年版，第 44 页。

② 古宋，即今四川省兴文县城一带（原文注）。

③ 芮逸夫：《川南苗族：调查日志 1942—43》，王明珂编校，“中研院”历史语言研究所 2010 年版，第 60 页。

图 6－2　笔者于 2015 年 10 月在南溪县的
“国立中央博物院李庄旧址”作调查

进行民族调查。在调查过程中，“科学”的观念与现代民族学知识总是不经意出场。《川西民俗调查报告》有些“游记”的性质，尤其是第二章，所记类型多样，所以作者称之为“杂记”，实则可称之为“游志”。游的地方包括大寨、三舍、和风岩、林波寺、对河寺、葛昧

寺、小西天、后寺、瑟波寺等岷江上游一带的重要寺庙。另有场景性的访谈大寨土司、牟尼土司等。同时还记录了随行人员康他、康他的儿子耶年，及朝藏送别会。此地信仰佛教，所以作者的整个写作过程，最关注的是宗教。在“杂记”这一部分里，作者记录了很多游寺庙会见喇嘛的场景。

在“迷信之一斑”一节中，作者这样描述林波寺的杨喇嘛：

> 杨喇嘛既知道有孙中山，并且听说过蒋介石，但不知有南京也。更可惜的是他问我们道：“三民主义和中华民国到底谁个的本领大？”

葛昧寺的凝戈也问：

> 宣统皇上这一会还好吗？他从不知道有大总统袁世凯，当然更不知道有主席蒋介石。同他谈到南京，他问：“那是洋人地方不是？”①

在作者看来，如此神圣的，最有知识的“番人”圈里，对于政治的认知是如此的幼稚可笑。作者也用一套普遍的科学知识系统去面对一个信仰的世界。而最让作者不可思议和嘲笑的，是宗教世界中关于政治概念的错误认知。这段话已被王明珂先生阐释：在调查中，黎光明与王元辉对当地人物行为的诧异与嘲弄，是因为他们用自己的民族学知识，认为所有国民都应有此“普遍知识”。他们对乡民或边民之“无知”的描述与嘲弄，也隐含了教育应普及于乡民与边民间之隐喻。②

---

① 芮逸夫：《川南苗族：调查日志1942—43》，王明珂编校，“中研院”历史语言研究所2010年版，第120页。

② 同上书，第24页。

这样的情况也在其他文本中体现。在刘锡蕃的《岭表纪蛮》中，更是在“第二十七章·杂录”中专辟一节为“蛮人对于国家观念之测验”，作者写道：

> 蛮人国家观念，异常薄弱，予署三江县任时，曾就30个四十岁以上之苗侗男子，用问答式作种种试验。结果，皆令人失望之极！
>
> (1) 予问“今年为民国十几年”？能答者十五人，不能答者十五人。
>
> (2) 予问“光绪做了几年皇帝？宣统做了几年皇帝？”能答者九人，余皆不能答。
>
> (3) 予问“我国第一二届总统是谁？”一人误答为“袁世跑”，其余答不知。
>
> (4) 予问“中国国民党是谁创的？什么叫三民主义？”全体答不知。
>
> (5) 予问“民国与君主国有什么区别？”其中之七人，只答“君主国有皇帝，民主国无皇帝”，其余皆答不知。

为了表明测验的科学性，作者还专门写到自己抽样情况：此三十人中，籍三江者十四人，籍融县者六人，籍罗城丙妹者各二人，籍龙胜古州者各三人；其职业，操舟者九人，农业者十五人，犯罪者三人，不详其业者三人。其住址皆在苗山，其时间为民国十四年三月。实验地点，为三江税厂及县署。①

上述调查方式透露出作者的调查目的及意愿，即所有这些关于民

---

① 刘锡蕃：《岭表纪蛮》，南天书局（台北）1934年版，第255—256页。

族国家的现代知识，将要普及“蛮人”的认知观念中。否则，未有民族国家知识，何称新国民？

“志”民族，即是“记录”特定人群，记录的目的是什么？西南千百年的惯俗为何在此刻如此被重视？调查者实质在进入调查之前就已经知道了一个事实，“他们”落后于自己。虽然从文献上知道一些，但自己并不了解其落后的程度如何。这些附带的文本流露出其调查心态是：他们很想知道，这些西南少数民族到底知道多少外界（我们）的知识，他们跟自己有什么不一样？所以在调查过程中有很多地方会根据自己的知识谱系设置一些访谈话题。如此深入了解对方知识程度的目的是什么呢？从他们一路所进行的演讲可以知道，他们不但要用自己的知识谱系设问，而且更想将自己的现代民族学知识普及调查对象上，让他们崇尚“新知”，耻于“旧识”，逐渐“文明”，明确自己的“国民”身份。

上述所言的现代民族知识及国家“大义”普及行为，并不仅仅体现在语言的表述上，同时也体现在调查过程中的一系列赠予行为上。在相关文本表述中，可以看到所赠礼品种类繁多，用途各异。如绸缎、自来水笔、墨水、口琴、镜子、手布、肥皂、布匹、玻璃杯、抗战宣传画、世界及中国地图等。① 林耀华在凉山调查时送给保头的礼物为：一面红缎旗，中绣“汉夷一家”名字，下款“燕京大学边区考察团敬赠”，另外更以钟、表、剑、刀、布匹等为酬谢礼物。这些礼品，都有各自隐喻的含义。对于被调查对象来讲，大多数意味着文明、进步与知识，也意味着民族团结，如“夷汉一家”的红旗。

在所有赠送的礼品中，“国旗”最能作为国家符号的象征。马长

---

① 仅从民国时期孙明经到西南地区摄影所赠礼品可知其数量品种极丰。见孙明经、孙建秋、孙建和《孙明经手记》，世界图书出版公司2013年版，第97页。

寿在凉山彝族地区进行的调查，在当时国内外研究者中时间是最长的。[①] 他分别于1936年与1939年进行凉山调查，写成数十万字的凉山罗夷考察报告，在报告中，马长寿这样写道：

> 其间有卢家寨的黑彝，卢家长老数人，要马长寿介绍向政府投诚的，马长寿认为此事关系罗族归化前途甚大，允之。修函与雷波县长，请准其投诚，每年按田纳粮为民。并由考察团名义，赠以国旗一方，为投诚纪念。翌晨，村中大部分壮丁，荷枪实弹，皆来送行。村中罗民，闻吾已介绍彼等投诚政府，携酒献鸡者相望于道路。吾等以布帛针线分给之。[②]

国旗是“中华民国”的符号象征，也是国家的表征。此段展示了考察团与中央政府之间的关系。考察团的权力在“赠送国旗”的行为中可见一斑。同时，被赠送国旗的人都是“满意而去”之类的表述，说明了“国家”这一政治知识的宣传和深入是当时调查团的一个目的，即要让夷人知道“国家”的含义，并希望有“投诚”之意，这暗示了夷民对中央下来的“国家”官员感恩戴德之情。马氏向别土家赠送的国旗，被徐益棠再次写进了《雷马纪行》中，“别土出中央博物馆马长寿君所赠旗，嘱为重钩旗上所湮没之字”[③]。可见，本地人士对“国旗”的敬重程度。赠国旗的行为，在调查中极为常见。1935年9月18日，陶云逵先生在所且调查时向附近村子的头人及本村男女说明：“来测量者，每人给针三颗，花布一方。负责头人，每人国

---

① 马长寿：《凉山罗彝考察报告》，李绍明、周伟洲等整理，巴蜀书社2006年版，第3页。

② 同上书，第34页。

③ 徐益棠：《雷马纪行》，《边政公论》1942年第1卷第11—12期，第99页。

旗一方，给红结瓜皮黑缎帽一个，蓝布一长条，针十颗。”[①] 国旗，既夸耀也展演了中央的权力，也是中央政府向心力的暗示与隐喻。此种“授予”和“受赐”中表达、强化差距，与历代以来所谓的赐汉冠、汉式姓名、鼓乐、彩旗、汉官、军府等行为如出一辙。[②] 不同的是，这里更意味着“授予人”向“受赐人”明示“国家”这一“大意”。

向调查对象解释礼品的用途，无异于讲解一遍外面的世界，这个外面的世界主要是调查者所在的城市或生活。为此，有时调查者也不得已夸大中国现代化的程度，显示中国的自尊。如黎光明到川西作民族调查时写道：

> 晚上，我们打开了话匣子以后，到土官家里来听热闹的不少。他们看见我们的电筒，尝了我们分散给他们的糖精，大家都扭着脸庞，“啧、啧、啧”的赞叹不止。内中有一个问我们，“这些东西是洋人做的不是？”“不是，这统是成都有的”，我们只好这样答应：惭愧！[③]

考察者行走及留下的痕迹带来的效果是什么呢？带着新的现代知识进入蛮夷之地，他们的行动无形中强调了与“他者”之间在政治意识、文化形态、文化权力方面的差距。如果将这种差距表现在文本中，自然是处于优势的表述者占尽上风。他们往往有双重或者多重身份，其言论既见于学术文本，亦现于治国方略中。

---

① 原载《中国民族报理论周刊时空》2011 年 11 月 18 日。

② 王明珂：《华夏边缘：历史记忆与族群认同》，社会科学文献出版社 2006 年版，第 237 页。

③ 黎光明、王元辉：《川西民俗调查记录 1929》，王明珂编校，“中研院”历史语言研究所 2004 年版，第 94 页。感谢王明珂先生为笔者提供此信息。

二　从民族到国族：文本权威

20 世纪早期，是人类学民族志权威的时代，那个时代的人类学平等互动观念并未形成。因此，中国早期民族志文本很容易泄露民族学家的思想与观念，其文本的权威特性，既带有西方民族志文本的共同特点，也具有中国独有的表述特性，下面稍作总结：

第一，证明自己在场以显示客观权威。这种方式通常是用相机表述出来，即拍摄作者在某地，即在场。在场成为一种客观存在的标识，客观存在就等于科学。这一点是自民族志诞生之日起就存在的普遍性问题，已被当代人类学讨论得沸沸扬扬，并首先体现在西方学者对科学民族志的反思。作为写文化的发起人之一，克利福德（James Clifford）对民族志“你是那里的，因为我在那里”的现代田野调查权威模式，已提出了质疑。[①] 权威甚至被进一步批评为“霸权”[②]。民族志调查者所到达的地方和他的相机所记录的景象是否就成为不可更改的权威？对于这一点，作为写文化的民族志已经思考得很深入，新的民族志文本《摩洛哥田野作业反思》将以往隐藏的民族志作者完全暴露出来，“把对对象的研究作为研究对象（布迪厄）”，表述了民族志作者完成田野作业过程的真相。[③] 中国早期的民族调查就是通过证明自己在场的方式显示调查的客观权威。[④]

---

① Clifford, James, *On Ethnographic Authority*, Representations, No. 2, p. 118.

② ［美］克利福德·格尔茨：《追寻事实：两个国家、四个十年、一位人类学家》，林经纬译，北京大学出版社 2011 年版。

③ 参见［美］保罗·拉比诺《摩洛哥田野作业反思》，高丙中、康敏译，商务印书馆 2008 年版。

④ 台湾青年学者王鹏惠就从影视人类学的角度对西南民族调查进行研究。参见王鹏惠《失意的国族/诗意的民族/失忆的族/国：影显民国时期的西南少数民族》，博士学位论文，台湾大学，2009 年。

第二，作品的产生及阅读与当地人关系不大。调查者不太在意当地人怎么看自己的作品，以致文本中经常出现以陋习被调查为耻的描写。前文论及在《湘西苗族实地调查报告》中，石启贵也曾反驳凌纯声等人对苗巫蛊的表述：“前‘中研院’派凌博士纯声考察，携带各种实验机件，实验苗乡男女身体骨骼及眼力，乃悉蛊妇之谬传，应予纠正。”① 当然也有调查对象的互动，但大多为地方精英的参与。民族调查报告并非为调查对象而作。

有时，被调查对象的心理也可以通过调查者的表述反映出来。徐益棠，师从法国人类学大师莫斯，其人类学调查极具学术性。在第五章分析的各类关于宗教文本的表述中，徐的《雷波小凉山之倮民》所论及的巫术与宗教部分，未用官方关于“迷信”的表述。尽管如此，我们还是可以从徐的行纪类作品中，看出他在民族志文本中隐藏的调查心态。

到西南去调查的人，总是想有所作为的。然而在调查过程中，并非总遂自己的心愿。因此，难以避免的孤独与陌生感伴随在调查过程中，体现在调查日志里。《西康行纪》中透露，由于大多时候并没有具体的安排，徐益棠时常有吟诗赏景、遇事感怀的诗歌抒情。看日志中的描写：

> 二十九日……稍睡，谢国安先生来谈，五时去。阴雨无聊，六时即夜膳。……三十一日阴，雨。乌拉仍迟迟无消息，晨起无聊，作“康定”诗两律。……九月一日晴，昨夜少冷，晨起颇有边寨秋寒之感。乌拉又无消息。洗袜一双，聊以遣闷，庄学本兄

① 石启贵：《湘西苗族实地调查报告》，湖南人民出版社1986年版，第567页。

未值，置书而出。下午，作诗“遥怜儿女双双影，已隔关山路几千”。①

行记中的“无聊”状况，不知凡几，身处“边塞”的悲凉与伤感，渗透于大量伤怀诗歌中，充满了壮志未酬的文人气息。他的交往范围，限定在自己所属的圈子里。不时记录约见志同道合的朋友攀谈，如“庄学本常来会晤”，约见谢国安等人，于孤寂之中相互砥砺。消遣时光，或者“与本团同人杂谈往事”，“谈政治问题约两小时”等，或者“听留声机，阅报纸”。可见，作者虽然身在西南，但所相处交流的圈子依然是同道中人，其所作的民族志也大多是与地方官员或地方知识分子的合作的结果。对于调查对象，作者写道：

（康人）蛮家均不愿受余调查，而室中污秽黑暗，亦几晕倒。②

作者这样写到来自地方人士安排的调查，如：

9 月 17 日，见县长，面交调查表格请择优填报。

1929 年 9 月 30 日，十时半，约戴县长同往灵雀寺，嘱喇嘛跳神，化妆不全，仅敷衍塞责而已。午膳后，静待跳锅庄者来，颇无聊，科学调查团地质组李教授来杂谈，诙谐有趣，四时复往返，戴县长及其友人已先至，而跳舞者始终五时姗姗而来，即于屋顶跳台，开始跳舞，共十人，均盛装，分两队轮舞，方式简单，动作迟笨，毫无精彩。嗣加入一巴塘娃作导演，而继起无

① 徐益棠：《西康行记》（上），《西南边疆》1940 年第 8 期。
② 同上。

人，亦无能增色。余因先下，六时，观众散去。[①]

在这些被安排表演的节目当中，作者所观察的跳神与跳锅庄之人的心理到底如何？当外地“官员”来欣赏之时，他们的不配合、不积极的态度可见一斑。这种被安排的调查及其表演者的表现，是否可以说明，当地人对于自己的文化展演，有一种羞耻的心理？或者仅仅是对于地方官员的反抗？作者未有交代。而在作者的表述中，其对于表演者的表现极为不满，也完全无法欣赏这种没有气场的、被安排的舞蹈（跳神）。其实，徐益棠原本前往调查社会情形以治民族学，结果自己觉得“斯行殊无所获”，只是“友人索稿，缀此为献”。[②]

同样，在“中研院”民族学者芮逸夫的日志中，亦可见调查者特定的交际圈子构成，被调查者的声音来自地方代言人，而被调查者自己属沉默者。芮写道：

> 午后叙永县府访贺秘书及孔宪冬科长谈苗族人口，后孔科长又介绍震东乡长刘哲夫谈枧槽沟苗族生活习俗。徐团长、何县长（后何校长及曹、李、黄诸君同来访谈），约往讲演，旋即辞去。在当地，芮也参与当地官员的宴请（叙永党政机关法团士绅请客），有第二十四师廖师长、唐团长、徐团长，参议员李铁夫、卫生院何院长，县党部郑书记长，“余左席首座”。[③]

这些饭局与替他们拍照的“应酬”，变成了民族志的一部分，而且在书写的时候成为“隐藏的文本”。实质上，在与此类官员的接触

① 徐益棠：《西康行记》（上），《西南边疆》1940 年第 8 期。

② 同上。

③ 芮逸夫：《川南苗族：调查日志 1942—43》，王明珂编校，“中研院”历史语言研究所 2010 年版，第 4—5 页。

中，芮逸夫等人在调查的路上一边“习苗语”，一边了解了很多当地需要调查的问题，已先行了解了苗乡人口、地域分布及“生活习俗”等,① 他们来讲“戴花礼节”“讲解说词”“谈婚礼”“述端公传授事”,② 讲述“祭门鬼及交礼”，而且很多时候是“晚××来讲述”，都是到调查者的住处，甚至端公也请到家里来。所以芮逸夫晚上睡觉的时间，大部分都是在晚十一时左右。③ 由此可见，大多数的调查都是“他们来”芮逸夫跟前讲述。

然而，调查结果所呈现的文本常常隐藏了这些讲述者。调查者在服从一种民族志表述方式时，不自觉地显示出表述的权威。虽然从日志呈现来看，有无数的人在讲述，但在文本中却被转换成了作者的表述，这种转换缺席了讲述者，真正讲述者的身份、讲述的场景完全被隐去，这就使得本来是调查者与被调查之间的对话叙述，变成了调查者的单向叙述，讲述者的声音被文本表述者淹没，即讲述者的声音最后转换成了文本表述者的声音。表述者创造了一个文本世界。被调查对象的心理也同样被遮蔽，但地方精英是一个特例。拜访地方精英，比如凉山的土司岭光电、夷族军官曲木藏尧等，并与其谈国家、民族问题，几乎是每位进入凉山的调查者必修的功课。但地方精英在汉语教育下自然服膺于国族，也被汉语世界的“文明”所吸引。于是，他们与调查者一起合作完成了自己所属的地方民族志（调查报告）撰写，而真正被描写者的普遍心态却并不为调查者所知。

如果按照勒华拉杜里的《蒙塔尤》对一个村庄的心态史研究方法比照，显然，中国早期的民族志调查尚未注意到对研究对象心态的研

① 王建民：《中国民族学史》，云南教育出版社1997年版，第180页。

② 芮逸夫：《川南苗族：调查日志1942—43》，王明珂编校，“中研院”历史语言研究所2010年版，第68—69页。

③ 同上书，第85页。

究，虽然用这样的标准来对当时的调查作评判过于苛求，因为要直接接触底层受访人危险重重、困难重重。调查者进入西南，成为西南民族认识自己的参照物，迫使其族人，尤其是比较“进步”的民族精英人士，将调查者带来的现代学识作为认知自己的参照点。如此，民族“进步”精英，在寻找自己族群出路的过程中，被时代巨浪强力裹挟着适应了调查者的心态，使其被迫自我殖民。① 甚至有时被调查对象自卑于自己原始落后的文化，不肯展示给调查者，从而产生对汉文化的“攀附”② 现象。

第三，调查过程中有意或无意透露的调查者权威，显示了调查者与被调查者之间的不对等或距离。这一点在中国 20 世纪早期西南民族调查中，呈现出独特性，且未被当今学者论述。对此，此处做简要分析。

以上节讨论的“到西南去”为例，读者可以从文本中感知调查者有一种从“上面”到“下去”的感慨。当然这种情绪或许多样而复杂，但其中有这样两种情况。一是有意流露调查者权威的，大多是非民族学背景出生的官员学者。有时，这种感觉是提前预设出的对比，等着自己的验证。比如黎光明在为何到靖化去，是“觉得靖化这个地方是世外桃源，颇能施展他的抱负”③，可见预设了自己与靖化的区别，后来果然出来一个调查报告，其中描写的番民与喇嘛毫无科学知

---

① “自我殖民”的概念来自后殖民话语，用在这里可能并不是特别恰当。在民国时期的人类学调查中，垦殖，移民，殖民都是治边策略中常提及的话题。尤其是垦殖运动，在中国掀起了不少的讨论。这些都作为政治举措的一部分。但与丧失国家主权的殖民并不是一回事，马长寿强调，中国边疆并非中国的殖民地，即中国只有边疆，没有殖民地（见马长寿《人类学在我国边政上的应用》，《边政公论》第 6 卷第 3 期，1947 年 9 月）。因为报告中提到殖民话题，故暂时用之，这里的被迫自我殖民是指在汉语环境中成长的边疆异族精英在思想上跟随汉族，在文化上模仿汉族。

② 借用王明珂在研究中所用“攀附”一词。参见王明珂《论攀附：近代炎黄子孙国族建构的古代基础》，《“中研院”历史语言研究所集刊》民国九十一年九月第七十三本第三分册，第 583—624 页。

③ 王元辉：《黎光明先生传略》，《神禹乡邦》，台湾中兴大学图书馆藏本，第 96 页。

识，不懂外面的世界，而自己倒也施展了抱负，虽然最后因此殉难。

二是无意中流露的调查者权威。当然，这里并不是说调查者自身具有权威者意识，有时这种感觉并不是“下去”之前就预设好的，而是到了现场以后被对比“烘托”出来的。如约翰·乐士英·卜凯（John Lossing Buck）（其前妻是美国著名女作家诺贝尔奖获得者赛珍珠）领导的民国农经学专家崔毓俊，曾参与编纂数百万字巨著《中国土地利用》，该书于1936年由商务印书馆推出英汉对照版。崔负责华北三省（冀、鲁、豫）和西南两省（黔、滇）的调查。崔到云南之前，所听到的是“云南有瘴气，千万不能去”！“云南交通不便，环境恶劣，瘴气盛行，居民野蛮，土匪遍地……去了凶多吉少”！但因为几年前，听丁立美牧师介绍云南的情况，崔留下一个美妙的梦，所以决定前去。考察完毕，崔毓俊于1933年冬回到南京，后写成《到西南去》一书。书中这样描述：

> 我这个南京金陵大学的农业调查员，若在内地算不了什么。可是在盘县到安顺的路上，就是了不起的大人物。南京是大人物居住的地方。调查员和委员长又都有个“员”字。阴差阳错的，我就成了中央下来的委员。每到一村，团兵就找头目，逼着村子派一两个壮丁协助护送。有的村子一个不派，估计是给了团兵好处。有的村民一看见我们来，青年人就躲进山里。团兵就逼迫老太太，满山坡上乱喊乱叫：“小狗子！中央下来的委员要过路。不用你挑，不用你抬，单单领领路……”①

① 崔毓俊：《到西南去》，崔泽春缩写，参见 http：//blog.sina.com.cn/s/blog_4cdc7dee01000894.html。

图6－3 1938年，西康社会考察团抵达康定北门的情景①

“下西南”来的调查者被称之为“委员”是一种较普遍的现象。② 这还不算，更有许多调查文本写到万人空巷欢迎被调查者的情景。如马鹤天在《甘青藏边区考察记》中写到“万人空巷动”③。黄承恩写道：“至康定，民众夹道环观，颇有万人空巷景象，此亦足证边民倾向之诚也。”“西康民众欢迎大会，于上午十时举行。由师范学校汪长

① 徐畅供图。引自崔毓俊《到西南去》，崔泽春缩写，见 http://blog.sina.com.cn/s/blog_4cdc7dee01000894.html。

② 李霖灿：《西湖雪山故人情——艺坛师友录》，浙江大学出版社2011年版，第124页。

③ 马鹤天：《甘青藏边区考察记》，马大正主编：《民国藏事史料汇编》（第23册），国家图书馆出版社2009年版，第9页。

主持，到会者百余人。余聆欢迎词后，即致答词。说明中央重视边事之真相，并助以谨遵总理遗教，了解建国精神，拥护中央，巩固边防及官民合作等语。闻者感动。”[①] 俨然是一种上级对民众的宣讲，等级分明，国威十足。此类描写俯拾即是。

另一类此处需要论及的现象是，下去调查的学者所使用的特殊“交通工具”，如背子、滑竿等。

首先需要说明的是，当时由于地理交通条件的限制，借用人力作为交通工具既符合当时的境况，也为迫不得已。将人力作为交通工具，并非调查者的“发明创造”。在外人未进入之时，人力也是负物之工具；当外人进入而不能适应艰险道路之旅时，人力则成为背人之工具。民国以前，地方志少有相关记载，偶有关于背夫的记载：

> 柴第巴差人采买柴薪，沿途每用乌拉，牛一头每日赏雇价银一钱，驴骡每匹亦赏雇价银一钱，每背夫一名一日赏雇价银五分，在于采买柴薪银内发给，以裕民力，此达赖喇嘛格外体恤慈悲之意，所有办柴第巴等务须仰体遵行。[②]

清末民初，尤其是民国以后，随着外界人群的涌入，关于此类记载逐渐增多。20 世纪 20 年代，西方人将那些人群称之为“背上的民

① 黄承恩：《使藏纪程》，梁公卿《中国西南文献丛书·西南民俗文献》（第九卷），兰州大学出版社 2004 年版，第 45 页。

② （清）袁昶：（嘉庆）《卫藏通志》（卷十四上），清光绪渐西村舍刻本，第 836 页。

图 6－4　峨山美景：登山之背子①

图 6－5　峨眉山上的背子照②

族”，称这一现象为“未被书写的史诗”，极具“东方气质”。③ 如果说西方人将中国的这一独特现象“原始化”“诗意化”，并将其视为与现代西方有偌大距离之实证，那么，紧随其后的中国国内杂志刊物

---

① 《峨山美景：登山之背子》，《图画时报》1926 年第 319 期，第 4 页。

② 《四川之陆地交通》（左・照片），《交通杂志》1934 年第 2 卷第 10 期，第 1 页。

③ Dr. Joseph Beech，“The Eden of The Flowery Republic”，*NGM*，Nov. 1920. Beech 写道：这些“背上的民族”，是这块土地上未被书写的史诗；因为，他们像大力神一样，把整个世界都背在身上：从大山里挖出的煤和矿，山上的木材，城市里修宝塔的石头，田地里的粮食——所有一切，全部背在背上，赶着他们的猪，一起行走在去往集市的路上……当西方已进入飞行时代时，中国还在靠步行。这一时代终将改变，四川的雪山终将与欧洲的阿尔卑斯山一样，迎来朝圣的旅游者。但在这一时代到来之时，世界上最壮丽的旅途将要消失，东方气质将随着机车的到来而逝去。关于西方人眼中的背夫研究，参见罗安平《异域之境：美国〈国家地理〉的中国西南表述研究》，博士学位论文，四川大学，2014 年。

的相关报道也不分伯仲。尤将其作为奇事新景报道的居多：有名为"今国风"①，有名为"特殊风味"②，不一而足。吟诗摄影者不计其数，有哀其不幸者，有怒其不争者，更有将其作为特别享乐者。

图6－4、图6－5两幅背人之照，均来自峨眉山上的照片。一幅被称为"峨山美景"，另一幅被称为"峨眉山上的背子照"，前者被背之人安详，像是因公入川的摄影家；后者被背之人得意开心，与背子表情迥异，疑为旅人。这一高一矮的两幅照片，透露的不仅仅是表情，更是身份的高与低。

被背之人称之为特别的享乐也不为过。《享乐图画月刊》中就画有背子、滑竿夫的照片。

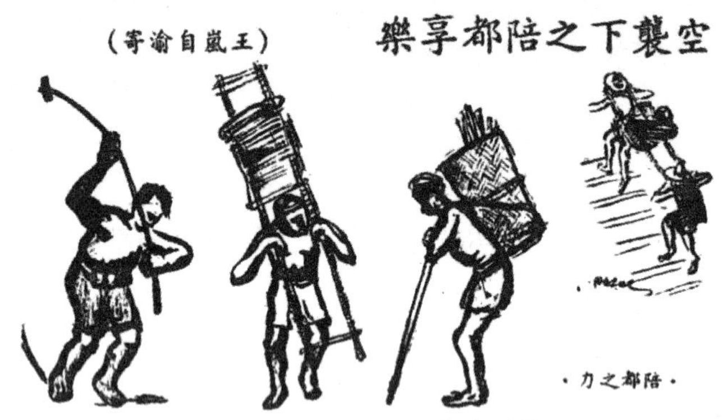

图6－6 空袭下之陪都享乐③

倒是电影教育家孙明经在拍摄电影《峨眉山》时，比较完整地记录了滑竿谣，将滑竿夫乐观、幽默、自豪的另一面形象地刻画了出来：

下溜坡，慢慢索，

① 语亭辑：《今国风——滑竿》，《时事月报》1941年第24卷第4期，第8页。

② 频子：《重庆几种特殊风味——山桥·水上洗澡室·滑竿·男女同浴间》，《海光（上海1945）》1946年第5期，第10页。

③ 王岚：《陪都之力：（一）滑竿仿咈桥子（二）负担者……》，《享乐图画月刊》1941年（创刊号），第20页。

右边枝子挂，左边让他下。

天棚扫地，抬官过省

右边站一排，朝右让开来。

……

图 6－7　孙明经坐滑竿①

報國寺附近往來滑竿價目表

出發地	到達地	價目
報國寺	伏虎寺	二角
同	雷音寺	四角
報	保寧寺	三角
同	萬行莊	三角
同	鞠灃	五角
伏虎寺	雷音寺	二角
同	鞠灃	五角
同	萬行莊	四角
同	保寧寺	四角
鞠灃	雷音寺	七角
同	保寧寺	六角
同	萬行莊	六角

图 6－8　报国寺附近往来滑竿价目表②

① 孙明经：《孙明经手记：抗战初期西南诸省民生写实》，世界图书出版公司 2013 年版，第 146 页。

② 《报国寺附近往来滑竿价目表》，《国立四川大学校刊》1939 年（11.1）第 4 页。

然而，我们依然可以从滑竿谣“抬官过省”中，感知抬与被抬者之间的身份殊异。身份殊异无可指责，二者之关系尤其是在上者（被抬的“官”）如何表述在下者“抬者（滑竿夫）”，还可就当时知识分子，尤其是民族学、人类学家对民众的态度进行探讨。应该说，摄影家和旅行者对背子、滑竿等的报道都不如民族调查者来得细致。民族调查的整个过程几乎都是与背子同行。在后来的文本中，调查人员记录雇背子、滑竿夫的现象是极其普遍的，但是极少有详细地记录其生活及身份的，将其等同于纯粹交通工具者居多。徐益棠的行纪日志中写道：“十月十六日。履步屡跌，重上滑竿，滑竿夫步步留意，呼号甚惨，余则瞑目扣耳，置生命于度外矣。”① 作者几乎未有与滑竿夫交流的描写。

有不那么纯粹的，就是此类“交通工具”还有一个嗜鸦片成性的毛病，② 常常让调查者头疼，怕他们耽误了自己的行程。游记类文章记录较详：

> 滇黔路上山高坡大，旅客多以桦杆代步。桦杆夫多是四川人，就像闯关东的多是河北山东人一样。他们一副桦杆一身衣服，身无分文离家上路，三五年回家一次。他们还是那套衣服只是破旧了，还是身无分文只是虱子多了。他们挣的钱呢？都给了烟馆赌场。桦杆夫多是烟鬼。他们不吸烟就没法上路，倘若吸足了烟抬着桦杆爬坡，比我们空手的还快。傍晚到了旅店，先吸烟后吃饭。假如没有生意就上赌场。他们一年四季一身衣服不洗不换，汗泥不知道有多少。坐在桦杆上，迎面的微风送来一股臭

① 徐益棠：《西康行记》（下），《西南边疆》1940 年第 9 期。

② 马长寿遗著：《凉山罗彝考察报告》，李绍明、周伟洲等整理，巴蜀书社 2006 年版，第 30 页。

味，赶上大风还能飘来几个肥似麦粒大的虱子呢！

看到他们吸鸦片和赌博，令人憎恨，看到他们贫穷的生活，又令人怜悯。①

对“交通工具”怒其不争者居多，而哀其不幸者在文本中表露较少，不知是“目光向下”得不够，还是怕其有扰文本的主题。总之，很少有调查者对背夫、滑竿夫有“同情地理解”类表述，更多状态表现为人对物（交通工具）的权威性使用。

第四，文本结构的力量与权威性。在一本规范的民族调查报告中，如《湘西苗族调查报告》，会故意避免表述者的出现；而在一本非规范的报告中，却常常看到表述者作为复数（集体代言人或官方代言人）的存在。鉴于前者，本章讨论了涉及叙事主体的，如日志，行纪文类文本，此处不论；鉴于后者，本研究纳入了其他非规范文本进行讨论，此处稍作论述。

非规范文本的结构，常常会溢出上述所论及的民族历史、地理及文化描写，如在报告前或者其他行文中写到调查目的或在报告后建言献策，提出治夷良方等。如任映沧的《大小凉山倮族通考》，在“导言”中铺陈各方调查报告中描写凉山之悲惨情形，提出应解放凉山奴隶人民的方法，故有详细的报告产生。最后辟专章讲“策略之检讨”，结尾还谈“近百年解放凉山奴隶之呼吁”。② 虽然以“倮族通考”学术性标题命名，但内容却为政府建言献策之“报告”性质。③ 刘锡蕃的《岭表纪蛮》共三十章，而最后一章为“治蛮刍议”，共提出治蛮

① 引自崔毓俊《到西南去》，崔泽春缩写，见 http://blog.sina.com.cn/s/blog_4cdc7dee01000894.html。

② 任映沧：《大小凉山倮族通考》，西南夷务丛书社 1947 年版。

③ 同上。

建议三十三条。①

有意思的是提要。读提要即知道作者著此书之目的，请看《岭表纪蛮》之提要：

一、读本书者，由各蛮族之“姓氏”“干支”“语言”“历史”各方面研究，可以推断其与汉族确为同一种族之民族。

二、读本书者，由各蛮族之“风俗”“宗教”“政治”“语言”“交通”各方面研究，可以窥见其所以不易进化同化之种种缘由。

三、读本书者，可知各蛮族入据中原之先后。于何时以何种之机会，南向移植，南移而后，又以何种机会，冲突融合，各散播其势力于珠江流域，而造成今日之局势。

四、读本书者，可知历代南移之汉族，至何时而种其势力；至何时而夺取蛮族一部及全部之政权；至何时而将蛮族社会之旧势力，全部推翻，根本改造，使蛮族社会之形式，一变而为汉族之形式。

五、本书对于各蛮族所受“种族上”“经济上”“政治上”之惨酷压迫，及其生活不安之种种状态，详举无遗，俾读者深知中华民国内部各行省区域之内，尚有比较美洲黑奴未解放以前尤为痛苦之民族。

六、读本书者，向前面看，可知古代民族生活之情形；从平面看，可知现代蛮族社会之实况；向后面看，可知蛮族之不开化，则于政治方面，不易推行；党国方面，为有污点；而内讧外侮，将来尤易惹起重大之纠纷。

① 刘锡蕃：《岭表纪蛮》(1934)，南天书局（台北）1987年版，第285页。

七、读本书者，既知蛮族生活上之实在情形，则于“政治上”“教育上”所有关于治理蛮区之问题，着手进行，庶有把握。

八、读本书者，于“民俗学”“民种学”“社会学”“史舆学”之各方面，俱可得到相当之参考。

九、本书所纪蛮族之生活，虽则注重桂省，但关于必要时，亦兼及桂蛮之外各省蛮族之状况，以证明其彼此相互之关系。故桂蛮为主体，黔滇湘粤诸蛮为宾体。

十、本书所纪蛮族之生活，虽则注重现状，但关于必要时，亦兼追叙往昔，以证明其前因后果之关系，故现时之蛮族为主体，而历史之蛮族为宾体。

十一、本书为省问文计，书中所称蛮族，即包括全体或前文所指之蛮族而言，非关于必要时，不将其个别名称标出。

十二、调查蛮民生活状态，为一最困难之问题；交通险恶，瘴疠众多，可置勿论。即入其地，非有相当之职务，长久之时间，良好之向导，节会之日期；亦不易得其情实。著者所经蛮区，机会不一，故所知所闻，详简互异。

十三、各蛮族中，有为长期部落分化者；有为蛮族交互融化；或与汉人同化者；更有以汉人而蛮人化者，因而表面虽同一族系，而各有不同之习俗及信仰，本书所纪风尚，容或未能包举该系全部民族之行为。①

有的提要直接在目录中显示，任乃强的《西康图经（境域篇）》可算得上是一个比较完美的案例，而且只需从作者自己加以简要阐释的总目中即可看出其论题所要达到的目标。

---

① 刘锡蕃：《岭表纪蛮》，商务印书馆1934年版。

《西康图经（境域篇）》总目：

第1篇　境域……说明西康境土之消长，与解决汉藏界务问题之正标。

第2篇　地记……说明康藏地名意义，纠正前人谬误，统一今后译称。

第3篇　交通……说明西康一切交通状况，讨论交通建设。

第4篇　产业……分析西康产业状况,讨论经济建设诸大端。

第5篇　民族……说明西康民族之性格习俗，以为同化边民之准备。

第6篇　宗教……说明西康佛脚势力之伟大，隐示统治康人之要旨。

第7篇　酋长……叙述西康土酋之淫威，以为今后施政之取镒。

第8篇　吏治……记述历世治康人员之轶事，说明今后施政之正轨。

第9篇　外患……揭发垂涎西康诸国之野心，与其着手经营之程序。

第10篇　史鉴……搜罗关于康藏之史料，编成整个的康藏历史。

第11篇　关于西康之图书……介绍并批评关于康藏之著作。①

以上的非规范文本结构分析至少可以说明：第一，他们所撰写的

① 任乃强：《西康图经（境域篇）》，南天书局（台北）1934年版，第1页。

调查报告，更多承继的是方志书写传统，《大小凉山倮族通考》与《岭表纪蛮》这样的报告名称，也并非当时的现代文体“调查报告”。然而，这绝非说上述两部文本仅限于传统调查，其中同样渗透着鲜明的现代进化论思想，其中也有“性质与体质”这样的书写章节，也有与当地民众的简单交流，以传播现代民族国家观念，如《岭表纪蛮》专辟一节名为“蛮人国家观念的测验”。可以说，其文体介于方志与民族志之间。但是，这种文本又呈现出非方志、非民族志部分，这些部分更可归类为调查报告。因此，此类非规范文本，至少呈现出三类文本特征，即方志、民族志、调查报告。它所兼具的特征分别对应的思想观念为中原中心历史观、客观记录与表述、向上级及国家建言献策的汇报。第二，可以说，大多非民族学、人类学出生的学者或官员，都不会规避在报告中出现主观性极强的建言献策，而这恰恰与当时西方所倡导的科学民族志相去甚远。当然，这也不是他们的学术目标。最后需要说明的是，本书在此论证的目的并不在要求作者按照民族志规范体例进行写作，而是要从这些广义的民族志文本，非规范的调查报告中，去探求其背后所表征的集体话语，这种集体话语即是文本权威。此类非规范的民族志文本的权威与规范的文本权威息息相关，他们经常在文本中相互引证并相互阐释（如前文所举《水摆夷风土记》等文本）。

以上论述了调查者如何通过话语的方式构建了文本权威。这里不仅要追述文本权威背后的表述权力，而且还须追问，这种表述权力是如何形成的？话语背后的政治语境又当作何分析？它为何如此有效？这里需要分析知识分子所处的国家语境。

第三节 “化”西南：从教化到同化

时代巨浪是什么？现代人类学所记录的异文化多样性与民族国家之间的关系应该如何处理，一直是民国以来各界知识分子讨论的话题。自孙中山的“驱除鞑虏，恢复中华”的种族革命转化为“五族共和”的民族革命以后，民族国家观念迫使当政者寻求一条民族融合之路，即同化之路。

在当时的民国期刊上，有关“同化”的言论不计其数，其内容主要包括两个方面：第一，强调民族同化论，包括“五族同化论”、各族同化论等。第二，追述“民族同化史”，实质为汉族同化之历史。

从“五族共和”的提出开始，“五族同化”的论调随即同行。最典型的是吴贯因1913年在《庸言》上发表的《五族同化论》：

> 汉、满、蒙、回、藏五民族，其初固非单纯之种族，而实由混合而成之民族也。夫人种相接近，由种族之事故，而融合交通，世界历史上实数而不鲜，固非独中国而已。而我中国先民，既能融合汉土诸小族，而成一汉族；融合满洲诸小族，而成一满族；融合蒙疆诸小族，而成一蒙古族；融合回族诸小族，而成一回族；融合藏洲诸小族，而成一西藏族，况今日国体改为共和，五族人民负担平等之义务，亦享受平等之权利，既无所偏重，以启种族之猜嫌，自可消灭鸿沟，以使种族之同化。则合五民族而

> 成一更大之民族，当非不可能之事。①

吴贯因的言论，当为建立共和之不二选择。按照徐新建的观点：中华民国倡导“共和”的历史意义包括两个方面，一是超越早期“同盟会”主张“驱除鞑虏，恢复中华”的种族立场，通过倡导多民族合作而得以继续拥有并经营帝国的领土和族群遗产；二是引进西方——主要是美式的共和观念，通过民主政治使帝制王朝迈向现代国家。②不过，此时“迈向现代国家”而共同御外的目标才是首要之选。因此，此时的同化，实为“混合”，不强调种族歧视，也不强调汉族以外的少数民族因其落后需要文明教化，而更多地强调民族平等，消灭鸿沟。谁同化谁，如何同化，还是其次的问题。

从当政者的立场来看，同化言论达到顶峰的是蒋介石授意、陶希圣执笔，于1943年发表的《中国之命运》。《中国之命运》构建了国族（民族）的框架，这个框架总的名称叫“中华民族”，其他各族叫“宗族”。这种以“宗族”替代“民族”的做法试图将中国在政治观念上建成民族—国家（即一个民族，一个国家）。怎么建成、融合？融合的方法是同化：

> 就民族成长的历史来说：我们中华民族是多数宗族融和而成的。融和于中华民族的宗族，历代都有增加，但融和的动力是文化而不是武力，融和的方法是同化而不是征服。③

对于“同化”问题，《中国之命运》里这样写道：

---

① 吴贯因：《五族同化论（续前号）》，《庸言》1913年第1卷第9期。

② 徐新建：《现代中国的多元历史——从辛亥百年看多民族共同体的文化兼容》，《社会转型与文化转型——人类学高级论坛》2012卷。

③ 《中国之命运》，黎明文化事业股份有限公司1976年版，第2页。

宋代的国防，不足以保障民族生存的领域。契丹（辽）与女真（金）都是中国北部与东北方面生活未能完全同化的宗族。他们乘宋代民风萎靡，政治纷乱，军事衰颓之际，并吞四邻各宗族而成为强悍的势力。他们虽先后入据中原，然他们仍先后浸润于中原的文化之中。蒙古的兴起，与契丹女真，事同一例。成吉思汗马蹄践踏的版图，超越了中华民族生存所要求的领域以外，然而自忽必烈称帝以后，中国固有领域以外的部分即与中国的国家组织分离，因而忽必烈以下的宗支，独同化于中华民族之内。满族入据中原，其宗族的同化，与金代相同。故辛亥革命以后，满族与汉族，实已融为一体，更没有歧异的痕迹。①

此处的历史追述中，“宗族”与“满族”等同时并称，显示出民族改换宗族的矛盾。显然，满族存在的事实是无法改称为“宗族”之存在。因此“宗族的同化”之说是否可以继续维持，是一个值得思考的问题。

不过，此段的言论其实透露出“同化”之正当性，为何正当？因为中国的正史提供了非常充足的理由，因此，整个民国时期，大凡谈到同化问题，都可能有“民族同化史”之追述。如民族史学家任乃强说：

汉族同化能力向称伟大。犷武强梁如东胡鲜卑氐羌苗蛮女贞诸族，一经接触，即归泯灭；况西番雍容和善之族乎。云南土民，号称一百余种，在我汉族政教之下，千年以来，除回民一度作乱之外，率皆戢然向化，未有骚乱；况西康单纯一致之族乎。

① 《中国之命运》，黎明文化事业股份有限公司1976年版，第3—4页。

> 过去西番之所以未被同化者，特以道路梗塞，汉番接触甚稀，文语隔阂，情感不通故也。[①]

在任乃强的论述中，“民族同化史”实为“汉族同化史”。

何为同化？同化来自生物学的概念，后被社会科学所借用。而对人文学科来讲，这一概念更注意两种文化的区分，并且总有一种文化占主导。美国社会科学研究会认为：同化“在根本上，乃是一个文化单方面朝着另一个文化去接近，尽管另外的那个文化在变或在前进”。派克（Park）与蒲其斯（Burgess）对同化所下的定义是：“个人和团体习得他团体文化的过程，他们生活于他团体之中，并采用该团体的整个生活方式。”[②] 可见当同化进行的时候，个人或团体舍弃自己的文化，采用另外一种文化。

1903年汪荣宝等《新尔雅·释教育》解释：观察事物，得其同类之观念，互相融合者，曰同化。[③] 在中国，用“同化”一词以区别于“汉化”，是想强调“同”的层面，以示各族的平等。从理论上看，这也是一种民族认知上的进步。这从当时积极推行同化实践的杨森与马长寿的同化理论可以看出。

杨森的《贵州边胞风习写真》一书，实为“同化”的实践明证。对于什么是同化，他这样解释：

> “共同进化”，就是说，凡我中华国族，都要明白优胜劣败，强食弱肉的道理，强者要扶助者，智识高者要扶助智识低者，彼此互相帮忙，大家只要同心同意，一齐向好的方向走，凡是坏

---

① 任乃强：《西康图经（民俗篇）》，南天书局（台北）1934年版，第222页。

② 芮逸夫主编：《云五社会科学大辞典》（第十册·人类学），商务印书馆1971年版，乔健教授注“同化”，第122页。

③ 黄河清编：《近现代辞源》，姚德怀审定，上海辞书出版社2010年版，第742页。

的，落伍的，我们一切都要避免，都要革除，进步的，我们一切都要学习，都要接受。①

然而，谁需要进化，谁弱，谁智识低，在杨看来是显而易见的事。杨奉行蒋介石的主旨，“中华民族境内，只有一个国族”，由此推行了很多实为汉化的政策，从语言、服饰、发饰等各方面都有体现，其目的是要将苗夷纳入汉化的轨道，扫除其“语言、生活、服装、习尚皆堪自为风流”的习俗，改变其“无国家民族之观念”的状态，增强其国族认同感。②

马长寿于1947在《边政公论》上发表了《论统一与同化》一文。在马先生看来，文化统一（同化）是解决边政问题的核心和关键，现在不是讨论该不该同化的问题，而是讨论如何同化的问题。而文化统一是指文物制度的统一，但绝不是汉化。因为“汉族文化本身是有许多问题的，在中原已经行不通，当然我们不能提出再实施之于边疆”。鉴于此，马先生主张重新估定汉族文化与边疆民族文化的价值，“立几个标准或原则。合于此标准者保留它，宣扬它，使它成为中国整个国族标准文化模式，然后发动民族文化运动，使中原的与边疆的民族都模仿它，应用它，至少使原有制度与之相辅而行，不可背道而驰”。可见，在马氏这里，同化的意思是按共同的标准变化。但是，这个标准怎么定呢，有六个原则，包括进步的原则、民主的原则、适应的原则、理性的原则、轻重的原则和多数的原则。仔细分析这六个原则，特别是进步与多数的原则，其汉化倾向性也是非常明显的。③

---

① 转引自陈国钧《贵州省的苗族教育》，《贵州苗夷社会研究》，文通书局1942年版，第47页。

② 此类分析已非常多，详见张慧真《教育与民族认同：贵州石门坎花苗族群认同的建构》，《广西民族学院学报》2002年第24卷第4期。

③ 马长寿：《论统一与同化》，《边政公论》1947年第6卷第2期，第9—16页。

稍后，马长寿又发表了《少数民族问题》一文，在此篇中，马长寿采用世界的眼光，论述了少数民族的意义、性质、类型。在关于少数民族的类型中，马长寿强调了两种类型：多元主义的少数民族与同化主义的少数民族。最后重点强调了“同化主义的少数民族”（the assimilationist minority），不过，在这之前，他也强调须有“多元主义的少数民族”（The pluralistic minority）。多元主义的少数民族是异文异种并行不悖，并育不害，此为大同境界的第一道门限经过。最后经过到哪里呢？即为同化主义的少数民族。多元主义的少数民族运动进展到另一阶段，即为同化主义的少数民族的结构形式。“同化主义的少数民族，它们不像多元主义者的安于宽容态度和文化自主。他们要在社会不压迫的团结之下，努力争取参加大社会生活的机会。它们为自我发展，以开拓人民到最大可能限度的方法，融化少数民族于大的全体社会之中。”①

谁同化谁？在这一问题的选择上，进化论又占了上风。任乃强用牛顿之万有引力定律来定义同化，云：两物体间之引力，与其质量为正比例，与其距离为反比例。两民族之同化关系，亦正如此，余故模拟前语，创为同化定律云：两民族间之同化力，与其文明程度为正比例，与其距离为反比例。意思是说，汉族如果文明程度高，那么其同化力就强大。任乃强的验证方式是：

> 汉族同化能力，夙称伟大，附近民族，莫不受其陶镕；独彼西人东来，未被同化，汉族反有同化于彼之倾向；而欧西政府，卒亦不能同化我海外侨民者，似皆可以此定律解释之。其他例证

① 马长寿：《少数民族问题》，中山文化教育馆编《民族学研究集刊》（第6辑），商务印书馆1948年版，第13页。

> 殊多，毋庸悉举。然则汉族同化番族之难易，亦即可以此定律退而知之矣。

在这里，任将汉族的文明程度比之西人，因为谁也不能同化谁，说明文明程度相当。如今，按此同化定律，“番文明程度，适足与我族周秦之际相当。换言之：即我族较之番族，先进二千二三百年。此番族所以易受我族同化之故耶”。然而数千年来，番族竟未受我同化者，交往断绝距离太远故也（谓人的距离，非谓地的距离）。[①] 其实，任的说法代表了知识界的主导思想，即凡是没有受自然条件阻隔的，番族很多已被汉族同化；凡是因为自然条件阻隔的，其社会内部自成系统，诸如“独立罗罗”等。与汉族相比，既成为落后的过去，也成为同化的对象。

鲁迅的论调与任乃强相当。在《老调子已经唱完》一文里，他这样表述：“我们为甚么能够同化蒙古人和满洲人呢？是因为他们的文化比我们的低得多……倘使别人的文化和我们的相敌或更进步，那结果便要大不相同了。他们倘比我们更聪明，这时候，我们不但不能同化他们，反要被他们利用了我们的腐败文化，来治理我们这腐败民族。”[②] 当然，鲁迅的重点不在于讨论同化问题，但从鲁迅对同化的认识可以看出，文化的高低决定了谁同化谁，谁被同化，其带有鲜明的时代进化论，他强调的是中国应该放弃旧的（传统）老调子。显然，在鲁迅的同化观念里，已引出了同化之时必须面临的文化差异与等级区分问题。

因此，“同化”这一概念难以逃离“汉化”之嫌。即使在学术调

---

① 任乃强：《西康图经（民俗篇）》，南天书局（台北）1934 年版，第 234—235 页。

② 鲁迅：《老调子已经唱完》，《鲁迅全集》第 7 卷《集外集·集外集拾遗》，人民文学出版社 2005 年版，第 324 页。

查报告中，汉化的提法也是常见的。杨成志在西南调查时不自觉地这样流露：我想起凉山可以开化，尽我的力量所及，就两个酋长的两个汉人先生李颜两君任当教员在诸路磨开和斯古开办了两间小学；同时我更设法带许多个比较汉化的“蛮子?”渡江来巧开开眼界，使他们明白汉蛮进化和野蛮的区别。[①] 甚至强调“均衡论”，用功能主义方法撰写的《凉山夷家》的作者林耀华也这样说：保头老穆问我可否盖一所小学，并问政府能够来此兴办教育事宜。我听见极为高兴，知道夷人有向慕汉化之心，就极力说明教育的重要，并代他计划兴建小学，地点在此最为合宜。后来打吉也谈到这个问题，极望此地有学校的成立。夷人既有向化之心，我们自应极力成全他们的愿望。[②]

不过，当时中国民族学、人类学的本土化实践活动，无一不是始于国家存亡与民族复兴的强烈危机与使命的感召，因此，“救亡与启蒙”的双重变奏，在边疆民族中的鲜明体现也成为常理之事。所以“汉化”的倾向难以掩盖。并且在以同化为说辞的汉化过程中，一条是沿着历史以来的“教化”路径，一条是现代国民的“教育”路径。

前者在民国时期也常被提及，比如何海鸣曾撰写《论文明与教化》，认为：“文化的极点，应为教化，而此教化之崇高至上处，应具有足以教导世界全人类的最具足的性能。我东亚人需要重新建立大东亚的新文化，与儒佛合一的真正大教化，回向四方，推行全世，借以结束世乱，共跻大同，自仍须在此教化上，应切实多加一番之建树与

① 杨成志：《杨成志人类学民族学文集》，民族出版社 2003 年版，第 38 页。

② 林耀华：《凉山夷家》，云南人民出版社 2003 年版，第 118 页。

推进。”[①] 潘光旦也认为，诸如孔祥熙“孔子遗教与民族前途”的演讲词与教育部部长陈立夫“教师节致全校导师书”的公开信，都属于“有关民族教化的文章”[②]。而国民政府层面，更未回避教化一词的运用。1935 年 11 月，国民政府第五次全国代表大会即提出“重边政、弘教化，以固国族而成统一”的宣言。

图 6－9　德格县立小学校园墙上的标语[③]

“教育”是几乎所有同化手段中都会提到的措施之一。在当时的知识分子看来，“边疆民族，因教育程度低落之关系，其国家观念之浅，民族意识之薄，较内地尤有过之，因此，实现国族主义应

① 何海鸣：《论文明与教化》，《中日文化》1942 年第 2 卷第 10 期，第 11 页。

② 潘光旦：《两篇有关民族教化的文章》，《今日评论》1939 年第 2 卷第 12—14 期。

③ 孙明经摄影，孙健三撰述：《定格西康——科考摄影家镜头里的抗战后方》，广西师范大学出版社 2010 年版，第 192 页。

从边疆教育下手”。[1] 吴和在《中国民族同化问题》中提出同化之教育：

> 中国内地人民，识字的已少，而边疆更是少极了。几十里或几百里不见一个识字人，不算稀奇的事。这样的民智，怎能将国内大事，世界知识，以及三民主义，灌输给他呢？什么同化问题，他们更莫名其妙了。至于边疆教育，所以如此恶劣，完全因为交通不便，人口少的缘故。将来如果实业计划实现，边疆人口多了，第一要事，是急需实行边疆教育。这于民族同化问题，是有很大关系的。[2]

可以看出，“同化”成为延续自帝国时代“教化”传统，[3]“化被草木，赖及万方”的思想，与古代相比，语境有异，做法有别，但有“同工”的意味，均是要归入“遐迩一体”，借“现代教育”国家建构手段，将当时的边疆少数族群化外于内。更值得注意的是，同化的实施，并不仅仅在于消除当时知识分子的悲叹：“悲哉！……夷人未归政府统辖，夷地几成化外。”[4] 更在于团结御侮，共建国族之意。

在如此学术与政治合力推动的“同化”语境之下，再加之因袭传统的现代知识分子所具有的“民族”心态，其心中丘壑经纬，皆在为新国、新民，这使得民国时期的西南民族调查，难以避免在国族建构的框架下，成为以“现代”而“化”民族的一种工具和手段，这种

---

① 怀瑾：《社评：实现国族主义应从边疆教育下手》，《边事研究》1936年第4卷第3期，第6—7页。

② 吴和：《中国民族同化问题（下）》，《革命外交》1930年第23期。

③ 杨正文：《同化问题：民国时期国族建构的思想与边疆实践——兼以任乃强先生〈西康图经·同化问题〉为例》，《任乃强与康藏研究学术研讨会论文摘要》2009年版。

④ 唐兴璧、毛筠如：《雷马屏峨夷务鸟瞰》（导言），四川省民政厅丛刊1941年版。

“为我所用”的调查精神，掩盖了被调查的异族（他者）在各种层面的反应、抗争与纠结。

本章所讨论的问题是，民族志在田野实践中本应该有这样的面向：文本规范，科学方法以及对他者的认识论。这些面向固然都很重要，但在当时的情势下，文本中却不时隐含或表征着游离出上述规范之处，这些游离的部分，正是引向了一个中心的议题，即（西南）民族与国族建构问题。民族调查，借用人类学与民族学的科学理念，成为研究这一问题的绝佳方式。

结　论

一　西南民族志的文本含义

如果说中国有“古代民族志”的话，那么不妨将民国时期的民族调查称之为“现代民族志”，其特点可以从民族志所具有的三个含义或维度进行总结。

民族志的第一个含义是作为文本形式呈现的调查成果。这正是本书所关注的重点。其实，民族志一进入中国，即兼容中外，涵盖古今，这一特点有助于学界很好地反思所谓“人类学本土化”“民族志本土化”问题。所谓本土化，首先表现在文本成果的形式上，即本书讨论的民族志文本体例。

首先，从体例上看，一是有别于当时西方民族志体例，即增加溯源研究；二是吸收了中国传统方志体例，在非规范的民族志文本中有大量运用；三是融合了“调查报告”这一现代文体。

其次，从观念上讲，民国时期的民族调查（民族志）在一定程度上吸收人类学平等观念，试图突破传统中原中心观，但受传统方志观念及近代民族主义情绪影响，传统中原中心观念，又演变成为建立新的民族国家而以汉族为中心，整合、团结边疆少数民族的国族观念。

最后，从内容上说，民国时期的民族志书写涉及内容很丰富，囊括了人类学理论自开创之时的三类论述方式，即历史、地理和文化特性，其中包含普世论、特殊论或比较论。① 但在具体表述中又有所超越：

> 他者即我们（普世论）——从族源追溯他者与我（汉）族同源；
>
> 他者是非我（特殊论）——从地理空间区分出不同于我（汉）族的群体及其文化；
>
> 他者乃以前的我们及未来的我们（比较论）——从少数民族的原始宗教等看其保守，从少数民族婚恋观及女性服饰等看其进步。

在笔者的分析中，民国民族志的框架体例兼及了中国传统方志的部分内容，同时又结合了西方田野调查需要处理的诸多问题。在本土化的问题上，更多模仿民族志文本也提及治理少数民族现状的策略等问题。这样的体例框架，并不仅仅为了创造一套属于中国特有的人类学表述模式，而是为了更好地适应当时的调查语境。这还涉及民族志的第二、第三个含义。

民族志的第二个含义，在于通过调查进而显示出调查者认识人群（人类）的方法。显然，本书分析的“人群”可以具体化为西南民族与国家（非政治层面的）。不可否认，现代民族志在对待中国少数民族的问题上已超越了古代民族志，即由中原文化立场（汉族中心）开始倾向于中华民族（国族）立场（多元一体、一体多元），至少开始关注到如何在统一国家中处理多民族问题。只是更多如第三章所讨论

① ［美］威廉·亚当斯：《人类学的哲学之根》，黄剑波、李文建译，广西师范大学出版社2006年版，第5页。

的那样，在当时的语境下，民族多样性问题注定要被纳入重建中国历史的巨流之中。所以，上面所讲的中国民族志形成的文本框架，也体现了重新认知中原与边疆、汉与非汉关系的观念与方法。

作为调查过程的田野实践，是民族志的第三个含义。实质上，中国早期的民族调查并不被当时的学界称之为过于学术的“民族志”，①这本身就是一个值得讨论的话题。因为中国民族志的重要使命，是要促成民族知识在中国的诞生，尤其是在少数民族地区的普及。事实上，民族志（民族调查）起到了相当有效的作用，主要体现在当时的调查者在实践过程中的行为、举动。即一边调查少数民族，一边将自己的知识与观念传播给少数民族。

为何中国早期民族志会呈现上述特点？民族志在中国语境的含义有哪些扩展？下面分别论之。

二 “‘民族学’的询问与记录”②

从蔡元培正式引入民族学的那一刻起，无论是民族学还是人类学，所发挥的作用均在于摸清中国边地民族“同胞”，使其“早臻文明”。但是，其时进行的所有田野调查，都叫作民族调查。当时，曾留学法国学习了社会科学的杨堃在介绍“民族学与人类学”时，仔细梳理了二者的谱系及二者关系的流变。他认为，人类学虽然比民族学出现更早，但是民族学成为一门科学却早于人类学 20 年。但 19 世纪

---

① 只有极少数这样称呼。见《第八章 云南民族志的资料》，国立中山大学语言历史学研究所周刊 1930 年第 129—132 期。在以关键词“民族志”搜索民国期刊时，很少从学术意义上来讨论民族志的。但以“调查报告”进行搜索，却有大量的文章出现，http://www.dachengdata.com/search/search.action。

② 这里借用英国皇家人类学会编订的《人类学的询问与记录》，改为“民族学的询问与记录”，并讨论“人类学”为何变为“民族学”。见英国皇家人类学会编订《人类学的询问与记录》（第六版）（序），周云水译，国际炎黄文化出版社 2009 年版。

开始，人类学压倒民族学，民族学几近销声匿迹。可是20世纪以来，民族学开始抬头，并与人类学并提。杨赞同民族学与人类学是“双生科学”的观点，[①]并认为，在人类学与民族学的各种纷争中，人类学应取其狭义之义，即专攻“人类之体质的研究”。于是，他梳理并认同这样一种定义：

> 民族学早已成为独立科学；它已有了自己的方法（民族学方法）与对象（蛮族社会及其文化），而与人类学的方法（人类体质研究法）与对象（人类种族之体质研究），绝不相同……换句话说，人类学是一生物科学，而民族学则是一社会科学；二者道不相同，不相为谋。[②]

凌纯声也说：

> 人类学（Anthropology）与民族学（Ethnology）之分，前者是研究人类的本质及人与万物关系的学问，与民族学又是不相同的，但英美学派所研究的文化人类学（Culture Anthropology）则与民族学相差无几了。[③]

而回头再看蔡元培1926年发表的《说民族学》一文，也强调“人类学是以动物学的眼光观察人类全体，求他的生理上心理上与其他动物的异同……现今民族学注重于各民族文化异同，头绪纷繁，绝不是人类学所能收容，久已离开人类学而独立”[④]。杨堃的观点基本承

---

① 杨堃：《民族学与人类学》，《北平大学学报》1935年第1卷第4期，第37—48页。

② 同上书，第50页。

③ 凌纯声：《民族主义与民族学（演讲）》，杨长春、孙兆干（记录）《国立劳动大学周刊》1931年第18期，第1页。

④ 蔡元培：《说民族学》，《一般》1926年第1卷第1—4期。

接蔡氏的观点，并认为人类学实为民族学的“引路杖”，而关于“田野的研究”（field Studies），也只在谈民族学时提到。[①] 同时，如前文所论，杨堃也赞同蔡元培“民族学是关于民族的比较，民族志是关于民族的叙述”的观点。

在当时的知识分子看来，民族学更适合当时中国的政治语境，乃是因为民族学是与民族主义相关联的。1931 年，凌纯声专门作了《民族主义与民族学》的演讲，在演讲中，他这样说道：

> 兄弟本想讲民族主义与社会学的，但因感一般人对民族主义与民族学时起误解，故改讲本题。譬如兄弟在欧洲的时候，有人问：你学什么东西？我说学民族学，那人以为我所学的东西最适合于中国的需要了，因为现在中国正在民族革命时代，你能将所学的结果，回去将三民主义发挥而广大之，岂非对中国前途有莫大的贡献吗？同时在中央，也以我是学民族学的，所以叫我来讲民族主义。其实“学（Ology）”与主义“Ism”是完全不同的，截然的两件东西，不过有时由“学”亦可成为“主义”，这是两者的相联络点。[②]

蔡元培关于民族学的观点以及对民族调查的倡导，之后主持并成立“国立中央研究院社会科学研究所民族学组”，影响了中国学界对中国少数民族调查性质的认知，即中国少数民族的调查更多被认定为民族学调查而非人类学调查。凌纯声介绍当时英国皇家学会的调查方法，也被其称之为《民族学实地调查方法》

---

① 杨堃：《民族学与人类学》，《北平大学学报》1935 年第 1 卷第 4 期，第 51—52 页。

② 凌纯声：《民族主义与民族学（演讲）》，杨长春、孙兆干（记录）《国立劳动大学周刊》1931 年第 18 期，第 1 页。

(1934)，但实际上，《人类学的询问与记录》采用泰勒的分类法，将人类学分为体质人类学与文化人类学两类。并且关于体质人类学部分，在整本书中所占比例不及二十分之一。[①] 显然，中国学者在人类学的定义上并没有采用当时英国学者的观点，他们更认为，以博厄斯为首的美国学派所言研究社会与文化的人类学，实质上就相当于民族学。[②] 这也使得流通于当时人类学民族学家手中的《人类学的询问与记录》变成了"民族学的询问与记录"。其实，在他们看来，对于当时的中国少数民族调查而言，民族学更重要或者说更有效，这使得他们眼中的民族学的重要性大于人类学。这种倾向性认同，使得调查者们称自己的报告为"某族调查报告"，学者们在理论探讨时也更多地提到"民族学"而不是"人类学"，实在不足为奇。

事实上，人类学进入中国，经本土化后更偏向于民族学。从本书的分析来看，民族学，成为当时中国知识分子了解中国少数民族的学问，当然，这无可非议，也甚是有效。但民族志在实践层面上不自觉地成为传播民族知识的工具，而传播民族知识的目的，也是让"边民"成为"国民"。再说"民族志"的"民族"，作为"人群"的概念，有时隐含为"国族"，有时又窄化为"族群"；前者表现在民国时期的民族调查，后者表现在新中国成立后为每个少数民族编写"简志"。

三　西南民族志：表述转换后的"国族志"

林耀华先生在90高龄的时候，谈到他在凉山调查时帮助他理解凉山的彝族人打吉，精确地计算"文化大革命"期间他挨了多少次

① 凌纯声：《民族主义与民族学（演讲）》，杨长春、孙兆干（记录）《国立劳动大学周刊》1931年第18期，第42页。

② 同上书，第36页。

整。他为什么要计算这么清楚，林先生很是不解。最后，林先生留有这样的遗憾：

> 对于他们怎样理解我们汉人，我却几乎一无所知。人类学家的任务本来就是理解人，可我究竟在多大程度上理解了打吉和我们自己，这却仍是个问题。[①]

这是人类学的本质问题！林先生讨论的是人类学家一直以来的难题，也揭示了那个时代的调查者，尽管有人类学民族学的基本理论，但由于过分在意“学术救国”思想，在短时间内，对调查对象（客体）未能深入的了解，以至于迷惘和惆怅，甚至对自我行为本身进行追问。

就调查者而言，应时而生的民族志成为民族（国族）情结的表达方式之一，这使得凌纯声等的考察报告以“中研院”的资格代表了“国家级叙事”[②]。同时，也使得中国早期民族志表现出狭隘的特点。按照徐新建的分析，中国人类学难以摆脱救亡图存的“严复模式”，而只能称之为“狭隘民族志”。在叙事模式上处于悬浮的“中间状态”：往上走，没世界；往下走，没个人。[③] 中国早期民族志正体现了这一特点。俄国人类学家史禄国所希望的中国民族志——对中国所有人群的整体文化适应的考察，[④] 在当时并没有实现。人需要寻找自己在世界上的位置，中国人在内忧外患时期更需要寻找一种群体感、集体感，才谈得上与世界的关系，这使得他们所考察的人群，也成为实

---

① 林耀华编：《林耀华学述》，浙江人民出版社1999年版，第93页。

② 徐新建：《民歌与国学》，巴蜀书社2006年版，第158页。

③ 徐新建：《以开放的眼光看中国——人类学需要的大视野》，《思想战线》2011年第2期。

④ 史禄国、于洋：《关于中国的民族志调查》，《北方民族大学学报》2012年第5期。

现这一目标的最佳对象。但是，“人类学家自己是人类的一分子，可是他想从一个非常高远的观点去研究和评断人类，那个观点必须高远到使他可以忽视一个个别社会、个别文明的特殊情境的程度”①。显然，中国知识分子要做到这一点太难，即使列维－斯特劳斯（Claude Levi－Strauss）也“忧郁”这一点。因为如果这样，人类学家将变成“无根”或“心理上的残废”②。列维曾这样引用夏多布里昂的话，将它放入自己的经典民族志《忧郁的热带》中：

> 每一个人，身上都拖着一个世界，由他所见过、爱过的一切所组成的世界，即使他看起来是在另外一个不同的世界里旅行、生活，他仍然不停地回到他身上所拖带着的那个世界去。③

从马林诺夫斯基的日记出版以来，我们看到了两个马林诺夫斯基，自从他成为人类学家，他就生活在两个世界里。处于新旧之交的中国民族学者，也很难摆脱双重身份的困扰，他们从未脱离过自己所置身的悠久历史传统世界。但关键的问题是，“从此以后，可能把两个不同的世界之间沟通起来”④，对于中国学者来说，这个目的更重要，他们甚至认为，中心与边缘，中原与边疆的人本是同一世界（中国）的不同人群，自己更有责任与合法的理由将其融合为统一的整体。

民族志要反映文化的整体样貌，并非只是表现在记录内容上的全面完整。本来，民族志作为一种“群体叙事”，可使人类学的研究对象更加具体化。它的出现是填补整体的人和有边界的人之间的断裂，

① ［法］列维－斯特劳斯：《忧郁的热带》，王志明译，中国人民大学出版社 2011 年版，第 55 页。

② 同上。

③ 同上书，第 39 页。

④ 同上。

它可以通过对特定人群的描写，从而呈现出具有普遍性意义的人或人类特征。显然，中国早期民族志离这一真正意义上的人类学民族志相差甚远，因为他们的下限边界是国民，上限边界是中国。比如，秉持西方科学标准的民族志，一般会遮蔽、隐藏表述者（民族志调查者）的自我意识，目的是使自己的文本获得权威性。功能主义民族志没有给予作者一定的角色，如果有的话也只是在注脚和前言中提到作者，给他一点无足轻重的发言机会。[①] 但在中国产生的各种类民族志文本中，特别是带有官方性质的调查报告中，却在文前增添了为“国家”而“学术”的撰写说明，或曰“自序”，或曰“他序”；在文后增加了“建言献策”类的治边要点分析，或曰治边刍议，或曰策略之检讨等。[②] 这样的撰写方式将表述目的展露无遗。如果表述对象按个体、群体、人类三级进行划分，体现在表述话语上便形成了不同的叙事类型，即“自我叙事”“人类叙事”和夹在二者间的“族群叙事”（国家叙事、党派叙事）。[③] 而当时的中国民族志正是夹在“自我”与“人类”之间的“国家叙事”。民族志，在这个意义上来说，实可称之为“国族志”。[④]

这是中国早期民族志的典型特点。典型，是因为各种力量与因素使然。有时，典型之外又显示了另一种可能。李霖灿，民国时期随西湖艺专到昆明，被丽江玉龙雪山风光所吸引，冒险去写生，后被李济看中，遂接触人类学，替中央博物院筹备处搜集民族学标本。作为艺

---

① ［美］威廉·亚当斯：《人类学的哲学之根》，黄剑波、李文建译，广西师范大学出版社 2006 年版，第 68 页。

② 典型的文本如任映沧的《大小凉山倮族通考》第十三章“策略之检讨”，第十四章“近百年解放凉山奴隶之呼吠”，西南夷务丛书社 1947 年版。

③ 徐新建：《表述问题：文学人类学的起点和核心——为中国文学人类学研究会第五届年会而作》，《西南民族大学学报》2011 年第 1 期。

④ “国族志”概念，来自徐新建教授对中国早期民族志的总结。在聆听他的讲座和在访谈他时，他曾多次提到此说法。

术家进入纳西学术研究，可用“纯粹”二字形容其学术旨归，更可从他引用沈从文先生对边疆民族的话看出其学术体验：“我们只知他们缺少什么，却不知道他们丰富的是什么。”沈将李的雪山之行写进小说《虹桥》中，表示对其行为的认同。李先生在民国时期所看到的边疆民族，正是“丰富”多于“缺少”。此种观念，不正是笔者所分析的大多数文本中所缺少的，或者说是相反的观念吗？这，正是本书所构想的重要补充，它意味着民族志在中国的多样化面貌和多种可能，不过，学术追求是潜在的建构国族的焦虑，国族焦虑反过来又导致学术焦虑，这使得中国早期民族志难以摆脱特定转型时期对时代话语的依附。

如今，当中国学界再次讨论或者质疑“民族志”这一译法的有效性后，紧接着西方人文学科的表述范式转向（从“科学”到“文学”），带来了中国学者对“民族志”问题更深层次的审思。回望民国，本书将“志”从“记录”“叙述”“阐释”，延伸到“表述”进行分析，是想在文学与人类学之间尝试找到中国早期民族志的“完整面貌”，然而，作为研究者，这样的尝试，在遭遇“写文化”之后的学术语境，本书的回望与还原，也只是一个“关于真实的译本”[①]。不过这依然有意义，因为，重要的永远是世界本身，以及表述世界的方式。

---

① ［英］安·格雷：《文化研究：民族志方法与生活文化》，许梦云译，高丙中校，重庆大学出版社2009年版，第27页。

附录1　民国期刊部分相关论文文献

（按音序）

蔡元培

序号	题　名	作　者	刊　名	年卷期
1	《国立“中研院”之过去与将来》	蔡元培	中华教育界	1934年第21卷第7期
2	《吾国文化运动的过去与将来》	蔡元培	中山文化教育馆季刊	1934年第1卷第1期
3	《论大学应设各科研究所之理由》	蔡元培	东方杂志	1935年第32卷第1号
4	《民族学的进化观》	蔡元培	新社会科学	1935年第1卷第4期
5	《说民族学》	蔡孑民	一般(1926年)	1926年第1卷第1—4期

戴裔煊

序号	题　名	作　者	刊　名	年卷期
1	《蛮族与图腾关系之史的检讨》	戴裔煊	现代史学	1934年第2卷第1—2期
2	《中国各地的民间会社》	戴裔煊译	青年中国季刊	1940年第1卷第2期
3	《鲍亚士及其学说述略》	戴裔煊	民族学研究集刊	1943年第3期

续表

戴裔煊				
序号	题　名	作　者	刊　名	年卷期
4	《论巫术与宗教》	Lord Raglan 原著，戴裔煊译	民俗	1943 年第 2 卷第 4 期
5	《民族学理论与方法的递演》	戴裔煊	民族学研究集刊	1946 年第 5 期
6	《干兰考》	戴裔煊	文教	1947 年第 1 卷第 1 期
7	《僚族研究》	戴裔煊	民族学研究集刊	1948 年第 6 期
丁文江				
1	《赫胥黎的伟大》	丁文江	晨报副刊	1925 年第 98 期
2	《漫游散记(二)》	丁文江	独立评论	1932 年第 6 期
3	《漫游散记(十)》	丁文江	独立评论	1932 年第 21 期
4	《抗日剿匪与中央的政局》	丁文江	独立评论	1932 年第 19 期
5	《误人的地图(通信)》	浮萍 丁文江	独立评论	1932 年第 19 期
6	《所谓北平各大学合理化的计划》	丁文江	独立评论	1932 年第 3 期
7	《漫游散记(六)》	丁文江	独立评论	1932 年第 13 期
8	《漫游散记(一)》	丁文江	独立评论	1932 年第 5 期
9	《漫游散记(三)》	丁文江	独立评论	1932 年第 8 期
10	《漫游散记(十二)云南个旧》	丁文江	独立评论	1932 年第 24 期

续表

丁文江

序号	题　名	作　者	刊　名	年卷期
11	《漫游散记(五)》	丁文江	独立评论	1932年第10期
12	《漫游散记(八)》	丁文江	独立评论	1932年第16期
13	《漫游散记(九)云南个旧》	丁文江	独立评论	1932年第20期
14	《漫游散记(四)》	丁文江	独立评论	1932年第9期
15	《漫游散记(十一)》	丁文江	独立评论	1932年第23期
16	《漫游散记(七)》	丁文江	独立评论	1932年第14期
17	《漫游散记(十八)》	丁文江	独立评论	1933年第48期
18	《漫游散记(十五)》	丁文江	独立评论	1933年第36期
19	《兰州的教育惨案与开发西北(通信)》	李行之 丁文江	独立评论	1933年第35期
20	《漫游散记(二十一)》	丁文江	独立评论	1933年第85期
21	《漫游散记(十七)》	丁文江	独立评论	1933年第46期
22	《漫游散记(十九)金沙江》	丁文江	独立评论	1933年第52—53期
23	《漫游散记(十六)》	丁文江	独立评论	1933年第42期
24	《漫游散记(十四)》	丁文江	独立评论	1933年第35期
25	《漫游散记(二十)金沙江》	丁文江	独立评论	1933年第83期
26	《漫游散记(十三)》	丁文江	独立评论	1933年第34期
27	《漫游散记(二十)金沙江》	丁文江	独立评论	1933年第84期

续表

方国瑜

序号	题　名	作　者	刊　名	年卷期
1	《条约上滇缅南段未定界之地名》	方国瑜	民族	1935 年第 3 卷第 7—12 期
2	《葫芦王地之今昔》	方国瑜	新亚细亚	1935 年第 9 卷第 5 期
3	《滇缅边界的菖蒲桶》	方国瑜	新亚细亚	1935 年第 9 卷第 3 期
4	《班洪风土记》	方国瑜	西南边疆	1938 年第 1 期
5	《明修云南方志书目》	方国瑜	教育与科学	1938 年第 4 期
6	《班洪风土记》	方国瑜	西南边疆	1938 年第 2 期
7	《马可波罗云南行纪笺证》	方国瑜	西南边疆	1939 年第 4 期
8	《宋史蒲甘传补》	方国瑜	文史杂志	1943 年第 2 卷第 11—12 期
9	《卡瓦山闻见记》	方国瑜	西南边疆	1944 年第 10 期
10	《读诸蕃志札记》	方国瑜	文讯	1946 年第 6 卷第 7 期
11	《明初流窜云南之日本僧》	方国瑜	文讯	1946 年第 6 卷第 3 期
12	《西南夷风土记跋》	方国瑜	南洋学报	1948 年第 5 卷第 1 辑

费孝通

序号	题　名	作　者	刊　名	年卷期
1	《社会学家派克教授论中国》	费孝通	再生杂志	1933 年第 2 卷第 1 期
2	《亲迎婚俗之研究》	费孝通	社会学界	1934 年第 8 卷

续表

费孝通

序号	题　名	作　者	刊　名	年卷期
3	《译甘肃土人的婚姻序》	费孝通	宇宙	1935 年第 3 卷第 7 期
4	《为调查研究桂省特种部族人种》	王同惠 费孝通	宇宙	1935 年第 3 卷第 11 期
5	《为调查研究桂省特种部族人种》	王同惠 费孝通	宇宙	1935 年第 3 卷第 8 期
6	《桂行通讯一〇七一〇九》	费孝通 王同惠	社会研究	1935 年第 101—128 期
7	《为调查研究桂省特种部族人种》	王同惠 费孝通	宇宙	1936 年第 4 卷第 3 期
8	《为调查研究桂省特种部族人种》	王同惠 费孝通	宇宙	1936 年第 4 卷第 2 期
9	《农村土地权的外流》	费孝通	今日评论	1940 年第 3 卷第 11 期
10	《娱乐？工作?》	费孝通	战国策	1940 年第 12 期
11	《农期参差性和劳力利用》	费孝通	新经济半月刊	1940 年第 3 卷第 7 期
12	《农贷方式的检讨》	费孝通	中农月刊	1940 年第 1 卷第 6 期
13	《战时内地农村劳力问题》	费孝通	东方杂志	1940 年第 37 卷第 13 期
14	《内地农村尚未缺乏劳力》	费孝通	新经济半月刊	1940 年第 3 卷第 11 期

续表

费孝通

序号	题　名	作　者	刊　名	年卷期
15	《内地农村的租佃和雇佣》	费孝通	中农月刊	1940 年第 1 卷第 4 期
16	《劳工的社会地位》	费孝通	今日评论	1940 年第 5 卷第 1—2 期
17	《增加生产与土地利用》	费孝通	当代评论	1941 年第 1 卷第 13 期
18	《夫妇之间》	费孝通	东方杂志	1941 年第 38 卷第 21 期
19	《乡村工业的两种型式》	费孝通	新经济	1942 年第 6 卷第 7 期
20	《乡村工业的两种型式》	费孝通	新经济半月刊	1942 年第 6 卷第 7 期
21	《交代参差》	费孝通	当代评论	1942 年第 2 卷第 20 期
22	《中国乡村工业的性质及前途》	费孝通	旅行杂志	1943 年第 17 卷第 2 期
23	《家庭结构的基本形态》	费孝通	自由论坛	1943 年第 1 卷第 3 期
24	《居处的离合》	费孝通	自由论坛	1943 年第 1 卷第 4 期
25	《美国民主精神的展望》	费孝通	民主周刊	1944 年第 1 卷第 3 期
26	《旅美寄言》	费孝通	自由导报周刊	1945 年第 5 期

续表

费孝通

序号	题　名	作　者	刊　名	年卷期
27	《平民世纪的展开》	费孝通	民主周刊	1945 年第 2 卷第 5 期
28	《论效率》	费孝通	民主周刊	1945 年第 1 卷第 14 期
29	《人情和邦交》	费孝通	自由导报周刊	1945 年第 4 期
30	《东非的昆明》	费孝通	自由导报周刊	1945 年第 3 期
31	《一张漫画》	费孝通	自由导报周刊	1945 年第 4 期
32	《祸根未除》	费孝通	民主周刊	1945 年第 2 卷第 9 期
33	《人性和机器(续)》	费孝通	再生	1946 年第 106 期
34	《人性和机器(续完)》	费孝通	再生	1946 年第 107 期
35	《“爱的教育”之重沐》	费孝通	上海文化	1946 年第 10 期
36	《初访美国》	费孝通	图书季刊	1946 年新第 7 卷第 3—4 期
37	《销骨为厉》	费孝通	月刊(1945 年)	1946 年第 1 卷第 5 期
38	《从日常生活论中美文化》	费孝通	上海文化	1946 年第 5 期
39	《美国人怎样办报怎样读报?:为“上海文化”特……》	费孝通	上海文化	1946 年第 5 期
40	《文化的物质面与精神面》	费孝通	上海文化	1946 年第 7 期

续表

费孝通

序号	题　名	作　者	刊　名	年卷期
41	《欧洲仲夏夜之梦》	费孝通	现代文摘	1947 年第 1 卷第 12 期
42	《从杜鲁门主义到马歇尔主义》	费孝通	现代文摘	1947 年第 1 卷第 7 期
43	《不应固执地去看美国外交》	费孝通	现代文摘	1947 年第 1 卷第 9 期
44	《英国为甚么也闹煤荒?》	费孝通	新世界月刊	1947 年第 3 期
45	《我们对于“经济改革方案”意见》	费孝通 杨西孟等	书报精华	1947 年第 33 期
46	《不愁疾病》	费孝通	医潮	1947 年第 1 卷第 2 期
47	《美国的苦闷》	费孝通	书报精华	1947 年第 32 期
48	《不应固执的去看美国外交》	费孝通	书报精华	1947 年第 31 期
49	《关于“城”“乡”问题》	费孝通	中国建社	1947 年第 5 卷第 6 期
50	《亦谈社会调查(学习之话)》	费孝通	读书与出版(1946 年)	1947 年第 2 年第 10 期
51	《科举与社会流动》	潘光旦 费孝通	社会科学	1947 年第 4 卷第 1 期
52	《论私》	费孝通	世纪评论	1947 年第 2 卷第 16 期

续表

费孝通

序号	题　名	作　者	刊　名	年卷期
53	《礼治秩序》	费孝通	世纪评论	1947 年第 2 卷第 21 期
54	《再论文字下乡》	费孝通	世纪评论	1947 年第 2 卷第 7 期
55	《文字下乡》	费孝通	世纪评论	1947 年第 2 卷第 5 期
56	《差序的格局》	费孝通	世纪评论	1947 年第 2 卷第 12 期
57	《传统在英国》	费孝通	世纪评论	1947 年第 1 卷第 24 期
58	《道德在私人间》	费孝通	世纪评论	1947 年第 2 卷第 18 期
59	《差序的格局》	费孝通	曼谷杂志	1947 年第 1 卷第 10 期
60	《中国社会学的长成》	费孝通	文讯	1947 年第 7 卷第 4 期
61	《同是两大之间》	费孝通	现代文摘	1947 年第 1 卷第 4 期
62	《生育制度》	费孝通	图书季刊	1947 年新第 8 卷第 3—4 期
63	《缫丝工业与合作运动》	费孝通著 郭廷扬译	工业合作	1947 年第 34—35 期

续表

费孝通

序号	题　名	作　者	刊　名	年卷期
64	《所谓家庭中心说》	费孝通	世纪评论	1947年第2卷第10期
65	《熟人里长大的》	费孝通	世纪评论	1947年第2卷第3期
66	《儿童与文化》	费孝通	儿童与社会	1948年第3期
67	《乡土中国》	费孝通	图书季刊	1948年新第9卷第1—2期
68	《现代社会学》	费孝通	思想与时代	1948年第51期
69	《乡土工业与土地问题——黎民不饥不寒的小康……》	费孝通	地政通讯	1948年第3卷第3期
70	《关于“城”“乡”问题》	费孝通	中国建设月刊	1948年第5卷第6期
71	《知识分子的社会地位》	费孝通	展望	1948年第2卷第3期
72	《配给制度与工业前途》	周作仁 劳笃文 戴世……	工业月刊	1948年第5卷第12期
73	《美援与中国工业》	周作仁 刘大中 费孝通……	工业月刊	1948年第5卷第9期
74	《农业中国・工业日本》	赵乃抟 樊弘 周作仁……	工业月刊	1948年第5卷第10期

续表

费孝通

序号	题 名	作 者	刊 名	年卷期
75	《物价上涨与工业经营》	李烛尘 樊弘 周作仁……	工业月刊	1948年第5卷第8期
76	《耕者有其田说之分析》	费孝通	广播周报	1948年第94期
77	《城乡联系的又一面》	费孝通	中国建设月刊	1949年第7卷第1期
78	《所谓家庭中心说》	费孝通	世纪评论	1949年第10期
79	《论私》	费孝通	世纪评论	1949年第16期
80	《道德在私人间》	费孝通	世纪评论	1949年第18期
81	《取消土革的农复方案》	费孝通	地政通讯	1948年第3卷第9期

胡鉴民

序号	题 名	作 者	刊 名	年卷期
1	《涂尔干氏的社会心理学说》	胡鉴民	中法大学月刊	1932年第1卷第4期
2	《科学与中国社会改造》	胡鉴民	大陆(1932年)	1932年第1卷第2期
3	《关于德国的政治与种族问题的著作》	胡鉴民	社会科学研究	1935年第1卷第4期
4	《从文化之性质讲到文化学及文化建设》	胡鉴民	社会科学研究	1935年第1卷第1期

续表

胡鉴民

序号	题　名	作　者	刊　名	年卷期
5	《关于人类的前途》	胡鉴民	进化	1936 年第 1 卷第 4 期
6	《政治起源论》	胡鉴民	民族学研究集刊	1936 年第 1 期
7	《羌族之信仰与习为》	胡鉴民	边疆研究论丛	1941 年
8	《泛论进化与学术救国》	胡鉴民	读书通讯	1941 年第 26 期
9	《格里格林杰:人类宗教之进化》	胡鉴民	西南边疆	1942 年第 15 期
10	《苗人的家族与婚姻习俗琐记》	胡鉴民	边疆研究论丛	1945 年

黄文山

序号	题　名	作　者	刊　名	年卷期
1	《人类,文化与文明》	黄文山	新社会科学	1934 年第 1 卷第 2 期
2	《阶级逻辑与文化民族学》	黄文山	新社会科学	1935 年第 1 卷第 4 期
3	《民族学与中国民族研究》	黄文山	民族学研究集刊	1936 年第 1 期
4	《文化史上的广东与广东文化建设》	黄文山	社会与教育月刊	1937 年第 1 卷第 7 期
5	《文化史上的广东与广东文化建设》	黄文山	新粤周刊	1937 年第 1 卷第 1 期
6	《转载——民族文化建设纲领》	黄文山	战时文化	1939 年第 2 卷第 1 期

续表

黄文山

序号	题 名	作 者	刊 名	年卷期
7	《民族学研究上一般的原则与方法》	黄文山	青年中国季刊	1940 年第 1 卷第 2 期
8	《世界文化的转向及其展望》	黄文山	中山文化季刊	1943 年第 1 卷第 1 期
9	《种族主义论》	黄文山	民族学研究集刊	1943 年第 3 期
10	《文化学上的科学的比较方法》	黄文山	中华文化	1946 年第 1 卷第 1 期
11	《综论殖民地制度及其战后废止的方案》	黄文山	民族学研究集刊	1946 年第 5 期
12	《岑著〈西南民族文化论丛〉序》	黄文山	社会学讯	1947 年第 5 期

江应樑

序号	题 名	作 者	刊 名	年卷期
1	《杨一清与明代中年之西北边疆》	江应樑	新亚细亚	1925 年第 10 卷第 1 期
2	《华侨与土人同化问题》	江应樑	南洋情报	1932 年第 1 卷第 2 期
3	《华侨移殖南洋的几个重要时期》	江应樑	南洋情报	1932 年第 1 卷第 3 期
4	《安南民族之由来》	江应樑 马骏译	新亚细亚	1933 年第 6 卷第 3 期
5	《中南交通之初期考》	江应樑	南洋研究	1933 年第 4 卷第 5—6 期
6	《国内出版物将绝迹于南洋》	江应樑	南洋情报	1933 年第 1 卷第 4 期

续表

江应樑

序号	题　名	作　者	刊　名	年卷期
7	《失业华侨归国之救济》	江应樑	南洋情报	1933 年第 2 卷第 2 期
8	《中国初次征服安南考》	江应樑 马骏合译	新亚细亚	1933 年第 6 卷第 1 期
9	《南洋侨教当前之危机》	江应樑	南洋情报	1933 年第 1 卷第 7 期
10	《救侨应从贯输文化入手》	江应樑	南洋情报	1933 年第 1 卷第 5 期
11	《南洋华侨多闽粤人的原因》	江应樑	南洋情报	1933 年第 1 卷第 8 期
12	《归国侨生应否施与特殊教育》	江应樑	南洋情报	1933 年第 2 卷第 1 期
13	《唐代中国与阿拉伯人之海上交通》	江应樑	大学杂志	1934 年第 2 卷第 3 期
14	《杨一清与明代中年之西北边疆》	江应樑	新亚细亚	1935 年第 10 卷第 1 期
15	《广东猺人之史的考察》	江应樑	新亚细亚	1936 年第 12 卷第 6 期
16	《历代治黎与开化海南黎苗之研究》	江应樑	新亚细亚	1937 年第 13 卷第 4 期
17	《评鸟居龙藏之苗族调查报告》	江应樑	现代史学	1937 年第 3 卷第 2 期
18	《云南用贝考》	江应樑	新亚细亚	1937 年第 13 卷第 1 期
19	《云南西部僰夷民族之经济社会》	江应樑	西南边疆	1938 年第 1 期

续表

江应樑

序号	题　名	作　者	刊　名	年卷期
20	《广东北江猺人的生活》	江应樑	东方杂志	1938 年第 35 卷第 11 期
21	《僰夷民族之家族组织及婚姻制度》	江应樑	西南边疆	1938 年第 2 期
22	《云南西部之边疆夷民教育》	江应樑	青年中国季刊	1939 年第 1 期
23	《凉山一角》	江应樑	旅行杂志	1943 年第 17 卷第 6 期
24	《苗人来源及其迁徙区域(一)》	江应樑	边政公论	1944 年第 3 卷第 4 期
25	《苗人来源及其迁徙区域(下)》	江应樑	边政公论	1944 年第 3 卷第 5 期
26	《边政研究工作在云南(通讯)》	江应樑	文史杂志	1945 年第 5 卷第 9—10 期
27	《西南边区的特种文字》	江应樑	边政公论	1945 年第 4 卷第 1 期
28	《云南边疆地理概要》	江应樑	边政公论	1947 年第 6 卷第 4 期
29	《云南土司制度之利弊与存废》	江应樑	边政公论	1947 年第 6 卷第 1 期
30	《请确定西南边疆政策》	江应樑	边政公论	1948 年第 7 卷第 1 期
31	《我怎样研究西南民族》	江应樑	文史春秋	1948 年第 2 期

续表

序号	题 名	作 者	刊 名	年卷期
柯象峰				
1	《西康纪行》	柯象峰	边政公论	1941 年第 1 卷第 3—4 期
2	《中国边疆研究计划与方法之商榷》	柯象峰	边政公论	1941 年第 1 卷第 1 期
3	《西康纪行(一续)》	柯象峰	边政公论	1942 年第 1 卷第 7—8 期
李安宅				
1	《西藏系佛教僧教育制度》	李安宅	海潮音	1940 年第 21 卷第 5—6 期
2	《拉卜楞寺概况》	李安宅	边政公论	1941 年第 1 卷第 2 期
3	《关于藏王(赞普)世系年代考证》	丁? 李安宅	边政公论	1941 年第 1 卷第 3—4 期
4	《藏人论藏(上)》	李安宅	边政公论	1942 年第 1 卷第 7—8 期
5	《边民社区实地研究纲要》	李安宅	华文月刊	1942 年第 1 卷第 1 期
6	《藏民祭太子山典礼观光记》	李安宅	华文月刊	1942 年第 1 卷第 2 期
7	《论边疆服务》	李安宅	边疆服务	1943 年第 1 期
8	《一,喇嘛教育制度》	李安宅	大学月刊(1942 年)	1943 年第 2 卷第 8 期
9	《论边疆工作如何做?》	李安宅	大学月刊(1942 年)	1943 年第 2 卷第 11—12 期

续表

李安宅				
序号	题　名	作　者	刊　名	年卷期
10	《藏民年节》	李安宅	风土什志	1943年第1卷第2—3期
11	《回教与回族》	李安宅	学思	1943年第3卷第5期
12	《回教传入中国与“回族”问题》	李安宅	华文月刊	1943年第2卷第2—3期
13	《边疆工作的需要》	李安宅	边疆服务	1943年第9期
14	《论坚贞与边疆》	李安宅	边疆通讯	1943年第1卷第4期
15	《宗教与边强建设》	李安宅	边政公论	1943年第2卷第9—10期
16	《论社会工作》	李安宅	文化先锋	1943年第2卷第6期
17	《论边疆工作如何作法》	李安宅	大学月刊(1942年)	1943年第2卷第11—12期
18	《实地研究与边疆》	李安宅	边疆通讯	1943年第1卷第1期
19	《新画风的开创——观杨乡生先生画展书感》	李安宅	文化先锋	1944年第3卷第16期
20	《论边疆工作如何做?(续)?》	李安宅	大学月刊(1942年)	1944年第3卷第1期

续表

李安宅				
序号	题　名	作　者	刊　名	年卷期
21	《印度之自由问题》	艾伯兰讲 李安宅编译	文化先锋	1944 年第 3 卷第 10 期
22	《边疆社会建设》	李安宅	社会建设	1944 年第 1 卷第 1 期
23	《印度问题讲座 现代印度之领袖》	李安宅编译	文化先锋	1944 年第 3 卷第 19 期
24	《边疆工作所需的条件》	李安宅	文化先锋	1944 年第 4 卷第 4 期
25	《印度之土地与人民》	李安宅译	文化先锋	1944 年第 3 卷第 6 期
26	《印度问题讲座 印度之妇女》	李安宅编译	文化先锋	1944 年第 3 卷第 22 期
27	《就社会现状求实现民主应先举办之事本刊第十……》	陈聚涛 潘光旦 柯象峰 李安宅……	宪政月刊	1945 年第 16 期
28	《云霓之望》	李安宅	新西康	1945 年第 3 卷第 6—8 期
29	《萨迦派喇嘛教》	李安宅	边政公论	1945 年第 4 卷第 7—8 期
30	《西康德格之历史与人口》	李安宅	边政公论	1946 年第 5 卷第 2 期
31	《谈边疆教育》	李安宅	边疆通讯	1947 年第 4 卷第 2 期

续表

李安宅

序号	题　名	作　者	刊　名	年卷期
32	《胜利与边疆工作》	李安宅	边疆通讯	1947 年第 4 卷第 1 期

黎光明

序号	题　名	作　者	刊　名	年卷期
1	《汲冢竹书考》	黎光明	国立第一中山大学语言历史学研究所周刊	1928 年第 31 期
2	《汲冢竹书考(续)》	黎光明	国立第一中山大学语言历史学研究所周刊	1928 年第 33 期
3	《汲冢竹书考(续)》	黎光明	国立第一中山大学语言历史学研究所周刊	1928 年第 32 期
4	《中国地方志综录质疑》	黎光明	禹贡	1935 年第 4 卷第 8 期
5	《云溪站名胜》	黎光明	粤汉半月刊	1948 年第 3 卷第 8 期

李　济

序号	题　名	作　者	刊　名	年卷期
1	《中国考古报告集之一——城子崖发掘报告序》	李济	东方杂志	1935 年第 32 卷第 1 号
2	《记小屯出土之青铜器》	李济	中国考古学报	1948 年第 3 期

续表

李　济

序号	题　名	作　者	刊　名	年卷期
3	《中国考古学报第三册》	李济等编	图书季刊	1948年新第9卷第1—2期
4	《记小屯出土之青铜器》	李济	中国考古学报	1949年第4期

李拂一

序号	题　名	作　者	刊　名	年卷期
1	《南洋失业华侨与开发滇边》	李拂一	新亚细亚	1931年第2卷第6期
2	《西藏与车里之茶业贸易》	李拂一	新亚细亚	1931年第2卷第6期
3	《滇边失地孟艮土司之考察》	李拂一	新亚细亚	1932年第3卷第5期
4	《车里命名来源考》	李拂一	边疆通讯	1945年第3卷第5期

凌纯声

序号	题　名	作　者	刊　名	年卷期
1	《新疆之民族问题及国际关系》	凌纯声	外交评论	1933年第2卷第11期
2	《民族学与现代文化》	凌纯声	国风半月刊	1933年第2卷第1期
3	《猺民造反》	凌纯声	时代公论	1933年第2卷第56期
4	《猺民造反》	凌纯声	时代公论	1933年第2卷第56期
5	《太平洋上列强殖民地概观》	凌纯声	外交评论	1934年第3卷第1期
6	《从政治地理上论班洪事件》	凌纯声	时代公论	1934年第3卷第9期

续表

凌纯声

序号	题　名	作　者	刊　名	年卷期
7	《中英会勘南奔河滇缅国界之经过》	凌纯声	外交评论	1935 年第 5 卷第 1 期
8	《民族学实地调查方法》	凌纯声	民族学研究集刊	1936 年第 1 期
9	《中法桂越国界及边地交涉》	凌纯声	外交评论	1936 年第 7 卷第 5 期
10	《孟定——滇边一个瘴区的地理研究》	凌纯声	西南边疆	1938 年第 1 期
11	《中国边政之土司制度(上)》	凌纯声	边政公论	1943 年第 2 卷第 11—12 期
12	《中国边政之盟旗制度》	凌纯声	边政公论	1943 年第 2 卷第 9—10 期
13	《中国边政之土司制度(中)》	凌纯声	边政公论	1944 年第 3 卷第 1 期
14	《中国边政之土司制度(下)》	凌纯声	边政公论	1944 年第 3 卷第 2 期
15	《边疆教育工作报告》	凌纯声	边铎月刊	1946 年第 9 期
16	《苗族的地理分布》	凌纯声	民族学研究集刊	1946 年第 5 期
17	《湘西苗族调查报告》	凌纯声 芮逸夫	图书季刊	1947 年新第 8 卷第 3—4 期
18	《中国边政改革刍议》	凌纯声	边政公论	1947 年第 6 卷第 1 期
19	《战后两年来的中国边疆教育》	凌纯声	中华教育界	1948 年第 2 卷第 1 期复刊

续表

林耀华

1	《严复社会思想》	林耀华	社会学界	1933 年第 7 卷
2	《从人类学的观点考察中国近代社会》	一〇八（林耀华）	社会研究	1935 年第 101—128 期
3	《亲属称谓制度》	林耀华	月报	1937 年第1卷第3期
4	《人与文化》	林耀华	学思	1943 年第3卷第5期
5	《边疆研究的途径》	林耀华	边政公论	1943 年第 2 卷第 1—2 期
6	《大小凉山考察记（一）》	林耀华	边政公论	1944 年第 3 卷第 5 期
7	《大凉山倮倮的阶级制度》	林耀华	边政公论	1944 年第 3 卷第 9 期
8	《英美人类学知识应用于行政领域的借鉴》	林耀华	社会行政季刊（1944 年）	1944 年第 1 卷第 1 期
9	《康北藏民之社会状况（中）》	林耀华	流星	1945 年第 1 卷第 2 期
10	《康北藏民的社会状况（上）》	林耀华	流星	1945 年第 1 卷第 1 期
11	《康北藏民的社会状况（下）》	林耀华	流星	1945 年第 1 卷第 5 期
12	《川康嘉戎的家族与婚姻》	林耀华	燕京社会科学	1948 年第 1 卷

岭光电

1	《西南夷族史》	岭光电	新夷族	1936 年第 1 卷第 1 期
2	《与奋飞光电书》	岭邦正 岭光电译	新夷族	1936 年第 1 卷第 1 期

续表

岭光电

序号	题　名	作　者	刊　名	年卷期
3	《石达开在宁属之失败经过》	岭光电	新宁远	1941年第1卷第10—11期
4	《倮㑩情歌》	岭光电译	康导月刊	1944年第5卷第10期
5	《黑夷和白夷》	岭光电	边政公论	1948年第7卷第2期

马长寿

序号	题　名	作　者	刊　名	年卷期
1	《中国西南民族分类》	马长寿	民族学研究集刊	1936年第1期
2	《中国古代花甲生藏之起源与再现》	马长寿	民族学研究集刊	1936年第1期
3	《川康边境之民族分布及其文化特质》	马长寿	边疆问题	1939年第3期
4	《苗猺之起源神话》	马长寿	民族学研究集刊	1940年第2期
5	《四川古代獠族问题》	马长寿	青年中国季刊	1940年第2卷第1期
6	《钵教源流》	马长寿	民族学研究集刊	1943年第3期
7	《凉山罗夷的族谱》	马长寿	边疆研究论丛	1945年
8	《中国古代传疑中之女系氏族社会》	马长寿	文史杂志	1945年第5卷第5—6期
9	《中国四裔的幼子承继权》	马长寿	文史杂志	1945年第5卷第9—10期
10	《康藏民族之分类体质种属及其社会组织》	马长寿	民族学研究集刊	1946年第5期
11	《人类学在我国边政上的应用》	马长寿讲 郑守恪记	边疆通讯	1947年第4卷第6期

续表

马长寿				
序号	题　名	作　者	刊　名	年卷期
12	《十年来边疆研究的回顾与展望》	马长寿	边疆通讯	1947 年第 4 卷第 4 期
13	《人类学在边政上的应用》	马长寿	边政公论	1947 年第 6 卷第 3 期
14	《少数民族问题》	马长寿	民族学研究集刊	1948 年第 6 期
15	《论民族社会的性质》	马长寿	社会学刊	1948 年第 6 卷合刊
曲木藏尧				
1	《国难严重下之西南国防与夷族》	曲木藏尧	新夷族	1936 年第 1 卷第 1 期
2	《石达开与宁属》	曲木藏尧	新宁远	1940 年第 1 卷第 1 期
任乃强				
1	《川康交通考》	任乃强	新亚细亚	1932 年第 3 卷第 4 期
2	《西康图经境域篇（续）》	任乃强	新亚细亚	1933 年第 5 卷第 6 期
3	《西康图经境域篇》	任乃强	新亚细亚	1933 年第 5 卷第 4 期
4	《西康图经境域篇（续）》	任乃强	新亚细亚	1933 年第 5 卷第 5 期
5	《西康图经境域篇》	任乃强	新亚细亚	1933 年第 5 卷第 3 期
6	《西康图经民俗篇》	任乃强	新亚细亚	1933 年第 6 卷第 1 期

续表

任乃强

序号	题　名	作　者	刊　名	年卷期
7	《西康图经(地文篇)》	任乃强	新亚细亚	1934 年第 8 卷第 5 期
8	《西康图经(民俗篇)》	任乃强	新亚细亚	1934 年第 7 卷第 3 期
9	《西康图经(民俗篇)》	任乃强	新亚细亚	1934 年第 7 卷第 4 期
10	《西康图经(民俗篇)》	任乃强	新亚细亚	1934 年第 7 卷第 2 期
11	《西康图经(地文篇)》	任乃强	新亚细亚	1934 年第 8 卷第 6 期
12	《西康图经(地文篇)(续)》	任乃强	新亚细亚	1935 年第 9 卷第 3 期
13	《西康图经(地文篇)(续)》	任乃强	新亚细亚	1935 年第 9 卷第 4 期
14	《西康图经(地文篇)(续)》	任乃强	新亚细亚	1935 年第 9 卷第 2 期
15	《西康图经(地文篇)(续)》	任乃强	新亚细亚	1935 年第 9 卷第 1 期
16	《西藏政教史鉴(四续)》	任乃强译	康导月刊	1940 年第 3 卷第 4 期
17	《吐蕃音义考》	任乃强	康导月刊	1943 年第 5 卷第 4 期
18	《西藏政教史鉴(续完)》	刘立千译 任乃强校注	康导月刊	1943 年第 5 卷第 6 期
19	《论边腹迁变与西康前途》	任乃强	康导月刊	1943 年第 5 卷第 6 期

续表

任乃强				
序号	题　名	作　者	刊　名	年卷期
20	《〈康藏史地大纲论评〉的批评》	任乃强	康导月刊	1943 年第 5 卷第 4 期
21	《西藏政教史鉴》	刘立千译 任乃强注	康导月刊	1943 年第 5 卷第 2—3 期
22	《辨王晖石棺浮雕》	任乃强	康导月刊	1943 年第 5 卷第 1 期
23	《塔弓寺与其神话》	任乃强	康导月刊	1943 年第 5 卷第 2—3 期
24	《西藏政教史鉴(续三卷十一期)》	刘立千译 任乃强注	康导月刊	1943 年第 5 卷第 1 期
25	《樊敏碑考》	任乃强	说文月刊	1944 年第 4 卷
26	《百万分一康藏标准地图提要》	任乃强	中国边疆	1944 年第 3 卷第 3—4 期
27	《八、边疆垦殖与社会工作(中)》	任乃强	社会建设	1944 年第 1 卷第 2 期
28	《松赞冈布年谱》	任乃强	康导月刊	1944 年第 6 卷第 1 期
29	《西康地图谱》	任乃强	康导月刊	1944 年第 5 卷第 11—12 期
30	《边疆垦殖与社会工作(上)》	任乃强	社会建设	1944 年第 1 卷第 1 期
31	《西康地图谱》	任乃强	康导月刊	1944 年第 6 卷第 1 期
32	《西康地图谱》	任乃强	康导月刊	1944 年第 5 卷第 10 期

续表

任乃强

序号	题　名	作　者	刊　名	年卷期
33	《吐蕃译变之辐射》	任乃强	边政公论	1945 年第 4 卷第 9—12 期
34	《喇嘛教民之转经生活》	任乃强	文史杂志	1945 年第 5 卷第 9—10 期
35	《西康地图谱》	任乃强	康导月刊	1945 年第 6 卷第 2—4 期
36	《蛮三国的初步介绍》	任乃强	边政公论	1945 年第 4 卷第 4—6 期
37	《哥老会之策源地——雅州》	任乃强	新西康	1946 年第 4 卷第 5—6 期
38	《西藏自治与康藏划界》	任乃强	边政公论	1946 年第 5 卷第 2 期
39	《关于蛮三国》	任乃强	康导月刊	1947 年第 6 卷第 9—10 期
40	《再谈西康奇药独一味》	任乃强	康导月刊	1947 年第 6 卷第 9—10 期
41	《本年西藏政变之始末》	任乃强	边政公论	1947 年第 6 卷第 4 期

孙学悟

序号	题　名	作　者	刊　名	年卷期
1	《人类学之概略》	孙学悟	科学	1916 年第 2 卷第 4 期

石启贵

序号	题　名	作　者	刊　名	年卷期
1	《我对于边区绥靖工作之观感》	石启贵	边声月刊	1940 年第 6 期

续表

陶云逵

序号	题　名	作　者	刊　名	年卷期
1	《么？族之羊骨卜及肥卜》	陶云逵	国立“中研院”历史语言研究所人类学集刊	1938 年第 1 卷第 1 期
2	《华欧混合血种——一个人类遗传学的研究》	陶云逵	民族学研究集刊	1940 年第 2 期
3	《云南土著民族研究之过去与未来》	陶云逵	边政公论	1941 年第 1 卷第 5—6 期
4	《“边政”人员专门训练之必需》	陶云逵	边政公论	1941 年第 1 卷第 3—4 期
5	《力人》	陶云逵	战国策	1941 年第 2 卷第 13 期
6	《俅江纪程(续完)》	陶云逵	西南边疆	1942 年第 15 期
7	《论边地汉人及其与边疆建设之关系》	陶云逵	边政公论	1943 年第 2 卷第 1—2 期
8	《文化的本质》	陶云逵	自由论坛	1943 年第 1 卷第 5—6 期
9	《文化的属性》	陶云逵	自由论坛	1944 年第 2 卷第 1 期
10	《社会文化之性质及其研究方法》	陶云逵遗著	边政公论	1944 年第 3 卷第 9 期
11	《几个云南藏缅语系土族的创世故事(附地图一)……》	陶云逵遗著	边疆研究论丛	1945 年

续表

田汝康

序号	题　名	作　者	刊　名	年卷期
1	《内地女工(研究资料)》	田汝康	中国劳动	1942年第3卷第1期
2	《内地女工(研究资料)》	田汝康	中国劳动	1942年第3卷第2期
3	《忆芒市——边地文化的素描》	田汝康	旅行杂志	1943年第17卷第3期
4	《内地女工(研究资料)》	田汝康	中国劳动	1943年第3卷第3期
5	《内地女工(研究资料)》	田汝康	中国劳动	1943年第3卷第4期
6	《大理风景论》	田汝康	旅行杂志	1945年第19卷第5期
7	《芒市边民的摆》	田汝康	图书季刊	1946年新第7卷第1—2期
8	《英国怎么样(英伦特写)》	田汝康	再生	1946年第106期

卫惠林

序号	题　名	作　者	刊　名	年卷期
1	《自然环境与民族文化》	卫惠林	新社会科学	1934年第1卷第2期
2	《人类,种族与心理分析》	卫惠林	新社会科学	1934年第1卷第2期
3	《文化的要素及其形态(Marcel Mauss原著)》	卫惠林	社会科学研究	1935年第1卷第4期
4	《社会制度之形成及其变迁的法则》	卫惠林	社会科学研究	1935年第1卷第1期

续表

卫惠林

序号	题　名	作　者	刊　名	年卷期
5	《法兰西大革命时代的社会思想》	卫惠林	中山文化教育馆季刊	1935 年第 2 卷第 1—2 期
6	《民族学的对象领域及其关联的问题》	卫惠林	民族学研究集刊	1936 年第 1 期
7	《世界现代人种分类的研究》	卫惠林	民族学研究集刊	1940 年第 2 期
8	《边疆青年训练问题》	卫惠林	中国青年（1939 年）	1940 年第 2 卷第 5 期
9	《中国边疆研究的几个问题》	卫惠林	边疆研究通讯	1942 年第 1 卷第 1 期
10	《民俗第四期、中山大学文科研究所编辑》	卫惠林	边疆研究通讯	1942 年第 1 卷第 3 期
11	《中国古代图腾制度论证》	卫惠林	民族学研究集刊	1943 年第 3 期
12	《边疆文化建设区站制度拟议》	卫惠林	边政公论	1943 年第 2 卷第 1—2 期
13	《如何确立三民主义的边疆民族政策》	卫惠林	边政公论	1945 年第 4 卷第 1 期
14	《战后世界民族问题及其解决原则》	卫惠林	民族学研究集刊	1946 年第 5 期
15	《论现阶段的边疆问题》	卫惠林	边政公论	1947 年第 6 卷第 3 期
16	《论边疆建设与中国前途》	卫惠林	中国边疆建设集刊	1948 年第 1 期
17	《论世界文化与民族关系之前途》	卫惠林	民族学研究集刊	1948 年第 6 期

续表

吴文藻

序号	题　名	作　者	刊　名	年卷期
1	《一个初试的国民性研究之分类书目》	吴文藻	大江季刊	1925年第1卷第2期
2	《现代法国社会学(上)》	吴文藻	社会学刊	1932年第3卷第2期
3	《现代法国社会(学)(二)》	吴文藻	社会学刊	1934年第4卷第2期
4	《德国的系统社会学派》	吴文藻	社会学界	1934年第8卷
5	《对于中国乡村生活社会学调查的建议(编译)……》	吴文藻	社会研究	1935年第101—128期
6	《功能派社会人类学的由来与现状》	吴文藻	社会研究	1935年第101—128期
7	《〈广西省象县东南乡花蓝猺社会组织〉导言》	吴文藻	禹贡	1936年第5卷第10期
8	《〈广西省象县东南乡花蓝猺社会组织〉导言》	吴文藻	禹贡	1936年第5卷第1期
9	《中国社区研究计划的商榷》	吴文藻	社会学刊	1936年第5卷第2期
10	《功能派社会人类学的由来与现状》	吴文藻	民族学研究集刊	1936年第1期
11	《布朗教授的思想背景与其在学术上的贡献》	吴文藻	文摘	1937年第1卷第1期

续表

吴文藻

序号	题　名	作　者	刊　名	年卷期
12	《论边疆教育》	吴文藻	益世周报	1938 年第 2 卷第 10 期
13	《抗战时期与恋爱问题》	吴文藻	妇女新运	1941 年第 3 卷第 3 期
14	《边政学发凡》	吴文藻	边政公论	1941 年第 1 卷第 5—6 期
15	《何以要建立中国社会科学的基础》	吴文藻	三民主义周刊	1941 年第 2 卷第 8 期
16	《如何建立中国社会科学的基础》	吴文藻	三民主义周刊	1941 年第 2 卷第 9 期
17	《印度的社会与文化》	吴文藻	文化先锋	1943 年第 2 卷第 16 期

吴泽霖

序号	题　名	作　者	刊　名	年卷期
1	《东方人在美国所处之地位》	吴泽霖	东方杂志	1929 年第 26 卷第 6 号
2	《强者与弱者的变态心理》	吴泽霖	社会学刊	1929 年第 1 卷第 1 期
3	《弱者的心理》	吴泽霖	社会学刊	1930 年第 1 卷第 3 期
4	《社会距离的一个调查》	吴泽霖	社会学刊	1930 年第 2 卷第 2 期
5	《吴泽林的国际行为的社会心理》	吴泽霖	社会学刊	1930 年第 2 卷第 1 期
6	《参观日本中等学校教育报告》	吴泽霖	湖北教育厅公报	1930 年第 1 卷第 1 期

续表

吴泽霖				
序号	题　名	作　者	刊　名	年卷期
7	《中国大学教育的改革》	吴泽霖	教育杂志（1909年）	1931年第23卷第2期
8	《人种的分类》	吴泽霖	大夏年刊	1933年创立九周年纪念
9	《中国需要现代化么?》	吴泽霖	申报月刊	1933年第2卷第7号
10	《群众的分析(上)》	吴泽霖	社会学刊	1933年第3卷第3期
11	《现代种族敌视的起源》	吴泽霖译	社会学刊	1933年第3卷第4期
12	《怎样改进中国之风俗》	吴泽霖	文化月刊	1934年第1卷第13期
13	《民族复兴的几个条件》	吴泽霖	东方杂志	1934年第31卷第18号
14	《中国的贫穷问题》	吴泽霖	申报月刊	1934年第3卷第7号
15	《韦格的下一代的人类》	吴泽霖	社会学刊	1934年第4卷第2期
16	《环境与体质特征》	吴泽霖	光华大学半月刊	1934年第3卷第5期
17	《社会十六则》	吴泽霖	图书评论	1934年第2卷第7期
18	《社会二十则》	吴泽霖	图书评论	1934年第2卷第9期
19	《社会十七则》	吴泽霖	图书评论	1934年第2卷第11期

续表

吴泽霖

序号	题　名	作　者	刊　名	年卷期
20	《社会二十四则》	吴泽霖	图书评论	1934 年第 2 卷第 10 期
21	《社会十二则》	吴泽霖	图书评论	1934 年第 2 卷第 12 期
22	《Problems of Population》	吴泽霖	大夏	1934 年第 1 卷第 1 期
23	《贫穷的诠释》	吴泽霖 华年周刊	文化月刊	1934 年第 4 期
24	《群众的分析(续)》	吴泽霖	社会学刊	1934 年第 4 卷第 3 期
25	《劳工研究中被忽略的问题》	吴泽霖	东方杂志	1935 年第 32 卷第 1 号
26	《怎样改进中国之风俗》	吴泽霖	申报月刊	1935 年第 4 卷第 1 号
27	《英文中国年鉴(书评)》	吴泽霖	出版周刊	1935 年第 168 期
28	《马来的西孟族》	吴泽霖	南洋研究	1935 年第 5 卷第 5 期
29	《意大利对于研究罪犯学的倾向》	吴泽霖	东方杂志	1936 年第 33 卷第 17 号
30	《一切科学的一致性》	吴泽霖	东方杂志	1936 年第 33 卷第 5 号
31	《文化的比较研究》	吴泽霖	东方杂志	1936 年第 33 卷第 22 号

续表

吴泽霖

序号	题　名	作　者	刊　名	年卷期
32	《德国出生率大增的原因》	吴泽霖	东方杂志	1936年第33卷第1号
33	《英文中国年鉴(书评)》	吴泽霖	出版周刊	1936年第168期
34	《萨慕亚人的生活(续)》	吴泽霖	南洋研究	1936年第6卷第2期
35	《萨慕亚人之生活》	吴泽霖	南洋研究	1936年第5卷第6期
36	《印第安人的来源》	吴泽霖 苏希轼译	新大夏	1938年第1卷第3期
37	《怎样才配做今日中国的大学生》	吴泽霖	大夏周报	1938年第15卷第6期
38	《今日世界上基督新教的地位》	吴泽霖	东方杂志	1938年第35卷第8期
39	《社会学观点下的青春期》	吴泽霖	东方杂志	1938年第35卷第16期
40	《贵阳城区劳工概况的初步调查》	吴泽霖	新大夏	1938年第1卷第3期
41	《今后之文法学院》	吴泽霖	大夏周报	1938年第14卷第7期
42	《抗战中之人口政策》	吴泽霖	大夏周报	1938年第14卷第4期
43	《贵州短裙黑苗的概况》	吴泽霖	东方杂志	1939年第36卷第16期

续表

吴泽霖

序号	题　名	作　者	刊　名	年卷期
44	《边疆的社会建设》	吴泽霖	边政公论	1943 年第 2 卷第 1—2 期
45	《贵州的民族》	吴泽霖	文讯	1944 年第 5 卷第 1 期
46	《么些人之社会组织与宗教信仰(下)》	吴泽霖	边政公论	1945 年第 4 卷第 7—8 期
47	《战后边疆问题》	吴泽霖	清真铎报	1945 年第 19 期
48	《么些人之社会组织》	吴泽霖	边政公论	1945 年第 4 卷第 4—6 期
49	《边疆问题的一种看法》	吴泽霖	边政公论	1947 年第 6 卷第 4 期
50	《胡适论学术独立十年计划及其反响》	胡适 邹鲁陈序经 胡泽霖……	读书通讯	1947 年第 144 期
51	《人类学上所了解的环境势力》	吴泽霖	社会学刊	1948 年第 6 卷合刊
52	《人类的展望》	吴泽霖	东方杂志	1948 年第 44 卷第 10 期
53	《人类的来历》	吴泽霖	东方杂志	1948 年第 44 卷第 3 期
54	《从么些人研究谈到推进边政的原则》	吴泽霖	边政公论	1946 年第 5 卷第 2 期

续表

徐益棠

序号	题　名	作　者	刊　名	年卷期
1	《中国古代之家族》	徐益棠	民铎杂志	1926年第7卷第1期
2	《浙江畲民研究导言》	徐益棠	金陵学报	1933年第3卷第2期
3	《评〈中缅边地纪游〉》	徐益棠	正论	1935年第36—37期
4	《边疆问题之地理研究的必要》	徐益棠	边事研究	1935年第1卷第3期
5	《广西象平间猺民之服饰(插图)》	徐益棠	金陵学报	1936年第6卷第2期
6	《非常时期之云南边疆》	徐益棠	中国新论	1936年第2卷第4期
7	《九一八以后之绥远》	徐益棠 易世英	中国新论	1937年第3卷第3期
8	《战士的悲哀》	徐益棠	中国新论	1937年第3卷第2期
9	《边疆建设的根本问题》	徐益棠	广播周报	1937年第119期
10	《西康行记》	徐益棠	西南边疆	1940年第8期
11	《到松潘去》	徐益棠	青年中国季刊	1940年第2卷第1期
12	《广西象平间徭民之住屋(插图)》	徐益棠	金陵学报	1940年第10卷第1—2期
13	《广西象平间徭民之法律》	徐益棠	边政公论	1941年第1卷第1期

续表

徐益棠

序号	题　名	作　者	刊　名	年卷期
14	《十年来边疆民族研究之回顾与前瞻》	徐益棠	边政公论	1941 年第 1 卷第 5—6 期
15	《康藏一妻多夫制之又一解释》	徐益棠	边政公论	1941 年第 1 卷第 2 期
16	《㑩㑩道场图说（附图）》	徐益棠	边疆研究论丛	1941 年
17	《广西象平间傜民之宗教及其宗教的文献》	徐益棠	边疆研究论丛	1941 年
18	《磨石沟（小凉山行记之一）》	徐益棠	时代精神	1941 年第 4 卷第 1 期
19	《边疆教育的几个原则》	徐益棠	学思	1942 年第 2 卷第 3 期
20	《汉族服饰之演变》	徐益棠	学思	1942 年第 1 卷第 5 期
21	《中国回教史鉴马以愚著》	徐益棠	边疆研究通讯	1942 年第 1 卷第 3 期
22	《书评：民族学研究集刊第二期》	徐益棠	边疆研究通讯	1942 年第 1 卷第 1 期
23	《中国过去之社会救济设施》	徐益棠	学思	1942 年第 2 卷第 6 期
24	《初入傜山记》	徐益棠	学思	1942 年第 2 卷第 11 期
25	《打冤家——？氏族间之战争》	徐益棠 杨国栋	边政公论	1942 年第 1 卷第 7—8 期
26	《胡耐安：粤北之山排住民》	徐益棠	西南边疆	1942 年第 15 期

续表

徐益棠

序号	题　名	作　者	刊　名	年卷期
27	《七年来之中国民族学会》	徐益棠	西南边疆	1942 年第 15 期
28	《纪第二届国际人类科学大会》	徐益棠	民族学研究集刊	1943 年第 3 期
29	《三,傜山行纪》	徐益棠	大学月刊（1942 年）	1943 年第 2 卷第 8 期
30	《西北建设纲领及其方案》	徐益棠	边政公论	1943 年第 2 卷第 1—2 期
31	《二、广西特种部族歌谣集》	徐益棠	西南边疆	1943 年第 17 期
32	《广西象平间傜民之村落》	徐益棠	边政公论	1944 年第 3 卷第 2 期
33	《立信—云南边区建设之初步》	徐益棠	西南边疆	1944 年第 18 期
34	《广西象平间傜民之饮食》	徐益棠	边疆研究论丛	1945 年
35	《广西象平间傜民之婚姻》	徐益棠	边疆研究论丛	1945 年
36	《介绍边著拾遗》	徐益棠	边政公论	1945 年第 4 卷第 9—12 期
37	《新疆问题之地理的观察》	徐益棠	边政公论	1946 年第 5 卷第 2 期

续表

徐益棠

序号	题　名	作　者	刊　名	年卷期
38	《中国民族学之发展》	徐益棠	民族学研究集刊	1946年第5期
39	《法国的民族学及其研究机关》	徐益棠	民族学研究集刊	1946年第5期
40	《大凉山》	徐益棠	边疆通讯	1947年第4卷第5期
41	《台湾番族研究资料》	徐益棠	中国边疆建设集刊	1948年第1期
42	《台湾高山族之文化》	W. Kira 徐益棠译	边政公论	1948年第7卷第4期
43	《边官边民与边政》	徐益棠	边政公论	1948年第7卷第1期

杨成志

序号	题　名	作　者	刊　名	年卷期
1	《历史之目的及其方法》	杨成志	国立第一中山大学语言历史学研究所周刊	1928年第15期
2	《关于苗族书籍的书目》	杨成志 余永梁	国立第一中山大学语言历史学研究所周刊	1928年第35—36期
3	《苗族的名称区别及地理上的分布与神话》	杨成志译	国立第一中山大学语言历史学研究所周刊	1928年第35—36期
4	《安南通信》	容肇祖 杨成志	国立第一中山大学语言历史学研究所周刊	1928年第44—45期
5	《民族调查冒险记》	杨成志	良友画报 影印本	1929年第42期

续表

杨成志

序号	题　名	作　者	刊　名	年卷期
6	《单骑调查西南民族述略》	杨成志	国立第一中山大学语言历史学研究所周刊	1930年第118期
7	《罗罗说略》	杨成志	岭南学报	1930年第1卷第3期
8	《罗罗文的起源及其内容一般》	杨成志	国立中山大学语言历史学研究所周刊	1930年第125—128期
9	《新亚细亚学会今后之工作》	杨成志	新亚细亚	1931年第2卷第5期
10	《云南暹罗的文字》	杨成志	新亚细亚	1931年第2卷第2期
11	《云南的秘密区——车里》	杨成志	新亚细亚	1931年第2卷第4期
12	《广州中大语言历史研究所出版物提要(书报介)……》	杨成志	新亚细亚	1931年第1卷第6期
13	《我的罗罗狗——狮子》	杨成志	南华文艺	1932年第1卷第7—8期
14	《从西南民族说到独立罗罗》	杨成志	新亚细亚	1932年第4卷第3期
15	《云南昆明散民族竹枝词》	杨成志	新亚细亚	1932年第3卷第4期
16	《从西南民族说到独立罗罗》	杨成志	考古学杂志	1932年第1期

续表

杨成志

序号	题　名	作　者	刊　名	年卷期
17	《Hypothèses sur les origines? LoIos》	杨成志	史学专刊	1936 年第 1 卷第 2 期
18	《现代博物院学》	杨成志	国立北平研究院院务汇报	1936 年第 7 卷第 3 期
19	《猓猡文法概要(法文)》	杨成志	语言文学专刊	
20	《西南边疆文化建设之三个建议》	杨成志	青年中国季刊	1939 年第 1 期
21	《现代人? 种题的检讨》	杨成志	青年中国	1940 年第 1 卷第 4 期
22	《什么是人类学?》	杨成志	读书知音	1940 年第 1 卷第 6 期
23	《边政研究导论》	杨成志	广东政治	1941 年第 1 卷第 1 期
24	《广东名胜古迹之性质分类及其文化象征》	杨成志	中山学报	1941 年第 1 卷第 8 期
25	《粤北乳源徭语小记》	杨成志	民俗	1943 年第 2 卷第 1—2 期
26	《人类学的史的发展鸟瞰》	杨成志	民族学研究集刊	1943 年第 3 期
27	《粤北乳源徭人的人口问题》	杨成志	民俗	1943 年第 2 卷第 1—2 期
28	《粤北乳源徭人调查报告导言》	杨成志	民俗	1943 年第 2 卷第 1—2 期
29	《民俗学之内容与分类》	杨成志	民俗	1943 年第 2 卷第 4 期

续表

杨成志

序号	题　名	作　者	刊　名	年卷期
30	《广东名胜古迹之性质分类及其文化象征》	杨成志	中学学报	1944年第2卷第3期
31	《美国人及其文明》	杨成志	社会学讯	1947年第3期
32	《民族问题的透释》	杨成志	边政公论	1947年第6卷第1期

杨汉先

序号	题　名	作　者	刊　名	年卷期
1	《乌蛮统治阶级的内婚及其没落》	闻宥 杨汉先	边政公论	1943年第2卷第11—12期
2	《大花苗妇女的经济地位与婚姻》	杨汉先	华文月刊	1943年第2卷第2—3期
3	《论解决苗夷问题》	杨汉先	边铎月刊	1946年第9期
4	《读边政公论边疆自治与文化后》	杨汉先	边铎月刊	1948年第2卷第1期

张少微

序号	题　名	作　者	刊　名	年卷期
1	《贵州惠水县乡土教材调查报告》	张少微 吴泽霖 陈国钧	历史社会季刊	1947年第1卷第2期
2	《贵州惠水县乡土教材调查报告》	张少微 吴泽霖 陈国钧	历史社会季刊	1947年第1卷第1期

章太炎

序号	题　名	作　者	刊　名	年卷期
1	《中国人种考》	章太炎	癸卯新民丛报汇编	1903年

续表

庄学本

序号	题　名	作　者	刊　名	年卷期
1	《从兰州到拉卜楞(西游记第六集)》	庄学本	良友画报 影印本	1936 年第 123 期
2	《班禅归藏》	庄学本摄	良友画报 影印本	1936 年第 118 期
3	《青海军之骑术》	庄学本摄	良友画报 影印本	1936 年第 118 期
4	《青海妇女及其头饰》	庄学本摄	良友画报 影印本	1936 年第 120 期
5	《丹巴调查报告》	庄学本	康导月刊	1939 年第 1 卷第 7 期
6	《西藏之戏剧》	庄学本	边政公论	1941 年第 1 卷第 5—6 期
7	《罗罗文字的研究》	庄学本	说文月刊	1941 年第 3 卷第 2—3 期
8	《打野》	庄学本	康导月刊	1943 年第 5 卷第 4 期
9	《西康四季》	庄学本	康导月刊	1943 年第 5 卷第 2—3 期
10	《牛厂娃》	庄学本	康导月刊	1943 年第 5 卷第 1 期
11	《青康边地巡礼》	庄学本	旅行杂志	1944 年第 18 卷第 2 期
12	《踏访积石山记的外围》	庄学本	旅行杂志	1948 年第 22 卷第 4 号
13	《卓克基至阿坝》	庄学本	旅行杂志	1948 年第 22 卷第 5 号
14	《积石山大观〈美术图景〉》	庄学本	旅行杂志	1948 年第 22 卷第 4 号

附录2　相关访谈学者

1. 四川大学文学人类学研究所（苗族学者）徐新建教授；

2. 浙江大学人类学研究所所长庄孔韶教授；

3. 台湾“中研院”史语所王明珂院士；

4. 台湾暨南大学人类学研究所所长潘英海教授；

5. 云南大学民族研究院暨西南边疆少数民族研究中心主任何明教授；

6. 西南民族大学（彝族学者）罗庆春教授；

7. 厦门大学人类学研究所彭兆荣教授；

8. 美国华盛顿州立大学历史系王秀玉副教授。

参考文献

古文献

[1]（汉）司马迁：《史记》卷一百三十，清乾隆武英殿刻本。

[2]（晋）常璩撰，任乃强校注：《华阳国志校补图注》，上海古籍出版社 1987 年版。

[3]（晋）常璩：《华阳国志》华阳国志卷第二，四部丛刊景明钞本。

[4]（晋）常璩：《华阳国志》华阳国志卷第五，四部丛刊景明钞本。九年刻本。

[5]（明）沈庠修、赵瓒纂：（弘治）《贵州图经新志》，贵州图经新志卷之五，明弘治间刻本。

[6]（明）宋濂：《元史》卷六十五志第十七上，清乾隆武英殿刻本。

[7]（明）李培：（万历）《秀水县志》秀水县志后序 明万历二十四年修民国十四年铅字重刊本。

[8]（清）贺长龄：《清经世文编》卷八十六兵政十七，清光绪十二年思补楼重校本。

[9]（清）葛士浚：《清经世文续编》卷八十兵政十九，清光绪石印本。

［10］（清）张廷玉：《明史》卷三百十二列传第二百，清乾隆武英殿刻本。

［11］（清）舒位：《瓶水斋诗集》别集卷二疆圉大荒落，清光绪十二年边保枢刻十七年增修本。

［12］（清）沈秉成：（光绪）《广西通志辑要》卷三，清光绪十七年刊本。

［13］（清）张毓碧：（康熙）《云南府志》卷之二十，清康熙刊本。

［14］（清）允礼：（乾隆）《西藏志》，清乾隆刻本。

［15］（清）金鉷：（雍正）《广西通志》卷一百十九，清文渊阁四库全书本。

［16］傅嵩炑：《请分设西康行省折（宣统三年闰六月十一日）》，傅嵩炑《西康建省记》民国元年铅印本影印。

［17］张自明：（民国）《马关县志·风俗志》，民国二十一年石印本。

［18］饶燮干：（民国）《镇宁县志》卷之三，民国三十六石印本。

［19］郑裕孚：（民国）《归绥县志》目录民国二十三年铅印本。

［20］《平南县鉴二编》卷4《特种民族习尚》，民国二十九年铅印本。

［21］张岳修，黎启勋纂：（民国）《阳朔县志》卷2《社会·民族》，民国二十五（1936）年石印本。

［22］赵尔巽：《清史稿》列传七十七，民国十七年清史馆本。

中文著作

［1］艾芜：《南行记》，云南人民出版社2008年版。

［2］白兴发：《二十世纪前半期的云南民族学》，民族出版社

2011 年版。

[3] 蔡元培、钱玄同：《刘申叔遗书》（上），江苏古籍出版社 1936 年版。

[4] 岑家梧：《岑家梧民族学论文集》，民族出版社 1992 年版。

[5] 曾昭抡：《滇边日记》，辽宁教育出版社 1998 年版。

[6] 常隆庆等：《雷马峨屏调查记》，中国西部科学院 1935 年版。

[7] 陈大齐：《迷信与心理》，新潮出版社 1920 年版。

[8] 陈东原：《中国妇女生活史》，商务印书馆 1937 年版。

[9] 陈桐生：《中国史官文化与史记》，汕头大学出版社 1993 年版。

[10] 陈星灿：《中国史前考古学史研究（1895—1949）》，生活·读书·新知三联书店 1997 年版。

[11] 邓启耀：《视觉表达：2002》，云南人民出版社 2003 年版。

[12] 高岚：《从民族记忆到国家叙事》，四川文艺出版社 2010 年版。

[13] 葛兆光：《宅兹中国——重建有关“中国”的历史论述》，中华书局 2011 年版。

[14] 葛兆光：《中国思想史》（第二卷），复旦大学出版社 2010 年版。

[15] 顾颉刚：《论巴蜀与中原的关系》，四川人民出版社 1981 年版。

[16] 贵州省民族研究所编：《民国年间苗族论文集》，贵州民族出版社 1983 年版。

[17] 韩锦春、李毅夫：《汉文“民族”一词考源资料》，中国社会科学院民族研究所民族理论研究室印 1985 年版。

[18] 和龚、张山主编：《中国民族历史与文化》，中央民族学院出版社 1988 年版。

[19] 胡鸿保：《中国人类学史》，中国人民大学出版社 2006 年版。

[20] 胡适：《丁文江的传记》，安徽教育出版社 1999 年版。

[21] 胡适：《丁文江这个人》，传记文学出版社 1979 年版。

[22] 胡适：《清代学者的治学方法》，《胡适文存》（第 2 卷），上海亚东图书馆 1926 年版。

[23] 黄河清编著，姚德怀审定：《近现代辞源》，辞书出版社 2010 年版。

[24] 黄金麟：《历史、身体、国家——近代中国的身体形成 1895—1937》，台湾联经出版事业股份有限公司 2000 年版。

[25] 黄平等主编：《当代西方社会学 · 人类学新词典》，吉林人民出版社 2003 年版。

[26] 黄淑娉、龚佩华：《文化人类学理论方法研究》，广东高等教育出版社 1996 年版。

[27] 黄应贵：《人类学的评论》，允晨文化 2002 年版。

[28] 纪昀：《四库全书总目》，中华书局 1983 年版。

[29] 江绍原编译：《现代英吉利谣俗及谣俗学》，中华书局 1932 年版。

[30] 江应樑：《江应樑民族研究文集》，民族出版社 1992 年版。

[31] 黎光明、王元辉著，王明珂编校：《川西民俗调查记录 1929》，“中研院”历史语言研究所 2004 年版。

[32] 李国栋：《民国时期的民族问题与民国政府的民族政策研究》，民族出版社 2009 年版。

[33] 李列：《民族想象与学术选择：彝族研究现代学术的建

立》，人民出版社 2006 年版。

[34] 李霖灿：《西湖雪山故人情：艺坛师友录》，浙江大学出版社 2010 年版。

[35] 李妙根选编：《国粹与西化——刘师培文选》，远东出版社 1996 年版。

[36] 李绍明、周蜀蓉选编：《葛维汉民族学考古论著》，巴蜀书社 2004 年版。

[37] 李泰棻：《方志学》，商务印书馆 1935 年版。

[38] 李亦园：《中国的民族、社会与文化——芮逸夫教授的学术成就与贡献》，食货出版社 1981 年版。

[39] 梁聚五：《苗族发展史》（1950），贵州大学出版社 2009 年版。

[40] 梁启超：《饮冰室合集・文集》（13），中华书局 1989 年版。

[41] 梁启超：《中国历史研究法》，古籍出版社 1998 年版。

[42] 梁启超：《清代学术概论》，《饮冰室合集》专集之三十四，中华书局 1989 年版。

[43] 梁启超撰，汤志钧导读：《中国历史研究法》，古籍出版社 1998 年版。

[44] 林惠祥：《神话论》，商务印书馆 1933 年版。

[45] 林惠祥：《文化人类学》（1934），商务印书馆 2007 年版。

[46] 林惠祥：《中国民族史》（1939），商务印书馆 1993 年版。

[47] 林耀华：《凉山夷家》（1947），云南人民出版社 2003 年版。

[48] 林耀华编：《林耀华学述》，浙江人民出版社 1999 年版。

[49] 凌纯声、林耀华：《20 世纪中国人类学民族学研究方法与方法论》，民族出版社 2004 年版。

[50] 凌纯声、芮逸夫:《湘西苗族调查报告》,“中研院”历史语言研究所单刊甲种之十八 1947 年版。

[51] 凌纯声:《松花江下游的赫哲族》,国立“中研院”历史语言研究所单刊甲种之十四 1934 年版。

[52] 凌纯声:《中国边疆民族与环太平洋文化》,台湾联经出版事业股份有限公司 1979 年版。

[53] 刘禾:《跨语际实践》,生活·读书·新知三联书店 2008 年版。

[54] 刘锡蕃:《岭表纪蛮》(1934),南天书局(台北)1987 年版。

[55] 刘重来、徐适端主编:《〈华阳国志〉研究》,巴蜀书社 2008 年版。

[56] 陆韧主编:《现代西方学术视野中的中国西南边疆史》,云南大学出版社 2007 年版。

[57] 骆小所主编:《中国西南民俗文献》,兰州大学出版社 2003 年版。

[58] 吕思勉:《中国民族史两种》,古籍出版社 2008 年版。

[59] 马玉华:《国民政府对西南少数民族调查之研究(1929—1948)》,云南人民出版社 2006 年版。

[60] 马长寿遗著,李绍明、周伟洲等整理:《凉山罗彝考察报告》,巴蜀书社 2006 年版。

[61] 毛筠如:《大小凉山之夷族》,四川省政府建设厅 1947 年版。

[62] 摩罗、杨帆:《人性的复苏——国民性批判的起源与反思》,复旦大学出版社 2011 年版。

[63] 欧阳哲生主编:《傅斯年全集》(第 3 卷),湖南教育出版

社2000年版。

[64] 潘光旦：《潘光旦文集》（第12卷），北京大学出版社2000年版。

[65] 潘乃穆、王庆恩选编：《潘光旦民族研究文集》（第9卷），北京大学出版社2000年版。

[66] 彭文斌：《人类学的西南田野与文本实践海内外学者访谈录》，民族出版社2009年版。

[67] 曲木藏尧：《西南夷族考察记》，拔提书店1933年版。

[68] 任国荣：《广西猺山两月观察记》（1929），《亚洲民族考古丛刊（第二辑）》，南天书局（台北）1999年版。

[69] 任映沧：《大小凉山倮族通考》，西南夷务丛书社1947年版。

[70] 孙中山：《孙中山全集》（第5卷），中华书局1985年版。

[71] 芮逸夫：《中国民族及其文化论稿》，艺文印书馆1972年版。

[72] 芮逸夫著，王明珂编校：《川南苗族：调查日志1942—43》，中研院史语所2010年。

[73] 桑兵：《晚清民国的学人与学术》，中华书局2008年版。

[74] 石启贵：《湘西苗族实地调查报告》，湖南人民出版社1986年版。

[75] 谭旦冏：《中央博物院二十五之经过》，中华书局1960年版。

[76] 唐晓峰：《从混沌到秩序——中国上古地理思想史述论》，中华书局2010年版。

[77] 唐晓峰：《人文地理随笔》，生活·读书·新知三联书店2005年版。

[78] 唐兴璧、毛筠如编述：《雷马屏峨夷务鸟瞰》，四川省政府

1941 年版。
[79] 陶绪编著：《晚清文化史稿》，湖南出版社 1996 年版。
[80] 汪民安编：《身体的文化政治学》，河南大学出版社 2004 年版。
[81] 汪宇编：《刘师培学术文化散文》，中国青年出版社 1999 年版。
[82] 王德威：《如何现代，怎样文学？——十九、二十世纪中文小说新论》，麦田出版社 1998 年版。
[83] 王汎森、杜正胜：《新学术之路“中研院”历史语言研究所七十周年纪念文集》，“中研院”历史语言研究所 1998 年版。
[84] 王建民：《中国民族学史》，云南教育出版社 1997 年版。
[85] 王娟：《民俗学概论》，北京大学出版社 2011 年版。
[86] 王立新：《美国传教士与晚清中国现代化——近代基督新教传教士在华社会文化和教育活动研究》，天津人民出版社 1997 年版。
[87] 王明珂：《父亲 那场永不止息的战争》，浙江人民出版社 2012 年版。
[88] 王明珂：《华夏边缘：历史记忆与族群认同》，社会科学文献出版社 2006 年版。
[89] 王明珂：《英雄祖先与弟兄民族——根基历史的文本与情境》，中华书局 2009 年版。
[90] 王铭铭：《“裂缝间的桥”：解读摩尔根〈古代社会〉》，山东人民出版社 2004 年版。
[91] 王铭铭：《西方人类学思潮十讲》，广西师范大学出版社

2005年版。
[92] 王铭铭编:《中国人类学评论》(第11辑),世界图书出版公司2009年版。
[93] 王桐龄:《中国民族史》(1934),吉林出版集团有限责任公司2010年版。
[94] 王文江、江小蕙编:《江绍原民俗学论集》,上海文艺出版社1998年版。
[95] 闻一多:《闻一多全集》(第3卷),湖北人民出版社2004年版。
[96] 吴霓:《中国人留学史话》,商务印书馆2004年版。
[97] 吴泽霖、陈国钧等:《贵州苗夷社会研究》,民族出版社2004年版。
[98] 谢世忠、孙宝钢主编:《人类学研究:庆祝芮逸夫教授九秩华诞论文集》,南天书局(台北)1990年版。
[99] 谢中立主编:《从马林诺斯基到费孝通:另类的功能主义》,社会科学文献出版社2010年版。
[100] 徐松石:《粤江流域人民史》,中华书局1939年版。
[101] 徐新建:《民歌与国学》,巴蜀书社2006年版。
[102] 徐新建:《西南研究论》,云南教育出版社1992年版。
[103] 徐正光、黄应贵主编:《人类学在台湾的发展:回顾与展望》,"中研院"民族学研究所1999年版。
[104] 杨成志:《杨成志人类学民族学文集》,民族出版社2003年版。
[105] 杨庭硕、罗隆康:《西南与中原》,云南教育出版社1992年版。

[106] 杨万选等:《贵州苗族考》，贵州大学出版社 2009 年版。

[107] 杨钟健:《西北的剖面》，地址图书馆 1932 年版。

[108] 杨清媚:《最后的绅士——以费孝通为个人案例的人类学史研究》，世界图书出版公司 2010 年版。

[109] 姚荷生:《水摆夷风土记》(1947)，云南人民出版社 2003 年版。

[110] 英国皇家人类学会编订:《人类学的询问与记录》(第六版)，周云水、徐韶明、谭青松等译，国际炎黄文化出版社 2009 年版。

[111] 尤中:《云南民族史》，云南大学出版社 1994 年版。

[112] 郁道缄:《裸体运动论》，良友图书印刷公司 1933 年版。

[113] 苑利主编:《二十世纪中国民俗学经典》(学术史卷)，社会科学文献出版社 2002 年版。

[114] 岳南:《从蔡元培到胡适——“中研院”那些人和事》，中华书局 2011 年版。

[115] 张海林编著:《近代中外文化交流史》，南京大学出版社 2003 年版。

[116] 张君劢、丁文江:《科学与人生观》，山东人民出版社 1997 年版。

[117] 张培忠编:《浮生漫谈：民国性学博士张竞生随笔选》，生活·读书·新知三联书店 2008 年版。

[118] 张其昀:《中国民族志》，商务印书馆 1928 年版。

[119] 张兆和、李廷贵主编:《梁聚五文集——民族、民主、政治》，华南研究中心，2010 年 5 月。

[120] 章学诚著，叶瑛校注:《文史通义校注》，中华书局 1985 年版。

［121］章炳麟：《訄书》，辽宁人民出版社 1994 年版。

［122］赵纯孝：《摆夷边民研究（中缅之交）》，《亚洲民族考古丛刊（第二辑）》，南天书局（台北）1999 年版。

［123］赵世瑜：《眼光向下的革命——中国现代民俗学思想史论（1918—1937）》，北京师范大学出版社 1999 年版。

［124］赵毅衡：《符号学》，新锐文创 2012 年版。

［125］郑振铎：《郑振铎全集》（第 3 卷），花山文艺出版社 1998 年版。

［126］中国第二历史档案馆编：《中华民国史档案资料汇编》第五辑，第一编《文化（一）》，江苏古籍出版社 1994 年版。

［127］中国社会科学院考古研究所编：《小屯南地甲骨》，中华书局 1983 年版。

［128］“中研院”八十年院史编纂委员会：《追求卓越——中央研究院八十年》（卷一：任重道远），“中研院”2008 年版。

［129］骆小所主编：《西南民俗文献》（第 12 卷），兰州大学出版社 2003 年版。

［130］庄孔韶：《行旅悟道——人类学的思路与表现实践》，北京大学出版社 2009 年版。

外文文献目录

［1］［丹麦］克斯汀·海斯翠普编：《他者的历史：社会人类学与历史制作》，贾士蘅译，中国人民大学出版社 2010 年版。

［2］［德］顾彼得：《彝人首领》，和铹宇译，四川文艺出版社 2004 年版。

[3]［法］爱弥尔·涂尔干、马塞尔·莫斯：《原始分类》，汲喆译，上海人民出版社2000年版。

[4]［法］弗朗兹·法农：《黑皮肤，白面具》，万冰译，译林出版社2005年版。

[5]［法］萨维纳：《苗族史》，立人等译，贵州大学出版社2009年版。

[6]［美］埃里克·沃尔夫：《欧洲与没有历史的人民》，赵丙祥、刘传珠、杨玉静译，上海人民出版社2006年版。

[7]［美］爱德华·W. 萨义德：《东方学》，王宇根译，生活·读书·新知三联书店2007年版。

[8]［美］本尼迪克特·安德森：《想象的共同体——民族主义的起源与散布》，吴叡人译，上海人民出版社2005年版。

[9]［美］大卫·费特曼：《民族志：步步深入》，龚建华译，重庆出版社2007年版。

[10]［美］费正清、费维恺编：《剑桥中华晚清史》（下卷），中国社会科学出版社1994年版。

[11]［美］费正清：《剑桥中华民国史（1912—1949）》，中国社会科学出版社1985年版。

[12]［美］顾定国：《中国人类学逸史——从马林诺斯基到莫斯科到毛泽东》，胡鸿保、周燕译，社会科学文献出版社2000年版。

[13]［美］洪长泰：《到民间去：1918—1937年的中国知识分子与民间文学运动》，董晓萍译，上海文艺出版社1993年版。

[14]［美］列文森：《儒教中国及其现代命运》，郑大华、任菁译，中国社会科学出版社2000年版。

［15］［美］摩尔根：《古代社会》，杨东蒪等译，商务印书馆1971年版。

［16］［美］乔治·E. 马尔库斯、米开尔·M. J. 费彻尔：《作为文化批评的人类学——一个人文学科的实验时代》，王铭铭、蓝达居译，生活·读书·新知三联书店1998年版。

［17］［美］斯蒂文·郝瑞：《田野中的族群关系与民族认同》，巴莫阿依、曲木铁西译，广西民族出版社2000年版。

［18］［美］威廉·亚当斯：《人类学的哲学之根》，黄剑波、李文建译，广西师范大学出版社2006年版。

［19］［美］沃勒斯坦：《开放社会科学》，刘锋译，生活·读书·新知三联书店1997年版。

［20］［美］詹姆斯·克利福德、乔治·E. 马库斯编：《写文化——人类学的诗学与政治学》，高丙中等译，商务印书馆2008年版。

［21］［挪威］弗雷德里克·巴特等：《人类学的四大传统》，高丙中等译，商务印书馆2008年版。

［22］［日］鸟居龙藏：《苗族调查报告》（1903），国立编译馆译，贵州大学出版社2009年版。

［23］［英］A. C. 哈登：《人类学史》，廖泗友译，山东人民出版社1988年版。

［24］［英］Kathryn Woodward：《认同与差异》，林文琪译，韦伯文化国际2006年版。

［25］［英］爱德华·泰勒：《原始文化》，连树声译，上海文艺出版社1992年版。

[26] [英] 安·格雷:《文化研究:民族志方法与生活文化》,许梦云译,重庆大学出版社 2009 年版。

[27] [英] 柏格里、甘铎理:《在未知的中国》,东人达、东旻译,云南民族出版社 2002 年版。

[28] [英] 布罗尼斯拉夫·马林诺夫斯基:《西太平洋上的航海者》,张云江译,中国社会科学出版社 2009 年版。

[29] [英] 道格拉斯:《洁净与危险》,黄剑波、柳博赟、卢忱译,民族出版社 2008 年版。

[30] [英] 罗伯特·莱顿:《他者的眼光——人类学理论导读》,罗攀、苏敏译,华夏出版社 2008 年版。

[31] [英] 布罗尼斯拉夫·马林诺夫斯基:《野蛮人的性生活》,高鹏、金爽译,团结出版社 2004 年版。

[32] [英] 马林诺夫斯基:《巫术、科学、宗教与神话》,李安宅译,中国民间文艺出版社 1986 年版。

[33] [英] 迈克·克朗:《文化地理学》,杨淑华、宋慧敏译,南京大学出版社 2003 年版。

[34] [美] 迈克·爱德华兹:《我们的洛克在中国》,王泽译,《美国国家地理》1997 年第 1 期。

[35] Anna M. Pikelis (D), *Cultural position of the independent Lolo of the Liang Shan area, southwest China*, Chicago: University of Chicago, 1956.

[36] David Michael Deal, *National minority policy in Southwest China* (1911 – 1965), Seattle: University of Washington, 1971.

[37] . MaryDouglas, *Purity and Danger: an analysis of pollution and taboo*, London: Routledge, 1966.

[38] . Dru C. Gladney, *Dislocating China*: Muslims, Minorities and Other Subaltern Objects, Chicago: University Of Chicago Press, 2004.

[39] Edward BurnettTylor, *Primitive Culture* (1871), Cambridge: Cambridge University Press, 2010.

[40] Fabian, Johannes, *Time and the Other*: *How Anthropology Makes its Object*, New York: Columbia University Press, 1983.

[41] Inez deBeauclair, *Tribal cultures of southwest China*, Taipei : Orient Cultural Service, 1970.

[42] James, Hockey and A. Dawson (eds.), *After Writing Culture*: *Epistemology and Praxis in Contemporary Anthropology*, London and NewYork: Routledge, 1997.

[43] OuChaoquan, *Life in a Kam village in southwest China* 1930 – 1949, Boston: Brill, 2007.

[44] Prasenjit Duara, *The Nation and Its Fragments*: *Colonial and Postcolonial Histories*, Princeton, NJ: Princeton University Press, 1993.

[45] Stuart Hall (eds.), *Representation*: *cultural representations and signifying Practices*, London: Sage in association with the Open University, 1997.

[46] Thomas S. Mullaney, *Coming to Terms with the Nation*: *Ethnic Classification in Modern China*, Berkeley: University of California Press, 2011.

[47] Stanley, Liz, "Doing Ethnography Writing Ethnography: A Comment on Hammersley", in *Sociology*, 1990. Vol. (4): 617 –627.

论文目录

[1] 比阿特丽斯·鲁伊斯：《人类学科学与哲学》，姚介厚译，《第欧根尼》2001年第2期。

[2] 蔡元培：《说民族学》，《一般》1926年第1卷第1—4期。

[3] 陈亦文：《中国地学会与〈地学杂志〉》，天津网——数字报刊2009年3月29日。

[4] 戴季陶：《科学与迷信》，《湖州月刊》1925年第2卷第1期。

[5] 丁文江：《科学化的建设》，《独立评论》第105号，1935年5月19日。

[6] 丁文江：《“中研院”的使命》，《东方杂志》第32卷第2号1935年1月16日。

[7] 董彦堂：《僰夷历法考源》，《西南边疆》1938年第3期。

[8] 娥满：《人类学民族志的方志渊源》，《昆明理工大学学报》2011年第6期。

[9] 方国瑜：《么些民族考》，《民族学研究集刊》1944年第4期。

[10] 房建昌：《简述民国年间有关中国边疆的机构与刊物》，《中国边疆史地研究》1997年第2期。

[11] 费孝通：《论梁漱溟先生的文化观》，《群言》1988年第9期。

[12] 葛剑雄：《编纂地方志应当重视地理》，《中国地方史志通讯》1983年第5期。

[13] 葛兆光：《重建关于“中国”的历史论述——从民族国家中拯救历史，还是在历史中理解民族国家?》，《二十一世

纪》2005 年 8 月号。

[14] 顾颉刚:《中华民族是一个》,《益世报》1939 年 2 月 13 日。

[15] 顾良:《刘锡蕃“岭表纪蛮”评》,《宇宙风》1938 年第 65 期。

[16] 何小平:《沈从文本土文化阐释视域的人类学分析》,《吉首大学学报》2006 年第 6 期。

[17] 胡焕庸:《交通革命中之云南》,《西南边疆》1938 年第 3 期。

[18] 黄才贵:《关于鸟居龙藏贵州学问的研究》,《贵州民族研究》1996 年第 4 期。

[19] 黄剑波:《写文化之争——人类学中的后现代话语及研究转向》,《思想战线》2004 年第 4 期。

[20] 黄文山:《民族学与中国民族研究》,《民族学研究集刊》1936 年第 1 期。

[21] 黄兴涛:《民族自觉与符号认同:“中华民族”观念萌生与确立的历史考察》,《中国社会科学评论》(香港)2002 年 2 月创刊号。

[22] 贾鸿雁:《民国时期游记图书的出版》,《广西社会科学》2006 年第 1 期。

[23] 江应樑:《僰夷民族之家庭组织与婚姻制度》,《西南边疆》1938 年第 1 期。

[24] 江应樑:《评鸟居龙藏之苗族调查报告》,《现代史学》1937 年第 3 卷第 2 期。

[25] 克凡:《书评转载:岭表纪蛮》,《同行月刊》1934 年第 2 卷第 7 期。

[26] 李帆:《西方近代民族观念和"华夷之辨"的交汇——再论刘师培对拉克伯里"中国人种、文明西来说"的接受与阐发》,《北京师范大学学报》2008年第2期。

[27] 李绍明:《从中国彝族的认同谈族体理论——与郝瑞(Ste-vanHarrell)教授商榷》,《民族研究》2002年第2期。

[28] 李长傅:《科学的地理学之新转向》,《地学季刊》(上海中华地学会)第3卷第3期1935年2月1日。

[29] 立民:《小评论——妇女服饰的探讨》,《妇女生活》1933年第2卷第4期。

[30] 林名均:《川苗概况:四川苗的服饰》,《新亚细亚》1936年第12卷第4期。

[31] 林耀华:《边疆研究的途径》,《边政公论》1943年第2卷第1—2期。

[32] 凌纯声:《民族学实地调查方法》,《民族学研究集刊》1936年第1期。

[33] 凌纯声:《中国边疆文化》,《边政公论》1942年第5卷第7期。

[34] 凌鸿勋:《述交通救国》,《国闻周报》1925年第2卷第35期。

[35] 凌民复:《建设西南边疆的重要》,《西南边疆》1938年第1期。

[36] 岭光电:《边疆问题:如何接近夷人?》,《边疆服务》1946年第11期。

[37] 岭光电:《倮苏概述》,《康藏研究月刊》1947年第7期。

[38] 岭光电:《我在夷区实施建设的经验》,《边疆通讯》1947

年第4卷第8—9期。

[39] 刘琳：《〈华阳国志〉简论》，《四川大学学报》1979年第2期。

[40] 刘小云：《史禄国对中国早期人类学的影响》，《中南民族大学学报》2007年第3期。

[41] 龙晓燕：《中国西南傣族民族志：历程与反思》，《云南民族大学学报》2010年第3期。

[42] 罗家伦：《民族与地理环境》，《新民族》1938年第1卷第15期。

[43] 马毅：《苗夷教育之检讨与建议》，《西南边疆》第7期。

[44] 马玉华：《20世纪中国人类学研究述评》，《江苏大学学报》2007年。

[45] 马长寿：《人类学在边政上的应用》，《边政公论》第6卷第3期1947年9月。

[46] 马长寿：《中国西南民族分类》，《民族学研究集刊》1936年第1期。

[47] 毛起鵕：《地理环境与文化》，《社会科学杂志》（上海）1928年第1卷第4期。

[48] 彭文斌：《中西之间的西南视野：西南民族志分类图示》，《西南民族大学学报》2007年第10期。

[49] 祁庆富：《凌纯声和〈松花江下游的赫哲族〉》，《中南民族大学学报》2004年第6期。

[50] 容业熊：《交通救国论》，《大中学生》1935年第4期。

[51] 芮逸夫：《苗族的洪水故事与伏羲女娲的传说》，《“中研院”历史语言研究所人类学集刊》1938年第1卷第1期。

[52] 沈松桥：《江山如此多娇——30年代的西北旅行书写与国

族想象》，《台大历史学报》2006 年 6 月。

[53] 盛叙功：《地理在人类历史中的潜势力》，《地学杂志》1923 年第 14 卷第 3—4 期。

[54] 石奕龙：《试论西方人类学学科体系的形成》，《世界民族》1998 年第 1 期。

[55] 史禄国、于洋：《关于中国的民族志调查》，《北方民族大学学报》2012 年第 5 期。

[56] 陶英慧：《蔡元培与“中研院”》，《近代史研究所集刊》第 7 期。

[57] 王成、邵雍：《从〈申报〉看上海地方政府反迷信措施（1927—1937）》，《淮北煤炭师范学院学报》2009 年第 2 期。

[58] 王传：《中大语言历史学研究所与现代中国西南民族研究》，《史学史研究》2010 年第 2 期。

[59] 王国祥：《姚荷生和〈水摆夷风土记〉——〈水摆夷风土记〉校注》（前言·版纳），2005 年。

[60] 王建民：《中国人类学西南田野工作与著述的早期实践》，《西南民族大学学报》2007 年第 12 期。

[61] 王立新：《美国传教士与鸦片战争后的“开眼看世界”思潮》，《美国研究》1997 年第 2 期。

[62] 王璐：《从“文本中心”到“本文”探求：文学人类学研究范式探讨》，《西南民族大学学报》2011 年第 1 期。

[63] 王璐：《人类学的开放平台——中国人类学高级论坛十年报告》，《广西民族大学学报》2011 年第 5 期。

[64] 王明珂：《民族文物之反映与映照》，《历史月刊》2003 年 6 月。

［65］王明珂：《羌族妇女服饰：一个“民族化”过程的例子》，《“中研院”历史语言研究所集刊》第六十九本，第四分，民国八十七年十二月。

［66］王明珂：《由族群到民族：中国西南历史经验》，《西南民族大学学报》2007 年第 11 期。

［67］王明珂《后现代的民族文物展示，史语所文物陈列馆西南少数民族文物展示说明》，《古今论衡》1999 年第 3 期。

［68］王铭铭：《继承与反思——记云南三个人类学田野工作地点的“再研究”》，《社会学研究》2005 年第 2 期。

［69］王鹏惠：《汉人的异己想象与再现：明清时期滇黔类民族志书写的分析》，《台湾大学考古人类学刊》2002 年 6 月第 58 期。

［70］王也扬：《论王韬的史观与史学》，《史学理论研究》1993 年第 4 期。

［71］吴定良：《丁在君先生对于人类学之贡献》，《独立评论》1935 年第 188 期。

［72］吴文藻：《边政学发凡》，《边政公论》1942 年第 1 卷第 5—6 期。

［73］吴宗济：《拼音文字与西南边民教育》，《西南边疆》1938 年第 1 期。

［74］徐汉夫：《交通救国论》，《商业杂志》1929 年第 4 卷第 11 期。

［75］徐利淼：《传承与发展影印出版〈地学杂志〉》，天津网—数字报刊 2010 年 8 月 30 日。

［76］徐新建、唐启翠：《“表述”问题：文学人类学的理论核

心——文学人类学发展与展望访谈之三》，《社会科学家》2012 年第 2 期。

[77] 徐新建：《“蚩尤”和“皇帝”：族源故事再检讨》，《广西民族大学学报》2008 年第 5 期。

[78] 徐新建：《表述问题：文学人类学的起点和核心——为中国文学人类学研究会第五届年会而作》，《西南民族大学学报》2011 年第 1 期。

[79] 徐新建：《从“普洱誓盟”看现代中国的“民族表述”》，《民族文学研究》2012 年第 4 期。

[80] 徐新建：《从边疆到腹地：中国多元民族的不同类型——兼论“多元一体”格局》，《广西民族学院学报》2001 年第 6 期。

[81] 徐新建：《从文学到人类学——关于民族志和写文化的答问》，《北方民族大学学报》2009 年第 1 期。

[82] 徐新建：《以开放的眼光看中国——人类学需要的大视野》，《思想战线》2011 年第 2 期。

[83] 徐新建：《族群地理与生态史学：从“藏彝走廊”谈起》，《二十一世纪》（香港）2005 年 8 月号。

[84] 徐益棠：《西康行记》（下），《西南边疆》1940 年第 9 期。

[85] 许晶：《从“Representation”看人类学“表述危机”》，《广西民族研究》2006 年第 3 期。

[86] 薛明剑：《夷族“土司”代表高玉柱女士之演讲》，《人报》1937 年 2 月 7 日。

[87] 杨成志：《从西南民族说到独立罗罗》，《新亚细亚》1932 年第 4 卷第 3 期。

[88] 杨成志:《民族问题的透析》,《边政公论》第6卷第1期。

[89] 杨成志:《民族学与中国西南民族》,《更生评论》第3卷第4期。

[90] 杨殿斛:《从方志到民族志:中国民族音乐研究的现代进程》,《小说评论》2008年第5期。

[91] 杨堃:《民族学与人类学》,《国立北平大学学报》1935年第1卷第4期。

[92] 杨钟健:《剖面的剖面》,《禹贡半月刊》1937年第7卷第1—3合期。

[93] 叶舒宪:《中国文化的大传统与小传统》,《党建》2010年第7期。

[94] 张其昀:《近年英国地理教育之趋势》,《教育杂志》(1909年)1926年第18卷第4期。

[95] 张寿祺:《19世纪末20世纪初"人类学"传入中国考》,《社会科学战线》1992年第3期。

[96] 张天星:《试析1890年前后〈申报〉反迷信活动与中国传统新闻观念的近现代转型》,《东南传播》2010年第6期。

[97] 张廷休:《再论夷汉同源》,《西南边疆》1938年第6期。

[98] 张学良:《民族复兴与新生活运动》,《新生活周刊》1934年第1卷第26期。

[99] 张兆和:《从"他者描写"到"自我表述"——民国时期石启贵关于湘西苗族身份的探索与实践》,《广西民族大学学报》2008年第5期。

[100] 张兆和:《黔西苗族身份的汉文书写与近代中国的族群认

同——杨汉先的个案研究》，《西南民族大学学报》2010 年第 3 期。

［101］郑光禹：《地理与文化之关系》，《地学杂志》1922 年第 13 卷第 2 期。

［102］中国之新民（作者不详）：《地理与文明之关系》，《新民丛报》第 1 号。

［103］周仁术：《地理环境与人生》，《新文化》1934 年第 2 期。

［104］朱炳祥：《反思与重构：论“主体民族志”》，《民族研究》2011 年第 3 期。

［105］庄学本（摄）：《良友》1936 年第 120 期。

［106］佚名：《婚姻之迷信》《吉凶之迷信》，《小说月报》1911 年第 2 卷第 1 期。

［107］佚名：《良友》1934 年第 90 期。

［108］佚名：《摆夷风情：滇边战地逸话》，《读者文摘》1946 年第 2 卷第 2 期。

［109］佚名：《打破迷信与革除自私自利》，《南京市政府公报》1932 年第 121 期。

［110］佚名：《康藏民众代表慰问前线将士书》，《新华日报》1938 年 7 月 12 日。

［111］佚名：《裸体运动》，《每周评论》1934 年第 118 期。

［112］佚名：《裸体运动——从原人到文明人（附照片）》，《时代之美》1934 年第 1 期。

［113］佚名：《西南研究》创刊号，国立中山大学西南研究会（广州）发行，1932 年 2 月 10 日，第 9—18 页。

硕博论文目录

[1] 陈昱成：《中国苗族文化的民族学研究》，博士学位论文，中央民族大学，2007 年。

[2] 褚建芳：《人神之间——云南芒市一个傣族村寨的仪式生活与等级秩序》，博士学位论文，北京大学，2003 年。

[3] 梁永佳：《地域崇拜的等级结构——大理喜洲仪式与文化的田野考察》，博士学位论文，北京大学，2003 年。

[4] 罗安平：《异域之境：美国〈国家地理〉的中国西南表述研究》，博士学位论文，四川大学，2014 年。

[5] 石茂明：《跨国界苗族（Hmong 人）研究》，博士学位论文，中央民族大学，2004 年。

[6] 索龙高娃：《文学人类学方法论辨析》，硕士学位论文，中央民族大学，2005 年。

[7] 王鹏惠：《失意的国族/诗意的民族/失忆的族/国：影显民国时期的西南少数民族》，博士学位论文，台湾大学，2009 年。

[8] 吴雯：《民族志记录和边疆形象》，硕士学位论文，四川大学，2006 年。

[9] 谢幸芸：《近代中国苗族之国族化（1911—1949）》，博士学位论文，台湾师范大学，2011 年。

[10] 徐鲁亚：《神话与传说——论人类学文化撰写范式的演变》，博士学位论文，中央民族大学，2003 年。

[11] 杨骊：《多重证据法研究》，博士学位论文，四川大学，2013 年。

[12] 伊利贵：《民国时期西南“夷苗”的政治承认诉求》，博士

学位论文，中央民族大学，2011 年。

[13] 张兆和：《主体与表述：黔东南的身份政治》（*Subject and representation identity politics in Southeast Guizhou*），Thesis（Ph. D.），University of Washington，1996 年。

资料文献及相关网站

[1] 谷歌图书：http：//books. google. com. hk。

[2] 哈佛燕京学社网址：http：//www. harvard – yenching. net/。

[3]（台湾）“中研院”：http：//www. sinica. edu. tw/。

[4]（台湾）“中研院”网站·村寨网：http：//ethno. ihp. sinica. edu. tw/frameB. htm。

[5] 中国汉学研究中心：http：//hanxue. bfsu. edu. cn/。

[6] 中国国学网：http：//www. confucianism. com. cn/。

[7]《见证·影像志〈壁画背后〉》，2009 年第 202 期：http：//tansuo. cntv. cn/history/xianxiang/classpage/video/20091120/104357. shtml。

后　记

从决定将20世纪上半叶的西南民族志作为研究对象到现在的成果付梓，已五年有余。五年之间，我行走于西南各地调查，收集资料文献并访谈相关学者，由于相关调查成果当时大多已随国民政府一同迁台，我又专程赴台访学，在台湾“中研院”翻遍相关宝贵的陈年旧书。

当时很多记录实在是惊心动魄，为了理想，为了“他者”，早期的人类学家颠沛流离，甚至置生死于度外。他们曾努力寻找异族文化的真相，虽然因袭的重负、时代的交错，限制了他们人类学的眼光。彼时的民族调查，现在也堪称中国人类学史上的辉煌。彼时的时代，堪称人类学学术史上的黄金时代。今人想续接，更想超越。许多人都在寻找他们结束之地，回访调查，以求再次出发。真正阅读到一定程度，我已羞于提自己的辛苦，相反，我感激人生有这样的机会领略人类学家的精神，也特别感谢一路以来提携、支持、鼓励并给我启发的前辈和同人。

在此，首先对我的恩师徐新建教授诚表谢意。知遇之恩，难诉一二，我做学问的信心与勇气，实是徐老师给的。他曾说，真正做学问需要九死一生！这话使我潜下心来，接受考验！徐老师耐心接受我关于民族志的访谈，从选题到写作完成，给了我很多启发。我在本书中尽我所能吸收了他的真知灼见。文学人类学界叶舒宪、彭兆荣教授的讲座与交流也让我开阔视野，增识不少；四川大学曹顺庆、赵毅衡、冯宪光、李祥林、段玉民等教授的课堂所授或课后交流也令我受益匪浅；被四川大学文学人类学研究所邀请来讲座的各路专家学者给我添加了不少学术营养。在此均表感谢。

我还要感谢我到台湾访学的接收人，“中研院”王明珂院士，在他的课堂上聆听交流西南研究实是学术人生之幸，感谢他的不吝赐教，关于西南研究的许多讨论都被吸收进本书；感谢台湾清华大学人类学研究所所长林淑蓉（她的突然离世让我悲伤不已）与我讨论她的西南研究，感谢“中研院”民族学研究所何翠萍、暨南大学人类学研究所所长潘英海等诸位前辈学者拨冗接受我的请教；还要感谢台湾“中研院”张朋园先生的指导和提携，在我访台学习期间给予我费心帮助和勉励，他已年高九十，却花了两个月的时间细读我的书稿并提出宝贵建议让我终身感怀。“中研院”博士后王鹏惠小姐与我一见如故，感谢她慷慨与我分享其学术心得与学术资源；感谢同在台湾中兴大学访学的美国华盛顿州立大学历史系王秀玉副教授与我分享海外西南研究并给我英文摘要的悉心指导；感谢善良热心的中兴大学博士候选人龙如凤小姐给我提供在台的一切方便。

让我心存感激的还有接受我访谈的林耀华先生的第一代弟子，浙江大学人类学研究所所长庄孔韶教授、云南大学民族研究院暨西南边疆少数民族研究中心主任何明教授、西南民族大学彝族学者罗庆春教授等。感谢我如父般的硕士生导师徐其超教授从未放弃对我的指导，以及师母杜跃富教授给予我母亲一样的关怀。感谢成都信息工程大学文化艺术学院原院长蓝鹰教授在读博期间给予我的支持与激励，以及书稿成型时给予我的宝贵建议，还有现任廖思湄院长给予的鼓励与关照。另外，2009级博士班上课的热烈气氛给了我最幸福的学习时光；与同学如姐妹的杨骊、罗安平一起畅谈学术及种种是人生最重要的收获之一；师妹付海鸿的热心相助为我排忧解难；与各位师姐、师妹的交流、碰撞给我的启发，在此一并致谢。另外，也感谢中国社会科学出版社郭晓鸿编辑对本书出版付出的辛苦工作。

最后要将感谢留给我的家人。爱人的默默支持，父母一如既往的为我解决家务之忧，其他亲人亦为我解燃眉之急，在我最困窘之时不离不弃，温暖守护，连我幼小的女儿，也会经常为我掩上学习的房门……

学问之道的博、专、精、通，我难达其一，虽然尽量取我所长，略我所短，但还是难免错将洼地为高坡，误以树木为森林。交稿之际，无不惶恐。唯一安慰的是，如果说学问之道在于学人，那么通过此番“修炼”，“吾为何人”的追问激励着我，让我超越过去的自己，同时也增添了一点恳请方家斧正拙作的愿望与底气。

王　璐

2016年于成都